Richard Dove

Ernst Toller

Ein Leben in Deutschland

Aus dem Englischen von Marcel Hartges

STEIDL

Titel der englischen Originalausgabe:
"He was a German. A biography of Ernst Toller", erschienen bei
Libris, London 1990
© Copyright Richard Dove 1990
Vorwort © Copyright Frank Trommler 1990

1. Auflage Oktober 1993

© Copyright: Steidl Verlag, Göttingen 1993
Buchgestaltung: Gerhard Steidl
Alle Rechte vorbehalten
Satz, Scanlithos, Druck, Bindung:
Steidl Verlag, Düstere Straße 4, D-37073 Göttingen
Printed in Germany
ISBN 3-88243-266-7

Inhalt

	Vorwort von Frank Trommler	7
	Dank	11
	Einleitung	13
I.	Eine Jugend im deutschen Kaiserreich 1893–1914	23
II.	Vom Patriotismus zum Pazifismus 1914–1917	34
III.	Aufruf zum Sozialismus 1917–1918	48
	Die Antikriegsbewegung	48
	Der Einfluß Gustav Landauers	54
	Der Januarstreik	58
IV.	*Die Wandlung*: Das Drama als politische Aktion	68
V.	Revolution in Bayern: Die Schriftstellerrepublik November 1918 bis Mai 1919	80
VI.	Hochverrat	111
VII.	Fünf Jahre »Ehrenhaft« 1919–1924	118
VIII.	Die Gefängnisstücke	130
	Masse-Mensch	131
	Die Maschinenstürmer	138
	Hinkemann	145
	Der entfesselte Wotan	154
	Das Schwalbenbuch	158
	Massenspiele	161
IX.	Politischer Dramatiker und Prominenter: Toller in der Weimarer Republik 1924–1930	165

X.	Politisches Theater: Theorie und Praxis	*186*
	Hoppla, wir leben!	*193*
	Feuer aus den Kesseln	*204*
XI.	Rußland und Amerika: *Quer durch*	*213*
	Amerika	*215*
	Rußland	*219*
XII.	Generalprobe für die Diktatur 1930–1933	*227*
XIII.	Das erste Jahr im Exil 1933	*236*
XIV.	Exil in London: PEN, Pazifismus und Volksfront 1934–1936	*249*
	No More Peace!	*264*
XV.	»Hitler: das Versprechen und die Wirklichkeit« Tollers Vortragsreise durch Nordamerika 1936–1937	*271*
XVI.	Hollywood und danach 1937–1938	*278*
	Pastor Hall	*289*
XVII.	Nahrungshilfe für Spanien 1938–1939	*295*
XVIII.	Requiem	*306*
	Anmerkung zu den Quellen	*313*
	Anmerkungen	*314*
	Bibliographie	*342*
	Personenregister	*348*

Vorwort

Literaturhistoriker haben sich oft erstaunt darüber geäußert, daß Toller bereits 1923, als er die Komödie *Der entfesselte Wotan* schrieb, die Bedrohung zu verstehen vermochte, die von Hitler und dem Nationalsozialismus ausging. Ernst Toller, der berühmte expressionistische Schriftsteller, dessen Beteiligung an der kurzlebigen Münchener Räterepublik 1919 immer mehr wie ein Zufall aussah denn wie eine bewußte politische Entscheidung, schien nicht gerade ein Musterbeispiel politischer Weitsicht zu sein. In seinem Mühen um eine bessere Gesellschaft galt er als ein typischer »Gefühlspolitiker« und entging nur selten dem Verdikt, daß der Expressionismus, so belebend er als literarische und künstlerische Bewegung unbestritten auch gewesen sein mochte, im Hinblick auf revolutionäre Taktik eine schlechte Schule war. Selbst 1968 noch, im Jahr der Studentenrevolte, wurde Tollers Verwicklung in die Revolution als rein dramatischer Akt abgetan: In einer Szene von Tankred Dorsts erfolgreichem Theaterstück *Toller* sitzt Toller in einem symbolischen Käfig, von dem aus er – in einer Neuinszenierung seines eigenen expressionistischen Dramas *Masse-Mensch* – seinen humanitären Aktivismus verteidigt.

Es gibt keinen besseren Weg, die herrschenden Vorstellungen von Tollers Rolle als Schriftsteller und Politiker einer Überprüfung zu unterziehen, als sich mit den historischen Fakten seines ungewöhnlichen Werdegangs auseinanderzusetzen. Richard Dove erweist sich in seiner fesselnden Biographie als ein verständiger und einfühlsamer Führer durch die Wechselfälle von Tollers Leben, vom jugendlichen Enthusiasmus beim Ausbruch des Ersten Weltkriegs bis hin zu den unheilvollen Anzeichen tiefer Verzweiflung, die seinem Selbstmord 1939 im Alter von sechsundvierzig Jahren vorausgingen.

Auf der Grundlage einer beeindruckenden Kenntnis veröffentlichter und unveröffentlichter Quellen macht Doves Biographie Tollers unglaubliches Arbeitsvermögen deutlich, ebenso seine inneren Überzeugungen wie sein äußeres Gebaren und seine Fähigkeit, brennende Themen mit den Mitteln des Theaters zur Sprache zu bringen, was ihn zu einem der meistdiskutierten politischen Schriftsteller der zwanziger Jahre machte. Insbesondere liefert Dove neue Einblicke in den am schlechtesten erforschten Lebensabschnitt Tollers: die Zeit nach seiner Entlassung aus dem Gefängnis 1924. Anscheinend fand Toller sich in diesen Jahren damit ab, daß die Vorstellung von »Revolution« als ein Selbstermächtigungsakt des Individuums ständig neu formuliert werden müsse.

In seinen früheren Stücken, vor allem in *Masse-Mensch* und den *Maschinenstürmern*, hatte er die unbarmherzigen Erfordernisse der politischen Revolution und die menschlichen Regungen des einzelnen so eindringlich gegenübergestellt, daß seine Zeitgenossen diese Gegenüberstellung für ein Abbild seiner eigenen Unentschlossenheit hielten. Wie auch immer, die Zusammenarbeit mit Erwin Piscator an *Hoppla, wir leben!* 1927 machte Toller klar, daß der Kampf für eine bessere Gesellschaft nicht ohne Berücksichtigung des Individuums geführt werden konnte. Toller änderte Piscators Schluß von *Hoppla* – der Protagonist Karl Thomas begeht Selbstmord und veranschaulicht damit die Sinnlosigkeit des revolutionären Kampfes, so er allein ausgefochten wird – und entschied sich in der anschließenden Leipziger Inszenierung, den Helden überleben zu lassen. Not und Niederlage des Individuums als eine Metapher für politisches Engagement blieb eines von Tollers zentralen Themen.

Tollers Dramen, beeinflußt durch expressionistische Darstellungstechniken, die Dinge und Menschen, Kunst und Politik auf eine Reihe dynamischer Aktionen reduzierten, heben sich ab von den in der zweiten Hälfte der zwanziger Jahre stattfindenden Versuchen, das Individuum nach den Zerstörungen durch Krieg und Massenpolitik mit Hilfe einer neuen Wesens- oder Existenzphilosophie im Sinne von Karl Jaspers oder Max Scheler wieder zusammenzusetzen. Toller beharrte auf der paradigmatischen, ja erlösenden Rolle des Individuums in dessen *Scheitern* gegenüber den politischen Mächten. Mit den Figuren »Hinkemann« und »Karl Thomas« nähert er sich jenen Schriftstellern der zwanziger Jahre, die diese paradigmatische Rolle des individuellen Scheiterns zum Schlüssel ihrer Kritik an der herrschenden Ordnung machten; zum Beispiel Arnold Zweig, der den Fall des einfachen russischen Soldaten Grischa Paprotkin (in *Der Streit um den Sergeanten Grischa*) zur ersten umfassenden Darstellung der Kriegsmaschinerie verwendet, oder Alfred Döblin in seiner Inszenierung von Franz Biberkopf als dem »Außenseiter/Insider« der Großstadt in *Berlin Alexanderplatz*. »Des Künstlers Stimme ist die Stimme der Verlierer«: Leo Löwenthal faßte es in seinem Essay über Cervantes aus dem Jahr 1957 folgendermaßen zusammen:

> Die gesellschaftlichen Randfiguren üben nicht nur die negative Funktion aus, die soziale Ordnung anzuprangern, sie verkörpern positiv auch die Idee des Menschen. Sie alle dienen dazu zu zeigen, daß Utopia möglich ist.*

Tollers Utopie unterscheidet sich von der Zweigs und Döblins, seine Hoffnungen gründen auf einer merkwürdigen Mischung aus Außenseitertum und Messianismus. In der Heiligsprechung des Außenseiters als Überbringer einer humanen Botschaft spiegelt sich deutlich der jüdische Messianismus. Der gleiche Messianismus artikulierte sich auf tragische, aber effektive Weise im Kampf gegen den Nationalsozialismus. Toller, der gescheiterte Revolutionär und Verteidiger der Menschenrechte, wurde zum weithin gehörten und respektierten Politiker der Emigration. Den dramatischen Entwurf des Individuums als des zerbrechlichen Gegenspielers der großen politischen und gesellschaftlichen Kräfte gab er nicht auf, im Gegenteil: Er verwandelte ihn in ein wirkungsvolles Instrument seiner antifaschistischen Aktivitäten. Tollers Erfolg resultierte aus seiner Fähigkeit, sich selbst als einen David darzustellen, der einen Goliath zum Kampf herausfordert und dadurch mehr Aufmerksamkeit erzielt als ein Komitee mit seinen allgemeinen Resolutionen.

In seinem Essay »The Head of a Leader« hat Christopher Isherwood die ungewöhnliche, fast zwanghafte Hingabe beschrieben, mit der Toller als Exilpolitiker nach 1933 seine Ziele verfolgte:

> Es dauerte zwei Jahre, bis ich ihn wiedersah, in London, zu einer Zeit, als die Zeitungen voll waren mit seinen Aktivitäten. Auf eigene Faust führte er eine Propagandakampagne zugunsten seiner Landsleute, der hungernden Flüchtlinge, die nun über halb Europa verstreut waren. Sein Erfolg war sensationell. Irgendwie hatte er es fertiggebracht, auch Zuhörer außerhalb linker Kreise zu erreichen. Er hatte die breite, gleichgültige Öffentlichkeit gerührt. Er hatte sich bei den richtigen Leuten Gehör zu verschaffen gewußt, bei den

---

* »Cervantes, 1547–1616«, in: Leo Löwenthal, *Literature and the Image of Man* (*Communication in Society*, Bd. 2), New Brunswick/Oxford 1986, S. 44.

Mächten und den Mächtigen hinter den Mächten. Sie luden ihn in ihre Häuser ein, als Ehrengast. Selbst die konservative Presse sprach gut über ihn. Er war im Begriff eine allseits geachtete Institution zu werden.

Nur ein anderer deutscher Schriftsteller in der Emigration verdiente sich in diesen Jahren das Epitheton »Institution«: Thomas Mann wurde etwas später in den Vereinigten Staaten und in Großbritannien ebenfalls so genannt. In beiden Fällen war diese Heldenweihe sorgfältig inszeniert und hing weitgehend von der Fähigkeit ab, damit umgehen zu können, wie die öffentliche Meinung den faschistischen Goliath wahrnahm. Aber hier enden die Parallelen. Daß Thomas Mann zum Helden gemacht wurde, war ein kulturpolitischer Schachzug erster Güte. Er *wurde* deutsche Kultur und demonstrierte dies in zahlreichen eingängigen Äußerungen und Reden, in denen er seinem amerikanischen Publikum Metaphern des manichäischen Kampfes zwischen Gut und Böse lieferte. Auch Toller war ein großer Redner; aber seine Rhetorik war nicht die der europäischen Götterdämmerung, sondern vielmehr die des hellsichtigen Außenseiters, der die Menschlichkeit hochhält in der Nacht des Terrors.

Toller trug die Fackel der Menschlichkeit für zahlreiche Rettungsaktionen zugunsten der Opfer der katastrophalen Umwälzungen in den dreißiger Jahren. Daß er aber seine ganze Existenz als Beispiel in diesem Kampf einsetzte, machte ihn besonders verwundbar. Fast alle Äußerungen seiner Emigrantenfreunde nach seinem Selbstmord in einem New Yorker Hotel im Frühjahr 1939 belegen diese Tatsache. Toller konnte die Projektion der Zerbrechlichkeit des Individuums gegenüber den politischen Kräften für eine große humanitäre Mission nutzen, aber nur auf Kosten seines eigenen Lebens.

Frank Trommler
University of Pennsylvania
1990

Dank

Viele Menschen haben mir geholfen, dieses Buch zu schreiben. An erster Stelle möchte ich den Mitarbeitern folgender Bibliotheken und Archive danken: des Archivs der Akademie der Künste, Berlin; der Bayerischen Staatsbibliothek, München; der British Library, London; des Bundesarchivs, Koblenz; der Deutschen Bibliothek, des Deutschen Exilarchivs, Frankfurt; des Deutschen Literaturarchivs, Marbach; des Instituts für Zeitgeschichte und des Staatsarchivs für Oberbayern, beide in München; der Sterling Memorial Library und der Beinecke Library, Yale University, und des Leo Baeck Instituts, New York.

Im Laufe meiner Nachforschungen interviewte ich verschiedene Zeitgenossen Tollers, darunter Rosa Leviné-Meyer, Peggy Garland, Fritz Landshoff, Fenner Brockway und Bram Bootman, früher Geschäftsführer des *Unity Theatre*. Für ihre Hilfe und Anregungen, sowie für die von ihnen vermittelten wertvollen Einblicke in einen Geschichtsabschnitt bin ich sehr dankbar. Ausdrücklich danken möchte ich auch Andrea Valeriu-Grautoff (Mexiko-City) für die Erlaubnis, aus dem autobiographischen Manuskript ihrer Mutter zu zitieren, und Anne Schönblum (Haifa) für viele wichtige Informationen über ihre Mutter und andere Mitglieder der Familie Toller. Mein Dank gilt auch dem inzwischen verstorbenen John Lehmann sowie Sir Stephen Spender, Hugh Hunt und Hermann Kesten für die Beantwortung meiner Briefe.

Professor John Spalek bin ich zu großem Dank verpflichtet, weil er mir Zugang zu seinem persönlichen Archiv gewährt und seltenes photographisches Material zur Verfügung gestellt hat. Wolfgang Held möchte ich danken für die Hilfe beim Entziffern schwieriger handschriftlicher Dokumente. Ein kurzer Abschnitt aus Kapitel X wurde vorab in *Germanic Review* abgedruckt; Teile von Kapitel XIII und XIV erschienen in etwas anderer Form in *German Life and Letters*. Der Abdruck von Zitaten aus Tollers Werk erfolgt mit freundlicher Genehmigung des Nachlasses von Sidney Kaufman und des Carl Hanser Verlags, München. Bertolt Brechts Gedichte »Über die Bezeichnung Emigranten« und »Hollywood« sind der Suhrkamp-Ausgabe *Die Gedichte* entnommen. Die Zeilen aus W. H. Audens »In Memory of Ernst Toller« sind zitiert nach den *Collected Poems*, mit freundlicher Genehmigung von Faber und Faber.

Richard Dove

Einleitung

Ernst Toller, Dramatiker, Redner und sozialistischer Revolutionär, ist heute weitgehend in Vergessenheit geraten. Dabei gelangte er schon zu Lebzeiten zu Ruhm und war in den zwanziger Jahren wahrscheinlich der bekannteste lebende deutsche Dramatiker. Sein Ruf überragte bei weitem den von Georg Kaiser, Carl Sternheim oder Bertolt Brecht und drohte sogar den des ehrwürdigen Gerhart Hauptmann in den Schatten zu stellen, dem für seine Dramen der Nobelpreis verliehen worden war. Am Ende des Jahrzehnts war Tollers Werk in 27 Sprachen übersetzt, und die wichtigsten Bühnen der Welt hatten seine Stücke aufgeführt. Als er 1933 in London auf einer antifaschistischen Kundgebung sprechen sollte, wurde er als »weltberühmter deutscher Schriftsteller«[1] angekündigt, was nicht übertrieben war. Sein Name war, besonders innerhalb der politischen Linken, vielen geläufig, selbst denen, die nicht eines seiner Dramen gesehen oder gelesen hatten. Sein Ruf als Dramatiker war nicht zu trennen von dem Ansehen, das er als Politiker genoß: zunächst als einer der Führer der unglücklich gescheiterten bayerischen Räterepublik, dann als der bekannteste politische Gefangene der Weimarer Republik und schließlich als der meistgefeierte Exilschriftsteller zur Zeit des Dritten Reiches.

Es ist verwunderlich, daß bis heute keine gültige Biographie von Toller vorliegt. Er selbst schrieb eine faszinierende Autobiographie, die aber Fragment blieb: Er vollendete nur den ersten Band, der mit seiner Entlassung aus dem Gefängnis im Alter von dreißig Jahren endet. Die vereinzelten akademischen Arbeiten über Toller beziehen sich natürlich auch auf biographisches Material, benutzen es aber in erster Linie zur Interpretation seiner Dramen und verwandeln damit sein Leben in einen Aspekt der Literaturgeschichte. In Wahrheit aber ist seine Biographie interessanter als sein Werk: Sein Leben enthält die Dramatik, die seinen Stücken manchmal fehlt.

Toller war ein typischer Repräsentant jener Generation, die in den neunziger Jahren des letzten Jahrhunderts geboren wurde und mit den Wertvorstellungen des kaiserlichen Deutschlands aufwuchs, die voll patriotischer Ideale in den Ersten Weltkrieg zog, durch die Erlebnisse an der Front radikalisiert wurde, und nach dem Krieg schließlich die Revolution unterstützte. Wie viele seiner literarischen Zeitgenossen hatte er seine produktivste Zeit in den zwanziger Jahren, und wie viele von ihnen war auch er nach 1933 gezwungen, ins Exil zu gehen.

Er selbst war sich des repräsentativen Charakters seiner Erfahrungen bewußt. In seiner Autobiographie versuchte er sie als typisch für ihre Zeit darzustellen und als entscheidend für ein Verständnis der politischen Entwicklungen in Deutschland bis 1933. Das Repräsentative an Tollers Leben, die außergewöhnliche Übereinstimmung öffentlicher Ereignisse und privater Erfahrung, macht es bis heute interessant.

Um Toller gab es ständig Kontroversen. Als überzeugter sozialistischer Dramatiker strebte er nicht nach Neutralität, wie es auch nur wenige gab, die hinsichtlich seiner Person oder seines Werks neutral waren. Während die politische Linke ihn als »Dichter des Proletariats« feierte, schmähte ihn die nationalistische Rechte als Inkarnation des »jüdischen Kulturbolschewismus«. Jedes neue Stück von ihm in den zwanziger Jahren löste heftigste Diskussionen aus. Linke Kritiker lobten die Kühnheit seiner politischen Themen, ihre rechten Opponenten hingegen verwarfen sein Werk als tendenziös. (Selbst heute noch ist das »ästhetische« Urteil über Tollers Werk weitgehend eher ein politisches.)

Die Legende, die um Toller herum entstand, beruht auf seiner Rolle in der bayerischen Räterepublik. In dieser Zeit war er sowohl politischer Aktivist als auch Schriftsteller. Indem er die Dichotomie zwischen Denken und Handeln, Kunst und Realität überwand, verwirklichte er einen Traum der deutschen Literatur, dessen Ursprung weit ins 19. Jahrhundert zurückreicht. Die Legende half, seine Karriere als Dramatiker voranzubringen, verfolgte ihn aber auch für den Rest seines Lebens. Seither haben Literarhistoriker an einer eigenen Version des Toller-Mythos geschrieben: eine Gegenversion, die behauptet, seine eigentliche Bestimmung habe im Lyrischen gelegen, die politische Aktivität sei jugendliche Unvernunft gewesen; sein Idealismus sei an den Klippen der Wirklichkeit zerschellt und seine kreative Begabung tragischerweise verkümmert, was ihn zur Verzweiflung und schließlich in den Selbstmord getrieben habe. Eine solche Charakterisierung übernimmt das romantische Klischee vom empfindsamen Idealisten, der – außerstande, sich in der Realität zurechtzufinden, – einem frühen Tod geweiht ist.

Legende wie Gegenlegende enthalten ein Stück Wahrheit. Toller war und blieb Zeit seines Lebens der jugendliche Aktivist, stets engagiert, wenn es anstand, sich zu engagieren: für das Vaterland im August 1914, für die Revolution im November 1918 und schließlich für den Kampf gegen den Nationalsozialismus ab 1933. Ebenso war er der empfindsame Dichter, dessen Gedichtzyklus *Das Schwalbenbuch* – zu dem ihn die Beobachtung der Schwalben inspirierte, die in seiner Gefängniszelle nisteten – ihn weltweit bekannt machte. Aber vielleicht war er mehr als alles andere der Beobachter und Chronist seiner Zeit. Während seine Kritiker ihn als Träumer und Idealisten abtaten, offenbarte sein politisches Urteilsvermögen (mit Sicherheit nach 1920) einen Realitätssinn, der in der Weimarer Republik leider allzu selten war. Am deutlichsten dokumentiert dies seine beinahe visionäre Einschätzung der verhängnisvollen Anziehungskraft des Nationalsozialismus, vor der er wiederholt warnte: Sein Stück *Der entfesselte Wotan*, das geradezu prophetisch die Laufbahn des jungen Adolf Hitler schildert, entstand bereits 1923, als Toller sich noch in Haft befand.

Was für ein Mensch war Ernst Toller? Es ist immer schwierig, hinter der öffentlichen die private Person zu erkennen, aber das Bild von Toller, das sich in den Autobiographien und Erinnerungen aus dieser Zeit zeigt, ist klar und eindeutig: Er war eine beeindruckende, sogar charismatische Persönlichkeit, die auf alle, die ihn kennenlernten, offenbar eine große Faszination ausübte. Diese Faszination wurde, ganz im Gegensatz zu der von Bertolt Brecht oder Georg Kaiser, in erster Linie durch seine körperliche Erscheinung und seine Ausstrahlung hervorgerufen, an die sich viele noch erinnerten, lange nachdem sein Werk bereits vergessen war.

Die berühmteste Beschreibung von Toller stammt aus dem Steckbrief, der im Mai 1919 in ganz Deutschland verschickt wurde: »Toller ist von schmächtiger Statur und lungenkrank; er ist etwa 1,65 bis 1,68 m groß, hat mageres, blasses Gesicht, trägt keinen Bart, hat große braune Augen, scharfen Blick, schließt beim Nachdenken die Augen, hat dunkle, beinahe schwarze wellige Haare, spricht Schriftdeutsch«. Toller wirkte allerdings viel größer, als er tatsächlich war. Seine beeindruckende physische Erscheinung beschreibt der englische Sozialist Wilfred Wellock, der ihn im Mai 1920 im Gefängnis besuchte:

Dann traten der Wärter und sein Gefangener ein – eine große, geschmeidige Gestalt mit dichtem, kurzgeschnittenen, pechschwarzen Haar, das sorgfältig zurückgekämmt war. Das ungeduldig wirkende Gesicht mit seinem klaren, olivfarbenen Teint, den dunkel leuchtenden Augen, dem durchdringenden Blick, der mich sofort zu verschlingen schien, strahlte viel Sympathie und Intelligenz aus. Es war Ernst Toller.[2]

Tollers Aussehen imponierte allen, die ihn kennenlernten. Christopher Isherwood erinnerte sich »an diese dunkel glühenden Augen, die noch kein Photograph hat wiedergeben können«.[3] Dorothy Thompson, die erste amerikanische Journalistin, die aus Nazi-Deutschland ausgewiesen wurde, zollte in ihrer Besprechung von Tollers Autobiographie seinem attraktiven Äußeren gebührende Anerkennung:

Ich kenne ihn nur flüchtig, aber ich erinnere mich lebhaft an seine Erscheinung ... seine Gesichtszüge erinnern etwas an einige der wilden Physiognomien, die sich auf Raphaels Gemälden vom jungen Johannes dem Täufer finden, das wahre Bild eines Dichters, sinnlich, aber kultiviert, eine Mischung aus reiner Triebhaftigkeit und Geist.[4]

Toller übte zweifellos eine besondere Anziehungskraft auf Frauen aus. Der Maler George Grosz kommentierte nicht ohne Sarkasmus: »Die Frauen waren ihm zugetan – und er den Frauen«; Ernst Niekisch, Tollers Mitgefangener und Vertrauter, erinnerte sich, daß er immer »von jenem gewinnenden Wesen« war, »das Frauen am Manne so lieben, und in der Tat wurde er von Frauen auch in reichlichem Maße geliebt.«[5]

Es gab sicherlich eine Reihe von Frauen in seinem Leben, oft in entscheidenden Momenten: Margarete Pinner, mit der er den pazifistischen Studentenbund in Heidelberg gründete, die bekannte Schauspielerin Tilla Durieux, mit der er während der Münchener Zeit oft in Zusammenhang gebracht wurde, Grete Lichtenstein, die ihm nach dem Zusammenbruch der bayerischen Räterepublik Zuflucht gewährt hatte, Netty Katzenstein, der er aus der Haft zahlreiche Briefe schrieb, Betty Frankenstein, mit der er zwischen 1925 und 1938 regelmäßig korrespondierte, Lotte Israel, seine Vertraute in den späten zwanziger Jahren, und schließlich Christiane Grautoff, die junge Schauspielerin, gerade einmal halb so alt wie er, die er 1935 in London heiratete. In den meisten Fällen ist es unmöglich, mehr als bloße Spekulationen über diese Beziehungen anzustellen, da Toller in dieser Hinsicht bewußt sehr verschwiegen war. In seiner Biographie werden sie praktisch nicht erwähnt. Obwohl viele seiner Briefe erhalten geblieben sind, findet sich nicht ein einziger Liebesbrief darunter; auch unter den Gedichten, die veröffentlicht worden sind, ist keines, das auch nur annähernd ein Liebesgedicht genannt werden könnte.

Tollers äußere Erscheinung unterstrich zweifellos noch seine charismatische Rednergabe, die ihm alle, die ihn je gehört hatten, attestierten. Tatsächlich hatte er sich längst einen Ruf als politischer Redner erworben, bevor er als Dramatiker berühmt wurde. Als Redner geriet er erstmals ins Licht der Öffentlichkeit, als er während des Munitionsarbeiterstreiks im Januar 1918 auf Massenversammlungen auftrat. Ungeachtet seiner politischen Unerfahrenheit brachte ihn seine rhetorische Begabung später an die vorderste Front der revolutionären Bewegung in München. Die messianischen Gestalten seiner frühen Stücke waren allesamt Projektionen seiner eigenen politischen Aktivität.

Toller sprach gefühlsbetont. Er war ein Redner, dessen rhetorische Kraftakte durch die offenkundige Ehrlichkeit und sein leidenschaftliches Engagement überzeugten. Otto Zarek, zu jener Zeit Student in München, erinnert sich:

> Hinsichtlich seines Redestils machte er keine Konzessionen an die Leute ... Aber trotzdem triumphierte er. Nicht mit seinen Themen, sondern mit der Art, wie er sprach, überzeugte er schließlich seine Zuhörer. Die Leute waren sich nicht im klaren, ob er Recht hatte oder nicht, aber sie hatten keinen Zweifel daran, daß er ehrlich war.[6]

Oft überzeugte seine Zuhörerschaft weniger die Schlüssigkeit seiner Argumente als der Elan, der aus seinem Glauben an die Sache resultierte.

Toller war ein sozialistischer Moralist, der – wie viele aus der Generation, die während des Ersten Weltkriegs erwachsen wurde – beseelt war von der Vision einer neuen Menschlichkeit. Ernst Niekisch schrieb: »Er glaubte an das Gute im Menschen«, und Max Weber bezeugte bei Tollers Kriegsgerichtsverhandlung dessen »absolute Lauterkeit der Absichten«.[7] In seiner Autobiographie schrieb Toller, daß die Vorstellung, die ihn die fünf Jahre der Haft habe durchstehen lassen, »der Glaube an eine Welt der Gerechtigkeit, der Freiheit, der Menschlichkeit, an eine Welt ohne Angst und ohne Hunger«[8] war – Ideale, die seiner Meinung nach mit denen des Sozialismus übersteinstimmten. Seine frühen Stücke waren förmlich durchtränkt von seinem ethischen Idealismus: das Theater als »moralische Anstalt« in der Tradition Schillers. Seine Kritiker bemängelten, daß seine humanitären Intentionen seine Stücke zu Predigten werden ließen, aber er konnte kaum anders: Armut und soziales Leid bewegten ihn zutiefst, und er war überzeugt davon, daß beides politisch überwunden werden könnte. Ernst Niekisch schrieb: »Menschliche Not, menschliches Elend ergriffen ihn, wo sie ihm begegneten; sein Herz war leicht zu rühren, und bereitwillig half er, wo er Gutes stiften konnte.«[9] Toller neigte in der Tat zur Selbstlosigkeit, gar zur Selbstaufgabe. Während des ersten Jahres in Haft bot man ihm eine Amnestie an, aber er weigerte sich, darauf einzugehen, weil seine politischen Freunde nicht begnadigt werden sollten. Und das war keine vereinzelte Geste. Für ihn war Solidarität die höchste Tugend des Sozialisten. So spendete er die Tantiemen, die er für die Aufführung seines Dramas *Die Maschinenstürmer* erhielt, an die Internationale Arbeiterhilfe und war immer bereit, Mitgefangenen zu helfen, deren Familien in Armut lebten. Die großen Hilfsaktionen, die er während des Exils in Gang brachte, wurden gänzlich aus seiner Tasche finanziert; es gibt viele Berichte von der materiellen und moralischen Unterstützung, die er anderen Flüchtlingen gewährte – ein Verhalten, das selbst einstige Gegner wie den kommunistischen Schriftsteller Johannes R. Becher veranlaßte, »dem guten Kameraden«[10] Respekt zu bekunden.

Tollers Schwächen standen seinen großen Vorzügen in nichts nach. Seine Kritiker hielten ihn für eingebildet, und sein Altruismus ging sicherlich einher mit einem an Egozentrik grenzenden Selbstwertgefühl. In den Jahren nach seiner Entlassung aus dem Gefängnis gewöhnte er sich mehr und mehr an seine Rolle im öffentlichen Leben, und schließlich konnte er ohne sie nicht mehr leben. Der Biograph Emil Ludwig, selbst vom Erfolg verwöhnt, fühlte, daß Toller immer versuchte, sich selbst etwas zu beweisen und seiner eigenen Legende zu entsprechen.[11] Er hatte eine starke Neigung zum Theatralischen: Schon als Schuljunge hatte er Schauspieler werden wollen, und sein Hang zur Selbstdramatisierung ist in seiner Autobiographie ebenso offenkundig wie in seinen (oft autobiographischen) Stücken. Ernst Niekisch erinnert sich: »Er hatte schauspielerisches Talent, liebte das große Pathos, die eindrucksvolle Geste und neigte dazu, sich stets, wenn auch in durchaus geschmackvoller Weise, in Szene zu setzen.«[12] George Grosz, ein weniger freundlicher Beobachter, hatte den Eindruck, daß Toller immer im Mittelpunkt stehen mußte:

> Bei ihm mußten Telegramme einlaufen und Reporter erscheinen; er brauchte das stete Gefühl des Begehrt- und Benötigtwerdens. Ich sehe ihn noch in seinem Hotelzimmer nach der Ankunft in New York: ein halbes Dutzend Journalisten waren da, als ich eintrat; zwei Sekretärinnen saßen und schrieben. Toller schilderte gerade eindringlich die Hinrichtung eines nazifeindlichen Arbeiters namens André, ein Page brachte Telegramme, es war Betrieb. Toller war glücklich.[13]

Grosz' Porträt mag den Blickwinkel des Karikaturisten verraten, Tatsache aber ist, daß Toller wirklich einen ausgeprägten Sinn für Publicity hatte. Wenn er mit dem, wofür er sich gerade engagierte, an die Öffentlichkeit trat, sah er sich selbst gern in der Hauptrolle.

Seine vielleicht auffallendste und sicherlich beunruhigendste Charakterschwäche war seine Launenhaftigkeit. Seine Stimmungen wechselten oft schlagartig, glühender Enthusiasmus konnte im nächsten Augenblick tiefster Melancholie weichen. Seine manisch-depressive Veranlagung, die seine engen Freunde alle bestätigten, wurde wahrscheinlich durch die Auswirkungen der Haft und später durch das Schicksal des Exils noch verschlimmert. Seine Depressionen häuften sich nach 1933 und überschatteten seine Arbeit und Ehe.

Sämtliche Freunde Tollers beschrieben ihn als unterhaltsamen und engagierten Zeitgenossen mit einem ganz besonderen Charme. Er hatte die Gabe, sich bei anderen beliebt zu machen – und er mochte es, beliebt zu sein. Seine gewinnende Art behielt er auch in anderen Sprachen: Fenner Brockway entsann sich, daß, als Toller in England war, »die Leute aufgrund seiner Berühmtheit etwas eingeschüchtert waren, er aber dennoch schnell und mit Leichtigkeit Freunde zu finden verstand«.[14] Der Romancier Hermann Kesten, ein enger Freund Tollers, erinnerte sich an die manchmal beunruhigende Ambivalenz seiner Persönlichkeit:

> Wenn man seine Melancholien und sein grausiges Ende sah, glaubte man kaum, wie sanft und lebensfröhlich er sein konnte, wie heiter er lachen konnte, mit blitzenden Zähnen

und Augen und dem jungen Gesicht, das seine grauweißen Haare Lügen strafte.[15]

Seine Jugendlichkeit, belegt durch zahlreiche weitere Zeugnisse, nahm den berühmten Alfred Kerr derart für ihn ein, daß einige behaupteten, dieser sei blind für die Schwächen von Tollers Dramen. In guten Momenten war Toller springlebendig, geradezu sprudelnd vor Energie und Vitalität. »Wie überströmend von Leben war dieser Ernst Toller«, schrieb Lion Feuchtwanger. »Wenn man eine Stunde mit ihm zusammen war, wieviel Entwürfe schüttete er vor einen hin, wieviel Pläne von Stücken, Geschichten, Essays. Wieviele Hilfsaktionen wollte er unternehmen für einzelne, für Gruppen, für Völker.«[16] Seine literarischen Pläne, Produkte einer reichen Phantasie, wurden allzu oft nicht realisiert, ein Manko, das Feuchtwanger darauf zurückführte, daß er seine Energie anderen Angelegenheiten widmete.

Der russische Schriftsteller Ilja Ehrenburg, der ihm während seiner rastlosen Reisen in den Dreißigern häufig begegnete, sah in ihm eher einen Träumer, der Luftschlösser baute und sich Pläne und Projekte nur vormachte. Er hielt ihn für beinah kindlich – nicht ganz von ungefähr, denn Toller hatte in der Tat die Fähigkeit, sich in die Welt der Kinder hineinzuversetzen; er verstand ihre Sprache zu sprechen und ihr Vertrauen zu gewinnen. Niekisch erinnerte sich, wie schnell Toller seinen zehnjährigen Sohn für sich eingenommen hatte, und wie sehr es ihn vergnügte, mit dem Jungen zu spielen. Feuchtwanger erzählte, wie er die Schülerinnen einer Londoner Mädchenschule mit Geschichten in seinen Bann zog, ». . . und wie hingen sie an seinen Lippen . . ., lachend, weinend, weil er selber lachte und weinte«.[17]

Toller wußte immer, daß er seinen Ruf als Dramatiker zum Teil auch seinem politischen Ansehen verdankte, ein Zusammenhang, der ihn verletzte und frustierte. Wiederholt zog er sich aus dem öffentlichen Leben zurück, weil er nicht in die Rolle zu passen glaubte, die ihm das Schicksal aufgezwungen hatte, aber dann kehrte er immer wieder in die öffentliche Arena zurück, kurioserweise abhängig von dem Beifall, dem er zu entrinnen versuchte. Er erkannte (und bedauerte oft), daß ihm als politisch engagierten Schriftsteller jeder Rückzug in den Elfenbeinturm verbaut war. Als er 1938, kurz vor einer Reise ins republikanische Spanien, auf einem Schriftstellertreffen sprach, sagte er: »Auch wir lieben die Stille des Arbeitszimmers und die geduldige, demütige Arbeit am Werk. Aber eine Zeit, die die

Ideen der Menschheit verrät, zwingt uns, den Verrat zu brandmarken und zu kämpfen, wo immer die Freiheit bedroht ist.«[18]

Es war Tollers Unglück, daß er gerade in einer solchen Zeit lebte. Im Gegensatz zu seinen Zeitgenossen Kaiser und Brecht besteht sein Hauptvermächtnis nicht aus dem, was er schrieb, sondern aus dem, was er tat. Sein Leben war in vielerlei Hinsicht beispielhaft – dieses Buch will daran erinnern.

I Eine Jugend im deutschen Kaiserreich
1893–1914

Auf den ersten Blick läßt in Ernst Tollers Entwicklungsjahren wenig vermuten, daß er einmal ein berühmter Dramatiker, geschweige denn ein sozialistischer Revolutionär werden würde: Die Verhältnisse, in denen er aufwuchs, waren gutbürgerlich, provinziell und jüdisch-orthodox. In seiner Erinnerung war es keine glückliche Kindheit: »Ich hatte keine Kindheit, die mir Freude gab, keine Lehrer, die meiner Unrast und schweifenden Unbändigkeit Ordnung wiesen.«[1]

Toller wurde am 1. Dezember 1893 geboren. Er war eines von drei Kindern bürgerlicher, jüdischer Eltern, die in Samotschin lebten, einer kleinen Stadt in der preußischen Provinz Posen, die zum Deutschen Reich gehörte, aber in ethnischer und historischer Hinsicht polnisch war. Samotschin war eine kleine Stadt mit etwa dreitausend Einwohnern, auf urbar gemachtem Marschland im Tal der Netze. Als Marktort, wo die Produkte der Umgebung – hauptsächlich Holz, Weizen und Vieh – verkauft wurden, hatte es jedoch eine weitaus größere wirtschaftliche Bedeutung, als seine Einwohnerzahl vermuten läßt. Die Stadt und der umliegende Netzebruch waren 1772 bei der ersten Teilung Polens von Preußen annektiert worden. Deutsche Siedler hatten in den folgenden Jahrzehnten das Gebiet bevölkert und als einen vorgeschobenen Außenposten des Reiches kolonisiert. In einer überwiegend polnischen Provinz war Samotschin eine sehr deutsche Stadt. Toller erinnerte sich, daß Deutschstämmige und Juden gleichermaßen stolz auf diese deutsche Tradition waren und auf all jene Städte der Provinz herabblickten, in denen Polen und Katholiken in der Mehrheit waren und den Ton angaben.

Die Juden waren während Tollers Kindheit eine schwindende Minderheit in Samotschin. 1870 gab es noch über 400, bis 1910 aber war ihre Zahl auf nicht mehr als 130 geschrumpft; viele hatte es in die expandierende Metropole Berlin gezogen, die Hauptstadt des neu gegründeten Deutschen Reiches. Trotz dieses numerischen Rückgangs blieb der Einfluß der Juden im Geschäftsleben der Stadt beachtlich. Die Familie Toller gehörte zu den alteingesessenen Kaufmannsfamilien Samotschins. In der amtlichen Stadtchronik ist sie allerdings nicht erwähnt, so daß wir weitestgehend auf Tollers eigene, spärliche

Aussagen angewiesen sind. Seinem Urgroßvater mütterlicherseits war von Friedrich dem Großen (nach Zahlung einer angemessenen Summe) als einzigem Juden erlaubt worden, sich in Samotschin niederzulassen. Sein Urgroßvater väterlicherseits, hieß es, sei von Spanien gekommen und habe ein Gut im Westpreußischen besessen; sein Reichtum war derart legendär, daß man sich erzählte, er habe von goldenen Tellern gegessen. Der vermeintliche Reichtum des Vorfahren indes ist von den nachfolgenden Generationen weitestgehend durchgebracht worden, doch erhielt sich die Familie einen bescheidenen Wohlstand.

Tollers Autobiographie, die erstmals 1933 erschien,[2] berichtet wenig über seine Familie und noch weniger über sein Verhältnis zu ihr. Er erwähnt weder seinen älteren Bruder Heinrich, noch seine Schwester Hertha, obwohl er gerade zu seiner Schwester sein Leben lang eine enge und innige Beziehung hatte. Hertha, vier Jahre älter als Ernst, war ihm in seiner frühen Jugend oft Ratgeberin und Vertraute. Sie ist das Vorbild für die idealisierte Figur der »Schwester« in seinem autobiographischen Erstlingsdrama *Die Wandlung*. Ernst war ein zurückhaltendes und sogar einsames Kind, das sich Tagträumereien und Selbstbetrachtungen überließ. Er spielte selten mit anderen Kindern und saß oft stundenlang in Gedanken versunken vor dem Haus. Seine Mutter machte sich Sorgen über diesen Hang zur Einsamkeit: »Warum gehst du nicht spielen? Was machst du gerade?« Wenn sie so fragte, war die Antwort: »Ich atme.«[3]

Die Familie Toller gehörte zu den arrivierten bürgerlichen Kreisen von Samotschin. Mendel Toller, Ernsts Vater, war im Getreidegroßhandel tätig, ein Geschäft, das auch Heinrich nach dem Tod seines Vaters im Jahr 1911 betrieb. Die Familie war nicht reich, aber wohlhabend genug, sich einen Koch und ein Kindermädchen leisten zu können und ihre Kinder privat unterrichten zu lassen; selbst nach dem Tod des Vaters war genug Geld da, daß Ernst seine Ausbildung in Frankreich fortsetzen konnte.

Mendel Toller genoß in der Tat einiges Ansehen in der Gemeinde und wurde 1906 in den Stadtrat gewählt. Zweifellos teilte er die patriotischen und konservativen Wertvorstellungen des preußischen Bürgertums, dem er um jeden Preis zugerechnet werden wollte. In der Eingangsszene der *Wandlung* ist von ihm die Rede als »dem guten Geschäftsmann«, der seinen Sohn in einen soliden Beruf zwängen will und ihm Vorträge hält »vom wohlanständigen Leben und gefestigten Wandel«. Dieses literarische Indiz läßt vermuten, daß Mendel Toller wenig tat, um seinen Sohn in dem Entschluß zu bestärken, Schriftsteller zu werden; aber die Wahrheit scheint komplexer zu sein – tatsächlich schickte sein Vater einige der ersten Gedichte von Ernst an Kurt Pinthus, damals noch ein junger Literaturkritiker.[4] Er war sicherlich darauf bedacht, den guten Namen der Familie zu wahren. Als Ernst einen Artikel schrieb, der den Tod eines stadtbekannten Armenhäuslers aufgreift, und der Bürgermeister daraufhin mit einem Strafverfahren drohte, konnte Mendel Toller binnen kurzem seinen Einfluß nutzen, so daß die Klage fallen gelassen wurde; eine Lektion über Macht und das Ausspielen von Beziehungen, die sein Sohn nie vergaß.

Toller war siebzehn, als sein Vater an Krebs starb, ein Ereignis, das ihn sehr getroffen hat. Die Beschreibung seines Todes ist die einzige Passage der Autobiographie, in der Mendel Toller eine zentrale Rolle spielt. Fast mit seinem letzten Atemzug erhebt der Vater mysteriöse Vorwürfe gegen seinen Sohn – »Du bist schuld«, stöhnt er. Viele Jahre später, als seine Mutter ernsthaft erkrankt war und er sich in Haft befand, hatte Toller eine Halluzination: Während er im Bett lag, fühlte er sich von jemandem beobachtet, der sowohl er selbst als auch sein Vater war. Aus diesen beiden Vorfällen läßt sich schließen, daß die Beziehung zwischen Vater und Sohn sicherlich schwierig war und das Thema Schuld eine wesentliche Rolle darin spielte.

Tollers bleibende Erinnerungen an die Kindheit waren die an seine Mutter und an den Kolonialwarenladen der Familie, in dem sie das Sagen hatte. Ida Toller war eine tüchtige und fleißige Frau, die das Familiengeschäft nach dem Tod ihres Mannes lange Zeit weiterführte. Sie lebte ihr Leben nach den Grundsätzen des jüdischen Glaubens, hielt seine Vorschriften ein und unterwies ihre Kinder darin. Obwohl Ernst zu seiner Mutter eine enge Beziehung hatte, war diese keineswegs immer harmonisch. Daß er sein jüdisches Erbe ablehnte – die Frömmigkeit seiner Mutter war für ihn reiner Fatalismus[5] –, schmerzte sie zweifellos, auch wenn sie es wohl als Teil der pubertären Trotzphase gedeutet haben mag. Er sei schon als Junge so trotzig gewesen, sagte sie einmal zu Else Lasker-Schüler. Ernst war nichtsdestoweniger in hohem Grade Sohn seiner Mutter. Else Lasker-Schüler erinnerte sich: »...zwischen Zeile und Zeile ihrer Briefe leuchtete der Stolz ihres schönen Herzens. Ihres Sohnes Gemüt, ein geläutertes Gemüt, von Gott geliebt.«[6]

Obwohl Toller in der materiellen Sorglosigkeit eines bürgerlichen Elternhauses aufwuchs, hatte er keine glückliche Kindheit. In späteren Jahren sprach er von »seelischen Konflikten«, die sein Leben von früher Kindheit an seltsam melancholisch gestimmt hätten und die er auch intellektuell nicht habe ausräumen können. Die stärkste Empfindung in seinen jungen Jahren, die auch in seinem späteren Leben immer wieder auftauchen sollte, war die der Fremdheit. Dieses Gefühl der Unzugehörigkeit, kennzeichnend für viele Protagonisten seiner Dramen, ist weitgehend auf seine jüdische Herkunft zurückzuführen.

Die Situation der Juden in Posen war auch für andere Gebiete in Mittel- und Osteuropa charakteristisch. Obwohl sozial wie politisch emanzipiert, waren sie in die Gesellschaft, in der sie lebten, nie völlig integriert. Die Juden in Posen waren stolz auf ihr Deutschtum, stellten es heraus, wo es ging, und unterstützten auch den aggressiven Nationalismus des Kaiserreiches. Dennoch – so sehr sie auch gewünscht haben mögen, als Deutsche angesehen zu werden, die Deutschen akzeptierten sie nie ganz als ihresgleichen. Mendel Toller nahm den deutsch klingenden Vornamen Max an, aber solches Anpassungsbestreben konnte die unausgesprochenen, doch unüberwindlichen gesellschaftlichen Barrieren nicht beiseite räumen. Nur an »Kaisers Geburtstag«, erinnerte sich Toller, durften Juden mit Reserveoffizieren und Kriegsveteranen an einer Tafel sitzen, um »Kaiser Wilhelm hoch leben zu lassen«.

Einig waren sich Juden und Deutsche nur in ihrer Geringschätzung der polnischen Bevölkerung. Die Polen galten als Untertanen, deren Loyalität zum Kaiserreich fragwürdig war. Ihre Sprache und Kultur wurden systematisch unterdrückt. 1876 wurde Deutsch per Erlaß zur einzigen offiziellen Sprache; polnischen Kindern war es verboten, in der Schule ihre Muttersprache zu sprechen. »Wir Kinder sprachen von den Polen als 'Polacken'«, erinnerte sich Toller, »und glaubten, sie seien die Nachkommen Kains, der den Abel erschlug und von Gott dafür gezeichnet wurde.«

Die politischen und ökonomischen Wurzeln dieses Vorurteils sind hinreichend klar. 1886 wurde eine Siedlungskommission eingerichtet, um polnischen Grundbesitz als Ackerland für deutsche Siedler aufzukaufen. Deutsche Beamte waren angewiesen, nur in deutschen Geschäften zu kaufen, Deutsche, die einem Polen Land verkauften, galten als unpatriotisch, wenn nicht gar als Verräter. Die Polen waren ihrerseits gegen die herrschende deutsche Minderheit aufgebracht; aufgrund der Sprache zählten die Juden für sie dazu. Die Juden waren daher in doppelter Hinsicht isoliert – für die Polen waren sie Deutsche, und für die Deutschen waren sie Juden. In einer solchen Umgebung mußte förmlich ein Gefühl der Isolation und Entfremdung entstehen. Eine ähnliche Situation prägte Franz Kafka.

Tollers Kindheit war geradezu beispielhaft für die sozialen, ethnischen und nationalen Spannungen in dieser entlegenen Reichsprovinz. Es gab vieles, das ihn von anderen Kindern unterschied. Er ging in eine jüdische Grundschule, nicht in die evangelische, die die anderen deutschen Kinder besuchten, oder in die katholische für die polnischen Kinder, eine Aufteilung, die die gegenseitige Antipathie zwischen Deutschen und Polen und den latenten Antisemitismus beider zum Ausdruck brachte. Einige der frühesten Erinnerungen Tollers stehen in unmittelbarem Zusammenhang mit diesem Antisemitismus: die erzwungene Trennung von den Kindern christlicher Konfession, die Schmährufe »Jude« und »Jiddchen«, die wilden Gerüchte um einen Ritualmord an einem »Christenjungen« durch Juden. Toller mag die objektive Bedeutung solcher Vorfälle überschätzt haben, aber es gibt keinen Zweifel an der Bedeutung, die sie für seinen zukünftigen Werdegang hatten. Die Erfahrung des Antisemitismus bedrückte ihn nicht nur, sie gab ihm ein Gefühl persönlicher Zurückweisung: Er wollte nicht länger Jude sein, wollte sein »wie die anderen« und lehnte infolgedessen die jüdische Kultur und den jüdischen Glauben ab, die im Leben seiner Mutter einen so hohen Stellenwert hatten. Was er als Kind fühlte, blieb entscheidend für die Haltung des Erwachsenen. Als Soldat im aktiven Dienst ersuchte er schriftlich darum, aus dem Verzeichnis der Mitglieder der jüdischen Gemeinde von Samotschin gestrichen zu werden; in der antisemitischen Atmosphäre während seines Prozesses wegen Hochverrats verwahrte er sich dagegen, als Jude bezeichnet zu werden, und beharrte darauf, konfessionslos zu sein. Die religiösen Empfindungen, die eine orthodox jüdische Erziehung hervorgebracht hatten, richteten sich nun auf den Sozialismus, das »Sakrament der Erde«, wie er einmal schrieb.[7]

Daß Toller sich von seiner jüdischen Herkunft abwandte, scheint sich durch Schuldgefühle verstärkt zu haben, die er hinsichtlich seiner privilegierten materiellen Situation hatte. Von frühester Kindheit an war er eng mit Stanislaus befreundet, einem von acht Kindern eines polnischen Nachtwächters. Anfänglich hatte ihre Freundschaft die gegenseitige Abneigung von Polen und Deutschen überwunden, aber im Alter von neun Jahren wurden sie getrennt durch ein Schulwesen, das die sozialen Unterschiede widerspiegelte und noch verstärkte. Toller wurde in die Knabenschule geschickt, eine Privatschule, an der Latein gelehrt wurde, und damit von den ärmeren Kindern, die zur Volksschule gingen, unmittelbar getrennt. Stanislaus besuchte ihn nicht mehr. Die Veränderungen, die Wahrnehmung sozialer Unterschiede verwirrten und bedrückten ihn; er fragte seine Mutter, warum es reiche und arme Menschen gebe. »Weil der liebe Gott es so will«, sagte sie ihm. Die Knabenschule wurde von einem christlichen Pfarrer geleitet, über den sich Toller später nur abfällig äußerte. Toller blieb auf der Schule, bis er elf Jahre alt war; zuletzt war er der einzige Schüler.

Im Alter von zehn Jahren wurde Toller ernsthaft krank und mußte sich einer größeren Operation unterziehen. Die Krankheit hatte eine Reihe von Spätfolgen, darunter Herzbeschwerden und Nervenleiden. Eine Zeitlang konnte er offenbar nur mit Hilfe von Krücken gehen, eine Behinderung, die psychischen Ursprungs zu sein schien. Viel mehr ist über sein mysteriöses Leiden nicht bekannt: Über dessen genaue Art und Ursache schwieg sich Toller hinterher immer aus und auf die Vermutung, daß dieses Nervenleiden später in seiner Kindheit noch einmal aufgetreten sei, reagierte er empfindlich. Es steht jedoch fest, daß er sein Leben lang immer wieder mit gesundheitlichen Problemen zu kämpfen hatte.

Im Alter von zwölf Jahren setzte Toller seine Ausbildung fort und besuchte das Realgymnasium in Bromberg (heute: Bydgoszcz), der Hauptstadt des Regierungsbezirkes. Bromberg war etwa achtzig Kilometer von Samotschin entfernt, und es gab keine direkte Zugverbindung, so daß Toller während des Schuljahres als Kostgänger privat untergebracht war und nur während der Ferien nach Samotschin zurückkam. Die Ferien waren eine willkommene Befreiung von der »Zwangsarbeit« einer preußischen Bildungsanstalt, aber die Vorfreude während der Heimreise wurde, erinnerte er sich, immer schon getrübt von dem Wissen, daß er zwei Wochen später zurückzukehren hatte.[8]

Das Realgymnasium sollte angeblich eine modernere und praxisnähere Ausbildung bieten als das traditionelle Gymnasium mit seinen klassischen Bildungsidealen, aber rückblickend erschien es Toller als eine Einrichtung, in der man das Falsche lernte und zum Militarismus erzogen wurde. Das preußische Schulwesen war zweifellos engstirnig und autoritär und darauf angelegt, den Schülern »Gottesfurcht und Untertanensinn« einzurichten. Die Werte, die es propagierte, waren nationalistisch, militaristisch und erzkonservativ, kurzum, die Summe der herrschenden Moral im wilhelminischen Deutschland. Das einzige, was man damit erreichte, war, daß Tollers Widerspruchsgeist herausgefordert wurde. Diese Erfahrungen erklären sein späteres Interesse an sozialistischer Erziehung und Bildung. Um den starren Lehrplänen und der verdummenden Angepaßtheit seiner Lehrer zu entkommen, befaßte er sich mit moderner Literatur, besonders mit Dramen. Die Schriftsteller, deren Werke seine Phantasie beflügelten, waren diejenigen, die die Schule ausdrücklich verboten hatte: Strindberg und Wedekind, Ibsen und Hauptmann. Ihr Reiz lag nicht zuletzt darin, daß sie bürgerliche Wertvorstellungen ablehnten.

Tollers Aufbegehren, das sich weitgehend mit den Idealen der sogenannten Jugendbewegung identifizierte, unterschied sich wohl kaum von dem anderer Bürgersöhne im wilhelminischen Deutschland. Die Jugendbewegung brachte die Unzufriedenheit der jüngeren Generation mit den Verhältnissen im deutschen Kaiserreich zum Ausdruck; in einer patriarchalischen Gesellschaft stand sie für die Revolte der Söhne gegen die Väter. Die Ideologie der Bewegung war nebulös und diffus, aber einige ihrer Zielsetzungen waren auch für Tollers späteres Denken charakteristisch: die Idee der Gemeinschaft, die Idealisierung des natürlichen Lebens einfacher Leute, der Glaube an die gesellschaftliche Erneuerung und an die Jugend als deren Initiator. Jahre später bekannte Toller, wie sehr die Jugendbewegung seine Generation, sich selbst eingeschlossen, beeinflußt hatte, und zitierte 1913 in Leipzig bei der Hundertjahrfeier der Völkerschlacht das Manifest der Freien Deutschen Jugendbewegung:

> Die freideutsche Jugend will aus eigener Bestimmung vor eigener Verantwortung mit innerer Wahrhaftigkeit ihr Leben gestalten. Für diese innere Freiheit tritt sie unter allen Umständen geschlossen ein.[9]

Die Jugend sollte sich nach ihren eigenen Vorstellungen erneuern, das war auch das Thema des Gedichts »Der Ringende«, des frühesten, das von Toller überliefert ist; er schrieb es 1912 im Alter von achtzehn Jahren. Das Gedicht macht die Distanz zu seiner Mutter deutlich, es beschreibt das Gefühl zu sterben und aus eigener Kraft wiedergeboren zu werden:

Ich starb
Gebar mich
Starb
Gebar mich
Ich ward mir Mutter.[10]

Tollers literarische Begabung trat schon im frühesten Alter zutage. Als zwölfjähriger Schuljunge schrieb er bereits Artikel, hauptsächlich Berichte über seine Heimatstadt Samotschin, die in der *Ostdeutschen Rundschau*, einer Bromberger Zeitung, veröffentlicht wurden. Während seiner Gymnasialzeit versuchte er sich auch in literarischen Genres – Erzählungen, Dramen, Gedichten –; zwar ist keines dieser Jugendwerke überliefert, aber Toller erinnerte sich, daß einige seiner frühen Verse »einen rebellischen Ton« hatten. Eine Zeitlang wollte er auch Schauspieler werden, er spielte eine Reihe von Hauptrollen in Schulaufführungen. Seine literarischen Ambitionen waren ihm jedoch wichtiger. In Bromberg scheint er des öfteren einen literarischen Zirkel besucht zu haben, der von einer Frau namens Clara Rittler geleitet wurde. 1911 kam er nach Berlin mit einem Empfehlungsschreiben von ihr an ihren Schwager Sigmar Mehring, den Literaturredakteur des *Berliner Tageblatts*; die Gedichte, die Toller vorlegte, scheinen jedoch weder in dieser noch in einer anderen Zeitung veröffentlicht worden zu sein. Aus dieser Begegnung ergab sich allerdings Tollers langjährige Freundschaft mit Mehrings Sohn Walter, der in den zwanziger Jahren vor allem als Lyriker berühmt wurde.

Vor dem Krieg, so Toller später, habe er sich nicht mit Politik beschäftigt,[11] aber Tatsache ist, daß er für die nationalistischen Parolen, die zu jener Zeit überall zu vernehmen waren, ebenso empfänglich war wie die meisten seiner Zeitgenossen. Im Juli 1911 beorderte die deutsche Regierung ein Kriegsschiff vor den Hafen von Agadir, angeblich um deutsche Interessen zu schützen, die durch die französische Expansionspolitik in Marokko bedroht seien. Diese unvermutete Demonstration der Stärke hatte eine Kriegsandrohung durch die Briten zur Folge. Die Agadir-Krise löste Panik in der Bevölkerung aus, ein Sturm auf Banken und Sparkassen setzte ein; die Zeitungen entfachten den übelsten Chauvinismus mit wüsten Geschichten über ein »Negerheer«, das Frankreich aufstellen wolle. Das Kriegsfieber breitete sich rasend schnell aus. Toller erinnerte sich, daß er und seine Schulkameraden die Krise aufgeregt und enthusiastisch aufgenommen hatten. Die Aussicht auf einen Krieg erhitzte ihre Phantasie, eröffnete die Möglichkeit, der bedrückenden Enge der Schule zu entkommen, war wie eine Einladung zum großen Abenteuer. Solche Reaktionen waren allenthalben anzutreffen: Die Aussicht auf Krieg beherrschte die Phantasie einer Generation, die aufgewachsen war mit militaristischen Heldenidealen, die das preußische Erziehungswesen so unablässig gepredigt hatte. Die Kriegsbegeisterung dieses Sommers war allerdings nicht mehr als ein Vorgeschmack auf die ungezügelte Hysterie, die die Kriegserklärung im August 1914 auslöste.

Im Dezember 1913 machte Toller sein Abitur und konnte endlich dem Realgymnasium den Rücken kehren. Als ein junger Mann aus wohlhabender Familie gab es keinen Zweifel daran, daß er seine Ausbildung fortsetzen würde. Die einzige Frage war: wo? Im Februar 1914 ging er nach Frankreich, um an der Universität von Grenoble Philosophie und Jura zu studieren. Grenoble zog viele ausländische Studenten an; die Universität galt als Renommieranstalt, als Hort der höchsten Errungenschaften französischer Kultur und Wissenschaft. Toller war kein guter Student und besuchte, wie er selbst eingestand, die Vorlesungen nur selten; weder deren Stil noch Inhalt waren sehr nach seinem Geschmack.

Um mehr als 1 500 Kilometer aus der provinziellen Abgeschiedenheit Posens versetzt, erlebte der zwanzigjährige Toller Frankreich anfänglich wie ein romantisches Abenteuer, aber schon bald verkehrte er nur noch mit deutschen Landsleuten und übernahm auch deren aggressiven Chauvinismus. Die deutschen Studenten blieben weitgehend unter sich und traten auf wie die Repräsentanten einer höheren Kultur. Sie sahen auf die Franzosen herab und mißtrauten ihnen: Frankreich war der »Erbfeind«, der im Krieg von 1870/71 geschlagen worden war und noch auf Rache und Vergeltung sann. Der Verein deutscher Studenten beschloß seine Versammlungen immer damit, alle Fenster aufzureißen und lauthals das Deutschlandlied erschallen zu lassen. Toller resümierte seine Zeit in Grenoble später in der ihm eigenen Lakonik: »Ich lebe in Frankreich und habe Deutschland nie verlassen.«[12]

Im Sommer 1914 machte Toller Wanderferien in Südfrankreich und Norditalien, wo er, wie andere vor ihm, romantischen Schwärmereien nachhing und von Abenteuern in fernen Ländern träumte – in Marseille spielte er sogar kurz mit dem Gedanken, der französischen Fremdenlegion beizutreten. Seine Erlebnisse in Frankreich scheinen nur wenige bleibende Eindrücke bei ihm hinterlassen zu haben. Zwar hat er diesem Lebensabschnitt einige Seiten seiner Autobiographie gewidmet, aber im Grunde findet sich nichts davon in den Gedichten oder Dramen wieder. Später mag er Internationalist gewesen sein, inspiriert hat ihn immer nur Deutschland. Die Jahre des Exils in England und den USA bestätigen das nur: Die beiden einzigen Stücke, die er während des Exils schrieb, handeln von Deutschland. Nach 1933 war er nicht nur von seiner Leserschaft abgeschnitten, sondern vor allem von der eigentlichen Quelle seiner Inspiration.

Sein sorgenfreies Leben in Frankreich ließ ihn immerhin kurz die Ungerechtigkeit einer Gesellschaftsordnung hinterfragen, die ihm wie selbstverständlich erlaubte, die Privilegien einer bürgerlichen Erziehung zu genießen, während sein Jugendfreund Stanislaus im Alter von vierzehn Jahren die Schule hatte verlassen müssen, um zum Unterhalt der Familie beizutragen. Er erkannte, daß Geld ihm Freiheit verschaffte, und wenn er es auch schätzte, Geld zu haben, so hatte er deswegen dennoch Schuldgefühle: »Ja, ich liebe das Geld, mit schlechtem Gewissen.« Seine Vorliebe für das luxuriöse Leben verlor Toller nie: Selbst während der letzten Wochen vor seinem Tod wohnte er noch in einem teuren Hotel, das seine finanziellen Verhältnisse weit überstieg.

Im Juli 1914 wollte er sich an der Sorbonne für einen Französischkurs einschreiben, um seine Sprachkenntnisse zu vertiefen. Die internationale Lage war gespannt, nach der Ermordung des österreichischen Thronfolgers Ferdinand in Sarajevo hatte sie sich dramatisch verschlechtert. Am 28. Juli erklärte Österreich-Ungarn Serbien den Krieg. Als Toller am 31. Juli Richtung Paris abreiste, schien ein Krieg in Europa unvermeidbar. Die Vorzeichen beunruhigten Toller, so daß er seine Reise in Lyon unterbrach, um sich beim deutschen Konsul zu erkundigen, was zu tun sei. Der Konsul versicherte ihm, es gäbe keinen wirklichen Grund zur Sorge, das einzige, um das sich die Studenten kümmern sollten, sei ihr Studium. Am nächsten Tag, dem 1. August, kam die Nachricht von der Mobilmachung in Deutschland. In den Straßen von Lyon hörte Toller die Zeitungsjungen rufen, daß die Kriegserklärung der Deutschen an Rußland unmittelbar bevorstand.

Als Toller mitbekam, wie das Kriegsfieber um sich griff, wurde er sich erschrocken der Tatsache bewußt, ein Fremder im Land des Feindes zu sein. Die Volksseele kochte. Es hieß, deutsche Truppen hätten die Grenze zu Frankreich überschritten und Deutschland hätte Frankreich ein Ultimatum gestellt. Als auf beiden Seiten letzte Kriegsvorbereitungen getroffen wurden, war Tollers einziger Gedanke, nach Deutschland zurückzukehren. Er fand einen Zug, der um zwei Uhr nachts Richtung Schweiz abfahren sollte, und wartete in einem kleinen Café. Nach einer Weile stürmte ein französischer Sergeant, der telefonieren gegangen war, ins Lokal zurück und brüllte, daß Deutschland Frankreich den Krieg erklärt habe. Die Leute an den Tischen um ihn herum sprangen auf und sangen die Marseillaise.

Der Zug von Lyon war voll mit Deutschen, die außer Landes fliehen wollten. Auf der langwierigen Fahrt nach Genf wurde der Zug mehrfach angehalten. Schließlich, zwanzig Kilometer vor der Grenze, wurden alle Passagiere aus dem Zug geholt und jeder, der einen deutschen Paß hatte, wurde verhaftet. Gegen Abend durften sie zuletzt doch weiterfahren; sie erreichten Genf um Mitternacht. Kurz danach schlossen die Franzosen die Grenze. Als die Deutschen endlich den Zug verlassen konnten, war die Erleichterung übermächtig: Sie fielen sich in die Arme und sangen »Deutschland, Deutschland über alles«.

II Vom Patriotismus zum Pazifismus
1914–1917

Zurück auf deutschem Boden wurde Toller mitgerissen von der Vaterlandsbegeisterung, die nahezu restlos die ganze Bevölkerung erfaßt hatte. Deutschland befand sich in einem wahren Kriegsrausch. Berichte über Mobilmachungen, Grenzverletzungen und Ultimaten, die in verwirrender Geschwindigkeit aufeinanderfolgten, hatten schon vor der Kriegserklärung den Chauvinismus im Kaiserreich angefacht. Die Situation hatte tatsächlich die Nation geeint wie nie zuvor. Sogar die SPD unterstützte, ungeachtet der vorher immer verkündeten internationalistischen Prinzipien, die Regierung: Die SPD-Fraktion im Reichstag billigte einstimmig die von der Regierung beschlossenen Kriegsanleihen. Pressezensur und tendenziöse Verlautbarungen der Regierung machten es unmöglich, ein objektives Bild der internationalen Lage zu gewinnen. Allgemein glaubte man, Deutschland sei das Opfer einer Aggression, französische Flieger hätten Bomben auf Nürnberg abgeworfen und Kosaken die Grenze Ostpreußens überschritten; gezielt schürte die Regierungspropaganda den Glauben an diese Gerüchte. Toller teilte die allgemeine Überzeugung, daß Deutschland angegriffen worden sei und es die Pflicht eines jeden Deutschen sei, hinzugehen und das Vaterland zu verteidigen. Kaum war er in München angekommen, als er sich entschloß, sich freiwillig zum Heer zu melden.

Bei der allgemeinen Kriegsbegeisterung herrschte kein Mangel an Rekruten: Sowohl die Infanterie als auch die Kavallerie wiesen Freiwillige ab. Toller fürchtete, aufgrund seiner Schmächtigkeit und seiner mysteriösen Krankheitsgeschichte in seiner Kindheit nicht angenommen zu werden, aber die Sorge war unnötig. Ein gefälliger Arzt schrieb ihn tauglich, und am 9. August trat er in das Erste Bayerische Fuß-Artillerie-Regiment ein. Toller erinnerte sich später an die überschäumend euphorische Stimmung unter den Kriegsfreiwilligen: »Ja, wir lebten in einem Rausch des Gefühls. Die Worte Deutschland, Vaterland, Krieg, haben magische Kraft, wenn wir sie aussprechen, verflüchtigen sie sich nicht, sie schweben in der Luft, kreisen um sich selbst, entzünden sich und uns.«[1]

Während dieser ersten Kriegswochen waren Schriftsteller und Intellektuelle nicht weniger anfällig für diesen Hurra-Patriotismus als andere Kreise der Bevölkerung. Für die meisten von ihnen war der Ausbruch des Krieges ein außerordentliches Ereignis, das mitzuerleben ihnen wie eine besondere Gunst des Schicksals erschien. Was aus diesem Gefühl heraus geschrieben und gedichtet wurde, zeigt, daß es sich bei vielen um eine halb mystische Erfahrung handelte, jeglicher rationalen Klärung unzugänglich. Thomas Mann registrierte ein allgemeines Aufatmen, sogar ein Gefühl der seelischen Läuterung, das entstanden sei: »Es war Reinigung, Befreiung, was wir empfanden, und eine ungeheure Hoffnung. Hiervon sagten die Dichter.«[2] Rainer Maria Rilke war überwältigt von einer feierlichen Ehrfürchtigkeit: Im ersten seiner »Fünf Gesänge«, im August 1914 verfaßt, beschwört er den »hörengesagten, fernsten, unglaublichen Kriegsgott«. Andere überließen sich einfach der krude chauvinistischen Stimmung, die die Bevölkerung ergriffen hatte – Ernst Lissauer dichtete seinen berüchtigten »Haßgesang gegen England«, sogar der abgeklärte Thomas Mann gab seine ironisch distanzierte Art auf, um vorbehaltlos Patriotisches zu Papier zu bringen. Viele der jüngeren Schriftsteller, die sich später gegen den Krieg engagierten – Fritz von Unruh, René Schickele, Klabund – stimmten ein in den Chor nationalen Überschwangs.[3]

Dieser Chauvinismus beschränkte sich sicherlich nicht auf Deutschland, hatte aber dort eine spezifische Bedeutung. Gewissermaßen war der blinde Nationalismus im August 1914 Ausdruck einer tiefen Sehnsucht nach nationaler Einheit. Der Dichter Richard Dehmel, der sich mit einundfünfzig Jahren noch als Freiwilliger meldete, stand für viele, die den Krieg begrüßten und daran glaubten, daß er eine Gemeinschaft schüfe die sich in ihren Vorstellungen und Zielen einig wäre. In seinem Kriegstagebuch notierte Dehmel:

> All das hemmende, lähmende Mißtrauen zwischen den einzelnen Ständen und Klassen, all der Parteihader und Klikkendünkel ... all die zersetzende Machtprotzerei, die das englische Lohnklassensystem bei uns eingebürgert hatte ... : plötzlich war das wie weggezaubert.[4]

Der Kaiser selbst hatte in seiner berühmten Thronrede die nationale Einheit und Gemeinsamkeit beschworen und den »Burgfrieden« ausgerufen: »Ich kenne keine Parteien mehr, ich kenne nur noch Deutsche.« Toller berichtete, daß auf seiner Rückfahrt nach München den Reisenden an den Bahnhöfen Postkarten mit dem Bild des Kaisers und den Worten seiner berühmten Erklärung geschenkt wurden.

Tollers spontaner Entschluß, sich freiwillig zu melden, stand sicherlich in Zusammenhang mit der riesigen Kriegsbegeisterung, die allgemein herrschte, aber in seinem Fall hatte dieser Schritt darüber hinaus noch tieferliegende persönliche Gründe. Plötzlich schienen die seelischen Konflikte, die ihn als Kind belastet hatten, ausgeräumt, plötzlich war es ihm möglich, die Rassenschranken zu überwinden und aufgenommen zu werden in die nationale Gemeinschaft, aus der die Juden immer ebenso subtil wie erfolgreich ausgegrenzt worden waren. Er wollte unbedingt beweisen, daß er Deutscher war und nichts anderes. Später, bei seinem Prozeß wegen Hochverrats, erinnerte er sich, daß ihn als Kriegsfreiwilliger niemand gefragt habe, ob er Jude sei.

Tollers patriotische Gesinnung war charakteristisch für die Juden insgesamt. Der Kaiser hatte seine jüdischen Untertanen mit der berühmten Anrede »An meine lieben Juden« in die nationale Gemeinschaft aufgenommen, und die meisten Juden reagierten dankbar und erleichtert darauf, daß ihre Sonderstellung aufgehoben war. Prominente jüdische Intellektuelle, wie Alfred Kerr, Maximilian Harden, Siegfried Jacobsohn und Kurt Tucholsky, wandelten sich über Nacht von Liberalen zu militanten Patrioten. Die Zahl der Juden, die für Kaiser und Vaterland starben, war proportional größer als die jeder anderen Bevölkerungsgruppe im Reich, einschließlich der »reinen« Deutschen. Es war ihr letzter verzweifelter Versuch, sich zu assimilieren.

Toller stieß in Milbertshofen, im Norden Münchens, zu seinem Regiment, und hier auf dem Kirchplatz leistete er auch seinen Fahneneid. Der Vater eines anderen Rekruten, der Toller zu dieser Zeit kennenlernte, beschrieb ihn als »einen bleichen, fast knabenhaften jungen Mann..., ein bescheidener, fast schüchterner Mensch.«[5]

Das Regiment verließ München Mitte August. Als die langen feldgrauen Kolonnen in den Krieg zogen, schien die Sonne, Blumen steckten in den Gewehrläufen, und eine begeisterte Menge jubelte ihnen zu. Toller sehnte sich nach Kampfeinsätzen, aber sein Regiment war zunächst nicht für den Fronteinsatz vorgesehen. Einige Monate blieb es hinter den Linien stationiert, erst in Bellheim in der Pfalz, dann ab Januar 1915 in der Umgebung von Straßburg. Diese langen und oft öden Monate in verschiedenen Ausbildungslagern, eine Zeit, die vom Drill des Exerzierplatzes und sinnloser Schinderei geprägt war, vermochten Tollers Diensteifer nicht zu schmälern.

Zu Tollers Regiment gehörte auch der junge Buchhändler und Verleger Heinrich F.S. Bachmair, der schon frühe expressionistische

Gedichte von Johannes R. Becher herausgebracht hatte. Die beiden Männer lernten sich Ende 1914 kennen. Vier Jahre später sollte Toller Bachmair zum Ortskommandanten der Artillerie der Roten Armee in Dachau ernennen.

1915 waren Tollers Briefe an seine Familie oder an Freunde noch immer voller Hurra-Patriotismus. Wie andere Soldaten seines Regiments bezeugten, war es nach wie vor sein dringlichster Wunsch, an die Front zu kommen. Im März meldete er sich schließlich freiwillig zum Frontdienst und wurde einer Artillerieeinheit in der Nähe von Pont à Mousson zugewiesen. In seinem Tagebuch findet sich die Eintragung: »Wie froh bin ich, morgen endlich ins Feld zu ziehen. Endlich mittun zu dürfen. Mit dem Leben beweisen, was man denkt und fühlt.«[6] Die Bereitschaft zur Selbstaufopferung, zum bedingungslosen Engagement für das, was er für eine gerechte Sache hielt, sollte charakteristisch für ihn bleiben – nur die politische Richtung änderte sich.

Tollers Fronteinsatz dauerte vierzehn Monate, von März 1915 bis Mai 1916. Es war die Zeit seines Lebens, die ihn am nachhaltigsten prägte und seine Überzeugungen um 180 Grad drehte. Die Erlebnisse hinterließen nicht nur in moralischer Hinsicht, sondern auch rein äußerlich ihre Spuren. Eine Photographie vom August 1914 zeigt einen adretten jungen Mann in Uniform mit lebhaftem Gesichtsausdruck und etwas verträumtem Blick. Ein anderes Bild, ein Jahr später aufgenommen, zeigt ihn nachdenklich und fragend: ein Gesicht, das schon zuviel gesehen hat. Tollers Wandlung vollzog sich nur allmählich, sein idealistischer Patriotismus war nicht so leicht zu erschüttern. Anfangs war er einer Artillerieeinheit als Späher zugeteilt und bejubelte jeden Volltreffer, wie er später zugab. Im August 1915 wurde er auf eigenen Wunsch von der Artillerie zur Infanterie versetzt. Er bat um seine Versetzung nicht nur, weil ihn sein Zugführer ständig schikanierte, sondern vor allem, weil ihm die Artilleriegefechte seltsam unpersönlich vorkamen: Er wollte sehen, auf wen er schoß. Er bat um Versetzung zu einer Maschinengewehreinheit im Bois-le-Prêtre, einem der blutigsten Frontabschnitte. Hier lernte er den Stellungskrieg aus erster Hand kennen.

Wenn die Artilleriegefechte den Feind zu weit entfernt erscheinen ließen, so rückte der Grabenkrieg ihn allzu nah heran. Die französischen und deutschen Linien verliefen mitten durch den Wald, nah genug, daß die gegnerischen Soldaten miteinander hätten sprechen können – wenn sie gewagt hätten, die Köpfe aus den Gräben zu stecken. Was Toller im Bois-le-Prêtre erlebte, ließ ihn zum ersten Mal in Frage stellen, was er da tat. Einige hundert Meter von den deutschen Stellungen entfernt lag ein Blockhaus, das jede Seite mehrfach erobert und wieder verloren hatte. Als Toller eines Tages in dessen Nähe geriet, entdeckte er einen Leichenberg – französische und deutsche Soldaten lagen gemeinsam in einer letzten Umarmung, bedeckt von einer Schicht weißen Ätzkalks. Dieser schreckliche Anblick, in dem die ganze Unmenschlichkeit des Krieges zum Ausdruck kam, sollte ihn lange verfolgen. Aus dieser Erinnerung heraus entstand eines seiner wahrhaftigsten Gedichte.

Toller schrieb während seines Militärdienstes weiterhin Gedichte. Viel später veröffentlichte er eine Auswahl seiner Lyrik unter dem Titel *Vormorgen*; er hatte die Gedichte sorgfältig zusammengestellt, um seine Hinwendung zum Pazifismus und Aktivismus zu demonstrieren. Obwohl er sicherlich auch 1914 Gedichte geschrieben hat, ist keines davon erhalten; wahrscheinlich hat er es vorgezogen, sie zu verheimlichen, weil er nichts mit deren zweifellos patriotischen Einschlag zu tun haben wollte. Von seinen unveröffentlichten Texten ist nur ein Gedicht erhalten geblieben, es hat den Titel »Frühling 1915« und dokumentiert den Überschwang patriotischen Gefühls, mit dem er an die Front zog:

(R.D. in Verehrung)

Im Frühling zieh ich in den Kampf
Zum Singen oder Sterben.
Was schert mich eigner Sorgen Krampf
Heut, schlage ich ihn lachend in Scherben.

Im brausenden Sturm, mit lockigem Haar
reckt jauchzend ein Bub sich auf Erden:
Wacht auf, wacht auf, tot ist, was war,
wacht auf zu neuem Werden.

Ihr Brüder, wißt im Sturmwind kam
der junge Frühling fahren,
werft hurtig von euch müden Gram
und zieht ihm nach in Scharen.

Noch nie habe ich es so gefühlt,
wie ich dich Deutschland liebe,

> da Frühlingszauber dich umspielt
> inmitten Kampfgetriebe.[7]

Diese Stimmung hielt nicht lange an. Die Gedichte, die er ab 1915 an der Front schrieb, sind nüchterner und sachlicher in ihrer Haltung und stilistisch einfach, fast lakonisch:

> Am Waldfriedhof Sammeln.
> Einer träumt am Massengrab
> »Solchen Haufen Weihnachtskuchen
> Wünscht ich mir als Kind,
> Soviel...«
> Vierzehn Kumpel zerbrach eine Mine.
> Wann wars doch?
> Gestern.[8]

Bis zum Jahr 1916 änderte sich seine Schreibweise. Das Thema war dringlicher geworden und der Stil pathetischer. Vielleicht das beste Beispiel dafür ist »Leichen im Priesterwald«, ein Gedicht, das auf den schrecklichen Anblick zurückgeht, der sich ihm im Bois-le-Prêtre geboten hatte. Rückblickend schien die Szene gerade im Tode die unverbrüchliche Brüderlichkeit der Menschheit zu symbolisieren.

> Ein Düngerhaufen faulender Menschenleiber:
> Verglaste Augen, blutgeronnen,
> Zerspellte Hirne, ausgespiene Eingeweide,
> Die Luft verpestet vom Kadaverstank,
> Ein einzig grauenvoller Wahnsinnschrei!
>
> O Frauen Frankreichs,
> Frauen Deutschlands,
> Seht Ihr Eure Männer!
> Sie tasten mit zerfetzten Händen
> Nach den verquollnen Leibern ihrer Feinde,
> Gebärde, leichenstarr, ward brüderlicher Hauch,
> Ja, sie umarmen sich.
> O schauerlich Umarmen!
>
> Ich sehe, sehe, bleibe stumm.
> Bin ich ein Tier, ein Metzgerhund?
> Geschändete...
> Gemordete...[9]

Nach seinem Einsatz im Bois-le-Prêtre wurde Toller zum Obergefreiten befördert und zu einem Geschützzug östlich von Verdun versetzt, wo er regelmäßig Nachtdienst in den Gräben verrichtete und die genaue Position der feindlichen Kanonen bestimmen mußte. Seine Kriegsbegeisterung war endgültig dahin, nur sein Pflichtgefühl hielt ihn aufrecht. Über das Gemetzel entsetzt, versuchte er es aus Gründen der nationalen Sicherheit immer noch als notwendig zu rechtfertigen. Der Chauvinismus seiner Studententage war verflogen. Die Regierungspropaganda in Deutschland, die den Kriegsgegner als brutal und degeneriert schilderte, empörte ihn. Ein Artikel, in dem er gegen diese verzerrten Darstellungen protestierte und den er an die Zeitschrift *Der Kunstwart* schickte, wurde zurückgesandt, da man auf die Volksstimmung Rücksicht nehmen müsse. Toller begann das zu begreifen, was er später so ausdrückte:

> Den meisten Menschen mangelt es an Phantasie. Könnten sie sich die Leiden anderer vorstellen, würden sie weniger Leiden zufügen. Was hat eine deutsche Mutter von einer französischen getrennt? Schlagworte, die das Ohr für Wahrheit taub machen.[10]

Wie groß seine persönlichen Zweifel auch gewesen sein mögen, seine militärischen Pflichten erfüllte er, so gut er konnte; tatsächlich blieb sein Wehrpaß bis zum Ablauf seiner Dienstzeit makellos. Sogar bei seinem Prozeß bescheinigten ihm seine früheren Vorgesetzten, daß er ein guter und gewissenhafter Soldat gewesen sei; Soldaten, die mit ihm gekämpft hatten, hoben seinen Mut und seine Kameradschaft hervor.

In seinen autobiographischen Aufzeichnungen der Fronterlebnisse sagt Toller wenig über die »Kameradschaft« des Frontsoldaten, zweifellos deshalb, weil die nationalistische Rechte diese Tugend inzwischen hochhielt; gleichwohl hatte er immer einen ausgeprägten Sinn für Solidarität mit seinen Kampfgefährten. In einem Brief vom Dezember 1917, in dem er seine Antikriegsaktivitäten verteidigte, schrieb er: »... gerade die von uns, die im Felde Krieg erlebt haben, fühlen sich doppelt verpflichtet, ihren Weg unbeirrt zu gehen. Wir wissen, daß wir unseren Brüdern draußen den wahren Dienst leisten.«[11] Mehr als ein Jahrzehnt später lobte er in einer Besprechung von Remarques Bestseller *Im Westen nichts Neues*:

> Einer hat für uns alle gesprochen, für uns Muschkoten, die im Schützengraben lagen, die verlaust und verdreckt waren,

die schossen und erschossen wurden, die den Krieg nicht aus der Perspektive der Generalstäbe, nicht aus Schreibstuben sahen, die ihn erlebten als Alltag, als furchtbaren und monotonen Alltag.[12]

Tollers Fronterlebnisse bewirkten eine allmähliche Betäubung seiner Sinne und Empfindungen: »Ich sehe die Toten, und ich sehe sie nicht«, schrieb er später, als seien sie Wachsfiguren. »Die gleiche Unwirklichkeit, die Grauen zeugt, aber kein Mitleid, haben die Toten.« Seine endgültige Hinwendung zum Pazifismus sei wie eine plötzliche Offenbarung über ihn gekommen, als er beim Graben zufällig auf die Gedärme eines Toten stieß:

> Ein toter Mensch ist hier begraben. Ein – toter – Mensch... Und plötzlich, als teile sich die Finsternis vom Licht, das Wort vom Sinn, erfasse ich die einfache Wahrheit Mensch, die ich vergessen hatte, die vergraben und verschüttet lag, die Gemeinsamkeit, das Eine und das Einende. Ein toter Mensch. Nicht: ein toter Franzose. Nicht: ein toter Deutscher. Ein toter Mensch.[13]

Diese Offenbarung der Gemeinsamkeit aller Menschen, ob nun Freund oder Feind, sprachlich bewußt der biblischen Schöpfungsgeschichte nachempfunden, trägt alle Merkmale literarischer Stilisierung; aber selbst wenn Tollers Erkenntnisprozeß in Wirklichkeit wohl zögerlicher abgelaufen ist, waren seine Folgen nicht weniger bedeutsam.

Im Mai 1916 erlitt Toller einen körperlichen und nervlichen Zusammenbruch. Er kam in der Nähe von Straßburg in ein Krankenhaus – eigentlich ein Franziskanerkloster, das von den Mönchen in ein Lazarett umgewandelt worden war – und blieb dort etwa zwei Monate lang, bevor er zur Weiterbehandlung in ein Sanatorium nach Ebenhausen bei München überstellt wurde. Toller hat sich nie näher zu dieser Erkrankung geäußert und sprach nur von »Herz- und Nervenleiden«[14], aber was auch immer die körperlichen Erscheinungsformen der Krankheit gewesen sein mögen, klar ist, daß sie psychischen Ursprungs war. Dr. Julian Marcuse, der ihn im Sanatorium von Ebenhausen behandelte, diagnostizierte »körperliche Schwäche und allgemeinen Nervenzusammenbruch.«[15] Zwei Monate später hatte Toller sich soweit erholt, daß er aus dem Krankenhaus entlassen werden konnte. Er wurde zu einer Kompanie von Rekonvaleszenten bei

Mainz beordert, wo er weitere zwei Monate verbrachte. Am 4. Januar 1917 wurde er endgültig als nicht mehr »kriegsverwendungsfähig« aus dem Heer entlassen.

Nichts prägte Toller so nachhaltig wie seine Kriegserlebnisse, der Pazifismus sollte die wichtigste Überzeugung seines Lebens bleiben; wie ein roter Faden zieht er sich durch sein Werk. Sein erstes Stück war das Antikriegsdrama *Die Wandlung*, sein vorletztes die satirische Komödie *Nie wieder Friede!*. Sein erstes politisches Manifest 1919 war ein Friedensappell; seine erste große Rede nach seiner Entlassung aus dem Gefängnis fünf Jahre später hielt er bei einem Antikriegstreffen in Leipzig, einer Gedenkveranstaltung zum zehnten Jahrestag des Kriegsausbruchs. Bereits in der *Wandlung* sollte er eine symbolische Aufarbeitung seiner Erlebnisse leisten, aber es dauerte anderthalb Jahrzehnte, bis er glaubte, genügend Abstand zu haben, um in seiner Autobiographie unmittelbar davon erzählen zu können.

Schon vor seiner offiziellen Entlassung war Toller nach München zurückgekehrt, um sein Studium wiederaufzunehmen. Im November 1916 immatrikulierte er sich dort für Jura und Nationalökonomie. Unterkunft fand er in der vornehmen Kurfürstenstraße, aber schon bald zog er ins Studenten- und Künstlerviertel Schwabing um, das selbst während des Krieges etwas von seinem speziellen Flair bewahrt hatte. Rückblickend beschrieb er dies als die Zeit, in der er sich sowohl politisch wie auch künstlerisch allmählich selber gefunden habe, aber diese Entwicklung war weder schnell noch leicht.

Der Winter 1916/17 war eine düstere und harte Zeit in Deutschland. Die Lebensmittelknappheit verschärfte sich, da die Blockade der Alliierten Wirkung zu zeigen begann. Die Pattsituation an der Westfront änderte sich nicht, und die Zahl der Kriegsopfer stieg unerbittlich. München selbst war längst nicht mehr das »Athen an der Isar« der Vorkriegsjahre. Die vielen Einberufungen und die wuchernde Kriegsindustrie hatten das Gesicht der Stadt verändert, aber nach der Hölle der Gräben und der verordneten Sterilität des Sanatoriums mußte Toller München voller Leben und Farben erscheinen. In seiner Autobiographie schreibt Toller, daß seine Begeisterung und sein Wissensdurst grenzenlos waren – und schon das spezifische Wissen einzelner Studienfächer schien losgelöst vom wirklichen Leben.

Wie an deutschen Universitäten üblich, konnten die Studenten ihren Studienplan selbst aufstellen, wobei Vorlesungen der unterschiedlichsten Fächer nicht nur besucht werden konnten, sondern sogar sollten. Toller interessierte sich überwiegend für Literatur, wobei er seinen literarischen Interessen in einem Maße nachgegangen zu sein scheint, daß er seine juristischen und wirtschaftswissenschaftlichen Studien vernachlässigte. Er nahm am literaturgeschichtlichen Seminar des bekannten Professors Artur Kutscher teil, der in dem Ruf stand, ein Verfechter der literarischen Moderne zu sein. Später verfaßte Kutscher die maßgebliche Biographie Frank Wedekinds, der zu den zahlreichen Schriftstellern Münchens gehörte, mit denen er befreundet war. Einmal in der Woche lud er seine Studenten in ein Gasthaus ein, wo Wedekind seine Balladen sang und andere angesehene Schriftsteller, wie der Dichter Karl Henckell, der naturalistische Dramatiker Max Halbe oder Thomas Mann, aus ihren Arbeiten lasen.

Thomas Mann war der Doyen der literarischen Kreise Münchens. Er wohnte in einem Haus im Herzogspark, einem Villenviertel, das so wenig mit den Ausschweifungen der Boheme Schwabings gemein hatte wie er selbst. Trotzdem war sein Haus ein Mekka für junge Schriftsteller, denen er mit Rat und Kritik immer zu helfen bereit war. Auch Toller gehörte zu denen, die Thomas Mann zu sich nach Hause einlud. Er kam, die Rocktaschen vollgestopft mit Gedichten, darunter einige, für die der Meister durchaus lobende Worte fand. Toller muß mehr als einen flüchtigen Eindruck hinterlassen haben, da Mann sich zwei Jahre später erbot, zu seinen Gunsten auszusagen. Thomas Manns Sohn Klaus sollte im Exil ein enger Freund Tollers werden.

Toller widmete sich keineswegs ausschließlich literarischen Dingen. Gemeinsam mit seiner Freundin Grete Lichtenstein besuchte er Konzerte und Gemäldegalerien und machte Ausflüge an die bayerischen Seen und in die Umgebung von München. Die fieberhafte Aktivität war sicherlich zu einem großen Teil eine Form von Eskapismus, den Toller in seiner Autobiographie mit der Kapitelüberschrift »Ich will den Krieg vergessen« zusammenfaßte. Sicherlich machte er ganz bewußt Anstrengungen, um dem Krieg auch innerlich zu entkommen, nachdem er es äußerlich geschafft hatte, aber wohin er auch ging, der Krieg verfolgte ihn überall: Verkrüppelte Gestalten in feldgrauen Uniformen begegneten ihm an jeder Straßenecke. Bilder von Tod und Krieg vermischten sich in seiner Vorstellung mit Kriegserinnerungen. So rief das Kruzifix von Matthias Grünewald, der sogenannte Isenheimer Altar in Colmar, die Erinnerung an die Szenen wach, die er im Bois-le-Prêtre hatte erleben müssen. Der Vergleich wirkt etwas bemüht, ist aber nichtsdestoweniger bezeichnend für Tollers Denkweise.

Anfang 1917 hatte Toller die literarischen Ideen des Expressionismus übernommen. Was man heute unter Expressionismus versteht, ist nicht während der Kriegsjahre entstanden. Sein Ursprung liegt in der Auflehnung gegen die starren Konventionen des Kaiserreichs, ein Protest, in dem sich vor 1914 nahezu alle Intellektuellen einig waren. Die jüngere Generation von Schriftstellern lehnte ab, was Carl Sternheim als das »bürgerliche Heldenleben« verspottet hat, und sie lehnte auch die Kultur ab, die eben dieses bürgerliche Leben verkörperte und stützte. Es gab einen weitverbreiteten Wunsch nach »Aufbruch«, einem neuen Anfang, nach dem Bruch mit dem Überkommenen, den die expressionistischen Dichter in einer hitzigen und oft schwärmerischen Sprache beschworen. Im August 1914 war die expressionistische Rebellion in der allgemeinen Kriegsbegeisterung untergegangen. Viele der jungen Dichter glaubten, daß dieses Ereignis ein neues Zeitalter verkünden würde, und hielten den Tod und die Zerstörung des Krieges, mystisch verklärt, für Zeichen der kulturellen und geistigen Erneuerung. Einmal konfrontiert mit den Realitäten moderner Kriegsführung, hatten sie ihre begeisterte Zustimmung schnell widerrufen. Bis 1916 waren fast alle Schriftsteller, die sich im Umfeld des Expressionismus bewegten, gegen den Krieg. Expressionistische Zeitschriften, wie *Die Aktion* und *Die weißen Blätter*, wurden zu Brennpunkten der Antikriegsstimmung; letztere konnte, nachdem ihr Erscheinungsort von ihrem Herausgeber René Schickele nach Zürich verlegt worden war, der deutschen Zensur entgehen und eine beeindruckende Fülle verschiedenster pazifistischer Beiträge publizieren.

1916 gab der pazifistische Schriftsteller Kurt Hiller das erste seiner Jahrbücher heraus: In *Das Ziel* vertrat er die Idee, daß wahres Denken immer politisch sei, und forderte, die Kunst in den Dienst der Politik zu stellen. Hiller, der den Begriff des Aktivismus prägte, fand ein begeistertes Publikum in den jüngeren expressionistischen Schriftstellern, die, nachdem sie ihre früheren Überzeugungen revidiert hatten, nun glaubten, daß die Leiden des Krieges ein neues Menschentum begründen könnten. Die Visionen der Expressionisten wurden immer verstiegener und phantastischer, ihre Texte verkündeten eine neue Ära des Friedens und der Brüderlichkeit – die nahe sei, wenn man nur die Menschen zum Handeln antreiben könne. Hier liege die Verantwortung des aktivistischen Schriftstellers, des »politischen

Dichters«, wie ihn Johannes R. Becher und – mehr als jeder andere – Walter Hasenclever verkörperten.

1917 veröffentlichte Hasenclever einen Band seiner Gedichte unter dem Titel *Tod und Auferstehung* – dem Inbegriff eines expressionistischen Titels. Das letzte Gedicht dieses Bandes hieß »Der politische Dichter«:

> Der Dichter träumt nicht mehr in blauen Buchten.
> Er sieht aus Höfen helle Schwärme reiten.
> Sein Fuß bedeckt die Leichen der Verruchten.
> Sein Haupt erhebt sich, Völker zu begleiten.
>
> Er wird ihr Führer sein. Er wird verkünden.
> Die Flamme seines Wortes wird Musik.
> Er wird den großen Bund der Staaten gründen.
> Das Recht des Menschentums. Die Republik.[16]

Demnach hatte ein Dichter nicht nur wider den Krieg zu schreiben, er hatte auch der Menschheit den Weg zu weisen zu seiner Vision einer friedlichen, gerechten und solidarischen Gesellschaft, ein Thema, das sich in der Literatur der letzten Kriegsjahre, vielfach variiert, immer wieder fand.

Ernst Tollers Dichtung aus den Jahren 1917 und 1918, sein Antikriegsdrama *Die Wandlung* eingeschlossen, muß in dieser Perspektive gesehen werden. Er fühlte, daß seine Generation, die an der Front die Hauptlast des Krieges zu tragen hatte, von der älteren betrogen worden war. Er hielt die Zeit für gekommen, die Gesellschaft umzugestalten, aber wie viele seiner Zeitgenossen stellte er sich dies noch immer als geistige Erneuerung des einzelnen vor. Im Juli 1916, nicht einmal drei Monate nach dem Ende seines Fronteinsatzes, hatte er dem Romancier Cäsar Flaischlen geschrieben, voll des Lobes über dessen Buch *Jost Seyfried*.[17] Das Thema des Romans ist das Ringen des Künstlers an einem historischen Wendepunkt. »Neue Menschen gilt es zu werden!«, erklärt der Protagonist. »Neue Seelen gilt es zu schaffen, neue Lebenswerte!« Die Wirkung dieses Romans auf den dreiundzwanzigjährigen Toller bedarf kaum der Erläuterung. Ein Münchener Kommilitone, den Toller einige seiner Gedichte lesen ließ, erinnerte sich, wie sehr er die »L'art pour l'art«-Poesie verachtete: Kunst konnte nicht mehr einfach nur ästhetischen Zwecken dienen, weil die Zeit, in der der Mensch Zuflucht in reinem Ästhetizismus suchen konnte, längst vorüber war. Mit Diskussionen darüber, »was Dichtung ist oder sein sollte«, durfte keine Zeit mehr verschwendet werden. Dichtung hatte auf die Themen des Tages zu reagieren, und in einer Zeit, in der die Menschen wie Vieh geschlachtet wurden, war das einzige Thema der Krieg.[18]

Tollers Gedichte aus dieser Zeit vermitteln ein authentisches Bild des Kriegsexpressionismus: pathetisch im Stil und aktivistisch in der Aussage. Inhaltlich wie stilistisch typisch ist das Gedicht »Den Müttern«:

> Mütter,
> Eure Hoffnung, eure frohe Bürde
> Liegt in aufgewühlter Erde,
> Röchelt zwischen Drahtverhauen...
> Mütter,
> Eure Söhne taten das einander.

In seiner ursprünglichen Fassung endet das Gedicht mit der Aufforderung zu handeln:

> Grabt euch tiefer in den Schmerz,
> Laßt ihn zerren, ätzend wühlen...
> Reckt gramverkrampfte Arme,
> Seid Vulkane, glutend Meer
> Schmerz, gebäre Tat![19]

Wie die anderen glaubte er an die besondere Verantwortung des Dichters:

> Anklag ich euch, ihr Dichter!
> Verbuhlt in Worte, Worte, Worte!
> Ihr wissend nickt mit Greisenköpfen,
> Berechnet Wirbelwirkung, lächelnd und erhaben,
> Ihr im Papierkorb feig versteckt.
> Auf die Tribüne, Angeklagte![20]

Der Dichter sollte mehr sein als ein Zuckerbäcker schöner Worte, seine Worte mußten zu Taten führen. Selbst Dichten wurde als Handlung verstanden: als Ermahnung, als Offenbarung, als Inspiration.

Als Toller im Sommer 1917 München verließ, hatte sich seine Abscheu vor dem Krieg zum Widerstand geformt gegen die Kräfte, die ihn weiter fortführten. Er war noch nicht vollständig genesen und verbrachte daher im August und September einige Wochen in einem Sanatorium in Bad Schachen am Bodensee. Es war die Ruhe vor dem Sturm, der losbrach, als Toller erstmals die politische Szenerie betrat.

III Aufruf zum Sozialismus
1917–1918

Die Antikriegsbewegung

Im Herbst 1917 begann sich die öffentliche Meinung merklich gegen den Krieg zu wenden, und die Friedensbewegung gewann an Stärke. Im April hatte sich die SPD endgültig gespalten; die neugegründete USPD trat als dezidierte Antikriegspartei auf. Ebenfalls im April war in Berlin und anderen großen Industriestädten eine Welle von Streiks gegen den Krieg ausgebrochen. In der Folge kam es während des Sommers zu Unruhen in der kaiserlichen Kriegsmarine. Am 19. Juli verabschiedete der Reichstag seine berühmte Friedensresolution, die sich für einen Verhandlungsfrieden einsetzte und die Annexionspolitik der Regierung verwarf. Von Nationalisten wurde die Resolution heftig attackiert. Innerhalb eines Monats gründete sich die Deutsche Vaterlandspartei, die lautstark einen »Frieden durch Sieg« propagierte.

Vor dem Hintergrund dieser Ereignisse wurde Toller im September 1917 eingeladen, an der »Kulturtagung« teilzunehmen, einer Zusammenkunft von Künstlern und Intellektuellen auf Burg Lauenstein in Thüringen, organisiert von dem Verleger Eugen Diederichs. Toller selbst hat dieses Ereignis später als seine »erste aktive Beschäftigung mit der Politik«[1] bezeichnet. Zu den Teilnehmern gehörten viele führende Köpfe des deutschen Geisteslebens, unter ihnen herausragende Akademiker, wie die Soziologen Max Weber und Ferdinand Tönnies, der Nationalökonom Werner Sombart und der Historiker Friedrich Meinecke, oder auch der evangelische Pastor Max Maurenbrecher, der inzwischen als Journalist seine pan-germanischen Ideen veröffentlichte. Auch renommierte Schriftsteller wie Walter von Molo, Richard Dehmel, Paul Ernst und der Arbeiterdichter Karl Bröger waren anwesend. Diederichs hatte zudem eine Reihe von jungen Männern eingeladen, wie Theodor Heuss (den späteren Bundespräsidenten) und eben Ernst Toller. Toller war nicht einmal vierundzwanzig, unbekannt und hatte noch nichts veröffentlicht, aber die Einladung zu einer solchen Versammlung läßt vermuten, daß er schon einigen Eindruck auf die etablierten literarischen Kreise Münchens gemacht hatte.

Das Thema der Tagung hieß: »Das Führerproblem im Staat und in der Kultur«. Diederichs selbst verfolgte höhere Ziele, was vielleicht zu erklären hilft, warum Toller und andere junge Schriftsteller eingeladen wurden:

> Die (erste) Lauensteiner Tagung hat mich insofern nicht befriedigt, als doch der schöpferisch-politische Mensch fehlte... Dazu gehört freilich der neue Mensch, der in den Gesetzen der Seele seine Orientierung findet, und der sich darum nicht von den wirtschaftlichen Gesetzen des Lebens imponieren läßt, sondern mehr platonisch schauend den Geist auch als Gestalter des wirtschaftlichen und Staatslebens empfindet. Das hat nichts mit Moralgerede zu tun, desto mehr aber mit ritterlichem Menschentum, das das Leben als Tragik empfindet und doch bejaht. So ist das eigentliche Problem: wie entwickelt sich im Staat dieser Typus, wie gelangt er zur Führerschaft?[2]

Diederichs Ausführungen waren typisch für den nebulösen Idealismus vieler deutscher Intellektueller im Jahr 1917: Sie lassen sowohl das expressionistische Erlösungsstreben erkennen wie auch jenen mystischen Unterton, der zum Nationalsozialismus weisen sollte.

Toller kam nach Lauenstein in der Hoffnung, verwandte Seelen vorzufinden, andere, für die die Fortsetzung des Krieges nicht hinnehmbar war. Er scheint erwartet zu haben, daß sich dort konkrete Friedensinitiativen auf den Weg bringen ließen. In dieser Hinsicht wurde er aber enttäuscht. Die Veranstaltung wurde mehr und mehr zu einem persönlichen Disput zwischen Maurenbrecher, der, mystisch verbrämt, in den Traditionen des vergangenen ein zukünftiges Deutschland beschwor, und Max Weber, der forderte, den preußischen Obrigkeitsstaat zu demokratisieren, und der im Kaiser den Hauptverantwortlichen für das Unglück Deutschlands sah. Für Toller bewies dieser Meinungsstreit die Nutzlosigkeit intellektueller Diskussionen in Zeiten, die Taten verlangten. Nachdem er anfangs noch gezögert hatte, in solch erlesener Gesellschaft zu sprechen, erhob er sich schließlich, um in einem leidenschaftlichen Appell auf konkrete Initiativen gegen den Krieg zu drängen. Jegliche Resonanz blieb aus. Toller verließ Lauenstein als erbitterter Kritiker der »Verwirrung, der Feigheit, der Mutlosigkeit der ›Alten‹«[3] – einer Generation, die er und seine Altersgenossen für den Krieg verantwortlich machten. Seine

Autobiographie läßt den Schluß zu, daß das Zusammentreffen mit Richard Dehmel eines der wenigen positiven Erlebnisse in Lauenstein war. Dehmel habe seine Gedichte gelobt und ihn ermutigt. Aber selbst diese Notiz ist irreführend, denn Toller schrieb noch im gleichen Jahr an Dehmel einen Brief, in dem er ihm den patriotischen Ton seiner Kriegsdichtung vorhielt: »Heute las ich von Ihnen Kriegsgedichte. Gloriolen des Krieges. Halten Sie sie auch heute noch aufrecht?«[4] Von einer Entgegnung Dehmels ist nichts bekannt.

Unmittelbar nach der Tagung in Lauenstein ging Toller nach Heidelberg und immatrikulierte sich zum Wintersemester für Jura und Wirtschaftswissenschaften. 1917 hatte Heidelberg viel vom idyllischen Flair der Vorkriegsjahre eingebüßt. Die traditionellen Studentenverbindungen hielten sich noch, aber die Mehrheit der Studenten bestand jetzt aus kriegsversehrten Soldaten.

Toller fand eine Unterkunft in der Friedrichstraße, einer jener engen Gassen inmitten der Altstadt. Heidelberg genoß den zweifelhaften Ruf, eine »Doktorenfabrik« zu sein. Als Toller den altehrwürdigen Professor Gothein aufsuchte, um sein Dissertationsthema abzusprechen, bekam er die Empfehlung über »Schweinezucht in Ostpreußen« zu schreiben. Er hatte Dringlicheres zu tun.

Toller hat sich nie dazu geäußert, warum er sein Studium in Heidelberg fortsetzen wollte, aber höchstwahrscheinlich ging es ihm darum, die Bekanntschaft mit Max Weber zu vertiefen, der in Lauenstein nachhaltigen Eindruck auf ihn gemacht hatte. Obwohl Weber eigentlich seit Jahren keine Vorlesungen mehr in Heidelberg gehalten hatte, blieb er eines der Aushängeschilder der Universität. Toller schrieb später: »(Ich) darf häufiger Gast Max Webers sein, des einzigen deutschen Professors, der ein Politiker großer Linie war. (Und ein Charakter. Was in Deutschland noch mehr bedeutet.)«[5] Ihre Begegnung hatte auch Weber beeindruckt. Toller war ihm sympathisch. Obwohl er seine politische Unreife erkannte, respektierte er seine unumwundene Aufrichtigkeit und moralische Integrität. Toller gehörte bald zu denen, die regelmäßig zu jenem berühmten *jour fixe* erschienen, der allsonntäglich bei Weber stattfand. Nicht viel später war er selbstbewußt genug, um einige seiner Gedichte aus dem Krieg vorzutragen, die laut Marianne Weber die Zuhörer sehr berührten. Seine Freundin Margarete Pinner erinnerte sich an mehrere Winterabende, an denen er seine Gedichte vor einem kleinen Kreis von Mitstudenten rezitierte – »wir waren zutiefst bewegt«.[6] Unter den Arbeiten, die er vortrug, waren auch Szenen seines Antikriegsstücks *Die Wandlung*. Das Stück, das er im Sommer zuvor begonnen hatte, sollte ihn innerhalb von zwei Jahren als Dramatiker bekannt machen. Toller las seine Arbeiten nicht in Erwartung literarischer Diskussionen oder Kritik, sondern bewußt, um gegen den Krieg »aufzuhetzen«, um »Dumpfe aufzurütteln, Widerstrebende zum Marschieren zu bewegen, Tastenden den Weg zu zeigen«.[7] Tollers 1920 verfaßte Erklärung ist bezeichnend für seine gesamte Konzeption des politischen Theaters – und darüber hinaus für seine politische Tätigkeit überhaupt.

Weil es Toller zu Max Weber nach Heidelberg zog, liegt die Vermutung nahe, daß er eine Vaterfigur brauchte, daß er einen Mentor suchte, an dem er sich intellektuell orientieren könnte. So nannte ihn Weber später »eine Jüngernatur«.[8] Das mag in gewisser Weise stimmen, aber wenn, so war Toller jedenfalls nicht der Jünger Webers. Er bewunderte dessen Mut und Rechtschaffenheit, teilte aber nicht seine politischen Ansichten. Weber glaubte, Deutschland müsse den Krieg fortführen, um das Überleben der Nation zu sichern. Außerdem setzte er sich für Parlaments- und Wahlrechtsreformen ein. Nach dem Krieg, behauptete er, werde er den Kaiser so lange beleidigen, bis dieser ihn verklage, und dann werde er die für den Krieg verantwortlichen Politiker zwingen, unter Eid auszusagen. Das Vorhaben zeugt von einem fundamentalen Vertrauen in die Institutionen, das Toller zunehmend verlor. Während Weber behutsam vorging und sich streng nach den Buchstaben des Gesetzes richtete, glaubte Toller immer mehr an eine revolutionäre Perspektive. Vor allem aber engagierte er sich jetzt in der wachsenden Friedensbewegung.

Als Toller nach Heidelberg kam, war er entschlossener denn je, andere zu finden, die seine Ablehnung des Kriegs teilten. Eine von ihnen war Margarete Pinner, die in der Pension wohnte, in der er zu Mittag aß. Eine romantische Freundschaft begann – »wir ruderten auf dem Fluß und glaubten, glücklich zu sein«,[9] erinnerte sie sich. Beide liebten sie die Landschaft um Heidelberg, mehr noch aber verband sie ihre Opposition gegen den Krieg. Margarete machte ihn mit einer Gruppe von Studenten bekannt, die sich gelegentlich zu politischen Diskussionen trafen. Diese Treffen hatte die Wiener Studentin Käthe Pick (später prominentes Mitglied der Sozialdemokratischen Partei Österreichs) angeregt, um »durch Lesen und Diskutieren sozialistischer Bücher unsere Gedanken zu klären«. Wie Margarete Pinner sich erinnerte, hatte die Gruppe »einen engen Zusammenhalt und war streng sozialistisch orientiert«. Daher scheint es unwahrscheinlich, daß Toller eingeladen worden wäre, wenn er nicht bereits Sozialist war. Es kostete sie große Mühe, Toller zur Mitarbeit in der Gruppe zu bewegen. Seit der Tagung in Lauenstein hielt er Diskussionen für sinnlos. Wie auch immer, schließlich war er überredet zu kommen, und schon bald drängte er die Gruppe, sich auf handfeste Aktionen zu verlegen. Diese Gruppe bildete dann den Kern eines pazifistischen Bundes, dem Toller den hochtrabenden Namen »Kulturpolitischer Bund der Jugend in Deutschland« gab. Natürlich wurde Toller sowohl Antreiber als auch Sprecher des Bundes – und ebenso natürlich stand dessen tatsächlicher Einfluß in keinem Verhältnis zu seinen Ansprüchen, denn er zählte nie mehr als ein Dutzend Mitglieder. Toller war später bemüht, sich von dem Unternehmen zu distanzieren, tat es ab als einen »Don Quixote von 1917«[10], aber die Aktivitäten des Bundes waren praxisnäher und sozialistischer als diese Formulierung vermuten läßt. Bei seinem Prozeß wegen Hochverrats sprach Toller von dessen »kulturpolitischen und sozialistischen Zielen«.[11]

Der Bund begann seine Arbeit mit einem »cause célèbre«, der gerade verhandelt wurde. Im Oktober 1917 sprengten nationalistische Studenten eine Vorlesung des berühmten Professors F. W. Foerster, dessen pazifistische Gesinnung bekannt war. Foerster selbst wurde körperlich angegriffen und nur durch sympathisierende Studenten vor dem Schlimmsten bewahrt. Toller und seine Freunde nutzten diesen Vorfall zu der Forderung, jegliche Beschränkungen der studentischen Versammlungs- und Vereinigungsfreiheit abzuschaffen, die die Universitäten erlassen hatten, um sozialistische oder pazifistische Aktivitäten zu verhindern. Auf einem Flugblatt, das vielerorts verteilt und auch in der *Münchener Zeitung* vom 10. November 1917 abgedruckt wurde, unterzeichnete Toller »für 135 Studierende der Universität Heidelberg« diese Forderung. Es war Tollers erste politische Veröffentlichung.[12]

Grundsätzlich ging es dem Bund darum, sich den Annexionsforderungen der Deutschen Vaterlandspartei zu widersetzen und um Unterstützung zu werben für sozialistische Initiativen, die einen Frieden ohne Annexionen und Reparationen wollten. Zu diesem Zweck entwarf Toller einen Appell, der unter den Studenten anderer Universitäten kursieren sollte. Vergeblich mühte er sich, die Unterstützung Max Webers zu gewinnen. Weber hielt den Appell für konfus. Überdies widerstrebte es ihm, eine Aktion zu fördern, welche die Moral der

Frontsoldaten unterminieren könnte. Toller war so leicht nicht von seinem Vorhaben abzubringen. Er schickte Kopien des Appells an prominente Schriftsteller und Professoren und erhielt Unterstützungsbotschaften von F.W. Foerster und Schriftstellern wie Heinrich Mann, Carl Hauptmann (dem älteren Bruder von Gerhart), Walter Hasenclever und Walter von Molo, den Toller in Lauenstein persönlich kennengelernt hatte.

Im November 1917 stand Toller in Kontakt zu führenden deutschen und ausländischen Pazifisten, unter ihnen der elsässische Dichter und Romancier René Schickele, der in Zürich lebte.[13] Im Laufe des Krieges hatte die Schweiz einer Reihe von deutschen und österreichischen Schriftstellern mit sozialistischen oder pazifistischen Überzeugungen Zuflucht geboten. Zu ihnen gehörten die Dadaisten Arp und Ball und andere wie Albert Ehrenstein, Leonhard Frank, Ivan Goll, Ludwig Rubiner und eben Schickele. In Schickeles Zeitschrift *Die weißen Blätter* erschienen nach 1916 viele wichtige Antikriegstexte. Es ist fast sicher, daß Toller hier zum ersten Mal Hasenclevers Antikriegsdrama *Antigone* gelesen hat, ebenso die Geschichten von Leonhard Frank, die später unter dem Titel *Der Mensch ist gut* herausgekommen sind, und die Übersetzung des Romans *Le feu* von Henri Barbusse, ein Werk, das bald eine Art Bibel für eine ganze Generation europäischer Intellektueller war. Toller kannte diese Werke sicherlich alle sehr gut, denn er dachte daran, im Rahmen seiner Antikriegsagitation in Heidelberg Broschüren mit Auszügen daraus zu verteilen.[14]

Tollers Gemütszustand war zu dieser Zeit seltsam ambivalent: Er suchte gleichermaßen politisch die Gemeinschaft wie privat die Einsamkeit. Er machte lange Wanderungen in den Hügeln um Heidelberg; manchmal verschwand er tagelang, ohne einem seiner Freunde etwas zu sagen. Politisch spitzten sich die Ereignisse nun zu. Der Aufruf, den Toller gezeichnet hatte, war an sozialistische Gruppen anderer Universitäten verschickt worden, um vor einer Veröffentlichung Unterstützung zu organisieren; aber er gelangte frühzeitig in die Hände der (nationalistischen) *Deutschen Zeitung*, die ihn am 11. Dezember vollständig abdruckte. Der Ausschuß der Heidelberger Studentenschaft distanzierte sich sofort »von jenem kleinen Kreis Heidelberger Studenten unter der Führung eines gewissen Ernst Tollers«, die Vaterlandspartei startete eine bösartige Kampagne. Ein Heidelberger Professor benutzte die letzte Vorlesung vor Weihnachten, um den »Vaterlandsverrat« der Gruppe anzuprangern. Toller begegnete diesen

Angriffen in einem Brief an das *Heidelberger Tageblatt*: »Politik treiben heißt für uns: Sich für das Geschick seines Landes sittlich mitverantwortlich fühlen und dementsprechend handeln.«[15]

Diese öffentliche Kontroverse führte schließlich dazu, daß die Militärbehörden alarmiert wurden, die schnell eingriffen: Der Bund wurde aufgelöst, und seine Mitglieder wurden versprengt. Käthe Pick und einem anderen österreichischen Studenten wurde die Wiedereinreise nach Deutschland untersagt; die deutschen Studenten wurden aus Heidelberg ausgewiesen und gezwungen, in die Reichsländer zurückzukehren, aus denen sie stammten – im Falle Tollers war das Preußen, wozu die Provinz Posen damals noch gehörte. Ihm drohte sogar, wieder zum Militärdienst eingezogen zu werden. Die Polizei tauchte mit einem Haftbefehl in seiner Unterkunft auf, verpaßte ihn aber, da er zu dem Zeitpunkt im Krankenhaus lag. Toller verließ Heidelberg hastig; nicht einmal drei Monate hatte er dort verbracht. Als Toller am 22. Dezember in Berlin ankam, schlug er sofort bei politisch nahestehenden Reichstagsabgeordneten Alarm wegen der Vorgehensweise der Militärbehörden. Der sozialistische Abgeordnete Wolfgang Heine brachte die Frage der Ausweisung der österreichischen Studenten tatsächlich im Reichstag auf, erreichte aber nichts.

Tollers pazifistischer Bund mag im Grunde nur von geringer politischer Bedeutung gewesen sein, nichtsdestoweniger war er ein wichtiger Schritt in seiner politischen Entwicklung. Für ihn war er ein Sammelbecken der Opposition gegen den Krieg (»Aufrütteln wollen wir alle Teilnahmslosen, sammeln alle Gleichgesinnten«)[16], ein Mittel, diese Opposition umzuwandeln in konkrete Aktionen. Das von Toller entworfene Grundsatzprogramm des Bundes bringt seine Vorstellungen zu dieser Zeit auf den Punkt: Pazifist aus Neigung, Aktivist aus Überzeugung, der Appell an die Jugend als Weg einer wirklichen internationalen Aussöhnung. Hier offenbart sich der prägende Einfluß des anarchistischen Philosophen Gustav Landauer – »dessen *Aufruf zum Sozialismus* mich entscheidend berührt und bestimmt hat«.[17]

Der Einfluß Gustav Landauers

Landauer war ein selbsternannter Anarcho-Sozialist, dessen Ideen von Proudhon und Kropotkin abgeleitet waren; seine Philosophie ist im Kern nichts anderes als eine poetische Deutung des europäischen Anarchismus. In seinem *Aufruf zum Sozialismus*[18] definierte Landauer Sozialismus als »eine Tendenz des Menschenwillens ... ein Bestreben, mit Hilfe eines Ideals eine neue Wirklichkeit zu schaffen« (S. 1). Landauer war im Gegensatz zu Kropotkin nicht der Ansicht, daß der Staat durch eine politische Revolution zerschlagen werden könnte; vielmehr glaubte er, daß sich die gesellschaftlichen Verhältnisse nur in dem Maße ändern könnten, wie sich die Beziehungen der Menschen untereinander änderten; nur so könne aus einer Gesellschaft ein »Volk« werden.

> So dringend es ist, daß wir den Sozialismus, den Kampf für neue Zustände zwischen den Menschen als geistige Bewegung erfassen, das heißt, daß wir verstehen, wie es nur zu neuen Verhältnissen zwischen den Menschen kommt, wenn die vom Geiste bewegten Menschen sie sich schaffen... (S. 98)

Neue gesellschaftliche Verhältnisse würden nicht allein durch politische Revolutionen geschaffen, nötig seien »ein friedlicher Aufbau, ein Organisieren aus neuem Geiste und zu neuem Geiste und nichts weiter«.[19] Die treibende Kraft sozialen Wandels sei daher »Geist«.

»Geist« ist ein zentraler Begriff in Landauers Philosophie, gleichwohl bleibt er, trotz all seiner Versuche, ihn zu definieren, mehrdeutig, fast mystisch. Gemeint war sowohl eine treibende Kraft innerhalb des Individuums als auch eine Verbindung zwischen den Individuen. »Geist« bestimme die Form der sozialen Beziehungen wie auch die gesellschaftlichen und wirtschaftlichen Institutionen, in denen diese ihren Ausdruck finden. Er sei die Seele der Gemeinschaft und gleichzeitig die Motivation, diese Gemeinschaft anzustreben. »Geist« beseele die Menschen und einige sie im Streben nach einem gemeinsamen Ideal: Die in dieser Art geeinten Menschen bilden in Landauers Terminologie das »Volk«. Während das »Volk« eine organische Entität sei, entstanden aus einer Übereinstimmung des Denkens und Strebens, sei die Struktur des Staates künstlich, ein Produkt des historischen Zufalls. Habe die Einheit von Menschen ihren Ursprung im »Geist«, so sei hingegen die Einheit des Staates letztlich immer aufgezwungen: In Landauers Weltbild schließen »Geist« und »Staat« einander nahezu aus.

Das offenkundigste Zeichen für den Mangel an »Geist« in der modernen Gesellschaft sei das Elend des Proletariats. Vom Land und dessen Erträgen abgekoppelt und durch die kapitalistische Produktionsweise gezwungen, Waren herzustellen, die es nicht bräuchte, würde es sich selbst entfremdet und oft in Armut, Krankheit und Alkoholismus versinken. Die Analogie zum marxistischen Entfremdungsbegriff ist nur oberflächlich. Landauer behauptete, »daß die Arbeiterschaft nicht auf Grund geschichtlicher Notwendigkeit das auserwählte Volk Gottes, der Entwicklung, ist, sondern eher der Teil des Volkes, der am schwersten leidet« (S. 112). Das heißt: Als die Klasse, die im Kapitalismus mehr als alle anderen ausgebeutet werde, repräsentiere die Arbeiterschaft menschliches Leiden in seiner schärfsten Form. Tollers Bemühungen, sich auf diesen Begriff des Proletariats zu verständigen und mit den Vorstellungen des historischen Materialismus in Einklang zu bringen, werden in allen seinen frühen Stücken deutlich.

Landauer war ein scharfer Kritiker des Marxismus, der für ihn »die Pest unserer Zeit und der Fluch der sozialistischen Bewegung« (S. 42) war. Er verwarf vor allem seinen Anspruch auf Wissenschaftlichkeit. Unter dem Einfluß von Fritz Mauthners *Kritik der Sprache* hielt er die wissenschaftliche Sprache für unzulänglich, das Wesen der Realität zu erfassen: Dieses Wesen könne nur indirekt in einer poetischen Sprache, in Bildern und Metaphern aufscheinen. Sozialismus, behauptete er, resultiere nicht aus einer bestimmten Entwicklungsstufe der Materie, sondern sei das Werk menschlichen Willens:

> Denn Sozialismus ... hängt seiner Möglichkeit nach gar nicht von irgendeiner Form der Technik und der Bedürfnisbefriedigung ab. Sozialismus ist zu allen Zeiten möglich, wenn eine genügende Zahl Menschen ihn will. (S. 61)

Demgemäß hielt er das Wirken des »Geistes« in der Gesellschaft für die entscheidende historische Kraft.

Landauer räumte ein, daß die Kraft des »Geistes« von Staat und industriellem Kapitalismus unterdrückt worden sei, ein Rest sei jedoch verblieben. Er habe überlebt in Individuen höheren Bewußtseins – in Dichtern und Denkern –, und es sei deren Pflicht, ihn in anderen wieder zu wecken und die neue Zeit in Worten und Taten auszurufen: »Unser Geist muß zünden, muß leuchten, muß verlocken und an sich ziehen. Das tut nie die Rede allein ... Das tut allein das Beispiel ... Beispiel und Opfermut!« (S. 152).

Landauers *Aufruf zum Sozialismus* wurde erstmals 1911 veröffentlicht, übte aber nur in einem begrenzten Umfeld Einfluß aus. Zu wirklicher Popularität war das Buch erst während des Krieges gelangt: Von 1916 an erhielt Landauer ständig Anfragen mit der Bitte um Exemplare des Buches. Aus einem Abstand von über siebzig Jahren ist die offenkundige Anziehungskraft des Buches auf Intellektuelle schwer begreiflich. Landauers Sozialismus erscheint aus heutiger Sicht sehr abwegig: hoffnungslos romantisch in seinem Gemeinschaftsideal und der Ablehnung der modernen Industriegesellschaft. Die Tatsache, daß Landauers Ideen in mancherlei Hinsicht mit denen des Expressionismus übereinstimmten, mag viel von seiner Anziehungskraft auf die jüngere Schriftstellergeneration erklären. Es gibt evidente Parallelen zu den messianischen Botschaften des Expressionismus in der gefühlsbetonten, oft rätselhaften Sprache und dem Glauben an das Primat des »Geistes«.

Es ist nicht ganz klar, wann Toller Landauers *Aufruf zum Sozialismus* erstmals las, wahrscheinlich war es im Sommer 1917, mit Sicherheit aber, bevor er im Oktober nach Heidelberg zog. Margarete Pinner bestätigte, daß die Lektüre ihn, wie auch sie selbst, tief beeindruckt habe. Kurz vor seiner Flucht aus Heidelberg im Dezember 1917 schrieb Toller an Landauer in einer Weise, die zeigt, daß er mit Landauers Philosophie nicht nur sehr vertraut war, sondern sie zu weiten Teilen zu seiner eigenen gemacht hatte. Sein Brief bat in erster Linie um Landauers Unterstützung für den Studentenbund – tatsächlich kann Landauers Einfluß auf die »Leitsätze« des Bundes, die Tollers Namen tragen, gar nicht hoch genug veranschlagt werden.[20]

Die Leitsätze von Tollers Studentenbund sind nichts anderes als eine Neuformulierung einiger zentraler Ideen Landauers. Inhaltlich anarchistisch geprägt und in ihrer Diktion expressionistisch, dokumentieren sie Tollers literarische Richtung zu Beginn seines politischen Engagements. Toller nannte den Bund »eine Gemeinschaft von Gleichgesinnten und Gleichgewillten«, geleitet »von der uns einenden Idee wahrhaftigen Geistes« bei der Aufgabe, »in jungen Menschen Verantwortlichkeit zu erwecken und sie zu politischer Aktivität zu führen«. Dies würde erreicht – und hier wird auch der anarchistische Hintergrund deutlich – durch die Wirkung des moralischen Beispiels: »Wir wollen Führer sein, indem wir schreiten. Die Gesamtheit entflammen, indem wir brennen.« Überdies wird deutlich, daß »Geist« als die treibende Kraft gesellschaftlicher Veränderungen angesehen wird:

> Der Bund will dahin wirken, daß ... an Stelle starr gewordener Formen und Institutionen formbildende Kräfte wirken. Damit an Stelle willkürlicher Organisation von gestaltendem Geist beherrschter Organismus wächst.

Die Leitsätze fordern des weiteren, »durch praktische Arbeit die immer tiefer werdende Kluft zwischen Volk und Intellektuellen (zu) überwinden«. Es sei die Aufgabe der wenigen (»Künstler und Menschen, die aus Liebe schaffen«), die Botschaft zu den vielen zu bringen, deren »schöpferische Keime vom Sud und Abfall der Fabriken und Großstädte verschüttet sind«.

Die Leitsätze beinhalten zwar eine Reihe konkreter politischer Forderungen – die Trennung von Staat und Kirche, eine menschliche Rechtsprechung, die Abschaffung der Todesstrafe, die Herabsetzung des Wahlalters, die Reform des Bildungswesens –, aber die eigentlichen Ziele waren rein utopischer Natur: »Nur aus innerlicher Mensch-Wandlung kann die Gemeinschaft, die wir erstreben, erwachsen.« Die Wandlung des Individuums als Modell für die Wandlung der Gesellschaft – das war das Ziel, dem sich sowohl Landauer als auch die jüngere Generation der expressionistischen Schriftsteller verschrieben hatten, und das war auch die Losung, die Toller mit dem Titel seines Erstlingsdramas *Die Wandlung* ausgab.

Der Januarstreik

Im Dezember 1917 schienen die Ereignisse einen Moment lang, Anlaß zu Optimismus zu geben. Die Friedensverhandlungen zwischen Rußland und Deutschland in Brest-Litowsk hatten begonnen, und es keimte die Hoffnung, daß diese einen allgemeinen Waffenstillstand einleiten könnten. Toller hatte Kontakt zu pazifistischen Kreisen in Berlin und hielt seine politische Jungfernrede auf einer Versammlung, die unter dem Motto »Arbeiter der Stirn und der Faust vereinigt Euch!« stand. Er las im Haus eines Freundes auch gelegentlich aus seinen Kriegsgedichten, wiederum war Grete Pinner unter den Zuhörern.

Zu dieser Zeit bekam er einige der Flugschriften zu lesen, die während der Kriegsjahre in Deutschland im Untergrund kursierten, darunter ein Brief des ehemaligen Krupp-Direktors Mühlon und das Lichnowsky-Memorandum, verfaßt vom früheren deutschen Botschafter in London. Diese beiden Dokumente, die der Spartakusbund heimlich druckte und in Umlauf brachte, deckten die diplomatischen Winkelzüge auf, die kurz vor dem Krieg stattgefunden hatten, und widersprachen der offiziellen Version der Ereignisse. Für Toller war Deutschland damit bloßgestellt und für den Ausbruch der Feindseligkeiten verantwortlich zu machen. Toller hatte sich 1914 als Freiwilliger gemeldet im Glauben daran, daß Deutschland einen Verteidigungskrieg führte, und an diesem Glauben hatte er auch noch lange nach seiner Entlassung festgehalten; das Gefühl, betrogen worden zu sein, war nach dieser Entlarvung der deutschen Kriegsschuld daher um so bitterer. Beunruhigender noch war die Entdeckung der expansionistischen Ziele des deutschen Kapitals, wodurch die Annexionsforderungen der deutschen Regierung sofort in ein neues Licht gerückt wurden. »Die Frage der Kriegsschuld verblaßt vor der Schuld des Kapitalismus«, schrieb er fünfzehn Jahre später, aber es ist unwahrscheinlich, daß er das 1917 bereits mit dieser Deutlichkeit wahrgenommen hatte.

Die Ereignisse, die ihn letztlich in den Sog der anschwellenden revolutionären Bewegung rissen, waren seine Begegnung mit Kurt Eisner und seine sich daraus ergebende Teilnahme am Streik der Munitionsarbeiter in München. Tollers pazifistische Aktivitäten hatten Kontake zu sozialistischen Kreisen fast unvermeidbar werden lassen. Die wachsende Antikriegsbewegung hatte sich um die USPD konzentriert, die als Protestpartei gegen den Krieg gegründet worden war. Der Widerstand gegen den Krieg war der gemeinsame Nenner einer ansonsten sehr disparaten Mitgliederschaft, die von den Spartakisten auf der Linken bis zu reformorientierten Sozialisten wie Eduard Bernstein auf der Rechten reichte.

Toller wurde Eisner im Januar 1918 vorgestellt, als dieser zu einem Treffen von USPD-Führern nach Berlin kam, um Streikaktionen gegen den Krieg zu koordinieren. Eisner, Vorsitzender der Münchener USPD, war sein Leben lang ein Gegner des preußischen Militarismus gewesen. Seit September 1914 hatte er den Krieg bekämpft und war inzwischen geradezu besessen von der Frage der deutschen Kriegsschuld. Er hatte eine ausführliche Untersuchung darüber geschrieben, inwieweit die deutsche Mobilmachung für den Ausbruch des Krieges verantwortlich war, aber die Militärzensur hatte ein Erscheinen der Arbeit verhindert. Eisner war ein recht ungewöhnlicher Politiker. Er war sehr literarisch veranlagt und hatte früher seinen Lebensunterhalt als Journalist und Theaterkritiker verdient, hatte Gedichte geschrieben und war der Autor eines expressionistischen Dramas, das er nach dem Streik im Januar 1918 in der Haft fertigstellte.[21]

Eisners Auffassung von Sozialismus war aus der intensiven Beschäftigung mit Kant entstanden, dessen Philosophie er in Marburg bei dem renommierten Neukantianer Hermann Cohen studiert hatte. Cohen hielt Kants Philosophie für hochpolitisch. Philosophie, so Cohen, sehe den Staat nicht länger als Machtstruktur, sondern als Verkörperung ethischen Bewußtseins. Der existierende Staat, das Kaiserreich der Hohenzollern, habe es nicht geschafft, diesem Ideal zu entsprechen, weil er offenkundig »der Staat der herrschenden Klassen« sei. Der Machtstaat werde nur zum Rechtsstaat, wenn er nicht mehr den Interessen einzelner Klassen diene. Was Cohen konkret daraus schloß, war die Vereinbarkeit von Kants Ethik mit den Zielen des demokratischen Sozialismus.

Eisner versuchte, diese Gedanken fortzuführen, und fragte sich, ob die Vorstellung, daß Sozialismus ethisch wünschenswert sei, mit seiner wissenschaftlich begründeten Zwangsläufigkeit in Einklang zu bringen wäre. Konnten Sozialisten gleichzeitig an Marx und Kant festhalten? 1904 hatte er einen Essay veröffentlicht, in dem er bestrebt war, »die Synthese Marx-Hegel in die Verbindung Marx-Kant aufzulösen. Denn sachlich gehört Marx zu Kant, in die Reihe der großen Aufklärer des 18. Jahrhunderts.« Eisner versuchte, Kant in der Perspektive der geschichtlichen Entwicklung zu sehen. Er räumte ein, daß Kants ethische Prinzipien aus dem bürgerlichen Liberalismus stammten, behauptete dann aber weiter, daß sie nicht mehr mit einer bürgerlichen Gesellschaft identifiziert werden könnten, die all ihrer Ideale beraubt sei. Beim gegenwärtigen Stand der ökonomischen und politischen Entwicklungen könnten sie nur durch den demokratischen Sozialismus verwirklicht werden.[22]

Die meisten Historiker haben es vorgezogen, Eisner als lebensfernen Träumer abzutun, aber seine charismatische Wirkung auf Toller und andere junge Intellektuelle lag gerade darin, daß es ihm offenbar gelang, Ideale in die Realität umzusetzen. Oft berief er sich auf »die größte Idee, die die Menschheit kennt: daß zwischen Gedanken und Tat, kein Widerspruch und kein Zeitraum stehen dürfe«.[23] Im Dezember 1916 hatte er eine Diskussionsrunde ins Leben gerufen, die sich immer Montag abends im »Goldenen Anker« in der Schillerstraße traf. Ursprünglich umfaßte die Gruppe nicht mehr als fünfundzwanzig Personen, aber im Verlauf des Jahres 1917 wurden es mehr als hundert, die später auch den Kern der revolutionären Bewegung in der Stadt stellten.

Im Januar 1918 spitzte sich plötzlich die politische Lage wieder zu. Deutsche Forderungen in den Friedensverhandlungen von Brest-Litowsk hatten alle Hoffnungen zerschlagen, daß die Regierung sich mit einem Frieden ohne Annexionen begnügen würde. Es war klar geworden, daß der Frieden im Osten nicht der Auftakt für einen allgemeinen Waffenstillstand war: Das Oberkommando plante für das Frühjahr schon eine neue Offensive an der Westfront. Vor dem Hintergrund dieser Ereignisse hatten sich die Obleute in den Berliner Fabriken mit führenden USPD-Mitgliedern getroffen, um über die Möglichkeit von Massenstreiks zu sprechen, die der Forderung nach einem sofortigen Frieden ohne Annexionen Nachdruck verleihen sollten. Nach seiner Rückkehr nach München am 19. Januar machte sich Eisner umgehend daran, um Unterstützung für den Streik zu werben. Am 21. Januar beim wöchentlichen Treffen im »Goldenen Anker« las er – in Anwesenheit der üblichen Polizeispitzel – die Streikresolution vor und erklärte rundweg, daß der Streik nicht nur dem Krieg ein Ende setzen wolle, sondern dem Militarismus überhaupt. Darüber hinaus fordere man die Abschaffung der Monarchie.

Die Begegnung mit Eisner beeindruckte Toller so tief, daß er ihm wenige Tage später nach München folgte. Bei der Polizei sagte er später aus, er habe, als er nach München kam, nichts von Streikplänen gewußt. Wie ehrlich diese Aussage auch immer gewesen sein mag, sie betraf sicherlich nur die Tage, bevor er Eisner wiedersah. Tatsächlich machte er in München da weiter, wo er in Heidelberg aufgehört hatte. Auf einer Studentenversammlung bemühte er sich um Unterstützung für eine Kampagne gegen das Verbot seines Studentenbundes. Später organisierte er auch einen literarischen Abend, an dem er aus seinen Gedichten las und einige Szenen aus der *Wandlung* aufgeführt wurden: Es war die erste von vielen öffentlichen Lesungen Tollers. Nicht jeder im Publikum interessierte sich für den kulturellen Aspekt des Abends: Ein Polizeispitzel, der sich unter den Anwesenden befand, berichtete, daß Tollers Gedichte »ganz kraß und überrevolutionär« seien.[24]

Am 26. Januar sollte Toller schließlich Eisner treffen, der ihn für den nächsten Abend zu einer von der USPD veranstalteten öffentlichen Versammlung einlud. Als Eisner zu sprechen begann, war die Halle mit über 250 Leuten gefüllt; hauptsächlich handelte es sich um Delegierte aus den Betrieben. Er sprach eindringlich und verkündete die Entscheidung der Berliner Arbeiter, gegen den Krieg zu streiken. Zum Abschluß appellierte er an die Delegierten, auf Betriebsebene um Unterstützung für den Streik zu werben. Die andere Hauptrede hielt Sonja Lerch, ebenfalls von der USPD. Sie diente Toller als Vorbild für die Protagonistin des Revolutionsdramas *Masse-Mensch*.

Toller wurde von dieser Bewegung, welche die gleichen Ziele wie er selbst zu verfolgen schien, sofort mitgerissen. Er wurde zur wöchentlichen Versammlung in den »Goldenen Anker« eingeladen, die am folgenden Abend stattfand. Als er eintraf, war das Hinterzimmer des Gasthauses schon voll besetzt, die Atmosphäre war spannungsgeladen und erwartungsvoll. Toller zögerte nicht zu sprechen. Augenzeugenberichte von der Versammlung beschreiben lebhaft seine Gemütsverfassung und seine außergewöhnlichen rhetorischen Fähigkeiten. Er hielt eine leidenschaftliche Rede gegen den Krieg und schilderte plastisch dessen Schrecken und Leiden. Bisweilen schien er nicht mehr Herr seiner selbst zu sein, er hatte Schaum vor dem Mund und zitterte vor Erregung. Er richtete sich unmittelbar an die anwesenden Frauen, überwiegend Arbeiterinnen aus den Munitionsfabriken: »Ihr Mütter!«, begann er jede neue Wortkaskade, »Ihr Brüder und Schwestern!« Die Rede war eine rhetorische Tour de force voll von expressionistischem Pathos, und sie zeitigte eine erstaunliche Wirkung. Einige Frauen brachen in Tränen aus, andere sprangen auf, aber die ganze Versammlung stand hinter ihm: »An den Galgen mit Ludendorff!« schrien sie und »Nieder mit dem Krieg!«[25] Tollers Einbindung in die Streikbewegung war von da an unwiderruflich.

Der Streik griff schnell um sich. An den beiden nächsten Tagen warb Eisner auf einer Reihe von Betriebsversammlungen um Unterstützung. Toller begleitete ihn auf einige davon und verteilte, versessen darauf, eine aktive Rolle zu übernehmen, Flugblätter mit Auszügen aus seinem Stück *Die Wandlung*. Seine Absicht war die gleiche wie in Heidelberg: Stimmung gegen den Krieg zu machen. Die Arbeiter in den Schlüsselindustrien entschlossen sich schließlich, vom 31. Januar an zu streiken – »der herrliche große Donnerstag«, wie Eisner den Tag später nennen würde.[26] Eine ganze Reihe von Streikversammlungen nahmen eine von Eisner verfaßte Erklärung an, in der die bayerische Regierung aufgefordert wurde, Arbeiter in »Feindländer« zu schicken:

> Vereint Euch mit uns, den Völkerfrieden zu erzwingen, der im Aufbau einer neuen Welt allen Menschen Freiheit und Glück sichert... Der Kampf um den Frieden hat begonnen, Proletarier aller Länder vereinigt Euch![27]

Die für Eisner so typische Mischung aus moralischem Idealismus und Revolutionsrhetorik erzielte bei dem leicht zu beeindruckenden Toller eine heftige Wirkung: Er zeigte sich überglücklich, weil die Arbeiter nicht für ihre eigenen materiellen Interessen streiken sollten, sondern zugunsten ihrer Kameraden im Feld.[28]

Eisner und andere Streikführer wurden noch in der Nacht verhaftet. Früh am nächsten Morgen übernahm Toller seine erste konkrete Aufgabe innerhalb des Streiks. Er sprach zu Arbeiterinnen einer Zigarettenfabrik und zog dann gemeinsam mit ihnen zur Streikversammlung in die Schwabingerbräu-Halle. Die Nachricht von der Verhaftung der Streikführer stürzte die Versammlung vorübergehend in Verwirrung. Man diskutierte und beschloß, eine Abordnung zum Polizeipräsidenten zu schicken, um ihre Freilassung zu fordern. Toller meldete sich freiwillig zu dieser Abordnung. Sofort wurde er gebeten, eine Ansprache zu halten. Es war das erste Mal, daß Toller auf einer Massenversammlung reden sollte, und für einen Moment verließ ihn die gewohnte Eloquenz, aber schon bald sprach er sicher und voller Elan. In seiner Autobiographie erwähnt er das Ereignis nur am Rande, aber es inspirierte ihn zu einem Gedicht, aus dem hervorgeht, daß es eine beglückende Erfahrung für ihn war.[29] Er rief einen Streik aus, der durchgehalten werden sollte, bis die Verhafteten alle wieder auf freiem Fuß seien; damit sollte demonstriert werden, daß die Mehrheit der Deutschen für »einen Verständigungsfrieden« war. Der Tenor von Tollers Rede war pazifistisch; die unvermeidlichen Polizeispitzel im Publikum nannten sie »überaus aufreizend«.

Die Abordnung an den Polizeipräsidenten erreichte nicht viel und wurde mit vagen Versprechungen, daß man sich der Sache annehme, abgespeist. Toller wurde in ein neues Streikkomitee gewählt, das für eine Fortsetzung des Streiks werben sollte. Am Freitag, den 1. Februar, streikten achttausend Arbeiter, darunter die von Krupp, Maffei und anderen Großbetrieben, die Kriegsmaterial herstellten. Es gab weitere Massenversammlungen am 2. und 3. Februar auf der Theresienwiese. Auf der ersten der beiden, an der über sechstausend Arbeiter teilnahmen, war Toller einer von drei Hauptrednern: Fast über Nacht war er zu einem Anführer der Streikbewegung geworden.

Tollers schnelles und rückhaltloses Engagement während des Streiks war typisch für seine gefühlsbetonte und oft impulsive Art des Handelns: Wie 1914 drängte er auf seinen aktiven Einsatz. Seine Erfahrungen während des Streiks – seine ersten Kontakte zur Arbeiterbewegung – sorgten dafür, daß die Klassenverhältnisse Bestandteil seiner Überzeugungen wurden. Er hatte, wie er später immer betonte, am Streik aus pazifistischen, nicht aus sozialistischen Erwägungen teilgenommen: »Was mich anzog, war ihr Kampf gegen den Krieg.« Seine damalige Erfahrung erschien ihm wie eine Offenbarung: »Ich sah in diesem Streik eine Bewegung, die vollkommen ideale Ziele verfolgte.«[30] Der Streik sollte tatsächlich sein positivstes Revolutionserlebnis bleiben: Er schien die Macht der Arbeiterklasse zu demonstrieren, einen grundlegenden Wandel in den Köpfen der Menschen herbeiführen zu können. Trotz seines letztlichen Scheiterns ließ er die ungeahnten Möglichkeiten erkennen, wie durch Massenaktionen gewaltlos gesellschaftliche Veränderungen zu erreichen wären. Daraus entwickelten sich zwei Ideen, die besonders charakteristisch waren für Tollers politisches Denken: zum einen der Massenstreik als äußerstes Mittel des revolutionären Kampfes und die Idee der »Einheitsfront« über die Parteigrenzen hinweg. Aber der Streik verdeutlichte auch den Opportunismus und Zynismus der SPD, deren Führer ihn von Anfang an bekämpft hatten und sich nun daran machten, ihm ein Ende zu setzen. Indem sie vorgaben, mit den Forderungen der Streikenden völlig übereinzustimmen, und an die traditionelle Loyalität zur Partei appellierten, gelang es ihnen, die Führung des Streiks zu übernehmen – und durch eine Resolution erzwangen sie, daß die Arbeit am Montag, den 4. Februar, wiederaufgenommen wurde. Toller und andere Studenten versuchten, den Einfluß der SPD zurückzudrängen. Sie druckten ein Flugblatt (das Toller verfaßt hatte), in dem sie zur Fortsetzung des Streiks aufriefen, aber am 4. Februar war er faktisch zusammengebrochen.

Am gleichen Abend erschienen Kriminalbeamte in Tollers Unterkunft in der Akademiestraße und verhafteten ihn mit vorgehaltener Waffe: Pazifisten waren offenbar gefährliche Leute. Er wurde ins Militärgefängnis in der Leonrodstraße gebracht, wo man ihn unter dem Vorwurf des »versuchten Landesverrates« festhielt. Seine Befreiung vom Militärdienst war formaljuristisch abgelaufen, und obwohl man ihn weiterhin als »nicht kriegsverwendungsfähig« einstufte, wurde er sofort wieder eingezogen und gezwungen, Uniform zu tragen.

Toller wurde langwierigen Befragungen unterzogen, die offenkundig darauf abzielten, ihn in den Prozeß gegen Eisner hineinzuziehen. Die Behörden waren felsenfest davon überzeugt, daß Eisner mit ausländischem Geld, von den Bolschewiken, hieß es, gekauft worden war, als Teil einer Verschwörung, die die Moral des Heeres unterminieren sollte. Mit Toller, formaljuristisch noch immer Soldat, hatte man die Verbindung zum Heer, die man brauchte, um diese abstruse Theorie zu erhärten. Der das Verhör durchführende Kriegsgerichtsrat weigerte sich, Tollers plausibleren Bericht von den Vorgängen gelten zu lassen und griff auf Drohungen zurück: Er werde ihn notfalls zwingen, eine vorbereitete Aussage zu unterzeichnen. Toller weigerte sich. Während dieser Zeit war er in Einzelhaft, jeglicher Besuch, sogar der eines Anwalts, wurde ihm untersagt, eine Maßnahme, gegen die er schließlich mit einem Hungerstreik protestierte. Nicht jeder Gefangene war so zäh. Sonja Lerch, die man zur selben Zeit wie Eisner festgenommen hatte, war aufgrund ihrer Erlebnisse derart niedergeschlagen, daß sie sich in ihrer Zelle im Stadelheimer Gefängnis Ende März erhängte.

Die Gefangenen hatten jeden Tag eine halbe Stunde Hofgang, und in diesem grauen Viereck des Gefängnishofes erdachte Toller das erste seiner »Lieder der Gefangenen« und konzipierte die Schlußszenen der *Wandlung*.[31] In seiner Biographie schildert Toller das Gefängnis als einen gesellschaftlichen Mikrokosmos, der den politischen Zerfall des Kaiserreiches vorwegnimmt. Das Gefängnis ist voller Deserteure, Demoralisierung und Unzufriedenheit haben epische Ausmaße erreicht, die Wärter solidarisieren sich mit den Gefangenen und fragen Toller, wann der »Schwindel« endlich vorbei sein wird, ein Offizier macht ihm Mut, und ein mitfühlender Arzt verspricht, ihm zur Entlassung zu verhelfen.

Toller wurde schließlich im Mai 1918 aus dem Gefängnis entlassen und zum Ersatzbataillon seines Regiments nach Neu-Ulm beordert. Das Verfahren wegen »versuchten Landesverrates« schwebte noch immer über ihm. Diese zweite, unfreiwillige Militärdienstzeit verlief ohne große Zwischenfälle. Toller übernahm keine öffentliche Rolle in der Politik, sondern widmete sich dem Studium der sozialistischen Klassiker. Er las Werke von Marx, Engels, Bakunin, Lassalle und Luxemburg – eine Lektüre, die die theoretische Basis lieferte für das, was zuvor eine emotionale Bindung gewesen war. Nun war er nicht mehr »Sozialist aus Gefühl«, sondern »Sozialist aus Erkenntnis«, wie er später schrieb.[32] Toller stand heimlich auch in Kontakt zu Gustav Landauer. Es gelang ihm, Landauer in dem schwäbischen Dorf Krumbach zu besuchen, wo dieser während des Kriegs im selbst auferlegten Exil lebte. Warum, fragte Toller, habe Landauer während der letzten vier Jahre, in dieser Zeit der Massenvernichtung, geschwiegen? Er habe den Ausbruch des Krieges vorhergesagt, antwortete ihm dieser, und sage nun die Revolution voraus, die unweigerlich auf den Krieg folgen werde: Wenn es soweit wäre, sei er bereit, seine Rolle zu übernehmen.

Innerhalb dieser Monate des Lesens und Nachdenkens gab es eine bedeutsame Unterbrechung: Im August wurde Toller zur Untersuchung in die psychiatrische Klinik nach München überstellt. Bereits im Militärgefängnis war er von verschiedenen Ärzten untersucht worden. Nach deren Diagnose war er »ein Neurastheniker mit stark erhabenem Selbstgefühl« oder »ein schwerer Hysteriker, der die krankhafte Sucht hat, sich interessant zu machen«; ein oder zwei Ärzte vermerkten, es gebe »eine Reihe von Degenerationsmerkmalen«.[33] Zweifellos müssen diese Diagnosen mit einiger Vorsicht gehandhabt werden: Bei den Ärzten handelte es sich um Angehörige des Militärs, und es läßt sich unschwer ihre Absicht erahnen, politisch unliebsame Personen auszugrenzen, indem sie diese einfach für anormal erklärten.

Bei diesen Versuchen, seine politische Stellung zu unterminieren, blieb Toller höchst empfindlich. Später, während seines Prozesses wegen Hochverrats, bestand er darauf, daß er nur auf Betreiben seiner Mutter in die Klinik überwiesen worden war. Sie hatte den Militärbehörden ärztliche Atteste geschickt über das Nervenleiden, das Ernst als Kind gehabt hatte. »Meine Familie fühlte sich in ihrer bürgerlichen Ehre bedroht und tat alles, um mich als unzurechnungsfähig hinzustellen.«[34] In der psychiatrischen Klinik wurde er von Professor Ernst Kräpelin untersucht, einem fanatischen Nationalisten, dessen Sachverstand der Staatsräson immer schon zu Diensten gewesen war: 1913 hatte er ein detailliertes Gutachten für den Staatsanwalt verfaßt, als dieser Frank Wedekinds Drama *Lulu* wegen Obszönität verbieten lassen wollte. Er herrschte Toller an, daß nur Schurken seinesgleichen den Siegfrieden bisher verhindert hätten. Das Erlebnis hinterließ einen tiefen Eindruck bei Toller; fast ein Jahrzehnt später in seinem Stück *Hoppla, wir leben!* spielte er darauf an. Das Motiv der psychiatrischen Anstalt hob das Thema des Stücks hervor: die Verrücktheit der gesellschaftlichen Verhältnisse. In seiner Autobiographie erzählt Toller die Episode in einem Kapitel, das bezeichnenderweise »Irrenhaus« heißt, gemeint ist allerdings ein Irrenhaus, in dem eher die Ärzteschaft und das Personal eingeschlossen werden müßten als die Patienten. Kräpelin wird dargestellt als die vom Wahn besessene Stimme des deutschen Nationalismus, die noch immer den totalen Sieg forderte, als die Niederlage schon unabwendbar war.

Toller wurde bereits nach vier Tagen aus der psychiatrischen Klinik entlassen. Die ärztlichen Experten entschieden, er sei »offenbar einer von den politisch unreifen, ästhetisierenden und übersensitiven jungen Menschen, die nur in ihren Ideen leben«. Aus dem Heer wurde er im September 1918 endgültig verabschiedet, nachdem offiziell geklärt war, daß der Prozeß gegen ihn nicht fortgesetzt würde. Keiner der Streikführer wurde je angeklagt, aber die Verfahren gegen sie wurden erst im Herbst endgültig eingestellt. Eisner selbst kam nicht vor dem 14. Oktober frei – da war der Krieg schon verloren, und das politische Klima hatte sich gewandelt.

Nach seiner Entlassung fuhr Toller zu seiner Mutter. Sie lebte inzwischen mit seiner Schwester Hertha in Landsberg an der Warthe, wohin sie wenige Monate zuvor gezogen war. Die Lage Deutschlands wurde immer hoffnungsloser. Der Kommandant der deutschen Marine, Admiral Scheer, sprach sich für eine Volkserhebung aus als letzte, verzweifelte Maßnahme der nationalen Verteidigung. Führende Politiker, darunter Walter Rathenau, stimmten dem zu. Eiligst wurden Versammlungen einberufen, die gegen solche Pläne protestieren und Widerstand mobilisieren sollten. Toller war kurz in Berlin, um auf einer solchen Versammlung zu sprechen, die der Reichstagsabgeordnete Wolfgang Heine organisiert hatte. Es war Tollers letzte politische Handlung vor Ausbruch der Revolution. Anfang November war er noch einmal in Landsberg.

IV *Die Wandlung:*
Das Drama als politische Aktion

Wie viele Erstlingswerke, trägt *Die Wandlung* stark autobiographische Züge. Toller schrieb den ersten Entwurf im Sommer und Herbst 1917 und stellte die endgültige Fassung in der Haft nach dem Januarstreik fertig.[1] Die Niederschrift des Stücks verläuft in etwa parallel zu Tollers Annäherung an die Antikriegsbewegung; es arbeitet die Erfahrungen aus dieser Zeit auf und übersetzt sie in die symbolischen Ausdrucksformen des expressionistischen Theaters.

Was das Theater betrifft, gelang dem Expressionismus erst in den beiden letzten Kriegsjahren der Durchbruch, denn obwohl die ersten expressionistischen Stücke – Reinhard Sorges *Der Bettler* und Walter Hasenclevers *Der Sohn* – sogar vor 1914 entstanden, wurden sie vor 1916/17 nicht aufgeführt.[2] Die Aufführung expressionistischer Stücke im Theater stand in engem Zusammenhang mit dem Erstarken der Antikriegsbewegung. In den Jahren 1916 bis 1918, als der Widerstand gegen den Krieg zunahm und der öffentliche Protest immer lauter zu vernehmen war, wurde eine ganze Reihe expressionistischer Stücke geschrieben, veröffentlicht und in einzelnen Fällen trotz der strengen Zensur, die damals ausgeübt wurde, sogar aufgeführt; allesamt nahmen sie eine entschieden pazifistische Haltung ein. Darunter waren einige der Arbeiten, die den Expressionismus international berühmt machen sollten: Georg Kaisers *Gas* (1917/18 entstanden, 1918 veröffentlicht und uraufgeführt), Fritz von Unruhs *Ein Geschlecht* (1916 geschrieben, im März 1917 veröffentlicht und im Juni 1918 uraufgeführt), Walter Hasenclevers *Antigone* (1917 geschrieben, veröffentlicht und uraufgeführt) – und *Die Wandlung*, erst fast ein Jahr nach dem Waffenstillstand veröffentlicht und uraufgeführt, obwohl Toller das Stück bereits 1917/18 schrieb.

Die Wandlung ist sowohl in inhaltlicher wie in formaler Hinsicht ein typisches, wenn nicht *das* typische expressionistische Drama schlechthin. Es befaßt sich, wie der Titel schon sagt, mit dem zentralen expressionistischen Thema der geistigen Erneuerung und der daraus folgenden gesellschaftlichen Umgestaltung. Das Stück hat die typisch expressionistische Form des Stationendramas, in dem die geistige Entwicklung der Hauptfigur dargestellt wird anhand einer lose verknüpften Reihung von Einzelszenen, die nur durch die Person und den Werdegang des Protagonisten verbunden sind. Einer der Pioniere dieser besonderen Dramenform war Strindberg mit Stücken wie *Nach Damaskus*, *Ein Traumspiel* und *Gespenstersonate*, die alle schon in der Vorkriegszeit in Deutschland aufgeführt wurden und die jüngeren Dramatiker entscheidend beeinflußten. Toller bekannte sich freimütig zum Einfluß Strindbergs, dessen Name in der Eingangsszene der *Wandlung* sogar erwähnt wird.[3]

Das Stationendrama verzichtete sowohl auf den logischen Aufbau der Handlung, auf den Zusammenhang von Ursache und Wirkung, als auch auf realistische Schauplätze, die für das naturalistische Drama noch unabdingbar waren. Die Bühnenanweisungen in *Die Wandlung* geben Zeit und Ort so allgemein wie eben möglich an: »Die Handlung spielt in Europa vor Anbruch der Wiedergeburt.« Die dramatis personae sind keine individuellen Charaktere, sondern Typen, die bestimmte gesellschaftliche Gruppen und Rollen verkörpern: »Arzt«, »Kriegsinvalide«, »Student«, »Soldat«. Darüber hinaus gibt es eine allegorische Figur: »Der Tod als Feind des Geistes«, in Gestalt eines Soldaten, eines Professors, eines Richters und so weiter. Sogar Tollers Protagonist Friedrich ist weniger ein Individuum als ein Idealtypus, dessen geistige Wiedergeburt Modell ist für die erhoffte Erneuerung der Menschheit.

Strindberg nannte seine experimentellen Dramen »Traumstücke« – und in der Tat hatte er sie in den Jahren nach Erscheinen von Freuds *Traumdeutungen* geschrieben. Im expressionistischen Theater ging es im wesentlichen um den Versuch, die inneren Erfahrungen mit visuellen und dramatischen Mitteln zum Ausdruck zu bringen; Traumwirklichkeiten wurden durch den Einsatz von Licht und die Aufteilung des Bühnenraumes dargestellt. Toller nutzt diese experimentellen Techniken in *Die Wandlung*, er unterteilt die Handlung des Stücks in »realistische« Szenen, die auf der vorderen Bühne spielen und in groben Zügen Friedrichs bewußte Erfahrungen schildern, und »Traumszenen«, die auf der hinteren Bühne »schattenhaft wirklich, in innerlicher Traumferne« spielen und die unterbewußte Realität des Kampfes darstellen, durch den Friedrich seine Wandlung erringt. Während die »realistischen« Szenen aus prosaischen Dialogen und Szenen bestehen, sind die »Traumszenen« in der überhöhten poetischen Sprache geschrieben, die den Expressionismus kennzeichnet.

Die Wandlung ist ein durchdacht aufgebautes Stück, das aus sechs Stationen besteht, die noch einmal unterteilt sind in insgesamt dreizehn »Bilder«. Im Mittelpunkt des Stücks steht das entscheidende siebte Bild, der Höhe- und Wendepunkt des Dramas, so daß die sechs Bilder davor und die sechs danach gegeneinanderstehen; die Dramaturgie des Stücks wirkt bewußt symmetrisch konzipiert. Handlung und Bedeutung des Stücks sind wohl am besten zu begreifen, indem man sukzessive den Stationen folgt, die die geistige Entwicklung des Protagonisten markieren. Die ersten drei Stationen sind alle nach dem gleichen Muster angelegt: Die erzählenden Passagen einer »realistischen« Szene wechseln mit einer »Traumszene«, die die Ereignisse indirekt kommentiert.

In der Eingangsszene fühlt sich Friedrich, ein junger Bildhauer, als ein gesellschaftlicher Außenseiter, Ahasver verwandt, dem ewig wandernden Juden. Er ist von der Gesellschaft ausgestoßen durch das vermeintliche Stigma seines Judentums, und zugleich sind ihm die Überzeugungen seiner Familie fremd geworden: »Denen drüben Fremder, den andern fern« (S. 17). Um seine Isolation zu durchbrechen, meldet er sich freiwillig zu einem Krieg in den Kolonien, er sieht darin eine Gelegenheit, sich zu bewähren: »Oh, der Kampf wird uns alle einen ... Die große Zeit wird uns alle zu Großen gebären ... Nun kann ich meine Pflicht tun. Nun kann ich beweisen, daß ich zu ihnen gehöre.« (S. 20–21) Das folgende »Traumbild« (»Transportzüge«) stellt Friedrichs naivem Enthusiasmus den Zynismus und die Resignation der anderen Soldaten gegenüber, die im Chor die Schrecken des Krieges beklagen. Der Tod in Gestalt eines Soldaten, der anstelle eines Kopfes einen Totenschädel hat, begleitet sie.

In der zweiten Station meldet sich Friedrich freiwillig zu einem Himmelfahrtskommando, um seine Vaterlandsliebe unter Beweis zu stellen. Erst nach dem erfolgreichen Abschluß dieser Mission beginnt er, die brutale Wirklichkeit hinter den hehren patriotischen Reden wahrzunehmen. Seine Erkenntnis wird vorweggenommen in dem Traumbild »Zwischen den Drahtverhauen«, in dem vier Skelette, die darstellen, wie die Menschen durch den Krieg benutzt und mißbraucht werden, sich im Tod vereinen, während sie im Niemandsland im Stacheldraht hängen. »Nun sind wir nicht mehr Freund und Feind./ Nun sind wir nicht mehr weiß und schwarz./ Nun sind wir alle gleich.« (S. 26) Am Ende der Szene führen sie einen »dance macabre« zur Musik der klappernden Knochen anderer Leichen auf.

Die dritte Station beginnt wiederum mit einer realistischen Szene, in der Friedrich, inzwischen im Lazarett, mit dem Eisernen Kreuz ausgezeichnet wird, dem unzweifelhaften Zeichen der ersehnten Anerkennung. Gleichzeitig wird der Sieg des Vaterlandes verkündet, ein Sieg, der mit zehntausend gefallenen Feinden erkauft wurde. Zum ersten Mal hinterfragt er bewußt das Ideal des Patriotismus: »Zehntausend Tote! Durch zehntausend Tote gehöre ich zu ihnen... Ist das Befreiung? Ist das die große Zeit? Sind das die großen Menschen?... Nun gehöre ich zu ihnen.« (S. 29) In der zugehörigen Traumszene erscheint Friedrich in der Gestalt eines Beobachters in einem Militärkrankenhaus, ein Professor führt gerade verkrüppelte und verstümmelte Soldaten vor, die er mit künstlichen Gliedmaßen wieder zusammengeflickt hat. Er will den Fortschritt der Medizin demonstrieren, sie aber wollen nur noch die letzte Erlösung durch den Tod.

Diese ersten sechs Szenen, die Toller wahrscheinlich im Sommer 1917 fertiggestellt hat, gehören dramaturgisch zu den wirkungsvollsten des Stücks; sie übersetzen Tollers Kriegserlebnisse in dramatische Bilder von großer Kraft. Der Rest des Stücks verfolgt den Aufstieg Friedrichs zu einem Anführer der Massen. In diesen Szenen reflektiert sich Tollers eigene Politisierung und die radikal aktivistische Stimmung, die 1917/18 in Deutschland aufkam. Die Handlung des Dramas wird in der vierten Station fortgeführt, die aus einem einzigen Bild besteht, das zwischen der realistischen und der symbolischen Darstellungsweise wechselt. Wir sehen Friedrich an einer überlebensgroßen menschlichen Statue arbeiten, die den Sieg des Vaterlandes symbolisieren soll, aber er ist beunruhigt, immer stärkere Zweifel befallen ihn und hindern ihn daran, die Arbeit zu vollenden: die Statue »wirkt brutal«. Nachdem ein von der Syphilis schwer gezeichneter ehemaliger Kriegskamerad aufgetaucht ist, werden die Zweifel zur entsetzlichen Gewißheit; die Begegnung konfrontiert Friedrich mit dem wahren Preis des Sieges. Sein idealistischer Patriotismus ist endgültig zerstört, daher zerstört er auch die Statue, die diesen zum Ausdruck bringen sollte. Als er gerade im Begriff ist, sich umzubringen, kommt seine Schwester und zeigt ihm den Weg, den er einschlagen muß:

> Zu Gott, der Geist und Liebe und Kraft ist,
> Zu Gott, der in der Menschheit lebt.
> Dein Weg führt dich zu den Menschen. (S. 40)

Am Ende der Szene »schreitet« Friedrich »ekstatisch zur Tür hinaus«, um seine Mission anzugehen. Die Szene vermag zwar in dramaturgischer Hinsicht nicht zu überzeugen, ist aber für den Aufbau des Stücks von entscheidender Bedeutung, da sie den dramatischen und psychologischen Wendepunkt markiert.

Bevor er seine Mission beginnen kann, zu den Menschen zu finden, muß er erst selbst ganz Mensch geworden sein.

> Wer zu den Menschen gehen will,
> muß erst in sich den Menschen finden. (S. 40)

Die achte Szene schildert symbolisch, wie Friedrich vom Los des Proletariats erfährt, zunächst in einer Mietskaserne im Elendsviertel einer Stadt, dann »in der großen Fabrik«. Das neunte Bild, das das letzte Stadium von Friedrichs geistiger Entwicklung beschreibt, hat den typisch expressionistischen Titel »Tod und Auferstehung«, der darauf hindeutet, daß Friedrich durch Leiden und Tod schließlich Erlösung und Wiedergeburt erreicht. Die Szene spielt im Gefängnis, in dem Friedrich in Gestalt eines Häftlings erscheint, der sich selbst eine Treppe hinunter in den Tod gestürzt hat. Er liegt auf dem Boden, als ob er gekreuzigt worden wäre.

> Vielleicht gekreuzigt, kann es sich befreien.
> . . .
> Vielleicht, gekreuzigt kann es sich erlösen,
> Zu hoher Freiheit auferstehn (S. 45)

Selbst im Tod wird er wiedergeboren: Als er stirbt, gebärt seine Frau, die gekommen ist, ihn zu besuchen, ein Kind.

Erlöst und wiedergeboren ist Friedrich nun bereit, den Menschen seine Botschaft zu künden. Die letzten Szenen verlagern das Thema der geistigen Erneuerung auf eine soziale Ebene, Friedrichs eigene Wiedergeburt dient als Modell für eine Wiedergeburt der Gesellschaft. Schauplatz der elften Szene ist eine Massenversammlung, auf der nacheinander Vertreter der alten Ordnung sprechen – der greise Soldat, der die ruhmreichen militärischen Erfolge von 1870 beschwört, der Priester, der den gerechten Krieg predigt, der Professor, der ein Bildungsideal preist, das der hungernden Zuhörerschaft nichts zu sagen vermag. Diese Repräsentanten der alten Ordnung werden angeprangert durch den letzten Redner, einen Demagogen, der die Leute zu einer blutigen Revolution aufwiegeln möchte. An diesem

Punkt meldet sich Friedrich zu Wort: Er entlarvt die Lösungsvorschläge des Demagogen als trügerisch und fleht die Leute an, bis zum nächsten Tag zu warten; er wolle dann noch einmal zu ihnen sprechen.

Die sechste und letzte Station beginnt wieder mit einer Traumszene: Friedrich, jetzt in Gestalt eines Bergsteigers, erklimmt einen steilen Gipfel und läßt dabei seinen Freund zurück, um sich selbst treu zu bleiben: »Weil ich mich nicht verlassen will/ Verlass ich Dich...« (S. 54). Mit dem Gipfel hat Friedrich symbolisch den Höhepunkt seiner Mission erreicht, den Menschen Leitbild zu sein. In der letzten Szene spricht er zu den Leuten, die sich auf dem Kirchplatz versammelt haben. In der überhöhten Sprache des expressionistischen Theaters erzählt er ihnen, daß er um die Leiden und Entbehrungen ihres täglichen Lebens wisse. Die existierende soziale Ordnung, so Friedrich weiter, habe ihr Leben entstellt: Sie seien nicht mehr Männer und Frauen, sondern lediglich Zerrbilder ihrer selbst. Um diesen Prozeß wieder rückgängig zu machen, müßten sie an sich selbst und ihr eigenes Menschsein glauben. Unter der Wucht seiner Worte vollzieht sich bei vielen in der Menge eine innere Wandlung: »Daß wir es vergaßen! Wir sind doch Menschen!« Das Stück endet mit Friedrichs Aufruf zur Revolution:

> Brüder recket zermarterte Hand,
> Flammender freudiger Ton!
> Schreite durch unser freies Land
> Revolution! Revolution! (S.61)

Der exzentrische Stil des Expressionismus verlangt dem heutigen Theaterpublikum nicht eben wenig ab, aber das Stück bleibt ein biographisches und historisches Dokument von großer Wichtigkeit. Es erklärt insbesondere zwei entscheidende Aspekte von Tollers Denken: zum einen seine Einstellung zum Judaismus und zu seinem eigenen Judentum und zum anderen seine Vorstellung von Revolution. Durch seine Kindheit war Toller sein eigenes Judentum fremd geworden. Es ist bezeichnend für seine damalige Haltung, daß das Wort »Jude« im gesamten Stück nicht einmal ausgesprochen wird, obwohl die Frage, was es bedeutet, Jude zu sein, das zentrale Thema der ersten Szenen ist. Im ersten Bild starrt Friedrich auf die Lichter der Weihnachtsbäume in den gegenüberliegenden Häusern; damit wird symbolisiert, wie ihn das Christentum anzieht und gleichzeitig ausschließt. Er selbst nennt sich einen »eklen Zwitter«, weil er fühlt, daß er die Zwiespältigkeit seiner eigenen Identität nur überwinden kann, indem er sich der herrschenden Kultur anpaßt.

Tollers Einstellung zu seiner jüdischen Herkunft kommt in Friedrichs Unterhaltung mit der Mutter zum Ausdruck. Die jüdische Gemeinde ist Friedrich fremd geworden, er beklagt ihren Materialismus und das Fehlen geistiger Werte: »...ja, mein wirtschaftliches Fortkommen ist gesichert. Was aber tatest du für meine *Seele*?«, fragt er seine Mutter. (S. 18) Der Glaube scheint ihm verkommen und weitgehend zu sehr diesseitigen Zwecken mißbraucht. Als seine Mutter ihn drängt, zum Gottesdienst zu gehen, antwortet Friedrich:

> Oh, sag doch lieber zum Dienst der Leute, und nicht zum Dienst Gottes, aus dem ihr einen verknöcherten, engherzigen Richter machtet, der ein einziges Gesetzbuch schrieb, nach dem er Menschen richtet. Immer mit denselben toten Gesetzesparagraphen. (S. 19)

Er glaubt zu ersticken am jüdischen Familienleben, an »diesen wohlarrangierten Familienbildern aus gesitteten Häusern«. *Die Wandlung* setzt die Anpassungsversuche fort, es gibt keinerlei Anzeichen für eine Aussöhnung mit dem Judentum; erst fünfzehn Jahre später, in seiner Autobiographie, hat Toller schließlich anders darüber sprechen können.

Ein Jahr vor Tollers Verwicklung in die revolutionären Ereignisse in Bayern gibt *Die Wandlung* auch Auskunft über seine Vorstellung von Revolution. Wie die Revolution in der *Wandlung* dargestellt ist, eben in den symbolischen Ausdrucksformen des expressionistischen Theaters, ist nicht wörtlich zu nehmen, das Stück muß in einem bestimmten Kontext gesehen werden, und zwar in dem von Landauers *Aufruf zum Sozialismus*. Friedrichs Entscheidung, auf die Menschen zuzugehen, und die anschließende Erfahrung des Elends der Arbeiterklasse beinhalten eine Vorstellung vom Proletariat und von der politischen Rolle des Intellektuellen, die unmittelbar von Landauer abgeleitet ist. Um menschlich zu werden, muß Friedrich zunächst selbst menschliches Leid erfahren, und dieses wird vom Proletariat verkörpert als der Klasse, die durch den Kapitalismus am meisten ausgebeutet wird und deren Leid infolgedessen am größten ist. Daher zieht es Friedrich in die »große Fabrik«, die sich als ein Gefängnis mit einem goldenen Dach herausstellt: eine eindrucksvolle

Metapher für die Situation der Arbeiterklasse. Toller zeigt das Proletariat als eine Klasse, die nichts als leidet: In den Schlußszenen spielen die Leute eine rein passive Rolle; erlöst werden sie nicht durch ihre eigene Kraft, sondern durch Friedrichs Rhetorik.

Friedrichs Versuch, die Menschen zu missionieren, beschwört Landauers Glauben, daß die Gesellschaft nur durch Künstler und Intellektuelle revolutioniert werden könnte; nur jene, in denen »Geist« noch wirkt, können diesen in anderen durch Unterweisung und Beispiel erwecken. Eine der Grundideen von Tollers Heidelberger Studentenbund war die Überzeugung, daß die Kluft zwischen Intellektuellen und den einfachen Leuten überbrückt werden müsse; im Dezember 1917 hatte er auf einer Versammlung in Berlin gesprochen, die unter dem Motto stand: »Arbeiter der Stirn und der Faust vereinigt Euch!«

In Landauers Philosophie initiiert die Wiedererweckung des schöpferischen Geistes, der latent in jedem Menschen vorhanden ist, den Prozeß der Revolution, die dann in neuen Formen der gesellschaftlichen Zusammenarbeit verwirklicht wird. Genau diesen Prozeß schildert Toller im Schlußbild seines Stücks. Nachdem er die Erfahrungen des Klassengefängnisses geteilt hat, kann Friedrich mit Recht behaupten: »Keinen von euch kenne ich und doch weiß ich um euch alle.« Er vergleicht das Elend ihrer Existenzen mit dem erhabenen Menschenbild des Künstlers:

> Ich weiß um deinen erstaunten Blick, wenn du schreitenden Jüngling sahst, den ein Künstler geschaffen.
> Warum konnte der ihn gestalten?
> Weil er da ist, wirklich da ist. (S. 59)

Künstler könnten nur zum Vorschein bringen, was den Menschen bereits innewohne. Aber deren Menschlichkeit sei überdeckt, der schöpferische Geist liege begraben unter den Wucherungen der Industriegesellschaft:

> Und so seid ihr alle verzerrte Bilder des wirklichen Menschen!
> Ihr Eingemauerte, ihr Verschüttete, ihr Gekoppelte und Atemkeuchende, ihr Lustlose und Verbitterte
> Denn ihr habt den Geist begraben ...

Sie seien keine Menschen mehr, aber sie könnten wiedergeboren werden, wenn sie ihr wahres Menschsein wiederentdeckten:

> Ihr seid alle keine Menschen mehr, seid Zerrbilder
> eurer selbst.
> Und ihr könntet doch Menschen sein, wenn ihr Erfüllte
> wäret im Geist. (S. 60)

Der Prozeß der Erneuerung, den Friedrich einleitet, ist demzufolge nichts anderes als die Wiederentdeckung des schöpferischen Geistes, der jedem Menschen von Geburt an innewohnt. Nur so sind die Menschen in der Lage, die sozialen Beziehungen umzugestalten – und damit die Gesellschaft insgesamt.

Als Friedrich spricht, vollzieht sich bei vielen in der Menge eine symbolische Wandlung. Jetzt – und nur jetzt – kann er sie auffordern, sich gegen die Gesellschaftsordnung zu erheben, die sie unterdrückt hat:

> Nun geht hin zu den Machthabern und kündet ihnen mit
> brausenden Orgelstimmen, daß ihre Macht ein Truggebilde
> sei. Geht hin zu den Soldaten, sie sollen ihre Schwer-
> ter zu Pflugscharen schmieden. Geht hin zu den Reichen
> und zeigt ihnen ihr Herz, das ein Schutthaufen ward.
> Doch seid gütig zu ihnen, denn auch sie sind Arme, Ver-
> irrte. (S. 60–61)

Die Revolution, die Friedrich proklamiert, geht offenkundig auf anarchistische Vorstellungen zurück, nicht die Diktatur einer Klasse ruft er aus, sondern die Läuterung aller Klassen durch den die Gemeinschaft einenden Geist. Die Schlußszenen der *Wandlung* nehmen sich daher aus wie eine dramatische Fassung von Landauers Philosophie der sozialen Revolution: Die Aufgabe des Sozialisten ist es, durch sein Reden und Handeln den Sozialismus kundzutun und so zu realisieren.

Die biographische Bedeutung der *Wandlung* ist mehr als eine dramatische Aufarbeitung von Tollers persönlicher und politischer Entwicklung. Seine schnelle Politisierung hatte ihn eine extrem aktivistische Kunstauffassung vertreten lassen, für ihn hatte der Künstler Aufklärer und Vorbild zu sein. Im Rahmen seiner Antikriegsagitation in Heidelberg hatte er Flugschriften verteilen wollen, die Auszüge aus Werken wie Tolstois *Auferstehung*, Barbusses Antikriegsroman *Feuer* und den Erzählungen des Pazifisten Leonhard Frank enthalten sollten.[4] In ähnlicher Weise wurde *Die Wandlung* Teil der Friedenskampagne:

> *1917 war das Drama für mich Flugblatt.* Ich las Szenen daraus vor im Kreise junger Menschen in Heidelberg und wollte sie *aufwühlen* (»aufhetzen« gegen den Krieg!), ich fuhr nach der Ausweisung aus Heidelberg nach Berlin und las hier wieder das Stück. Immer mit der Absicht, Dumpfe aufzurütteln, Widerstrebende zum Marschieren zu bewegen, Tastenden den Weg zu zeigen ... und sie alle zu gewinnen für revolutionäre sachliche Kleinarbeit.[5]

Im Januar 1918 verteilte er bei Eisners Streikversammlungen Auszüge aus dem Stück und baute sogar einzelne Passagen daraus in seine Reden ein. Doch endeten solche Aktivitäten nicht mit dem Januarstreik. Der Historiker Gustav Mayer war im Sommer 1918 bei einem privaten Treffen zugegen, auf dem Toller aus der *Wandlung* las. Dort hörte Mayer zum ersten Mal, daß die Revolution unvermeidlich käme und daß es Vorbereitungen dafür zu treffen gelte.[6] Die Gastgeber dieses Abends waren Erich und Netty Katzenstein, die mit Toller seit seiner Münchener Zeit im Jahr 1917 befreundet waren. Unter dem Pseudonym Tessa sollte Netty Katzenstein die wichtigste Briefpartnerin Tollers während seiner Haft werden.

Mayer erkannte, daß die politischen Visionen des Stücks nicht von Toller selbst stammten, nichtsdestoweniger war er beeindruckt von dem »echten Pathos, mit dem er seiner pazifistischen Gesinnung Luft machte«. *Die Wandlung* machte auf viele andere, die das Drama später lasen, einen tiefen Eindruck. Eine Reihe von bedeutenden Persönlichkeiten des literarischen Lebens bescheinigten dem Stück bei Tollers Prozeß wegen Hochverrats herausragende moralische und poetische Qualitäten. Der Journalist Stefan Großmann beschrieb, wie er damals das Stück in einem Münchener Hotelzimmer einigen Freunden vorlas, die ergriffen und still zuhörten.[7] Der Verleger Kurt Wolff erklärte vielleicht am besten, warum das Stück unter Tollers Zeitgenossen solchen Anklang fand:

> Ich spreche aufrichtig aus, daß mich bei der Lektüre dieses Stückes mitunter das Gefühl nicht verläßt, daß nicht restlos gestaltet und zum Wort wurde, was der Dichter konzipierte und in sich lebendig brennend trug, aber das Ganze ist von einer solch unbedingt zwingenden Echtheit und Aufrichtigkeit, und es ist so viel Blut, Schmerz, Atem dieser unserer Zeit darin, daß Sie sich der Dichtung heute und je gewiß

nicht zu schämen brauchen. *Die Wandlung* wird in ganz bestimmtem Sinne der Geschichte der zeitgenössischen Literatur und der Geschichte der deutschen Revolution angehören.[8]

Wolffs Brief verweist nicht nur auf die emotionale Wirkung des Stücks, sondern auch auf seinen repräsentativen Charakter. Es gibt in mehrfacher Hinsicht Auskunft über den intellektuellen Kontext der Novemberrevolution.

Tollers Wandlung vom idealistischen Patrioten zum radikalen Pazifisten haben viele seiner Zeitgenossen ebenfalls vollzogen, wofür es in den literarischen Werken, die zwischen 1916 und 1918 entstanden sind, zahlreiche Belege gibt. Der Pazifismus nährte die Hoffnung, daß ein revolutionärer gesellschaftlicher Wandel auch mit gewaltfreien Mitteln erreicht werden könnte. Dieser Glaube war insbesondere in der USPD weit verbreitet, der Partei, in der sich das linke Spektrum der Künstler und Intellektuellen zu sammeln begann und der Toller 1918 beitrat. Der Widerstand gegen den Krieg ging oft einher mit utopischen Erwartungen für den Frieden danach. Als die herrschenden Strukturen im November 1918 zerfielen, glaubten viele, das Ideal der gewaltfreien Revolution sei Wirklichkeit geworden und selbst die phantastische Vision einer neuen Menschheit könne wahr werden. Der junge Dramatiker Friedrich Wolf gehörte zu jenen, die in diesen ersten Tagen von der Euphorie mitgerissen wurden:

> Die Revolution stieg in Hirn und Herzen. Brüder gab es, nur Brüder... Eine Woge donnerte über die Brücke, Militär, Arm in Arm, geradeaus, immerzu, ein Herz, ein Gedanke, ein Ziel – Brüder!... Nieder der Einzelne! Brüder sind wir, Brüder! Alles muß gerechter werden, freier, brüderlicher![9]

René Schickele war ungeachtet der Beschaulichkeit seines Schweizer Exils nicht weniger überschwenglich: »Die neue Welt hat begonnen ... Der Tag der unromantischen Verwirklichung ist da. Jetzt ist die neue Zeit da, die sozialistische.«[10]

Die Wandlung ist sowohl in politischer wie in künstlerischer Hinsicht alles andere als ein ausgereiftes Werk; stilistisch und gedanklich ist das Stück epigonal, aber sein überwältigender Erfolg auf der Bühne im Jahr 1919 machte Toller über Nacht neben Kaiser und Hasenclever zu einem der führenden Dramatiker der jungen Generation. Das Stück wurde erstmalig am 30. September 1919 an der *Tribüne* in Berlin inszeniert. Es gab weit mehr als hundert Aufführungen, Publikum wie Kritiker waren gleichermaßen begeistert. Teilweise verdankte es seinen Erfolg – wie später immer wieder in Tollers Karriere als Dramatiker – einem Zusammentreffen günstiger Umstände, was sowohl den politischen Kontext wie die Inszenierung betraf: Das Interesse am Stück beruhte nicht zuletzt auf dem Schicksal seines Autors, der damals eine fünfjährige Haftstrafe antrat, aber gleichermaßen trug die Qualität und Originalität der Inszenierung zum Erfolg bei. Für viele Kritiker war es die erste wahrhaft expressionistische Theateraufführung. Alfred Kerr, *der* Berliner Theaterkritiker schlechthin, bejubelte sie als den Sieg der »Andeutungsbühne« über die »Wirklichkeitsbühne«, soll heißen, des Expressionismus über den Naturalismus. Der Erfolg der Inszenierung begründete nicht nur Tollers Ruhm als Dramatiker, sondern auch den Ruf des Regisseurs Karlheinz Martin, der prompt bei Max Reinhardt unter Vertrag genommen wurde, und auch den des Hauptdarstellers Fritz Kortner, wie dieser später beschrieb: »Nach dem Erfolg des Abends hörte ich mit einem Schlag auf, ein um sein Fortkommen Bemühter zu sein. Ich war ein von Theatern Umworbener geworden.«[11] Politisch gesehen war das Stück schon ein Anachronismus: Die Revolution, die es ausrief, war bereits niedergeschlagen und sein Glaube an eine neue Menschheit von den Ereignissen widerlegt. Es war Teil einer künstlerischen Revolution, die die gesellschaftliche Realität längst hinter sich gelassen hatte – aber das nimmt schon die Darstellung der politischen Ereignisse vorweg, von denen nun im folgenden die Rede sein soll.

V Revolution in Bayern: Die Schriftstellerrepublik November 1918 bis Mai 1919

Ernst Tollers Beteiligung an der Revolution in Bayern dauerte nicht einmal sechs Monate, aber diese sechs Monate sollten ihn nachhaltiger prägen als jede andere Erfahrung seines Lebens. Diese Zeit – wenn man so will, nicht mehr als eine Episode – bestimmte seine politische Entwicklung und half die literarische Legende entstehen zu lassen, die ihn für den Rest seines Lebens umgab. In all seinen wichtigeren Werken bis 1933 beschäftigte er sich mit der Revolution – und ihrem Scheitern. Seine Darstellung dieser Ereignisse nimmt etwa ein Viertel seiner Autobiographie in Anspruch, was dokumentiert, wie wichtig ihm diese kurze Phase auch nach ungefähr fünfzehn Jahren noch war.[1]

Die Revolution in Deutschland begann Anfang November 1918, die Matrosen der Hochseeflotte meuterten. Sie verweigerten den Befehl, den Engländern ein letztes Gefecht zu liefern; der »Untergang in Ehren«, den die Offiziere verlangten, zählte für sie nicht mehr. Statt dessen übernahmen sie die Kontrolle auf ihren Schiffen, wählten Matrosenräte und besetzten die Häfen von Kiel und Wilhelmshaven. Die Vorgänge lösten eine Bewegung aus, die sich schnell über weite Teile Deutschlands ausbreitete.

In München verwandelte sich am 7. November eine Friedensdemonstration, zu der die SPD aufgerufen hatte, spontan in einen Aufruhr, als ein Teil der Demonstranten, angeführt von Kurt Eisner, eine rote Flagge hißte, zu den Kasernen der Stadt zog und die Soldaten überredete, sich ihnen anzuschließen. Später an diesem Abend versammelten sich die Revolutionäre im Bräuhaus der Mathäserbrauerei, um einen Arbeiter- und Soldatenrat zu wählen, der den Revolutionären »Volksstaat« Bayern ausrief und Eisner zu dessen ersten Ministerpräsidenten ernannte. In derselben Nacht floh Ludwig III. von Bayern, der letzte König der Wittelsbacher, aus München; er war der erste von vielen deutschen Monarchen, die auf Druck der Straße abdanken mußten. In ganz Deutschland bildeten sich revolutionäre Arbeiter- und Soldatenräte. Am 9. November floh der Kaiser aus Berlin und der SPD-Abgeordnete Philip Scheidemann rief vom Balkon des Reichstags die Republik aus.

Toller, der diese Revolution so sehr herbeigewünscht hatte, war in die unmittelbaren Ereignisse nicht verwickelt. Die Nachricht von der Revolution erreichte ihn im Haus seiner Mutter in Landsberg. Eine Grippewelle, die in diesem Herbst über ganz Deutschland schwappte, hatte auch ihn erfaßt und zu Bett geworfen. Fast sofort brach er nach Berlin auf; ein paar Tage später war er in München. In seiner Autobiographie legt Toller die Vermutung nahe, er wäre von Eisner nach München eingeladen worden, aber dies ist sicherlich ein Beispiel für seinen Hang zur Selbstdramatisierung; vor dem Kriegsgericht erzählte er, er habe Eisner ein Glückwunschtelegramm geschickt, und obwohl dessen Antwort »keine eigentliche Einladung« enthalten habe, habe er den Eindruck gehabt, daß Eisner »meine Mitarbeit willkommen war«.[2] In Wahrheit meldete er sich wohl einmal mehr freiwillig zur vordersten Front. Als er Mitte November in München ankam, stürzte er sich Hals über Kopf in die revolutionären Wirren, die Deutschland während der nächsten sechs Monate erschüttern sollten.

Wie überall in Deutschland waren auch in München die Revolutionsräte das Symbol des politischen Wandels. Obwohl sich die Räte sicherlich am russischen Vorbild der Sowjets orientierten, unterschieden sie sich in mancherlei Hinsicht doch gravierend von ihnen. Sie traten spontan auf lokaler Ebene auf und übernahmen eine Reihe von Ämtern in den städtischen Verwaltungen, indem sie die bisherigen Behörden ablösten oder neben ihnen existierten. Mit solcher Kleinarbeit in den Räten absolvierte Toller seine politische Lehrzeit. Kaum war er in München angekommen, wurde er in den Zentralarbeiterrat gewählt, eines dieser Gremien, die unmittelbar nach der Revolution ad hoc gebildet wurden. Tollers politische Erfahrung war kaum der Rede wert, aber viele der wichtigsten revolutionären Aktivisten erinnerten sich an seine Rolle während des Januarstreiks, wodurch sich auch weitgehend sein schneller Aufstieg innerhalb der revolutionären Bewegung erklärt. Binnen kurzer Zeit wurde er Abgeordneter im bayerischen Arbeiterrat, im Vollzugsrat der bayerischen Arbeiter-, Bauern- und Soldatenräte (zu dessen Zweiten Vorsitzenden er gewählt wurde) und im provisorischen Nationalrat, den Eisner aus den Reihen der Räte und der politischen Parteien gebildet hatte. Auch in der USPD spielte Toller bald eine größere Rolle, er wurde Zweiter Vorsitzender des Münchener Parteiverbandes. Da er sowohl in den Räten wie in der USPD derart involviert war, war es unvermeidlich, daß man ihn auch mit seinem erklärten politischen Mentor Kurt Eisner identifizierte.

Es war Eisner, der der Revolution in Bayern von Beginn an seinen persönlichen Stempel aufdrückte: Er wollte »eine Revolution, vielleicht die erste der Weltgeschichte, die die Idee, das Ideal und die Wirklichkeit vereint«.[3] Eisner glaubte an die Möglichkeit, Kants Trennung von Politik und Moral zu überwinden. Die Proklamation der neuen Bayerischen Republik ist typisch für den hohen moralischen Anspruch, den er ins öffentliche Leben hineinzutragen versuchte:

> Eine neue Zeit hebt an! Bayern will Deutschland für den Völkerbund rüsten. Die demokratische und soziale Republik Bayern hat die moralische Kraft für Deutschland einen Frieden zu erwirken, der es vor dem Schlimmsten bewahrt. ... Wir rechnen auf die schaffende Mithilfe der gesamten Bevölkerung... In dieser Zeit des sinnlos wilden Mordens verabscheuen wir alles Blutvergießen. Jedes Menschenleben soll heilig sein. Bewahrt die Ruhe und wirkt mit an dem Aufbau der neuen Welt...[4]

Eisners Vision einer neuen Gesellschaft verlangte die Mitwirkung aller gesellschaftlichen Gruppen. Jeder könne und solle seine schöpferische Energie bei dem großen Vorhaben der gesellschaftlichen Erneuerung freisetzen. Seine Reden bei seinen öffentlichen Auftritten waren utopisch, internationalistisch und vor allem pazifistisch: In Eisners Augen war die größte Leistung der bayerischen Revolution, daß sie gänzlich ohne Blutvergießen verlaufen war, ein Erfolg, der ihn und seine Anhänger, auch Toller, in der fatalen Fehleinschätzung bestärkte, sie könnten den Übergang zum Sozialismus ohne Gewaltanwendung und Zwangsmaßnahmen durchsetzen.

In Bayern wie im übrigen Reich war während der ersten Wochen der Revolution die entscheidende Frage, wie die Rollen zwischen Revolutionsräten und Parlament verteilt werden sollten; eine Frage, über die sich Eisner und die SPD-Politiker, die er ins Kabinett berufen hatte, bald zerstritten. Eisner verwarf den formaldemokratischen Parlamentarismus, er forderte »eine Demokratie, in der die breitesten Massen jeden Tag mitarbeiten an den öffentlichen Angelegenheiten«.[5] Das Vehikel dieser direkten Demokratie sollten die Räte sein, die für ihn das Mittel waren, die Massen zu politisieren und an die politische Macht heranzuführen. Er glaubte, daß sofortige Parlamentswahlen nur die herrschenden Klassen, die Deutschland in einen verheerenden Krieg gestürzt hatten, wieder an die Macht brächten. Daher müßten Wahlen hinausgezögert werden, damit das Rätesystem Zeit habe, Wurzeln zu schlagen.

Während Eisner und die USPD auf die Räte setzten, war die SPD diesen gegenüber mißtrauisch. Die SPD befürwortete ein Parlament, von dem sie sich ein Maximum an Präsenz und Einfluß versprach. In dem folgenden Machtkampf wurde Eisner von den SPD-Mitgliedern seines Kabinetts schließlich überstimmt und mußte für den 19. Januar 1919 Wahlen zum Bayerischen Landtag ausrufen. Eisner kandidierte für die USPD, zu deren weiteren Kandidaten auch Ernst Toller gehörte.

Toller war von Anfang an ein enthusiastischer Verfechter der revolutionären Räte gewesen. Beim ersten Treffen der bayerischen Arbeiterräte begrüßte er die Delegierten als »die Träger der revolutionären Idee, jener Idee, die die Kraft in sich schließt, nicht nur die Wirtschaftsordnung der Welt umzugestalten, sondern auch den Geist der Menschen zu revolutionieren«.[6] Er teilte Eisners Skepsis, was den formaldemokratischen Parlamentarismus betraf, aber als die Landtagswahlen ausgeschrieben wurden, kandidierte er dennoch für die USPD und nahm sogar die dazu notwendige bayerische Staatsbürgerschaft an. Er glaubte, das Parlament würde neben den Räten existieren: »...wir werden eine evolutionäre Entwicklung durchmachen und ... das Rätesystem wird allmählich den Landtag ablösen.«[7] Er wurde schnell eines Besseren belehrt. Kurz vor Weihnachten nahm er am Deutschen Rätekongreß in Berlin teil. Der Kongreß verweigerte den Sprechern der Spartakisten, Rosa Luxemburg und Karl Liebknecht, das Rederecht und sprach sich für Wahlen zum Reichstag aus; dadurch verzichtete er auf eigene politische Macht und Mitbestimmung. Diese Erfahrung bestärkte Toller darin, daß so etwas in Bayern nicht passieren dürfe. Wie viele andere, darunter Eisner, hegte er die separatistische Illusion, daß die Ereignisse in Bayern einen anderen Verlauf nehmen könnten als im Rest des Reiches.

Tollers bekannteste politische Aktion während der ersten Revolutionsmonate in Bayern war sein Vorgehen in der sogenannten Bürgerwehr-Krise. Am 27. Dezember verkündeten Plakate, daß eine Bürgerwehr formiert werden solle; sie trugen die Unterschrift des Innenministers und SPD-Vorsitzenden Erhard Auer. In einer leidenschaftlichen Rede vor dem provisorischen Nationalrat entlarvte Toller die reaktionären Absichten des Unterfangens und attackierte Auer, der entweder naiv sei oder ein Feind der Revolution: »Die Revolution ist in Gefahr«, rief er. »Es gibt zur Zeit keine Gemeinschaft zwischen reaktionärer Bourgeoisie und dem Proletariat.« Schließlich forderte er, bewaffnete Arbeiterverbände zu gründen.⁸ Auer war gezwungen, seine Unterstützung für die Bürgerwehr zurückzuziehen, während Toller am Ende der Sitzung eine Resolution vorschlug, die zur Bildung einer »einheitlichen Front des Sozialismus und der Republik« aufrief und »die sofortige Sozialisierung« der Industrie verlangte.⁹ Die Idee der sozialistischen Einheitsfront, in der sich die Arbeiter über formale Parteiunterschiede hinweg zusammenschließen sollten, ging in entscheidendem Maße auf Eisner zurück. Es war die Leitidee von Tollers politischem Engagement in den folgenden Monaten, sie sollte sein politisches Denken während der Weimarer Republik prägen und war auch bei seiner Unterstützung für die Volksfront in den dreißiger Jahren von wesentlicher Bedeutung.

Die Wahlen zum Landtag vom 11. Januar 1919 ließen von Eisners »neuer Demokratie« nur wenig erkennen. Die USPD erlitt eine verheerende Niederlage: Sie errang nur 2,5 Prozent der Stimmen und drei Sitze im Landtag. Toller wurde nicht gewählt. Das Ergebnis bestätigte ihn und andere Befürworter des Rätesystems in ihrer Überzeugung, daß der Parlamentarismus nur dazu dienen würde, die alten herrschenden Klassen wieder an die Macht zu bringen. Innerhalb der Räte gab es eine hitzige Debatte über ihre zukünftige Rolle. Toller warf einigen seiner Genossen vor, sie seien zu sehr dem parlamentarischen Prinzip verhaftet, für ihn selbst bestand kein Zweifel: »Im Grunde sind Landtag und Räte etwas Widersprechendes.«¹⁰

Da Toller sich Hals über Kopf in die Politik stürzte, blieb ihm wenig Zeit zum Schreiben, aber er gab seine literarischen Ambitionen nicht auf. Seine ersten Gedichte waren schon in avantgardistischen Literaturzeitschriften wie *Die Aktion* und *Die weißen Blätter* erschienen. Er kannte Kurt Wolff, den Freund und Verleger so vieler expressionistischer Dichter, und den Berliner Verleger und Kunsthändler Paul Cassirer, dem er *Die Wandlung* schickte (sein Name wurde auch mit Cassirers Frau, der Schauspielerin Tilla Durieux, die damals für eine Spielzeit am Münchener Nationaltheater engagiert war, in Verbindung gebracht). Tollers Bekanntschaft mit dem Dramatiker Georg Kaiser entstand auch in dieser Zeit. Kaiser, der sich mit dem Erfolg von *Gas* endgültig als einer der wichtigsten deutschen Dramatiker behauptet hatte, setzte sich nachdrücklich für die Veröffentlichung der *Wandlung* ein. Seine Freundschaft mit dem »Kommunisten« Toller sollte als Beweis gegen ihn verwendet werden, als er zwei Jahre später wegen »Unterschlagung« vor Gericht stand. Bekannt war Toller ebenfalls mit Rainer Maria Rilke, dessen Dichtung er sehr bewunderte. Rilkes *Stundenbuch* war eines der Werke, die ihn während seiner Haft am tiefsten beeindruckten: Er schickte dem Autor eine Abschrift seiner *Gedichte der Gefangenen* als »Zeichen tiefen Dankes« für »so viele reiche Stunden erfüllter Stille«.[11] Rilkes Verbindung mit Toller wurde nach dem Untergang der Räterepublik ernsthaft auf die Probe gestellt, als er von der Polizei immer wieder schikaniert wurde, was ihn schließlich aus München vertrieb. Zu Tollers Umgang in dieser Zeit gehörten alte Freunde wie Alfred Wolfenstein und neue Bekannte wie Lion Feuchtwanger, dessen »dramatischer Roman« *Thomas Wendt* den Revolutionär Toller porträtiert.

Die ganze Revolution in Bayern hatte ein ausgesprochen literarisches Flair. In den Revolutionsräten waren es oft Literaten wie Toller, Landauer und der anarchistische Dichter Erich Mühsam, die den Ton angaben. Andere Schriftsteller, wie Kaiser oder Ret Marut (bekannt unter dem Pseudonym B. Traven) waren in untergeordneter Funktion politisch tätig. Aber vor allem Eisner selbst war ein Mann der Literatur; den provisorischen Nationalrat nutzte er als Forum, um die politische Funktion des Künstlers hervorzuheben:

> Ein Politiker, der kein Dichter ist, ist auch kein Politiker und es ist ein Wahn unseres unpolitischen deutschen Volkes, daß man ohne solche dichterische Kraft irgend etwas in der Welt erreichen kann. Ein Dichter ist kein Phantast, sondern ein Dichter ist der Seher des Zukünftigen.[12]

Eisner glaubte nicht nur an die künstlerische Seite des Politikers, sondern hielt Politik selbst für einen kreativen Prozeß. Das klassische Zeitalter, behauptete er, habe sich von der Realität abgewandt, indem es Zuflucht suchte in dem Streben nach formaler Schönheit. Er forderte, »daß die Kunst nicht mehr ein Asyl für Verzweifelte am Leben sein soll, sondern daß das Leben selbst ein Kunstwerk sein müßte und der Staat das höchste Kunstwerk«.

Die Geschichte sollte bald ihr eigenes Urteil über Eisners Utopien fällen, aber es ist wichtig, die zeitgenössische Resonanz festzuhalten: Seine Rede wurde mit anhaltendem Applaus aufgenommen. Unter den Zuhörern befand sich auch Ernst Toller, dessen eigene Rede den literarischen Charakter seiner Vorstellung von Revolution dokumentierte. Er sagte vor dem bayerischen Rätekongreß, daß das deutsche Volk »vielleicht von Elend zu Elend, von Station zu Station gehen wird, bis es endlich in sich den Menschen finden wird, den in Freiheit und Liebe zum Mitmenschen Gebundenen«.[13] Die Stationen seines Dramas *Die Wandlung* sollten die politische Realität vorwegnehmen, der Dichter war tatsächlich der Seher des Zukünftigen.

Ende Januar fuhr Toller in die Schweiz, um an der Zweiten Internationalen in Bern teilzunehmen. Dort trafen sich zum ersten Mal nach Ausbruch des Krieges Delegierte der sozialistischen Parteien aus den Ländern, die am meisten unter den Kämpfen gelitten hatten. Es herrschte eine Atmosphäre des Mißtrauens und gegenseitiger Beschuldigungen. In den Augen der Franzosen und Briten war die SPD noch immer hoffnungslos kompromittiert, da sie die deutsche Regierung während des Krieges unterstützt hatte. Im Gegensatz dazu genoß die USPD, die durch Karl Kautsky und Kurt Eisner vertreten war, große Sympathie. Daß Eisner als ein führender Kopf der Antikriegsbewegung moralisch über jeden Zweifel erhaben war, sicherte ihm von vorneherein das Wohlwollen der Zuhörer, als er sich an die Delegierten wandte. Er bekannte sich zu Deutschlands Kriegsschuld und warb um Freiwillige, die sich als Geste der Aussöhnung am Wiederaufbau der verwüsteten Regionen in Belgien und Nordfrankreich beteiligen sollten. Die meisten Beobachter hielten diese Rede für den Höhepunkt der Tagung. Fest steht, daß sie mit stürmischem Applaus aufgenommen wurde. Heinrich Mann erklärte später, daß Deutschland keine Feinde mehr hatte, solange Eisner sprach.

Es war Tollers erster Auftritt auf der internationalen politischen Bühne, aber er war alles andere als eingeschüchtert und trat ans Rednerpult, um sich mit einem hochtrabenden Aufruf »An die Jugend aller Länder« zu wenden. Er räumte ein, »daß die Revolution in Deutschland noch nicht das ganze deutsche Volk geistig erfaßt« habe, erklärte aber, daß die sozialistische Jugend in Deutschland die Revolution bis zum endgültigen Sieg fortsetzen werde. Wie Eisner rief er die Sozialisten in den Entente-Ländern auf, Widerstand gegen die harten Waffenstillstandsbedingungen zu leisten und einen Friedensvertrag zu verhindern, der die deutschen Arbeiter dem ausländischen Kapital auf Gedeih und Verderb ausliefere: Der Kampf gegen Militarismus und Kapitalismus sei ein internationales Anliegen.[14]

Es ist nicht dokumentiert, wie Tollers Worte aufgenommen wurden, aber zumindest einen der Zuhörer bewegte ihr visionärer Internationalismus. C.R. Buxton, später Schatzmeister der britischen Labour Party, war so beeindruckt, daß er den Text von Tollers Rede an die pazifistische Zeitschrift *The Crusader* schickte, die eine Übersetzung davon abdruckte.

Nach der Tagung blieb Toller in der Schweiz, um ein paar Tage bei Freunden im Engadin zu verbringen. Während dieser kurzen Zeit in St. Moritz sah er, wie die »jeunesse dorée aller Länder« die internationale Aussöhnung inszenierte. Bald wurde er in die politische Wirklichkeit zurückgeholt. Als sein Zug auf der Rückreise nach München in einem Schweizer Bahnhof hielt, hörte er aufgeregte Stimmen auf dem Bahnsteig: Kurt Eisner war ermordet worden.

Eisners Rede in Bern, die auf der Tagung der sozialistischen Internationale noch bejubelt wurde, hatte ihm den unversöhnlichen Haß der deutschen Nationalisten eingetragen. In der deutschen Presse wurde eine pöbelhafte antisemitische Kampagne gegen ihn gestartet, die sein Recht, für Bayern, geschweige denn für Deutschland zu sprechen, bestritt. Ein Flugblatt, das unter Münchener Studenten kursierte, forderte offen dazu auf, ihn zu ermorden, indem es die zwar verklausulierte, aber unmißverständliche Zeile aus Schillers *Wilhelm Tell* zitierte: »Mach hurtig, Landvogt, deine Uhr ist abgelaufen.« Am Morgen des 21. Februar war Eisner auf dem Weg von seinem Büro im Außenministerium zum nahe gelegenen Landtag, um den Rücktritt seiner Regierung einzureichen. Als er die Promenadenstraße entlang ging, trat der 21 Jahre alte Nationalist Graf Anton von Arco-Valley aus einem Hauseingang und erschoß ihn. Die Kugel des Mörders brachte Bayern um seine führende politische Persönlichkeit – und Ernst Toller um seinen politischen Ziehvater und Mentor.

Eisners Ermordung stürzte Bayern in politische Unruhen. Kaum eine Stunde nach dem Ereignis stürmte ein Metzger namens Alois Lindner in den vollbesetzten Plenarsaal des Landtags und schoß auf den SPD-Vorsitzenden Erhard Auer; er verwundete Auer und tötete zwei weitere Abgeordnete, die ihn zurückhalten wollten. In panischer Angst flohen die Mitglieder des Landtags und ließen ein politisches Vakuum zurück. In dem allgemeinen Chaos waren die Räte die einzige Autorität, die noch intakt war. Ein neuer Zentralrat unter Vorsitz von Ernst Niekisch übernahm die Macht. Niekisch, ein 28 Jahre alter Lehrer, wurde später ein enger Freund Tollers; berühmt wurde er Jahre danach als Gefangener des Dritten Reiches.

Durch Eisners Tod stand die Frage der Räterepublik einmal mehr auf der politischen Tagesordnung. Als der bayerische Rätekongreß wieder einberufen wurde, schlug Erich Mühsam vor, Bayern zur sozialistischen Räterepublik zu erklären, aber der Kongreß lehnte die Resolution ab. Nach drei Wochen verworrener Verhandlungen einigte man sich auf eine sozialistische Regierung unter Johannes Hoffmann (SPD), die vom Landtag formell bestätigt werden sollte. Die sogenannte Nürnberger Vereinbarung schien somit die legislative und exekutive Gewalt an das Parlament zurückzugeben und die Aufgabe der Räte auf eine rein beratende Funktion zu beschränken.

Toller spielte bei diesen verworrenen Ereignissen keine große Rolle, aber an seiner eigenen politischen Haltung ließ er keinen Zweifel:

> Hier ist nun die große Streitfrage: Räterepublik oder parlamentarische Republik? ... Ich mache mir keine Illusionen und trete prinzipiell für die Räterepublik ein ... Aber wir können dieses Rätesystem nicht verankern ..., wenn nicht die Einigung im gesamten Proletariat besteht.[15]

Die Nürnberger Vereinbarung war für ihn nichts als ein Manöver, um den Parlamentarismus wieder einzuführen. Seine Kritik war derart scharf, daß der pazifistische Professor Foerster ihm in einem Brief vorhielt, solch unnachgiebiger Widerstand gegen ein Parlament mache »den verhängnisvollen Eindruck des Diktaturstrebens«.[16] Anfang März wurde Toller Vorsitzender der Münchener USPD. Unter seiner Führung betrieb die Partei eine Politik, die die Massen für eine revolutionäre Räteregierung mobilisieren wollte; gleichwohl war Toller unerschütterlich davon überzeugt, daß eine Räterepublik nur »im Wege einer friedlichen Entwicklung, nicht durch Gewalt«[17] erreicht werden könne. Mehr und mehr hielt er das für das eigentliche Vermächtnis von Kurt Eisner – und sich selbst für den Bewahrer dieses Vermächtnisses.

Am 17. März trat der Landtag zum ersten Mal seit Eisners Tod kurz zusammen, um die neue Regierung unter Johannes Hoffmann zu bestätigen; aber innerhalb weniger Tage war die politische Stimmung einmal mehr umgeschlagen, diesmal aufgrund von Ereignissen außerhalb Bayerns. Am 22. März rief eine Koalition von Sozialisten und Kommunisten unter Bela Kun in Budapest eine ungarische Räterepublik aus. Nachrichten aus Wien schienen darauf hinzuweisen, daß für Österreich eine ähnliche Entwicklung bevorstand, ein revolutionärer Korridor in Mitteleuropa war greifbar nahe. Als die Hoffmann-Regierung ankündigte, der Landtag werde am 8. April wieder zusammentreten, genügte die bloße Ankündigung, um eine neue Welle der Revolutionsbegeisterung auszulösen. Der Zentralrat ließ verlautbaren, daß die Landtagssitzung nicht genehmigt sei; die Münchener Garnison erklärte, daß sie bei Zuwiderhandlung keinerlei militärischen Schutz gewährleisten könne. Massenversammlungen wurden abgehalten, um Unterstützung für eine Räterepublik zu organisieren. Was nur wenige Wochen zuvor unmöglich schien, begann in dieser Atmosphäre wie etwas Unvermeidliches zu wirken.

Die bayerische Räterepublik kann nur als tragisches Mißgeschick bezeichnet werden; fünfzehn Jahre später räumte Toller ein, daß das ganze Unternehmen ein Irrtum war, der von Anfang an zum Scheitern verurteilt gewesen sei. Seine eigene Rolle bei diesen Ereignissen verfolgte ihn für den Rest seines Lebens. Sie war während seines Hochverratsprozesses Gegenstand ausführlicher gerichtlicher Verhöre und in den zwanziger Jahren Vorwand für bösartige Angriffe sowohl von der extremen Rechten wie von der extremen Linken: Die einen bezichtigten ihn, an den sogenannten »Geiselmorden« beteiligt gewesen zu sein, die anderen, »die Revolution verraten zu haben«; prägte der erste Vorwurf seine Aufnahme in den USA 1929, so war der zweite während seines Aufenthaltes in der Sowjetunion 1926 von entscheidender Bedeutung. Selbst 1938 noch benutzten die Nazis seine Rolle in der Räterepublik, um seine Hilfsaktion für Spanien zu diskreditieren.

Merkwürdigerweise kam der letzte Anstoß zur Proklamation der Räterepublik vom Sozialdemokraten Ernst Schneppenhorst, dem Minister für militärische Angelegenheiten in der Regierung Hoffmann. Über seine Motive ist viel gestritten worden, aber allem Anschein nach hat er die Idee einer Räterepublik auslöschen wollen, indem er eine übereilte Aktion anzettelte. In den frühen Morgenstunden des 5. April berief er eine Versammlung im Kriegsministerium ein, an dem Vertreter aller Gruppen der revolutionären Bewegung in München teilnahmen. Man staunte nicht schlecht, als sich Schneppenhorst leidenschaftlich für eine Räterepublik aussprach, was offenkundig nicht die Meinung der Regierung war, der er angehörte. Der Polizeipräsident und der Stadtkommandant von München befürworteten die Initiative, und schon bald war die Proklamation der Räterepublik im Grunde beschlossene Sache. Nur Eugen Leviné, Sprecher der Kommunisten, war anderer Meinung: Seine Partei sei entschieden gegen einen solchen Schritt. Leviné, geboren als Sohn deutschjüdischer Eltern in St. Petersburg, war ein besonnener, wenn auch zum Despotismus neigender Revolutionär, der 1905 am Aufstand in Rußland teilgenommen hatte. Er äußerte Mißtrauen gegenüber Schneppenhorsts Motiven: Die KPD sei nicht darauf vorbereitet, mit der SPD zusammenzuarbeiten, einer Partei, die sich zweimal irregulärer Freikorps bedient habe, um Arbeiterrevolten in Berlin niederzuschlagen. Levinés Äußerungen stürzten die Versammlung in einige Verwirrung, bis schließlich beschlossen wurde, die offizielle Proklamation um weitere achtundvierzig Stunden zu verschieben. In dieser Zeit sollten die Delegierten, unter ihnen Schneppenhorst, in den nordbayerischen Städten den Weg weiter ebnen.

Zu den wichtigen Leuten, die auf der Versammlung nicht anwesend waren, gehörte Toller, der sich in Nürnberg aufhielt. Er war auf dem Weg nach Berlin zu einer Sitzung des Deutschen Rätekongresses, als ihn die Nachricht von der unmittelbar bevorstehenden Proklamation der Räterepublik erreichte. In großer Eile kehrte er nach München zurück. In der USPD befürworteten die meisten eine sofortige Proklamation; Tollers eigene Haltung war eher ambivalent. Für ihn war die Vorstellung einer Räterepublik mit seiner expressionistischen Vision von der Erneuerung des Menschen verbunden gewesen. Monatelang hatte er sich enthusiastisch dafür eingesetzt. War es glaubwürdig, sich jetzt davon abzuwenden? Wie auch immer, solche Hoffnungen mußten abgewogen werden gegen die praktischen Realitäten. Er fühlte, daß die Proklamation verfrüht war. Um Aussicht auf Erfolg zu haben, mußten sich zumindest die drei sozialistischen Parteien einig sein; daß dem nicht so war, ließ ihn zögern. Auf der anderen Seite schienen sich die Ereignisse verselbständigt zu haben. In München liefen Berichte ein, daß es in ganz Bayern zu spontanen Kundgebungen für die Räterepublik gekommen war. Dies scheint für Toller ausschlaggebend gewesen zu sein. Die Massen, schrieb er später, hätten die Räterepublik ausgerufen über die Köpfe der Parteiführung hinweg, und diese hätte nicht das Recht, die Massen im Stich zu lassen.[18]

Der endgültige Entschluß, die Räterepublik auszurufen, wurde in der Nacht vom 6. auf den 7. April auf einer Versammlung in der Residenz gefällt. In dem ehemaligen Palais der Wittelsbacher hatten sich etwa sechzig Delegierte eingefunden, die im früheren Schlafzimmer der Königin tagten.[19] Die Kommunisten waren eingeladen worden, aber nicht erschienen. Die Delegierten, die man nach Nordbayern gesandt hatte, waren noch nicht zurückgekehrt, um von der dortigen Lage zu berichten. Ohne daß einer der Anwesenden davon wußte, hatten sich die SPD-Vorstände in Nürnberg getroffen und die Idee einer Räterepublik abgelehnt, woraufhin Schneppenhorst einen plötzlichen Sinneswandel hatte und wieder in die Regierung Hoffmann eintrat.

Ernst Niekisch, der in seiner Eigenschaft als Vorsitzender des Zentralrats die Versammlung leitete, hatte gerade erst die Sitzung eröffnet, als Gustav Landauer vorschlug, man solle das Treffen zur konstituierenden Versammlung erklären: Eine Revolution sei immer ein schöpferischer Akt, der mit einem unerwarteten Schritt zu beginnen habe, erklärte er. Unter den verschiedenen Gruppierungen, die anwesend waren, schien es breite Zustimmung für die Proklamation der Räterepublik zu geben: Der Bauernbund war dafür, sogar die Delegierten der SPD und der Gewerkschaften erhoben keinerlei Einwände. Als die Versammlung dazu überging, die Verteilung der Ministerposten zu debattieren, grenzte die Veranstaltung nicht selten ans Absurde. Erich Mühsam schlug sich selbst als Volksbeauftragten für auswärtige Angelegenheiten vor, wurde aber überredet, seine Bewerbung zugunsten von Dr. Franz Lipp zurückzuziehen, von dem behauptet wurde, daß er allerbeste Referenzen habe – allerdings wußte man so wenig über ihn, daß keiner diese Behauptung in Frage stellen konnte. Es zeigte sich bald, daß er an einer Geisteskrankheit litt und sehr schnell von seinem Posten entfernt und in eine psychiatrische Anstalt gebracht werden mußte. Silvio Gesell, bekannt als Theoretiker des Freigeldes, wurde Volksbeauftragter für Finanzen, Gustav Landauer Volksbeauftragter für Volksaufklärung.

Die Diskussionen waren noch im Gange, als Eugen Leviné schließlich eintraf und eine vorbereitete Erklärung verlas, die das ganze Unterfangen mißbilligte und die Unterstützung seiner Partei verweigerte: Eine Räterepublik, erklärte er, könne nur aus einer erfolgreichen Erhebung der Arbeiter hervorgehen und nicht am grünen Tisch proklamiert werden. Seine Erklärung wurde mit Bestürzung aufgenommen, besonders von Toller und Landauer, die ihn beschworen, seine Meinung zu ändern, aber Leviné blieb hart. Niekisch schlug vor, daß die Versammlung ihre ursprüngliche Entscheidung noch einmal überdenken solle, und die verschiedenen Gruppierungen zogen sich zurück, um getrennt zu beraten. Die Delegation der USPD war gespalten. Nach Tollers Ansicht war seine Partei durch das Abspringen der Kommunisten nicht mehr an die Entscheidung gebunden, aber seine Parteigenossen wollten an der ursprünglichen Beschlußfassung festhalten. Wenn immer Toller später darüber sprach, beharrte er darauf, persönlich gegen das Unternehmen gewesen zu sein, und es nur in der Öffentlichkeit »auf den Beschluß der Partei« hin verteidigt zu haben.[20] Sichtlich erregt kehrte er in die Hauptversammlung zurück, seine Krawatte war lose, das Haar zerzaust, als er verkündete, daß sich die USPD der Proklamation anschließe, »um die Einigung des Proletariats zu stützen«.[21] Landauer hatte vorausschauend den Text der Proklamation schon vor Sitzungsbeginn aufgesetzt: Jetzt schlug er vor, ein dem Anlaß entsprechendes Zeichen zu setzen und in ganz Bayern die Glocken läuten zu lassen.

Als die Mitglieder der neuen Regierung im kalten Licht der Morgendämmerung das Wittelsbacher Palais verließen, müssen viele von ihnen Tollers Befürchtungen geteilt haben. Nur Ernst Niekisch hatte sich bei der Abstimmung über die Proklamation der Stimme enthalten. Er fürchtete, daß die ganze Unternehmung fehlschlagen mußte, und trat als Vorsitzender des Zentralrats zurück. Toller wurde zu seinem Nachfolger gewählt und stand somit an der Spitze der neuen Räterepublik. Mit einiger Sicherheit war er der jüngste Regierungschef in der deutschen Geschichte. Mit seiner Mischung aus Idealismus und politischer Unerfahrenheit war er den anstehenden Aufgaben zweifelsohne nicht gewachsen. Er übernahm sein neues Amt nur widerwillig. Paradoxerweise war es Niekisch, der, wie er später selbst bezeugte, Toller überredete, die Wahl anzunehmen.

Von Beginn an waren die Möglichkeiten der Räterepublik höchst begrenzt, ihr Schicksal hing weitgehend von Ereignissen ab, die außerhalb Bayerns stattfanden. Zum Teil war sie gedacht als ein Exempel, von dem man hoffte, daß es in anderen Teilen des Reiches Nachahmer fände. Der Text der ursprünglichen Proklamation verweist auf den anarchistischen Hintergrund des Unterfangens:

> Die Bayerische Räterepublik folgt dem Beispiel der russischen und ungarischen Völker... Sie ruft alle deutschen Brudervölker auf, den gleichen Weg zu gehen.[22]

Konkret hoffte man, den Deutschen Rätekongreß am Vorabend seines Zusammentretens in Berlin dazu zu veranlassen, die Deutsche Räterepublik auszurufen, aber der Kongreß unternahm nichts in dieser Richtung. Hoffnungen, daß das revolutionäre Beispiel Bayerns ähnliches in Mitteldeutschland und an der Ruhr folgen ließe, erwiesen sich gleichfalls als trügerisch.

Die Nachrichten aus Nordbayern waren sogar noch schlechter. In Nürnberg und Bamberg war die Räterepublik praktisch tot geboren, in Würzburg und anderen kleineren Städten war ihr nach Straßenkämpfen ein Ende gemacht worden. Das Kabinett Hoffmann, das in Bamberg seinen Sitz genommen und sich zur einzig legitimen Regierung erklärt hatte, kontrollierte ganz Nordbayern. Der Hoheitsbereich der Räterepublik befand sich südlich der Donau und beschränkte sich auf das Gebiet zwischen Augsburg, Rosenheim und Garmisch. Wie sehr sie in ihrer Existenz gefährdet war, wurde schnell deutlich. Die Regierung Hoffmann ließ Flugblätter über München abwerfen, die eine Blockade der Stadt ankündigten, und rief in ganz Nordbayern Freiwillige zu den Waffen. In Ohrdruf, gleich hinter der thüringischen Grenze, rekrutierte Oberst Ritter von Epp Freiwillige für ein Freikorps. Das Freikorps Epp – zu dessen Offizieren ein Hauptmann namens Ernst Röhm gehörte, der später bekanntlich »Stabschef der SA« wurde – sollte knapp einen Monat danach bei der »Befreiung« Münchens eine entscheidende Rolle spielen.

Selbst in München war die Räteregierung auf Widerstand gestoßen. Die KPD unter der Führung Levinés war von bloßer Unbeteiligtheit zu offener Ablehnung übergegangen. Auf eiligst einberufenen öffentlichen Versammlungen und in den Artikeln der *Roten Fahne* prangerten die Kommunisten die »Scheinräterepublik« an und suchten die Arbeiter auf Parteilinie zu bringen.[23]

In dieser verworrenen und instabilen Situation begann die neue Regierung ihre Arbeit. Während der sechs Tage, die sie an der Macht blieb, produzierte sie einen ununterbrochenen Strom von Erlassen. Sie erklärte den Landtag für aufgelöst und die Regierung Hoffmann für abgesetzt, kündigte die Vergesellschaftung der Industrie an, die Beschlagnahme von Wohnraum, die Pressezensur, die Entwaffnung der Bourgeoisie und den Aufbau einer Roten Armee. Zur Sowjetunion und zum neuen Räteregime in Ungarn sollten enge freundschaftliche Beziehungen geknüpft werden. Toller zeichnete als Vorsitzender des Zentralrats die Erlasse der neuen Regierung ab, was später hinreichte, um ihn des Hochverrats zu »überführen«.

Im Wittelsbacher Palais, dem Sitz der neuen Regierung, wurde Toller von denen belagert, die die Gunst der neuen Herren suchten. Wer sich je benachteiligt gefühlt hatte, forderte nun Wiedergutmachung, wer Ehrgeiz hatte, strebte auf einen lukrativen Posten, Spinner und Erfinder tauchten auf, um ihre Allheilmittel anzubieten. Sogar die Regierungsarbeit hatte etwas Realitätsfremdes. Viele der Dekrete existierten nur auf dem Papier, weil der Zentralrat einfach nicht in der Lage war, sie durchzusetzen. Der Erlaß, daß die Bürger ihre Waffen abzuliefern hätten, wurde weitestgehend ignoriert. Ein Rekrutierungsamt der Roten Armee öffnete am 10. April, aber es gab kaum Freiwillige. Knapp achthundert Gewehre wurden an Arbeiter ausgegeben; Toller gestand später, der Zentralrat habe nicht einmal gewußt, über wie viele Waffen er verfügen konnte. Über Funk wurden Meldungen nach Moskau und Budapest gesendet; von Lenin erhielt man sogar eine Antwort:

> Bitte geben Sie uns Einzelheiten über die vollzogene Revolution in Bayern... Bitte teilen Sie uns mit, wie die Ereignisse dort verlaufen und ob die neue Ordnung voll und ganz herrscht...[24]

Nichts hätte weniger der Sachlage entsprechen können. Die neue Regierung schien in der Tat um ihre Vorläufigkeit zu wissen. Der Zentralrat beschloß, daß all seine Erlasse mit »Provisorischer Zentralrat« unterzeichnet werden sollten, die Volksbeauftragten wurden auch »provisorisch« genannt. Gustav Landauer, der weitreichende Pläne für eine Revolutionierung der Universitäten hatte, schrieb seinem Freund Fritz Mauthner auf einer Postkarte: »Läßt man mir ein paar Wochen Zeit, so hoffe ich, etwas zu leisten; aber leicht möglich, daß es nur ein paar Tage sind, und dann war es nur ein Traum.«[25]

Von rechts durch die SPD und von links durch die KPD bedrängt, blieb dem Zentralrat wenig Spielraum. Toller war sich dieser Schwäche allzu bewußt und bemühte sich intensiv um die Unterstützung der Kommunisten. Am 7. April begegnete er den kommunistischen Attacken auf die »Scheinräterepublik« mit einem Appell zur Einheit der Arbeiterklasse. Der Zentralrat berief eine Reihe von Versammlungen in den Münchener Bierkellern ein, um seine Haltung zu erläutern. Toller gab eine Erklärung heraus, in der es hieß: »... die Einigung des revolutionären Proletariats ist unbedingt notwendig. Die Gegensätze zwischen dem gegenwärtigen provisorischen Zentralrat und den

Kommunisten sind keineswegs grundsätzlicher Natur.«[26] Für solchen Optimismus bestand keinerlei Anlaß, da Leviné unnachgiebig blieb: Die KPD würde sich nur an einer Regierung beteiligen, die sie de facto kontrollierte.

Die wirtschaftliche Lage verschlechterte sich schnell, als die Blockade Münchens zu greifen begann. Die Kohlen- und Nahrungsmittellieferungen aus Nordbayern waren unterbrochen, auf den normalerweise belebten Märkten in München herrschte eine fast bedrohliche Ruhe. Toller spürte, daß die Räterepublik bald unhaltbar sein würde, und versuchte durch einen Mittelsmann Kontakt zur Regierung Hoffmann aufzunehmen, um in Verhandlungen zu treten und einer militärischen Intervention vorzubeugen. Diesen Versuchen kam jedoch der sogenannte Palmsonntagsputsch zuvor.

Am Sonntag, den 13. April, besetzten in den frühen Morgenstunden Soldaten der republikanischen Schutztruppe, die von der Regierung Hoffmann bestochen waren, den Bahnhof und andere strategisch wichtige Gebäude, darunter das Wittelsbacher Palais. Mehrere Mitglieder des Zentralrats wurden verhaftet. Überall in der Stadt war auf Plakaten zu lesen, daß der Zentralrat abgesetzt und die Regierung Hoffmann wieder im Amt sei. Toller entging bei dieser Aktion der Verhaftung. Gerüchte über den Putsch waren bereits in der Nacht zuvor kursiert, und er war vorsichtig genug gewesen, nicht zu Hause, sondern in der Wohnung eines Freundes zu schlafen. Als er am nächsten Morgen von dem Putsch erfuhr, beschloß er, sich vorerst versteckt zu halten und die Entwicklung abzuwarten.

Am Nachmittag begannen sich Sympathisanten der Räteregierung auf der Theresienwiese zu sammeln. Bewaffnete Arbeiter und Soldaten zogen ins Stadtzentrum, drängten die Putschisten in den Bahnhof, den sie dann nach mehrstündigen Gefechten zurückeroberten. Diese spontane Aktion Münchener Arbeiter überzeugte Eugen Leviné, daß die Zeit gekommen war, die »wahre« Räterepublik auszurufen. Warum er in einer Situation, die er eine Woche zuvor noch für hoffnungslos erachtet hatte, nun die Macht übernehmen wollte, ist vielfach und lange diskutiert worden. Der Historiker Arthur Rosenberg glaubte, daß Leviné es für die Pflicht der KPD hielt, in die Bresche zu springen, »um die Ehre der Revolution zu retten«.[27] Sicherlich schätzte er die Lage jetzt nicht anders ein; er wußte, daß sich eine Räterepublik in Bayern allein nicht lange würde halten können, aber er hoffte, in der kurzen Zeit, die zur Verfügung stand, ein System zu schaffen, daß den Münchener Arbeitern als Vorbild diente, ihnen ein Ziel gäbe. Für ihn waren Kampf und Niederlage unvermeidlich, aber wenn dem so war, hatte die KPD wenigstens dafür zu sorgen, daß die Arbeiter aus dieser Niederlage mit einer klaren Vorstellung von den Zielen, für die sie gekämpft hatten, hervorgingen.

In gewissem Maße hatte er sich auch selbst in Zugzwang gebracht. Hatte er nicht behauptet, eine Räterepublik könne nur aus einer erfolgreichen Erhebung der Arbeiter hervorgehen? Hatte er nicht gesagt, sie könne nur von den Betriebsräten ausgerufen werden? Genau das geschah gerade. Bevor die letzten Schüsse in den Straßen verhallt waren, versammelten sich die Betriebsräte im Hauptsaal des Hofbräuhauses, das so zum ersten Mal in die Geschichte der bayerischen Politik einging. Als die Delegierten hörten, daß die Mitglieder des alten Zentralrats verhaftet worden waren, beschlossen sie, die Macht an einen fünfzehn Mitglieder umfassenden Aktionsausschuß zu übergeben. Aber die wahre Macht lag beim Vollzugsrat, der sich aus Leviné als Vorsitzendem und drei weiteren Kommunisten – Max Levien, Carl Dietrich und Paul Werner – zusammensetzte.

Toller hatte fast den ganzen Tag über auf neue Nachrichten gewartet, aber als er hörte, daß Kämpfe ausgebrochen waren, verließ er sein Versteck. Es war schon Abend, und die Arbeiter hatten gerade den Hauptbahnhof endgültig zurückerobert. Eine Kompanie der republikanischen Schutztruppen hielt noch immer das Luitpoldgymnasium; Toller schloß sich einer Gruppe bewaffneter Arbeiter an, die das Gebäude angriffen und die Verteidiger zur Aufgabe zwangen. Später, es war bereits weit nach Mitternacht, schlug sich Toller zur Kommandantur durch, wo er den neuen vierköpfigen Vollzugsrat vorfand, der gerade tagte. Erstaunt über diese Wendung der Ereignisse, zog er die Legitimität der neuen Regierung in Zweifel, woraufhin er zunächst verhaftet und erst nach langwierigen Auseinandersetzungen wieder freigelassen wurde.

Was die neue Regierung betraf, war Toller skeptisch. Er versprach sich »von dem neuen Regiment nichts sehr Wertvolles«, aber zeigte sich befriedigt darüber, daß sie durch die Betriebsräte eingesetzt worden war. Er gab eine Erklärung heraus, in der er die Arbeiter aufforderte, sich geschlossen hinter das Regime zu stellen. Bei all seinen Vorbehalten hatte er stärker denn je das Gefühl, er könne die Arbeiter nicht im Stich lassen. Das Gebot revolutionärer Solidarität wog schwerer als persönliche Skrupel.

Leviné proklamierte die Diktatur des Proletariats. Und es gab eindeutige Anzeichen, daß die neue Regierung es ernst damit meinte. Die Betriebsräte tagten nahezu pausenlos im Hofbräuhaus. Der neue Vollzugsrat rief einen Generalstreik aus, verbot alle Münchener Zeitungen und ordnete die Verteilung von Waffen an die Arbeiter an. Ein junger Matrose namens Rudolf Egelhofer wurde zum Oberbefehlshaber der Roten Armee ernannt und war damit Militärkommandant in München. Sofort befahl er Alarmbereitschaft für die bewaffneten Arbeiterverbände. Die Stadt wurde praktisch in den Belagerungszustand versetzt: Die Zugangsstraßen nach München wurden gesperrt, telefonische und telegraphische Verbindungen unterbrochen.

Die befürchtete militärische Bedrohung der Räterepublik wurde schnell Realität: Truppen von etwa 700 Mann, die in Ingolstadt bereitstanden, begannen am Nachmittag des 15. April Richtung München zu marschieren. Als diese Kunde die Stadt erreichte, wurden die Kirchenglocken geläutet; Soldaten ritten durch die Straßen und forderten die Bevölkerung auf, nach Hause zu gehen. In ziemlichem Durcheinander formierten sich spontan Gruppen bewaffneter Arbeiter und Soldaten, die Richtung Norden aus der Stadt strömten, um dem Vormarsch der Weißen Armee entgegenzutreten.

Die Nachricht vom Angriff erreichte Toller im Hofbräuhaus, wo die Betriebsräte tagten. Sofort verließ er die Sitzung und eilte zusammen mit einigen bewaffneten Arbeitern, die vor dem Gebäude Wache gestanden hatten, zur Frauenkirche. Er wollte wissen, wer den Befehl gegeben hatte, die Glocken zu läuten, aber der Küster konnte ihm nichts sagen. In der allgemeinen Verwirrung kursierten die wildesten Gerüchte: Es gäbe einen erneuten Putsch, die Weißen hielten den Bahnhof besetzt. Im Sektionslokal der Kommunistischen Partei in Sendling erfuhr er schließlich, daß die Weißen im Norden von München im Anmarsch auf Allach waren. Toller beschlagnahmte einen Lastwagen und fuhr die Nymphenburger Straße hinunter, die Hauptausfallstraße der Stadt Richtung Norden. An einem Gasthaus hielt er an, um sich nach dem Stand der Dinge zu erkundigen. Niemand wußte etwas, aber er traf auf drei Kavalleristen, die dort beim Bier saßen. Einer von ihnen überließ Toller sein Pferd, die beiden anderen beschlossen, ihn zu begleiten. Im hellen Mondlicht ritten sie durch die friedliche Landschaft Richtung Allach. Als sie in Karlsfeld ankamen, stießen sie auf die Hauptstreitmacht der improvisierten Roten

Armee, die es geschafft hatte, den Vormarsch der weißen Truppen zu stoppen und sie nach Dachau zurückzudrängen. Die Arbeiter waren noch ganz im Hochgefühl des eben errungenen Sieges, aber wußten nicht, wie sie jetzt weiter vorgehen sollten. Toller und seine beiden Begleiter unternahmen einen Erkundungsritt auf der Straße nach Dachau. Auf halbem Wege wurden sie plötzlich unter Beschuß genommen und zum Rückzug gezwungen. Einen der Kavalleristen mußten sie tödlich verwundet zurücklassen.

Als Toller in den frühen Morgenstunden wieder in Karlsfeld eintraf, fand dort in einer Gaststätte gerade eine hastig einberufene Versammlung der gewerkschaftlichen Vertrauensleute statt. Nach kurzer Diskussion sah sich Toller zum Kommandanten der roten Truppen gewählt. Er protestierte vergeblich, daß es ihm am notwendigen Wissen und an Erfahrung fehle; als sie auf ihrer Entscheidung beharrten, hatte er das Gefühl, keine andere Wahl zu haben, als anzunehmen. So kam es, daß Toller zum Kommandanten der ersten Roten Armee auf deutschem Boden wurde.

Tollers Karriere als Kommandant der Roten Armee währte nur zehn Tage, aber sie half, die Legende zu begründen, die ihn in den zwanziger Jahren umgab. Ein pazifistischer Dichter als Militärkommandant – dieses Paradoxon hat bis zum heutigen Tag nichts von seiner Faszination verloren. Die Schauspielerin Tilla Durieux, die ihn kennenlernte, als er sich einmal auf Fronturlaub in München aufhielt, war erstaunt, ihn in Uniform zu sehen. Toller selbst räumte ein, daß die Situation paradox sei.[28] In der Tat bringen all seine Unternehmungen als Militärkommandant jene Ambivalenz zum Vorschein, die für ihn mit dieser Position verbunden war: Auf der einen Seite stand das Prinzip der Gewaltlosigkeit und auf der anderen die Verpflichtung zu revolutionärer Solidarität. Bei der spontanen Verteidigung Münchens hatte er ohne Zögern, aber nicht ohne Bedenken mitgemacht. Er sah die bevorstehende bewaffnete Auseinandersetzung »als tragische Notwendigkeit«, ein Ausdruck, der in all seinen späteren Darstellungen der Ereignisse immer wieder auftaucht. Er fühlte sich »verpflichtet«, sich den Arbeitern anzuschließen; das gleiche moralische Pflichtgefühl ließ ihn auch das Kommando der Roten Armee annehmen. Wiederholt betonte er, daß er als einfacher Soldat und nicht als Kommandant an die Front gekommen sei, daß er das Kommando »nur auf Bestehen der Betriebsräte« übernommen und behalten habe. Es war kaum mehr als drei Monate her, daß er erklärt hatte, die Führer der

Revolution hätten dem Willen der Arbeiterklasse zu gehorchen: Jetzt war die Revolutionsrhetorik von der Realität eingeholt worden.

In München war Rudolf Egelhofer zum Kriegskommissar und Oberkommandanten der Roten Armee ernannt worden. In der allgemeinen Verwirrung hatte er kaum eine andere Wahl, als sich mit den Gegebenheiten abzufinden. Er bestätigte Toller als Truppenkommandanten und Gustav Klingelhöfer, ebenfalls von der USPD, als dessen Stellvertreter. Die Probleme, die Toller zu bewältigen hatte, waren enorm: Er wußte nicht, wie viele Leute unter seinem Kommando standen, noch welche Waffen sie besaßen. Zunächst galt es, die Armee nach mehr oder weniger militärischen Prinzipien zu organisieren. Er bildete einen »Generalstab«, der aus einigen Offizieren bestand, die Kriegserfahrung hatten. Die Truppen bezogen ihre Stellungen vor Dachau, etwa zwanzig Kilometer nordwestlich von München. Dachau war 1919 einfach ein kleines Städtchen, das Zentrum einer prosperierenden ländlichen Region. Eine Munitionsfabrik und die strategisch günstige Lage – von dort ließen sich die nördlichen Zugänge nach München kontrollieren – machten es zu einem militärischen Ziel von einiger Wichtigkeit.

Als erstes befahl Egelhofer seinem neuen Kommandanten, Dachau mit Artillerie zu beschießen. Toller ignorierte den Befehl, er hielt ihn militärisch für unnötig und politisch für unklug: So bringe man nur die Bauern im Umland, auf deren Unterstützung man nicht verzichten könne, gegen sich auf. Statt dessen trat Toller in Verhandlungen mit dem Feind, über Parlamentäre stellte er den Weißen ein Ultimatum: Sie sollten Dachau räumen und sich hinter die Donaulinie zurückziehen. Als Bedenkzeit wurde eine Feuerpause von einigen Stunden vereinbart. Dann aber ereignete sich einer dieser merkwürdigen Zwischenfälle, die für die Räterepublik so bezeichnend waren.

Kurz vor Ablauf des Waffenstillstands eröffnete die Artillerie der Roten Armee das Feuer auf Dachau, und die bereitstehenden Truppen begannen den Sturm auf die Stadt. Erst im Nachhinein fand Toller heraus, daß der Angriffsbefehl von einem Agent provocateur gegeben worden war, der zwei Wochen später mit dem siegreichen Feind in München einmarschieren sollte. Zu dieser Zeit fürchtete er, daß der Bruch des Waffenstillstands das Leben der Parlamentäre, die als Geiseln in Dachau gehalten wurden, gefährde. Er ordnete an, das Feuer einzustellen, sprang in einen Wagen, der dem Stab zur Verfügung stand, und fuhr Richtung Dachau, um selbst herauszufinden, was dort vorging. Er merkte sehr bald, daß es unmöglich war, den Vormarsch seiner Truppen zu stoppen. Er forderte daher Verstärkung an und preschte dann vor, um beim Sturm auf die Stadt dabei zu sein. In Dachau setzten die Arbeiter aus der Munitionsfabrik, darunter auch viele Frauen, den Verteidigern von hinten zu. Sie riefen sie auf, nicht zu schießen, entwaffneten einen Teil von ihnen und schlugen den Rest in die Flucht. Toller und seine improvisierte Rote Armee konnten die Stadt erobern, fünf Offiziere und weitere sechsunddreißig Soldaten gefangennehmen sowie eine beträchtliche Anzahl an Waffen und Munition erbeuten. Fast wider Willen war Toller der »Sieger von Dachau« geworden.

Die Regierung feierte dieses unbedeutende Gefecht wie einen großen militärischen Erfolg. Ein Kommuniqué, das Tollers Namen trug und auf Plakaten in der ganzen Stadt zu lesen war, bejubelte einen »großen Sieg« und verkündete sogar, daß München militärisch nicht mehr bedroht sei. Toller wußte es besser. Er versuchte sich von dem Kommuniqué zu distanzieren: Er habe es weder verfaßt noch autorisiert. Er ahnte, daß der Sieg hauptsächlich ideologische Bedeutung hatte. Ob parteilos oder von welcher Partei auch immer – Arbeiter hatten sich spontan zusammengeschlossen, um die Revolution zu verteidigen. Die vereinigte Arbeiterfront, die so lange nichts als ein politisches Schlagwort gewesen war, war Wirklichkeit geworden.

Damals ahnten weder Toller noch die Kommunisten in München, daß der Sieg von Dachau sich als der Zeitpunkt erweisen sollte, an dem sich das Blatt endgültig und unwiderruflich gegen die Räterepublik wenden sollte. Am selben Tag, dem 16. April, gab die Reichsregierung dem Ersuchen der Regierung Hoffmann um militärische Hilfe statt und willigte ein, 20 000 Soldaten nach Bayern zu entsenden. Unter dem Oberbefehl des preußischen Generals von Oven begann man ein Heer zusammenzustellen, das aus regulären Streitkräften und großen Kontingenten von Freikorps-Söldnern bestand.

Der Sieg von Dachau führte auch zur ersten der heftigen Meinungsverschiedenheiten, die Toller und das kommunistische Regime in München schon bald völlig entzweien sollten. Als er von Egelhofer den Befehl erhielt, die gefangenen Offiziere zu erschießen, weigerte er sich, ihn auszuführen. Für ihn war so etwas unvereinbar mit den humanitären Grundsätzen, für die er kämpfte. Er befahl die gefangenen Soldaten freizulassen; einige von ihnen kämpften wenig später wieder gegen die Rote Armee. Das war nicht der einzige Streitpunkt.

Toller hatte den Sieg von Dachau ausbauen und bis an die Donau vorrücken wollen, um so eine landwirtschaftlich ertragreiche Region zu besetzen und die Nahrungsmittellieferungen nach München zu steigern. Dieser Plan wurde von Egelhofer verworfen, wie Toller vermutete, nicht aus militärischen, sondern aus politischen Gründen – Egelhofer mißtraute den USPD-Kommandanten.

Nachdem die Rote Armee ihre Stellungen um Dachau gesichert hatte, gab es relativ wenig, was die Truppen tun konnten. Zweimal täglich mußten sie auf dem Marktplatz in Dachau antreten, wo Toller ihnen in Anwesenheit der ortsansässigen Bevölkerung politische Vorträge hielt. Bei einer dieser Reden rechtfertigte er seine Entscheidung, die Gefangenen freizulassen (»Wir machen keine russische oder Berliner Revolution mit Blutvergießen, sondern eine bayerische Revolution der Liebe.«[29]), bei einer anderen wies er Offiziere und einfache Soldaten an, sich zu duzen. Tollers militärischer Führungsstil war in der Tat extrem liberal. Militarismus sei Bestandteil der Ordnung, gegen die sie kämpften, blinder Gehorsam habe daher keinen Platz in einer revolutionären Armee. Der übliche militärische Drill wurde als ein Relikt der Ludendorff-Ära abgeschafft. Die Offiziere gaben keine Befehle mehr, sondern Anweisungen; sollte mit den Untergebenen in einem Punkt Uneinigkeit bestehen, käme die Sache zur Klärung vor den Soldatenrat. Innerhalb von drei Tagen waren viele der Männer nach München zurückgekehrt, andere sprachen in den örtlichen Lokalen dem Alkohol zu. Die alte militärische Disziplin mußte zumindest teilweise wieder eingeführt werden.

Sowohl Leviné als auch Egelhofer hätten Toller am liebsten seines militärischen Kommandos enthoben, aber als der »Sieger von Dachau« genoß er eine beachtliche Popularität; wenn die Räterepublik so etwas wie einen Kriegshelden hatte, dann war er es. Auf der Versammlung der Betriebsräte am 17. April griff Leviné den abwesenden Toller an, weil dieser »hinter dem Rücken und gegen den Wunsch des Vollzugsrates« einen Waffenstillstand vereinbart habe.[30] Zwei Tage später erschien Toller überraschend im Hofbräuhaus-Parlament, um seine Handlungsweise vehement zu verteidigen. Er kritisierte die militärische Strategie des gesamten Generalstabs und beklagte sich bitterlich über die mangelhafte Organisation in München, die dafür verantwortlich sei, daß den Truppen in entscheidenden Bereichen der Nachschub fehle.

Die Streitigkeiten zwischen Leviné und Toller in militärischen Fragen waren in Wirklichkeit politische Differenzen, die das gegenseitige Mißtrauen zwischen Kommunisten und Unabhängigen widerspiegelten. Auf einer Sonderversammlung der Betriebsräte am Ostermontag, dem 21. April, entbrannte ein offener Konflikt. Toller und Klingelhöfer berichteten von der militärischen Lage, insbesondere über ihre Versuche, einen weiteren Waffenstillstand mit den weißen Truppen vor Dachau zu erreichen. In der nachfolgenden Diskussion kritisierte Leviné scharf, daß sie ihre Kompetenzen überschritten hätten. Toller konterte nicht minder scharf, daß Leviné nicht die Arbeiterklasse repräsentiere, sondern nur eine Clique. Max Levien sprang auf und beschuldigte Toller, sich »wie der König von Südbayern« aufzuführen, was wiederum lautstarken Widerspruch bei vielen Anwesenden hervorrief. Levien beharrte darauf, daß Toller seine Kompetenzen überschritten habe: Er habe gehandelt, als ob er Oberbefehlshaber und nicht nur ein Truppenkommandant wäre. Als Toller die Versammlung um ein Uhr nachts verließ, um zu seinen Truppen zurückzukehren, war der Konflikt noch immer nicht ausgeräumt.[31]

Die militärische Lage verschlechterte sich rapide. Die weißen Truppen hatten Augsburg eingenommen; der Flugplatz Schleissheim war kampflos aufgegeben worden, wodurch die Flanke der Roten Armee in Dachau schutzlos war. Toller war mehr und mehr davon überzeugt, daß man verhandeln sollte, Leviné war strikt dagegen. Der Bruch zwischen Unabhängigen und Kommunisten wurde publik: In der *Roten Fahne* forderte Leviné »eiserne Konsequenz in der Durchführung der Diktatur des Proletariats« und verwarf jegliche Verhandlungsversuche: »Es gilt jetzt, die Position zu halten bis zum letzten.«[32]

In den frühen Morgenstunden des 26. April trat Toller schließlich als Kommandant zurück: Er könne mit dem Vollzugsrat und dem militärischen Oberkommando nicht länger zusammenarbeiten. Er gab eine kurze Erklärung heraus, in der er die kommunistische Regierung »ein Unheil für das werktätige Volk« nannte und ihre Anführer »eine Gefahr für den Rätegedanken«. »Unfähig auch nur das Geringste aufzubauen, zerstören sie in sinnloser Weise.«[33] Zweifellos hoffte Toller, mit seinem Rücktritt die Lage in München so zuzuspitzen, daß der Vollzugsrat zu Fall käme und Friedensgespräche aufgenommen würden.

Die Zeit wurde knapp. Auf der Versammlung der Betriebsräte am 27. April attackierten Toller und seine Parteigenossen Klingelhöfer und Emil Maenner die Politik der Kommunisten. Toller warf Leviné vor, die katastrophale wirtschaftliche und militärische Lage verschleiert zu haben. Er betonte, daß die Rote Armee haushoch überlegenen Streitkräften gegenüberstand: »Ich machte klar, daß wir verhandeln müssen, weil es nichts anderes gebe.«[34] Im Gegenzug bezichtigte Leviné Toller und die Unabhängigen des Verrats und der Feigheit; er forderte die Delegierten auf, darüber abzustimmen, ob sie eine Fortsetzung der kommunistischen Politik oder den Rücktritt des gegenwärtigen Aktionsausschusses wollten. Daraufhin sprach die Versammlung dem Aktionsausschuß das Mißtrauen aus und setzte somit Levinés Herrschaft ganz offenkundig ein Ende. Man beschloß, einen neuen Ausschuß zu wählen, der Friedensverhandlungen aufnehmen sollte.

Aber inzwischen war die gegenseitige Feindseligkeit zu einem offenem Streit eskaliert. Als sich die Betriebsräte am folgenden Tag, dem 28. April, nachmittags versammelten, um einen neuen Ausschuß zu wählen, war das Hofbräuhaus von bewaffneten Rotgardisten umstellt, die eine Machtübergabe an das Oberkommando der Roten Armee forderten. Eine Gruppe von Rotgardisten drang in das Gebäude ein, um Toller festzunehmen, und nur mit Hilfe des Wirtes gelang es ihm, durch eine Seitentür zu entkommen. Da er immer noch eine Verhaftung fürchtete, ging er nicht nach Hause zurück, sondern zu Tilla Durieux, die sich bereit erklärte, ihm während der Nacht Unterschlupf im Hotel Marienbad zu gewähren. Er war nervlich völlig am Ende und schien der Verzweiflung nahe. Er fühlte sich so bedroht, daß er davon sprach, unterzutauchen oder sich mit Hilfe eines Schnurrbarts unkenntlich zu machen. (Tollers Hang zum Theatralischen schlug immer wieder durch.) Er verließ das Hotel früh am nächsten Morgen und verbrachte die beiden folgenden Nächte in unterschiedlichen Quartieren. Inzwischen wurde er ständig von dem jungen Matrosen eskortiert, der in Dachau sein Adjutant gewesen und angeblich bis zu den Zähnen bewaffnet war.

München war nun vollständig von den Einheiten der vorrückenden Freikorps eingekesselt. Der Bruch in den Reihen der Revolutionäre war nicht mehr zu kitten. Als die Unabhängigen versuchten, Friedensverhandlungen aufzunehmen, machten sich die Kommunisten daran, den bewaffneten Widerstand zu organisieren. Wie Leviné in der *Roten Fahne* schrieb, war für ihn jeglicher Verhandlungsversuch »zwischen Schwäche und Verrat«[35] angesiedelt. Die Differenzen zwischen Toller und Leviné betrafen nicht nur die militärische Strategie, sie waren vielmehr symptomatisch für die ideologische Diskrepanz zwischen Unabhängigen und Kommunisten. Toller war überzeugt, daß die Rote Armee einer gewaltigen Übermacht gegenüberstand; er plädierte für Verhandlungen als Form des taktischen Rückzugs. Obwohl er die Ziele der Kommunisten teilte, lehnte er ihre Methoden ab und beschuldigte sie, den Tod von Arbeitern in Kauf zu nehmen, und das einzig wegen des Irrglaubens, daß nur die jetzige Niederlage zum späteren Sieg führen könne. Leviné hingegen sah Toller und die Unabhängigen in der Rolle der unfreiwilligen Verräter an der Revolution: Ihre humanitären Ideale zwängen sie zu Kompromissen und Verhandlungen; sie schreckten immer vor dem Kampf zurück, der doch die unvermeidliche Konsequenz der Revolution sei, die sie selbst propagierten. Indem sie Verhandlungen vorschlügen und die Illusion erweckten, daß diese möglich wären, schwächten sie den Kampfeswillen der Arbeiter – und lieferten so die Revolution deren Feinden aus. Für Leviné war der bewaffnete Kampf unvermeidlich; er glaubte aber auch, daß dieser das revolutionäre Bewußtsein der Arbeiterklasse schärfen würde. Diese unversöhnlichen Gegensätze übertrug Toller später in die dramatische Konzeption seines Stücks *Masse-Mensch*.

Wenn die Geschichte Levinés These auch nicht bestätigte, in einem Punkt hatte er doch recht: Für Verhandlungen war es zu spät. Die ausgesandten Parlamentäre wurden vom vorrückenden Feind mit der Forderung nach bedingungsloser Kapitulation zurückgeschickt, eine Forderung, der die Betriebsräte niemals hätten nachkommen können, selbst wenn sie es gewollt hätten. Die Rote Armee hatte inzwischen die Macht übernommen; wie sie diese Macht nutzen würde, war mehr als klar. Egelhofer ließ verlautbaren, daß die Rote Armee »das revolutionäre Proletariat, koste es, was es will, gegen die Weiße Garde verteidigen wird«; Leviné rief in der *Roten Fahne* zu »Kampf und Tod für den Kommunismus« auf.[36]

Als sich der Belagerungsring um München schloß, begannen Moral und Disziplin zu bröckeln. In einer Atmosphäre wachsender Panik und Verzweiflung gingen die Rotgardisten dazu über, Geiseln zu nehmen. Es wurde offen gedroht, Erhard Auer und den Eisner-Attentäter Graf Arco zu ermorden. In den letzten vierundzwanzig Stunden der Räterepublik versuchte Toller mit seinem schwindenden Einfluß, solche Aktionen zu verhindern. Als er hörte, daß zwei Geiseln bereits exekutiert worden waren, eilte er ins Kriegsministerium, wo er von Egelhofer die Zusicherung forderte – und auch erhielt –, daß keine weiteren Geiseln genommen würden. Dann ging er in die Chirurgische Klinik und bat deren Leiter Professor Sauerbruch inständig, Auer und Arco an einen sicheren Ort zu bringen. Er war in einem Zustand höchster Erregung. Sauerbruch kommentierte später sarkastisch, daß Toller sich kaum selbst unter Kontrolle gehabt habe, geschweige denn die politische Situation.

Als Toller ins Kriegsministerium zurückkehrte, fand er das Gebäude fast völlig verlassen vor. Nur Egelhofer und einige seiner Berater waren noch auf ihren Posten. Toller flehte Egelhofer wiederum an, den Arbeitern zu befehlen, die Waffen niederzulegen, um unnötiges Blutvergießen zu vermeiden, aber dieser weigerte sich erneut. Von dort machte sich Toller auf den Weg zum Wittelsbacher Palais. Die Straßen waren beinahe leer, die Stille wurde nur durchbrochen von gelegentlich vorbeimarschierenden Einheiten der Rotgardisten. Über dem Wittelsbacher Palais wehte noch die rote Fahne, aber in dem Gebäude war praktisch niemand mehr. Toller fand nur den Vorsitzenden des neuen Aktionsausschusses vor, der Direktiven schrieb, denen jetzt keiner mehr folgen würde. Am Abend ging Toller wieder ins Hofbräuhaus, wo die Betriebsräte tagten, um den Bericht der Parlamentäre zu hören. Während der Sitzung traf ein Bote ein mit der Nachricht, daß acht Geiseln im Luitpoldgymnasium erschossen worden waren. Die Anwesenden waren wie gelähmt. Toller selbst war den Tränen nahe. Das habe mit Kommunismus nichts mehr zu tun, erklärte er, das sei nur noch nihilistisch.[37] Auf sein Drängen hin distanzierten sich die Räte in einer Erklärung, die in der ganzen Stadt verbreitet wurde, von den Erschießungen. Sie appellierten an die Arbeiter, die Waffen niederzulegen, und riefen für den folgenden Tag zu einer letzten Protestkundgebung auf. Solche Appelle waren natürlich aussichtslos, selbst wenn sie hätten gehört werden können: Rohe Gewalt war jetzt die Losung der Stunde.

Toller verließ die Sitzung, um sich direkt auf den Weg ins Luitpoldgymnasium zu machen. Später sagte er aus, daß die Nachricht von den Geiselmorden ein furchtbarer Schlag für ihn gewesen sei; solche Vorfälle widersprachen zutiefst seinen Vorstellungen von Revolution. Als er im Luitpoldgymnasium ankam, waren die Rotarmisten schon geflohen. Er fand sechs Gefangene, die noch lebten und in einem Keller kauerten. Die Tür war verschlossen, und es gelang ihm nicht, sie aufzubrechen, so daß er die Gefangenen durch ein Fenster hinauslassen mußte. In einem nahe gelegenen Schuppen fand er auch die Leichen der acht

Geiseln, die erschossen worden waren. Im Nachhinein erfuhr er, daß es sich bei allen um Mitglieder der völkischen Thule-Gesellschaft gehandelt hatte, deren Symbol das Hakenkreuz war. Zunächst war er in erster Linie damit beschäftigt, die Leichen wegzuschaffen. Wie er offen eingestand, war ihm klar, daß ihre Entdeckung einen Vorwand für noch brutalere Vergeltungsmaßnahmen lieferte. Er ging zurück zur Chirurgischen Klinik und bat Sauerbruch, die Toten in die Leichenhalle des Krankenhauses bringen zu lassen; aber sie blieben, wo sie waren, um von den siegreichen Freikorps entdeckt zu werden.

Es war jetzt drei Uhr morgens, und Toller, der fast völlig erschöpft war, überlegte, wo er Zuflucht für die Nacht finden könnte. Er wußte bereits, was ihn erwartete, falls er in die Hände des Feindes geriet: Es kursierten Gerüchte, daß ein Sanitätstrupp der Roten Armee in Starnberg von den vorrückenden Freikorps ermordet worden war. Die Wohnungen seiner politischen Freunde waren nicht mehr sicher; daher wandte er sich an Grete Lichtenstein, mit der er während seiner Münchener Studentenzeit befreundet gewesen war. Vom Fenster ihres Zimmers in der Schwabinger Franz-Josef-Straße verfolgte er am nächsten Morgen den Einmarsch der weißen Truppen in München. Es war der 1. Mai.

Der Kampf um München war kurz und brutal. Die Rote Armee, zahlenmäßig hoffnungslos unterlegen, verteidigte die Stadt nach Kräften, aber am 3. Mai war ganz München in den Händen der Regierungstruppen. Nach dem Sieg übten die Freikorps schreckliche Rache, schrecklicher, als selbst ihre Gegner es sich vorgestellt hatten. Unter dem Deckmantel des Kriegsrechts wurden Hunderte von Arbeitern verhaftet und erschossen, oft aufgrund einer bloßen Denunziation ohne jeden weiteren Beweis. Die Schätzungen über die Anzahl der Hinrichtungen schwanken zwischen 600 und 1 200, aber alle Berichte stimmen darin überein, daß die Erschießungen ohne jede Rücksicht und oft willkürlich durchgeführt wurden. Toller war schon untergetaucht, was ihm zweifellos das Leben rettete. Mit den führenden Leuten der Räterepublik, die in der ersten Zeit gefaßt wurden, machte man kurzen Prozeß: Egelhofer wurde aus einem Wagen gezerrt und während des Verhörs erschossen; Landauer wurde im Hof des Stadelheimer Gefängnisses zu Tode geprügelt. Leviné wurde erst vierzehn Tage später verhaftet. Er kam vor ein Kriegsgericht, aber das Urteil war schon gefällt, bevor der Prozeß begonnen hatte: Er wurde des Hochverrats für schuldig befunden und erschossen.

Die Billigung der sozialdemokratischen Regierung verlieh dem blutrünstigen Treiben der Freikorps den Anschein von Legalität. Verteidigungsminister Gustav Noske gratulierte General von Oven in einem Telegramm zu dessen »umsichtiger und erfolgreicher Leitung der Operation« und sprach den »Truppen seinen herzlichsten Dank« aus. Erst nach einem Massaker an 21 Migliedern eines katholischen Arbeitervereins, den man irrtümlich für eine kommunistische Zelle gehalten hatte, wurden die Erschießungen gestoppt. Die Freikorps sind »die Vorhut des Nationalsozialismus« genannt worden.[38] Sicherlich gingen aus ihren Reihen einige der grausamsten und fanatischsten Nationalsozialsten hervor: Oberst von Epp wurde nach 1933 Reichsstatthalter in Bayern. Die Zeichen für die nächsten vierzehn Jahre deutscher Politik waren gesetzt.

In der Woche nach den Massakern waren die Friedhöfe Münchens mit Leichen überfüllt, die noch nicht begraben waren. Einen der Toten auf dem Ostfriedhof hielt man zunächst für Toller, sein Tod wurde offiziell bekanntgegeben. Erst am 7. Mai, als Dr. Marcuse, der Toller in seinem Sanatorium in Ebenhausen behandelt hatte, den Toten sah, wurde festgestellt, daß es sich bei der Leiche nicht um Toller handelte. Die Hatz auf Toller wurde eröffnet. Man erließ einen Haftbefehl und setzte eine Belohnung von 10 000 DM auf seinen Kopf aus. Ein Steckbrief mit seinem Foto war an jedem Rathaus und an jeder Polizeistation in Bayern sowie in allen größeren Städten Deutschlands zu sehen. Die Grenzpolizei war in Alarmzustand versetzt, insbesondere an der Grenze zu Österreich. Soldaten und Mitglieder der Freikorps durchsuchten jede Arbeiterwohnung der Stadt.

Die Polizeiakte über die Menschenjagd auf Toller, die bis heute etwas schamhaft im Staatsarchiv verwahrt wird, enthält alle Elemente eines klassischen Kriminalromans: Hinweise, falsche Fährten, Verdächtigungen und Informanten. München war voller Spitzel, Profis wie Amateure lockte die hohe Belohnung. Fast jedermann wollte ihn gesehen haben. Es hieß, er sei im *Ethos* erkannt worden, einem vegetarischen Restaurant, von dem man wußte, daß er dort verkehrt hatte. Man habe mitgehört, wie er über ein Gartenhäuschen in der Schubertstraße 8 gesprochen habe – eine Polizeirazzia konnte dort allerdings kein Gartenhäuschen entdecken. Eine Köchin namens Maria Webersdorfer wollte belauscht haben, wie ihre Herrschaft über ein Versteck für Toller gesprochen hatte. Ein Ingenieur behauptete, daß Toller in seiner Fabrik arbeite.

Die Polizei war ermächtigt, seine Post abzufangen, seine Freunde und Bekannten standen, soweit man von ihnen wußte, unter Beobachtung. Bei einer Durchsuchung seiner Wohnung fand man nur ein paar Kleidungsstücke, die seine Wirtin im Keller verstaut hatte, weil er seit Mitte April die Miete nicht bezahlt hatte. Jeder Schritt, den Toller vom 24. April an unternommen hatte, wurde von dem Kriminalbeamten Gradl, der mit dem Fall betraut war, sorgfältig rekonstruiert. Dessen Recherchen endeten jedoch ebenso abrupt wie tragikomisch: Als er eine Wohnung durchsuchte, in der sich Toller angeblich versteckte, hörte er es plötzlich klingeln. Er öffnete die Tür, vor ihm standen Soldaten, die ebenfalls eine Hausdurchsuchung durchführten und ihn irrtümlich für Toller hielten. Sie erschossen ihn auf der Stelle.

Toller war vom 1. Mai an nie lange an einem Ort geblieben. Von Grete Lichtenstein aus war er noch am selben Tag zur Wohnung von Eduard Trautner gegangen, einem Freund und politischen Weggefährten. Trautner hatte nur eine Atelierwohnung und verständliche Vorbehalte dagegen, Toller dort Unterschlupf zu gewähren. Sie warteten den Schutz der Dunkelheit ab, und dann begleitete Trautner Toller in sein neues Versteck, die Wohnung von Fürst Karl zu Löwenstein.[39] Der junge Aristokrat war ein ungewöhnlicher Verbündeter; weder kannte er Toller, noch teilte er dessen politische Ansichten, aber aus humanitären Gründen erklärte er sich bereit, ihn zu verbergen. Sein Name und sein Status boten einen gewissen Schutz, weil er von den Hausdurchsuchungen verschont blieb, die jetzt an der Tagesordnung waren. Eines Morgens erwachte Toller vom Geräusch marschierender Soldaten, ein Trupp hielt vor dem Haus. Er und sein Gastgeber lauschten gemeinsam den Soldaten, die das Haus Wohnung für Wohnung durchsuchten. Schließlich hörten sie, wie die Schritte unmittelbar vor ihrer Wohnungstür stoppten – und sich dann aber wieder entfernten. Der Offizier hatte den Soldaten abgewunken, als er den adligen Namen auf dem Türschild las.

Trautner besuchte Toller jeden Tag in seinem neuen Versteck. Er traf ihn krank und niedergeschlagen an: An einem Tag war er bereit aufzugeben, am nächsten entschlossen zu fliehen.[40] Der Fürst erinnerte sich, daß Toller nervös und launisch war, er machte wilde und oft widersprüchliche Pläne: fliehen, verstecken, sich stellen. Eines Tages kam Trautner nicht. Er war verhaftet worden. Ein Kriminalbeamter setzte ihm eine Pistole an die Stirn und drohte, ihn zu erschießen, falls er Tollers Aufenthaltsort nicht preisgäbe, aber Trautner ließ sich nicht einschüchtern. Später wurde er zu fünf Monaten Haft verurteilt, weil er Toller Unterschlupf gewährt hatte.

Toller hatte etwa zehn Tage in diesem Versteck verbracht, als der Fürst bemerkte, daß das Haus beobachtet wurde. Auf der anderen Straßenseite stand ein Mann, der beobachtete, wer ein- und ausging. Wenn Toller fliehen wollte, galt es, keine Zeit zu verlieren. Aber das Haus hatte nur einen Eingang, so daß man es nicht verlassen konnte, ohne von dem Spitzel auf der anderen Straßenseite gesehen zu werden. Der Fürst hatte schließlich die Idee, sich als Trauergesellschaft zu verkleiden. Sie zogen die entsprechende Kleidung an, Cutaways und Zylinder. Dann verließen sie das Haus in Begleitung einer jungen Frau, die einen schwarzen Hut und Schleier trug, und gingen gemessenen und würdevollen Schrittes die Straße hinauf. Wie der Fürst beschrieb, entkamen sie »ohne irgendwie Aufmerksamkeit zu erregen«.

Tollers letzte Zuflucht war das Haus des Malers Johannes Reichel, der in Schwabing als ein früher Schüler von Paul Klee bekannt war. Reichel und seine Frau wohnten in einem großen Haus mit eigenem Garten, das noch immer in der Schwabinger Werneckstraße zu finden ist. Toller verbrachte die Tage in Reichels Atelier und achtete darauf, sich von den Fenstern fernzuhalten. Nachts schlief er auf einer Couch im Wohnzimmer. Im Notfall sollte er sich in einem kleinen Kämmerchen verbergen, das nur durch eine Geheimtür zu betreten war, die Reichel mit Bildern verhangen hatte, um sie vor Blicken zu schützen. Als Toller in seinem Versteck ankam, erfuhr er, daß Leviné verhaftet worden war, eine Nachricht, die ihn erschütterte. Er sprach davon, aufzugeben, um zu demonstrieren, »daß wir Revolutionäre das Kriegsgericht nicht fürchten«. Gleichzeitig veränderte er sein Äußeres noch mehr. Einen Schnurrbart hatte er sich schon wachsen lassen, nun bleichte er sein Haar mit Wasserstoffsuperoxyd, wodurch es eine rötliche Farbe bekam. »Wie ich mich im Spiegel sehe,« schreibt er später, »erkenne ich mich selbst kaum.«[41]

In den nächsten drei Wochen schwankte er zwischen Aufgabe und Flucht. Währenddessen wurde die Fahndung nach ihm intensiviert. Nach Trautners Verhaftung wurde auch Grete Lichtenstein verhört und Fürst Löwensteins Wohnung durchsucht. Die Polizei war sich jetzt sicher, daß Toller in Schwabing war. Am 4. Juni um vier Uhr morgens umstellten bewaffnete Polizei- und Armee-Einheiten auf einen

Tip hin das Haus in der Werneckstraße und durchsuchten es. Toller, der sich in sein geheimes Kämmerchen zurückgezogen hatte, war schon durch ihr Klopfen aufgewacht; er kauerte in seinem Versteck und hörte die schweren Schritte der Soldaten, die das Haus durchsuchten. Später begannen sie die Wände abzuklopfen: Sie wußten bereits von der Geheimkammer. Es dauerte nicht lange, bis sie Toller gefunden hatten, der noch immer sein Nachthemd trug. Er wurde ins Gefängnis Stadelheim abgeführt, wo man ihn verhörte, seine Fingerabdrücke nahm und ihn in Ketten legte. Am folgenden Tag, am 5. Juni, wurde Eugen Leviné von einem Exekutionskommando erschossen. Die Aktionen, Toller vor einem ähnlichen Ende zu bewahren, liefen fast sofort an.

VI Hochverrat

Der Prozeß wegen Hochverrats gegen Toller spiegelte in vielerlei Hinsicht die politische Atmosphäre nach dem Sturz der Räterepublik wider: eine eigentümlich bayerische Mischung aus Konservatismus, Separatismus und Antisemitismus. Obwohl die Regierung Hoffmann pro forma wiedereingesetzt worden war, war sie nicht mehr als eine Marionette in der Hand der Mächte, die sie selbst heraufbeschworen hatte. Sie wurde gezwungen, das Kriegsrecht mitsamt den damit verbundenen Auswüchsen zu billigen, um, wie man vorgab, wieder verfassungsmäßige Verhältnisse herzustellen. Wie machtlos das Kabinett Hoffmann in Wahrheit war, zeigt sich am deutlichsten daran, daß es im Falle von Eugen Leviné keine Möglichkeit fand, »die Todesstrafe im Wege der Gnade zu mildern«, obwohl es sich bei dessen Prozeß und Verurteilung um einen eindeutigen Fall von Rechtsbeugung handelte.[1]

Die wirkliche Macht hatten die Militärs. Das Reichswehrgruppenkommando richtete eine Presse- und Nachrichtenabteilung ein, die sowohl die Propaganda innerhalb des Heeres leiten wie auch die politischen Aktivitäten außerhalb überwachen sollte. (Adolf Hitler war einer ihrer ersten Rekruten.) In den nächsten Wochen wurden Leute mit extrem nationalistischer Gesinnung an die Schaltstellen der Macht berufen. Zu den Offizieren des VII. Reichswehrgruppenkommandos gehörten Oberst von Epp, der Freikorps-Führer, der unter den Nazis Reichsstatthalter in Bayern wurde, und der spätere SA-Chef Ernst Röhm als seine rechte Hand. Der neue Polizeichef in München war ein Richter namens Pöhner, der später auf die Frage, ob es rechte Mordkommandos in Bayern gegeben habe, antwortete: »Ja, aber noch nicht genug.«[2] Sein Stellvertreter Wilhelm Frick wurde Innenminister im Dritten Reich.

Es dauerte einige Wochen, bis Tollers Verhandlung begann. Nach einem ersten Kreuzverhör im Hauptquartier der Polizei, verlegte man ihn ins Gefängnis Stadelheim, wo es zu schlimmsten Exzessen der Freikorps gekommen war. Schmierereien über dem Haupttor verkündeten: »Hier wird aus Spartakistenblut Blut- und Leberwurst gemacht, hier werden die Roten kostenlos zu Tode befördert.«[3] In diesem Gefängnis war Landauer zu Tode geprügelt, waren revolutionäre Gefangene reihenweise erschossen und war Leviné von einem Exekutionskommando hingerichtet worden. Ernst Toller wurde in Einzelhaft genommen. Zu dieser Zeit hatte er erstmals das Gefühl, bald sterben zu müssen, zumal ihn die Gefängnisleitung mit sadistischer Raffinesse in die Zelle gesperrt hatte, die kurz zuvor noch von Leviné belegt war. Sie befand sich im Block für Schwerverbrecher: Auf der einen Seite neben ihm hatte ein Gefangener ein lebenslängliches Urteil abzusitzen, auf der anderen wartete ein Mörder auf seine Hinrichtung. Fast keinerlei Geräusche waren zu hören; die Stille wurde nur in der Nacht durchbrochen, wenn die Soldaten mit ihren Gewehren herumballerten, um sich die Langeweile zu vertreiben.

An Tollers Prozeß entzündeten sich lebhafte Kontroversen, lange bevor er vor Gericht verhandelt wurde. Von sozialistischer Seite gab es konzertierte Anstrengungen, die öffentliche Meinung gegen ein mögliches Todesurteil zu mobilisieren. Die linke Presse forderte uni sono, »daß dem jungen Toller das Schicksal Levinés erspart bleibt«.[4] Etablierte liberale Zeitungen wie das *Berliner Tageblatt* und die *Frankfurter Zeitung* unterstützten die Kampagne. Maßgebliche Intellektuelle und Politiker setzten sich für ihn ein. Der einflußreichste unter ihnen war der SPD-Abgeordnete und damalige preußische Innenminister Wolfgang Heine. Er schrieb an das Gericht, er könne »über Tollers Charakter nur Gutes sagen«, und nannte ihn einen »unverwüstlichen Optimisten«, der jegliche Gewalt ablehne; abschließend gab er zu bedenken, daß »eine Hinrichtung Tollers ... bei den vielen Freunden, die er sich erworben hat, nur die unglücklichsten Wirkungen haben« könne.[5] Die Welle der Solidarität für Toller war international: Die sozialistischen Studenten Frankreichs wählten ihn zum Ehrenpräsidenten, und Romain Rolland, für seine pazifistische Gesinnung bekannt, schrieb, um seinen Beistand kundzutun. Die rechte Presse hingegen reagierte mit der Forderung, Toller solle für die ihm zur Last gelegten Verbrechen zahlen. Ministerpräsident Hoffmann forderte in einer Landtagssitzung »schwerste Strafe für die Volksverführer«. Einige waren sogar entschieden dagegen, Toller überhaupt vor Gericht zu stellen.

Das schlimmste Erlebnis für Toller während seiner Haft in Stadelheim war ein Mordanschlag auf ihn.[6] Als man ihn aus seiner Zelle zu einer Vernehmung eskortierte, mußte er sich im Korridor an einer Gruppe von sechs Männern vorbeizwängen. Sie trugen die Uniformen von einfachen Soldaten, obwohl er sie ihrer Art und ihrem Benehmen nach eher für Offiziere oder Studenten hielt. Als man ihn zwei Stunden später wieder in seine Zelle zurückbrachte, warteten diese Männer immer noch dort und folgten ihm dann drohend und schimpfend den Korridor entlang. Kurz danach kam ein junger Wärter zu ihm in die Zelle, um ihn davor zu warnen, sich zum Spaziergang auf den Gefängnishof führen zu lassen. Er habe mitbekommen, daß die sechs Männer planten, Toller zu ermorden. Sie wollten ihn im Hof von hinten so auf die Fersen treten, daß er aufspringe, das reiche, um ihn dann »auf der Flucht« zu erschießen; ein Vorwand, der bereits des öfteren dazu gedient hatte, den Mord an verschiedenen revolutionären Gefangenen zu vertuschen. Und tatsächlich lauerten die Männer noch immer, als Toller kurze Zeit später zum Hofgang hinausgeführt wurde. Sie hefteten sich an seine Fersen, gingen wieder hinter ihm den Korridor entlang und dann die Treppen hinunter bis zum Eisengitter, das den Zugang zum Gefängnishof versperrte. Allein die Geistesgegenwart des Wärters, der ihn begleitete, rettete Toller das Leben. Nachdem dieser das Tor aufgeschlossen hatte, stieß er Toller urplötzlich in den Hof hinein, folgte ihm schnell, schlug das Tor wieder zu und ließ die fluchenden Möchtegernmörder auf der anderen Seite zurück. Toller legte wegen des Vorfalls später Beschwerde beim Gefängnisdirektor ein, seine Angaben wurden von beiden beteiligten Wärtern bestätigt. Daraufhin ordnete der Direktor tatsächlich eine offizielle Untersuchung an, beendete sie aber, kaum daß er sie begonnen hatte, mit der Begründung, es sei unmöglich herauszufinden, welche Einheit am betreffenden Tag Dienst gehabt habe.

Am 14. Juli 1919 begann schließlich Tollers Prozeß.[7] Das Verfahren fand in einem kleinen Gerichtssaal statt, der etwas mehr als dreißig Zuhörern Platz bot. Die Sicherheitsvorkehrungen waren verstärkt worden. Eine bewaffnete Militäreskorte brachte Toller zum Gericht; die Zeugen wurden durchsucht, bevor ihnen erlaubt wurde, den Verhandlungssaal zu betreten. Während des gesamten Prozesses war bewaffnete Polizei anwesend. Zu jeder Seite des Richtertisches saß ein Offizier, der die Militärbehörden repräsentierte. Eine Unmenge von Reportern besetzte den Pressetisch und große Teile des Zuschauerraums. Im Publikum saß auch der Agent »A 47« von der Nachrichtenabteilung des Reichswehrgruppenkommandos, dessen vertraulicher Bericht hervorhob, daß zwei der drei Verteidiger Tollers Juden waren, ebenso ein Teil der Gerichtsreporter und Prozeßbesucher: »...so steht die ganze Verhandlung im Zeichen Israels.«[8] Von Anfang an beherrschte ein antisemitischer Ton den Prozeß. Als Toller angab, keiner religiösen Konfession anzugehören, unterbrach ihn der Vorsitzende Richter Stadelmayer, der Leviné zum Tode verurteilt hatte: »Aber Sie sind doch nicht konfessionslos zur Welt gekommen? Welche Konfession hatten ihre Eltern?« Das Protokoll des Gerichtsschreibers beschrieb Toller dann als »Israelit, jetzt konfessionslos«. Während der Verhandlung versuchte die Anklage, Toller und andere Führer der Räterepublik als »Landfremde« zu denunzieren, die die natürliche Ordnung der bayerischen Gesellschaft untergraben hätten.

Zu Beginn des Prozesses schien Toller sich sehr unbehaglich zu fühlen. Er mußte schnell einsehen, daß nicht nur seine politischen Taten zur Verhandlung standen, sondern daß das Gericht immer wieder versuchte, auch sein geistiges und politisches Ansehen zu zerstören. Obwohl sein Bankkonto keinen nennenswerten Betrag aufwies, wurde er dennoch bezichtigt, Geld unterschlagen zu haben. Er mußte sich gegen die Andeutung zur Wehr setzen, an einer Geschlechtskrankheit zu leiden, und seine Beziehung zu Tilla Durieux war Gegenstand lüsterner Spekulationen. Der Vorsitzende ging in aller Ausführlichkeit auf Tollers Kinderkrankheiten ein und konfrontierte ihn mit dem psychiatrischen Gutachten aus der Zeit des Januarstreiks. Doktor Rüdin, der Toller damals untersucht und ihn als »schweren Hysteriker« eingestuft hatte, wurde als Zeuge der Anklage gehört. Die Absicht war eindeutig: Es genügte nicht, die Räterepublik militärisch besiegt zu haben, man wollte auch die Glaubwürdigkeit ihrer Führer zerstören. Angesichts solcher Angriffe verteidigte sich Toller mit Mut und Würde. Wie der Journalist Stefan Großmann bemerkte, »ergab die Durchhechelung und Durchleuchtung dieses Lebens wider den Willen des Gerichts die allmählich immer deutlichere Kontur einer sittlichen Persönlichkeit«.[9]

Tollers Verteidigung wurde von drei Anwälten übernommen, von denen Hugo Haase der bedeutendste war. Haase war ein bekannter Berliner Rechtsanwalt, darüber hinaus war er Fraktionsvorsitzender der USPD. In den ersten Tagen der Revolution hatte er dem Rat der Volksbeauftragten angehört. Tollers Verteidigung war sein letzter größerer Gerichtsprozeß: Wenige Monate später wurde er von einem nationalistischen Attentäter getötet. Haase stützte seine Verteidigung auf zwei Hauptargumente. Zum ersten gebe es keine juristische Grundlage für eine Anklage. Toller sei aufgrund eines Gesetzes des alten imperialistischen Deutschlands des Hochverrats angeklagt worden, mit dem Sturz der Monarchie aber, zu deren Schutz es einst erlassen worden sei, habe das Gesetz seine Gültigkeit verloren. »Es ist ein Nonsens«, so Haase, »daß die Regierung, die selbst durch eine Revolution zur Herrschaft gekommen ist, diejenigen als Hochverräter ins Zuchthaus oder gar vors Schafott schickt, die nichts anderes tun, als sie selbst getan hat.« Doch Haase ahnte voraus, daß dieses Argument – mit welchen Begründungen auch immer – zurückgewiesen werden würde. Das über Leviné verhängte Todesurteil war mit der Unterstellung »ehrloser Gesinnung« gerechtfertigt worden. Folglich versuchte die Verteidigung Tollers ehrenhafte Gesinnung nachzuweisen, indem sie darlegte, wie sehr er sich bemüht hatte, Blutvergießen zu vermeiden.

Verschiedene Zeugen wurden aufgerufen, die seinen Idealismus und seine moralische Integrität bestätigen sollten. Seine ehemaligen Offiziere bescheinigten ihm eine tadellose militärische Vergangenheit, Soldaten aus seiner Einheit lobten seine Kameradschaft und seinen Mut. Zu den bekannten Persönlichkeiten, die zu seinen Gunsten aussagten, gehörte auch Max Weber: Toller habe eine »absolute seelische Lauterkeit, gepaart mit ungewöhnlicher Weltfremdheit in politischen und wirtschaftlichen Dingen«. Weber schloß mit dem vielzitierten Satz: »Den hat Gott in seinem Zorne zum Politiker werden lassen.« Literarische Größen wie Thomas Mann, Max Halbe und der norwegische Schriftsteller und Schauspieler Björn Björnsen traten nach ihm in den Zeugenstand und bestätigten Tollers literarisches Talent und die idealistische Moral, die in seinem (damals noch unveröffentlichten) Drama *Die Wandlung* zum Ausdruck kämen. Zum ersten Mal hörte hier eine breitere Öffentlichkeit von dem Stück, das, als es drei Monate später in Berlin uraufgeführt wurde, Tollers Ruf als Dramatiker begründen sollte. Der renommierte Regisseur und Theaterhistoriker Max Martersteig nannte das Stück »das Bekenntnis eines von einer starken Sittlichkeit durchpulsten Menschen«. Ein solch hohes Lob brachte Toller in Verlegenheit; wie er später schrieb, habe er sich geschämt, daß auf diese Weise ein milderes Urteil erwirkt werden sollte, immerhin sei die Strategie der Verteidigung wohl effektiv gewesen. Selbst der Staatsanwalt mußte eingestehen, daß Tollers Charakter im Laufe der Verhandlung in ein weitaus günstigeres Licht gerückt worden sei, gleichwohl hätten sich die Vorwürfe gegen ihn erhärtet. Er forderte eine Haftstrafe von sieben Jahren, die Verteidigung plädierte auf Freispruch.

Bevor das Urteil gefällt wurde, machte Toller von dem traditionellen Recht Gebrauch, als Angeklagter das letzte Wort sprechen zu dürfen. Er hatte sein Selbstvertrauen und seine Gelassenheit, die ihn zu Beginn des Prozesses verlassen hatten, jetzt wiedergefunden. »Er sprach kurz, aber nicht ohne die Wärme innerer Überzeugung.«[10] Zum aktuellen Verfahren nahm er kaum Stellung, sondern richtete sich statt dessen an eine Öffentlichkeit außerhalb des Gerichtssaales. Er beteuerte nochmals seinen Glauben an die Notwendigkeit der Revolution. Letztlich werde sie triumphieren. Bezeichnenderweise wandte er sich direkt der Frage der revolutionären Gewalt zu. Dieses moralische Dilemma, mit dem er sich als Dramatiker vor allem in seinem Stück *Masse-Mensch* auseinandersetzte, sollte sein Denken für viele Jahre prägen.

> Ich würde mich nicht Revolutionär nennen, wenn ich sagte, niemals kann es für mich in Frage kommen, bestehende Zustände mit Gewalt zu ändern. Wir Revolutionäre anerkennen das Recht zur Revolution, wenn wir einsehen, daß Zustände nach ihren Gesamtbedingungen nicht mehr zu ertragen, daß sie erstarrt sind. Damit haben wir das Recht, sie umzustürzen.[11]

Seine Worte waren nicht selten pathetisch, seine Vorstellungen manchmal utopisch:

> Das werktätige Volk macht nicht eher halt, als bis der Sozialismus verwirklicht ist... Die Revolution gleicht einem Gefäß, erfüllt mit dem pulsierenden Herzschlag der Millionen arbeitender Menschen. Und nicht eher wird der revolutionäre Geist tot sein, als bis die Herzen dieser Menschen aufgehört haben zu schlagen. Wir, die wir die Verhältnisse kennen, versprechen dem werktätigen Volke kein Paradies. Wir wissen ganz genau, daß die nächsten Jahrzehnte uns entsetzliche wirtschaftliche Zustände bringen werden, daß es der angestrengtesten Arbeit und des Verantwortungsgefühls jedes einzelnen bedarf, um diese Zustände zu beheben. Aber wir wissen auch, daß, wenn wir über diese Zeit hinweggekommen sind, die kommenden Generationen ernten werden...
>
> Man sagt von der Revolution, es handle sich um eine Lohnbewegung des Proletariats und will damit die Revolu-

tion herabsetzen. Meine Herren Richter! Wenn Sie einmal zu den Arbeitern gehen und dort das Elend sehen, dann werden Sie verstehen, warum diese Menschen vor allen Dingen ihre materielle Notdurft befriedigen müssen. Aber in diesen Menschen ist auch ein tiefes Sehnen nach Kunst und Kultur, ein tiefes Ringen um geistige Befreiung. Dieser Prozeß hat begonnen, und er wird nicht niedergehalten werden durch Bajonette und Standgerichte der vereinigten kapitalistischen Regierungen der ganzen Welt.

Mißtrauen gegenüber dem Staat, ein verbindliches Gemeinschaftsideal, der Glaube an die befreiende Kraft der Kunst – all das ließ darauf schließen, daß sein Denken nach wie vor utopisch-anarchistische Züge trug. Er beendete seine Rede mit einer Herausforderung des Gerichts:

> Meine Herren! Ich bin überzeugt, daß Sie von Ihrem Standpunkt aus nach bestem Recht und Gewissen das Urteil sprechen. Aber nach meinen Anschauungen müssen Sie mir zugestehen, daß ich dieses Urteil nicht als Urteil des Rechts, sondern als ein Urteil der Macht hinnehmen werde.

Die Richter befanden Toller des Hochverrats für schuldig, erkannten allerdings seine »ehrenhafte Gesinnung« an und verurteilten ihn zur Mindeststrafe von fünf Jahren Festungshaft. »Toller nahm das Urteil ohne äußeres Zeichen von Erregung entgegen.«[12]

VII Fünf Jahre »Ehrenhaft«
1919–1924

Toller verbrachte die ersten Monate seiner Haft in den Gefängnissen von Stadelheim, Neuburg und Eichstätt, bis die bayerische Regierung im Februar 1920 endgültig beschloß, alle politischen Gefangenen in der Festung Niederschönenfeld zu konzentrieren. Das Gefängnis steht heute noch. Es befindet sich in der Nähe des Örtchens Rain am Lech, in einer tief gelegenen Ebene nahe dem Zusammenfluß von Donau und Lech. Dieser entlegene Winkel Bayerns mußte den Behörden ideal erschienen sein, um unliebsame politische Gegner zu internieren.

Toller wurde am 3. Februar 1920 mit dem Zug nach Niederschönenfeld gebracht. Man eskortierte ihn über einen Feldweg zum Gefängnis. Später erinnerte er sich an den schweren Geruch von Erde und feuchtem Gras und an eine einsame Birke, deren Äste sich scharf vom Himmel abhoben: Diese letzten Eindrücke in Freiheit halfen ihm, die nächsten viereinhalb Jahre zu überstehen.[1]

Niederschönenfeld war ursprünglich ein Kloster, bevor es in ein Jugendgefängnis umgewandelt wurde – was es auch heute wiederum ist. Für die politischen Gefangenen umsperrte man das Gebäude mit Stacheldrahtverhauen und ließ bewaffnete Wächter patrouillieren. Das Gebäude selbst war in zwei Zellenblöcke unterteilt: Der erste Block beherbergte die gewöhnlichen Kriminellen, der zweite die politischen Gefangenen. Anfangs waren in Niederschönenfeld etwa hundert Akteure der Räterepublik inhaftiert. In den ersten Monaten sprachen sie fast ausschließlich über die jüngste Vergangenheit. Man debattierte und polemisierte, als ob die Revolution noch nicht verloren sei. Die meisten hofften, durch eine neue revolutionäre Welle wieder befreit zu werden, doch derartige Hoffnungen schwanden rasch. Im Juli 1920 schrieb Toller seinem Verleger Kurt Wolff: »Die Geschichtsforscher des Tages bezweifeln es zwar, aber es gilt immerhin noch als historisches Faktum, daß Kurt Eisner in prähistorischen sozusagen legendären Zeiten bayerischer Ministerpräsident war.«[2] Der Ton dieses Briefes in seiner Mischung aus historischer Distanziertheit und Wirklichkeitsferne ist bezeichnend für die damalige Situation: Die politische Reaktion hatte in einem Maße gesiegt, daß die tatsächlichen Ereignisse der Revolution eigenartig weit zurückliegend und unwirklich erschienen.

Oskar Maria Graf erinnerte sich, daß Toller seine Jahre im Gefängnis einmal als eine Zeit beschrieben habe, in der er wirklich glücklich gewesen sei; Tollers Briefe aus dem Gefängnis sprechen allerdings eine deutlich andere Sprache.[3] Zu Beginn seiner Haft war Toller gerade fünfundzwanzig Jahre alt; gleichwohl war er ein Mann, der bereits öffentliche Anerkennung erfahren und genossen hatte, ein Mann, dessen literarische Ambitionen nach der Öffentlichkeit des Theaters drängten und dessen lyrisches Empfindungsvermögen heftig nach den Sinneserfahrungen der Außenwelt verlangte. Tollers Briefe dokumentieren immer wieder, wie sehr er sich von den öffentlichen Ereignissen abgeschnitten fühlte, wie unerträglich ihm die eintönige, graue Gefängnisroutine war und wie sehr es ihn bedrückte, seine eigenen Werke nicht auf der Bühne sehen zu können – erst 1924 konnte er die Aufführung eines seiner Stücke miterleben.

Diese fünf Jahre im Gefängnis waren in künstlerischer Hinsicht sicherlich die produktivsten seines Lebens. In dieser Zeit schrieb er die Stücke, die ihn international berühmt machten: *Masse-Mensch*, *Die Maschinenstürmer*, *Hinkemann* und *Der entfesselte Wotan* – und dies waren bei weitem nicht die einzigen literarischen Arbeiten, die er während der Haft verfaßte. In diesen Jahren wurde er zum »cause célèbre«. Nachdem sein Drama *Die Wandlung* im Herbst 1919 in Berlin so überaus erfolgreich inszeniert worden war, schrieb ihm sein Anwalt Adolf Kaufmann: »Viele Menschen von Qualität erkundigen sich öfters bei mir nach Ihrem Geschick.«[4] Durch den Erfolg dieses Stückes und den unaufhörlich wachsenden Ruhm seines Autors drohte Toller zu einem politischen Problem zu werden. Deshalb bot ihm die bayerische Regierung Anfang 1920 anläßlich der hundertsten Aufführung des Dramas die Freilassung an. Toller jedoch verzichtete auf die Begnadigung: Er wolle keine persönliche Milde, sondern eine generelle Amnestie. Für ihn ging es um eine grundsätzliche Entscheidung. So distanzierte er sich 1921/22 auch von einer öffentlichen Kampagne für seine Freilassung.[5]

Wenn der Erfolg der *Wandlung* und später auch von *Masse-Mensch* Toller zum berühmtesten politischen Gefangenen Deutschlands machte, so verstärkte umgekehrt seine politische Prominenz auch seinen Erfolg als Dramatiker. Toller wurde zum Brennpunkt politischer Auseinandersetzungen, der entweder glühende Verehrung oder fanatischen Haß hervorrief. Fast jedes seiner Stücke bot Anlaß zu Kontroversen und Skandalen. Als die Aufführung von *Masse-Mensch* 1920 in Nürnberg wegen antisemitischer Zwischenrufe und Prügeleien unter den Zuschauern unterbrochen werden mußte, gebrauchten die Behörden dies als Vorwand, sämtliche weiteren Aufführungen zu verbieten. Die Berliner Uraufführung der *Maschinenstürmer* verwandelte sich in eine tumultartige Demonstration für die Freilassung Tollers, noch zusätzlich angefacht durch einen Aufruf des Regisseurs Karlheinz Martin von der Bühne. Die Aufführung des *Hinkemann* in Dresden mußte abgebrochen werden, weil es zu Ausschreitungen nationalistischer Extremisten kam; das Stück wurde aus dem Spielplan gestrichen.

Trotz seiner Erfolge als Bühnenautor litt Toller im Gefängnis physisch wie psychisch. Er kränkelte fortwährend; bisweilen verschlechterte sich sein Zustand, da es an rascher medizinischer Versorgung mangelte – der Gefängnisarzt machte ihm deutlich, daß er »in erster Linie Beamter« sei.[6] Heftige Kopfschmerzen hinderten ihn lange Zeit an der Arbeit; während der Gefangenschaft ergraute er frühzeitig. Mit Sicherheit verschlimmerte die Haft die Krankheiten, an denen er später litt, vor allem aber verstärkte sie seine manisch-depressiven Tendenzen.

Tollers Briefe bekunden deutlich, wie sehr ihm der unpersönliche, doch unausweichliche Trott des Gefängnislebens zuwider war:

> Es ist furchtbar, Tag für Tag preisgegeben zu sein den eintönigen, sich immer wiederholenden Geräuschen dieses Hauses, dessen Wände so dünn sind, daß aus den Zellen über, neben, unter Dir die Laute zu Dir dringen. Lärm aus den Gängen, Klirren der Schlüsselbünde, Scheppern der schweren Gittertüren, Namenaufrufen der Wächter, Zuschlagen von Türen, Klappern genagelter Stiefel auf den Steinfliesen – oder noch furchtbarer das dünne Schlürfen der Gummisohlen.[7]

Unzweifelhaft traf ihn der Verlust persönlicher Freiheit am härtesten. Den *Gedichten der Gefangenen* ist ein Zitat von Kant vorangestellt: »Es kann nichts entsetzlicher sein, als daß die Handlungen eines Menschen unter dem Willen eines anderen stehen sollen.«[8] Sein stets wacher Gerechtigkeitssinn ließ ihn besonders bitter fühlen, daß er der Willkür anderer ausgesetzt war.

Ursprünglich war Festungshaft eine Art »Ehrenhaft«, die die persönliche Freiheit möglichst wenig einschränken sollte. So hatten die Häftlinge das Recht, regelmäßig ohne Überwachung Besuche zu empfangen, sie durften unzensiert Briefe schreiben und erhalten und mitunter sogar das Gefängnis verlassen. Doch der neue bayerische Justizminister Müller-Meiningen führte härtere Vorschriften ein und beschnitt die bis dahin geltenden Privilegien: Alle Briefe und Zeitungen wurden fortan streng zensiert, Lebensmittelpakete wurden geöffnet, die Besuche wurden eingeschränkt und fanden nur noch unter Aufsicht statt. Immerhin blieben die Zellentüren tagsüber geöffnet, so daß die Gefangenen einander besuchen und im Gefängnishof ein paar Stunden täglich spazierengehen konnten.

Die Härte und Strenge des Strafvollzugs in Niederschönenfeld waren eine direkte Folge der politischen Entwicklungen im Lande. Nach dem Kapp-Putsch im März 1920 wurde die Regierung Hoffmann durch ein autoritäres rechtes Regime abgelöst. Ein neuer Gefängnisdirektor wurde nach Niederschönenfeld beordert: ein Staatsanwalt namens Kraus, der weithin als Reaktionär bekannt war. Den Gefangenen gab er zu verstehen, daß Beschwerden an die Rechtsabteilung nunmehr sinnlos seien: »Ich kann mit Festungsgefangenen machen, was ich will ... Ich bin mit weitgehenden Vollmächten ausgestattet.«[9] Kleinste Verstöße gegen die Gefängnisvorschriften wurden mit drakonischen Strafen geahndet, beispielsweise mit generellem Besuchsverbot oder dem Entzug von Zeitungen und Schreibmaterial; wer sich gegen solche Maßnahmen noch auflehnte, wurde mit Einzelarrest bestraft und bei Wasser und Brot in eine Dunkelzelle gesperrt. Doch galten diese Bestimmungen nur für Niederschönenfeld; Gefangene der politischen Rechten in der Festung Landsberg, wie etwa Eisners Mörder Graf Arco und später auch Adolf Hitler, genossen weiterhin die traditionellen Privilegien von »Festungshäftlingen«.

Das willkürliche und oft unberechenbare Regime mit seinen täglichen Demütigungen und kleinlichen Schikanen empörte Toller zutiefst. Da er entschlossen war, seine Rechte als Festungshäftling zu verteidigen, kam er häufig in Konflikt mit der Gefängnisleitung.

Die Gefängniszensur behinderte Tollers literarische Arbeit ernsthaft. Mehrere Manuskripte wurden beschlagnahmt, darunter der Gedichtzyklus *Das Schwalbenbuch*, in dem die Zensur Passagen für »agitatorisch« befand, »da es eine Reihe von Stellen enthalte, deren Verbreitung dem Strafvollzug Nachteile bereiten würde«.[10] Toller mußte das Manuskript schließlich von einem Mithäftling, der entlassen werden sollte, aus dem Gefängnis schmuggeln lassen. Das Manuskript von *Masse-Mensch*, das tatsächlich die Gefängniszensur passiert hatte, wurde bei einer polizeilichen Durchsuchung in der Wohnung eines Freundes beschlagnahmt, was die Veröffentlichung verzögerte. Regelmäßig hinderten ihn der Entzug von Schreibmaterial und andere disziplinarische Maßnahmen an seiner Arbeit. Ernst Niekisch, selbst gerade aus der Haft entlassen, beschrieb im März 1922 in einer Debatte im bayerischen Landtag ausführlich »die systematischen Versuche, Tollers literarische Tätigkeit zu behindern«.[11] Die Reaktion des Regierungssprechers bestand darin, Tollers Glaubwürdigkeit und Integrität in Zweifel zu ziehen; es war einer von mehreren Fällen, in denen der Schutz der parlamentarischen Immunität mißbraucht wurde, um Toller in den Schmutz zu ziehen, ohne daß dieser sich wehren konnte.

Die Zensur machte selbst das Briefeschreiben beschwerlich. »Welche Last wird Briefschreiben hier drinnen«, schrieb Toller. »Seiltänzer des Wortes wird man. Immer spürt man schon im Schreiben den hämischen Griff des Zensors.«[12] Viele seiner Briefe wurden nicht abgeschickt, einige an ihn adressierte nicht ausgehändigt. Ein offizielles Sitzungsprotokoll des Reichstags wurde »wegen politischen Inhalts« beschlagnahmt, ein Brief von Romain Rolland, weil er in Französisch abgefaßt war.[13] Seiner vertrautesten Briefpartnerin Netty Katzenstein schrieb er, er werde das bedrückende Gefühl nicht los, daß selbst seine eigenen Gedanken dem Willen anderer unterworfen seien.

Die Gefangenschaft brachte Tollers politische Aktivitäten zwangsläufig zum Stillstand, doch wandelte sich in diesen Jahren auch sein politischer Standort: Aus dem führenden Aktivisten der USPD war ein revolutionärer Sozialist ohne Parteibindung geworden. Noch in den ersten Jahren der Haft beteiligte er sich mit regem, wenn auch kritischem Interesse an den Debatten innerhalb der USPD. Doch er spürte, daß zu viele Parteigenossen wirklichkeitsfremde Erwartungen hegten und sich nicht eingestehen wollten, daß die revolutionäre Welle von 1918/19 längst abgeebbt war: In der derzeitigen Situation müßten sich die revolutionären Kräfte auf die tägliche Kleinarbeit der politischen Erziehung und Organisation konzentrieren.[14]

Im Juni 1921 wurde Toller Landtagsabgeordneter der USPD in Bayern und blieb es für drei Jahre, ohne an einer einzigen Sitzung teilgenommen zu haben. 1924 bot ihm die praktisch in Auflösung begriffene

Partei an, als führender Kandidat in die Neuwahlen zum Landtag und Reichstag zu gehen, doch er lehnte ab. Statt dessen gab er seine (»längst gefaßte«) Entscheidung bekannt, aus der USPD auszutreten.[15] Fortan betrachtete er sich als unabhängigen Sozialisten ohne Parteizugehörigkeit.

Tollers Entscheidung, die USPD zu verlassen und sich keiner anderen Partei anzuschließen, hatte auch etwas mit seinem persönlichen Temperament zu tun. Die Möglichkeiten, Sozialismus in Parteipolitik umzusetzen, hatte er immer schon skeptisch beurteilt. Wenn er auch einräumte, daß die Partei notwendig war, um die Bestrebungen der Arbeiterschaft zu bündeln, so überzeugten ihn seine Erfahrungen während der Haft doch zunehmend davon, daß blinder Parteigehorsam die Einheit der Arbeiterklasse gefährdete. Er beklagte die fortschreitende Zersplitterung der Arbeiterbewegung: »Die Uneinigkeit in der Arbeiterklasse hemmt jede große Entscheidung.«[16] In seinem dramatischen Fragment *Deutsche Revolution*, das er 1920 schrieb, verglich er das ideologische Gerangel der Linken mit den dogmatischen Haarspaltereien der Kirche im Mittelalter.[17] Toller trat weiterhin für Eisners Prinzip der Einheitsfront ein, die gemeinsame Sache aller Arbeiter war wichtiger als partikulare Parteiinteressen. Diese Überzeugung lenkte auch sein Bemühen um eine breite linke Einheit nach 1924 und seine spätere Unterstützung der Volksfront im Exil.

Tollers Parteiaustritt spiegelte auch seinen Konflikt zwischen politischer und künstlerischer Arbeit wider. Bereits 1921 schrieb er Kurt Wolff: »...ich glaube, daß mein Beruf sich entschied, der stete Konflikt zwischen Wirken wollen durch Handeln und Wirken wollen durch (Trieb zur) Gestaltung sich klärt.«[18] Er spürte, daß in den Niederungen der Parteipolitik seine künstlerische Unabhängigkeit eingeschränkt sein würde; die Unterscheidung zwischen Kunst und Propaganda war ihm stets wichtig. Eine Mitgliedschaft in der USPD, davon war er überzeugt, beeinflusse die Aufnahme seines Werks und versperre ihm den Zugang zu vielen, an die er sich wenden wolle: »Als Schriftsteller spreche ich zu allen Bereiten, gleich, welcher Partei oder Gruppe sie angehören.«[19]

Wie dem auch sei, Tollers Ausscheiden aus der Partei hatte sicherlich auch in hohem Maße mit der veränderten politischen Landschaft zu tun. Bis 1924 hatte sich die USPD praktisch aufgelöst. Der linke Flügel, der in der Partei die Mehrheit bildete, war 1920 der KPD beigetreten, nachdem er die von Moskau festgelegten »Einundzwanzig Bedingungen« für die Aufnahme in die Dritte Internationale gebilligt hatte. Toller kritisierte diesen Schritt heftigst, für ihn waren die Einundzwanzig Bedingungen »verhängnisvoll für die europäische Arbeiterbewegung«. Im September 1922 schlossen sich die meisten der verbliebenen Parteimitglieder wieder der SPD an; Toller brandmarkte diese Entscheidung als das Ende aller revolutionären Ambitionen.[20] Nach der Auflösung der USPD war Toller in politischer Hinsicht isoliert: Er stand zwischen dem Reformismus der SPD auf der einen und dem Sektierertum der KPD auf der anderen Seite.

Tollers Einstellung zur Parteipolitik wurde zweifellos sehr stark durch seine Erlebnisse im Gefängnis geprägt: Unter den Gefangenen in Niederschönenfeld kam es aufgrund politischer Differenzen zu erbitterten Feindseligkeiten. Anfangs war die Moral der Häftlinge noch intakt:

> Die ersten Monate leben die Gefangenen in brüderlicher Verbundenheit, sie teilen Lebensmittel und Geld, sie teilen Gefühle und Gedanken, die Sucht des Bekennens hat sie gepackt, sie bekennen ihr Leben, ihre Taten, ihre Schuld. Alles soll der eine vom andern wissen, sie entblößen die dunkelsten Regionen, sie zeigen sich Briefe der Frauen und Mütter, nichts darf fremd und verborgen bleiben.[21]

Doch unter dem psychologischen Druck der strengen Haftbedingungen verkehrte sich Kameradschaft innerhalb weniger Monate oft in Haß:

> Fünfzig bis sechzig Gefangene waren Jahr ein, Jahr aus zusammen auf einem Gang eingepfercht. Jede Geste der Mitgefangenen kannte man, jede sprachliche Eigenart, sogar den Geruch eines jeden. Brüderliche Verbundenheit schlug in Feindschaft um. Jede Gefühlsregung brach sich an den Gitterstäben des Zellenkorridors und prallte intensiviert auf die Mitgefangenen zurück, bis schließlich aus bloßer Resignation eine Art Kontaktlosigkeit entstand.[22]

Die unterschiedlichen Parteizugehörigkeiten und die ideologischen Differenzen schufen ein Klima des Argwohns und gegenseitiger Beschuldigungen. Die Spaltung der USPD und die Einundzwanzig Punkte entzweiten die Gefangenen: Bald herrschten unter den Häftlingen das gleiche Mißtrauen und der gleiche Parteienzwist wie in der

Arbeiterbewegung außerhalb des Gefängnisses. Der Fall eines jungen Mithäftlings, von dem Toller berichtete, macht deutlich, wie tief sich die politische Zersplitterung auf die persönlichen Beziehungen auswirkte: Kurz vor seiner Entlassung sei der Mann zu ihm gekommen, um sich zu verabschieden, und habe ihn dann zuletzt inständig gebeten, seinen Parteigenossen nichts von diesem Besuch zu erzählen.[23] Toller führte diese Spannungen in erster Linie auf eine Art Gefängnispsychose zurück. Wie er Netty Katzenstein 1921 schrieb, war er selbst nicht immun gegen derartige Empfindungen:

> Eine Energielosigkeit, die mich erschreckt, hat sich meiner bemächtigt. Und – eine fast krankhafte Abneigung gegen jedes Zusammensein mit Kameraden, mit Menschen. Es geht so weit, daß ich physischen Schmerz empfinde, wenn ich Gesichter anschauen muß. Haft zeugt Feindseligkeit gegen alle Geselligkeit, erstickt den sozialen Trieb, züchtet Misanthropen.[24]

Die erzwungene Intimität des Gefängnislebens bedrückte ihn, aus Dostojewskis *Aufzeichnungen aus einem Totenhaus* zitierte er: »Es gibt im Sträflingsleben eine Qual, die fast schlimmer ist alle anderen. Es ist das zwangsweise Zusammenleben.« Nach drei Jahren Haft hatte er das Gefühl, jegliches Bedürfnis nach sozialem Kontakt verloren zu haben: »Ich habe alle Einsiedler-Tugenden und -Untugenden erworben, und ich glaube nicht, daß ich sie je wieder verlieren werde.«[25]

Manche – unter ihnen der Verleger E. P. Tal – befürchteten, Tollers Kreativität könne durch die Haft auf Dauer leiden, Toller selbst mühte sich, solche Bedenken rasch zu zerstreuen. Schreiben sei ihm ein geradezu notwendiges Bedürfnis geworden, ein Mittel, dem gestaltlosen Einerlei des Gefängnisalltags, in dem ein Tag wie der andere sei, einen Sinn zu verleihen: ». . . wenn ich nicht mehr schreiben, schaffen, gestalten, schauen (eines ist nur Abwandlung vom andern) kann, bedeutet das inneres Versiegen, oder im besten Fall Verkrustung, Verharschung.«[26] In seinen Briefen spricht er oft von der Mühseligkeit des Schreibens in einer Umgebung, die nahezu jeder sinnlichen Stimulanz entbehrt. Wie öde und eintönig es ist, in einer Zelle von fünf mal zwei Metern eingesperrt zu sein, veranschaulicht er in knappen Worten im *Schwalbenbuch*:

> Sechs Schritte hin
> Sechs Schritte her
> Ohne Sinn
> Ohne Sinn.[27]

Ein Brief, den er im letzten Jahr seiner Haft schrieb, bringt zum Ausdruck, in welchem Maße er den Umgang mit Menschen und sinnliche Erfahrungen vermißte:

> Ich freue mich auf das Leben, ich freue mich auf Kämpfe in der Freiheit, auf Menschen, die nicht in steter Furcht leben, auf Augen, die nicht zu Boden starren (nach ein paar Tagen, Monaten tuts jeder Gefangene), auf Wälder, Abende, Nächte, auf Farben und Klänge, auf unzählige Begegnungen.[28]

Die Entbehrungen des Gefängnislebens waren nicht zuletzt sexueller und emotioneller Art. Sexuelle Wünsche beherrschen die Gedanken der Männer oft; um sich Erleichterung zu verschaffen, gingen manche von ihnen homosexuelle Beziehungen ein, obwohl es, wie Toller behauptete, »unter den Gefangenen gerade drei wirkliche Homosexuelle gegeben habe«. Viele Häftlinge hätten nach der Entlassung sexuelle Probleme gehabt, schrieb er später. Die meisten hätten empfunden, daß die Frauen »nicht hielten, was die Träume während der Haft versprochen hätten . . . ; nicht einer der Gefangenen sei nach der Haft so ungezwungen und natürlich gewesen wie zuvor«.[29] Inwieweit Tollers eigenes wechselvolles Beziehungsleben von seiner Hafterfahrung geprägt war, kann nur vermutet werden. Kurt Pinthus behauptete später, Toller sei von all seinen Liebesaffären enttäuscht gewesen.[30] Fest steht jedenfalls, daß keine seiner zahlreichen Beziehungen, obwohl viele Frauen ihn bewunderten und liebten, zu einer lebenslangen Verbindung reifte. Seine einzige Ehe scheiterte.

Zumindest einen Trost bot das Leben im Gefängnis. Toller konnte sich intensiver als zu jeder anderen Zeit seines Lebens dem Lesen widmen. Er bat Kurt Wolff, ihm die neuesten Theaterstücke bei Erscheinen zuzusenden; von den meisten hielt er nicht viel, doch äußerte er sich begeistert über Werfels *Spiegelmensch*.[31] Er las Romane von Dostojewski, Romain Rolland und Knut Hamsun, Dichtung von Milton und Tasso, Hölderlin und Novalis, literarische Essays von Landauer und anderen, philosophische Werke Schopenhauers und

Schriften des mittelalterlichen Mystikers Meister Eckhardt. Die Luther-Bibel las er mit Hingabe (»Es gab Wochen, da war dieses Buch der einzige Freund.«[32]), auch mit Büchern über Politik und Ökonomie beschäftigte er sich eingehend, unter anderem mit Marx' *Kapital*, Engels' *Die Lage der arbeitenden Klasse in England* und Max Beers *Allgemeine Geschichte des Sozialismus und der sozialen Kämpfe*. Die Breite und Vielfalt seiner Lektüre deuten darauf hin, daß es ihm nicht nur um bloßes Wissen ging, sondern um endgültige, letzte Wahrheiten.

Ungeachtet der im allgemeinen sich verschlechternden Beziehungen unter den Gefangenen gab es mitunter doch Freundschaften. Toller gehörte zusammen mit Erich Mühsam, Valentin Hartig und Ernst Niekisch zu einer Gruppe von Gefangenen, die einen literarischen Kreis bildeten. Die in den Nachbarzellen untergebrachten Hartig und Niekisch, beide Parteigenossen Tollers, wurden bald seine engsten Freunde im Gefängnis. Zahllose Stunden diskutierten sie über literarische und politische Themen. Obwohl sein Verhältnis zu Mühsam nicht ganz so innig war, hatte er doch eine hohe Meinung von ihm; Mühsams mutigen Widerstand gegen die Nazis verewigte Toller in seinem letzten Drama *Pastor Hall*.

Mit seinen Briefen aus dem Gefängnis hielt Toller die dürftige Verbindung zur Außenwelt aufrecht. Er korrespondierte mit einigen der kulturellen Größen seiner Zeit: mit den Pazifisten Romain Rolland und Henri Barbusse, dessen Roman *Das Feuer* ihn 1917 tief bewegt hatte, mit den Geschichtsschreibern der deutschen Arbeiterbewegung Gustav Mayer und Max Beer, und mit renommierten literarischen Persönlichkeiten wie Stefan Zweig, Else Lasker-Schüler und Fritz von Unruh. Zweifelsohne halfen diese Kontakte, Tollers Selbstbewußtsein zu stärken und ihm das Gefühl zu geben, der kulturellen Elite Europas anzugehören.

Er schrieb auch eine beträchtliche Zahl privater Briefe, viele davon an seine Mutter. Obwohl sie die politischen Überzeugungen ihres Sohnes nicht teilen konnte, blieb ihre Liebe zu ihm unerschütterlich, eine Zuneigung, die Toller selbst erst nach und nach zu verstehen lernte:

> Meinem Leben stand sie fremd gegenüber. Daß sie meine Ideen nicht teilte, tat mir weh. Ich glaube, ich ließ sie es fühlen. Nun merke ich, wie unwesentlich für sie jener Weg ist, den sie nicht begreift. Sie liebt mich.[33]

Seinerseits versuchte er, ihr ein guter Sohn zu sein; er schrieb ihr regelmäßig und war höchst beunruhigt, wenn ihn die Drangsalierungen des Gefängnislebens davon abhielten. Sie hatte gesundheitliche Probleme, und 1922 versuchte Toller mit Hilfe von Kurt Tucholsky, eine Behandlung in einem Sanatorium für sie zu arrangieren.[34] Im April 1923 erhielt er plötzlich Nachricht von einer ernsthaften, eventuell lebensbedrohlichen Erkrankung seiner Mutter. Um an ihrem Krankenbett wachen zu können, ersuchte er die bayerischen Behörden um Sonderurlaub aus familiären Gründen. Einer seiner Freunde mußte das Gesuch aufsetzen, da ihn die Nachricht von der Erkrankung so aufgewühlt hatte, daß er selbst dazu nicht in der Lage war. Vier Tage lang wartete er mit wachsender, fieberhafter Unruhe auf einen Bescheid, bis der Justizminister kurz und knapp zu verstehen gab: »Das Gesuch des Festungsgefangenen Toller eignet sich nicht zur Berücksichtigung.«[35] Seine Mutter starb damals nicht, doch dies blieb eine seiner schlimmsten Hafterfahrungen. Sie half ihm jedoch, sein Verhältnis zu seiner Mutter klarer zu sehen und ihre Gefühle für ihn zu verstehen: »Von meiner Mutter kommen Briefe rührender Zärtlichkeit«, schrieb er Netty Katzenstein.[36] Auch mit seiner Schwester Hertha, zu der er zeitlebens eine enge Beziehung hatte, blieb er in Kontakt. Sie besuchte ihn jedes Jahr im Gefängnis und verbrachte die Sommerferien mit ihrer Familie stets in Bayern, um von hier aus leichter nach Niederschönenfeld reisen zu können. Auch nach seiner Entlassung bestanden die Beziehungen zu Mutter und Schwester weiter, regelmäßig besuchte er sie in Landsberg. Diese Besuche waren immer besondere Ereignisse für die Familie, wobei Hertha keine Gelegenheit ausließ, allerlei Wirbel um ihren jüngeren Bruder zu veranstalten.[37]

In den letzten Monaten seiner Haft ängstigte ihn die Aussicht auf seine bevorstehende Freilassung zunehmend, da er fürchtete, sich dem Leben außerhalb des Gefängnisses nicht mehr anpassen zu können und mehr noch, seinem politischen und künstlerischen Ruf nicht mehr gerecht werden zu können. »Heute in vier Monaten bin ich frei. Nachts schlafe ich kaum noch«, ließ er Netty Katzenstein wissen.[38] Er fühlte sich unfähig zu schreiben: »Die Schaffenslust wird dünner und dünner in diesem Kasten. Ich stecke voller Pläne, aber lieber den Mond anbellen, als hier noch eine Szene schreiben.«[39] Er wurde seltsam apathisch und lag stundenlang auf seinem Bett, gequält von Selbstzweifeln. Seine Angst saß so tief, daß er an Selbstmord dachte. Auch wenn er einer solchen Regung damals noch widerstand, die Selbstzweifel blieben:

> Wen werde ich finden und wen werde ich wiederfinden? Wer bist Du, und wer bin ich?... Viele Menschen erwarten mich in Zuneigung, in Freundschaft, in Liebe. Hunderte von Briefen sagtens mir. Aber bin ich es, dem sie sich zuneigen, bin ich es, dem sie Freund sind, bin ich es, den sie lieben?[40]

Die Diskrepanz zwischen seiner außerordentlichen Reputation und dem, was er wirklich geschafft und geschaffen hatte, belastete ihn bis an sein Lebensende und mag letztlich mit zu seinem späteren Selbstmord beigetragen haben.

Toller verbüßte seine Strafe bis auf den letzten Tag. Kurz bevor er entlassen werden sollte, ließ ihn der Staatsanwalt kommen und teilte ihm mit, daß er aus Bayern ausgewiesen werde. Da er seine politische Gesinnung nicht geändert habe, bedeute er »nach wie vor eine Gefahr für die Sicherheit des Landes«. Man setzte ihn in einen Zug, und Kriminalbeamte in Zivil brachten ihn zur Grenze nach Sachsen. Tollers fragmentarische Autobiographie endet an dieser Stelle: »Ich bin dreißig Jahre. Mein Haar wird grau. Ich bin nicht müde.«[41]

VIII Die Gefängnisstücke

Es ist schon gemutmaßt worden, daß Ernst Toller niemals Dramatiker geworden wäre, wenn die Haft ihm nicht die »Gelegenheit« dazu verschafft hätte. Seine fünf Jahre im Gefängnis waren in künstlerischer Hinsicht zweifellos die produktivsten seines Lebens. Während der ersten vier Jahre schrieb er jedes Jahr ein neues Stück: *Masse-Mensch* (1919), *Die Maschinenstürmer* (1920/21), *Hinkemann* (1921/22) und *Der entfesselte Wotan* (1923). Dies allein wäre schon eine beachtliche Leistung, aber darüber hinaus schrieb er ein kurzes Puppenspiel, *Die Rache des verhöhnten Liebhabers* (1920), zwei Gedichtbände – *Gedichte der Gefangenen* (1918–1921) und *Das Schwalbenbuch* (1923) –, zwei »Sprechchöre« und drei Szenarios für »Massenspiele«, die in drei aufeinanderfolgenden Jahren (von 1922 bis 1924) auf dem Gewerkschaftsfest in Leipzig aufgeführt wurden.

Bedenkt man die schwierigen Bedingungen, unter denen er schreiben mußte, ist es schon einigermaßen erstaunlich, wie viel er zu leisten vermochte. Morgens fühlte er sich selten in der Lage zu schreiben; zu jeder anderen Tageszeit aber war es fast unmöglich, Unterbrechungen auszuschließen. Kurt Wolff gegenüber bekannte er, daß er sich oft durch die Zwangsgemeinschaft des Gefängnislebens bedrängt fühlte: »Ich wünschte oft, wenn ich nun einmal im Gefängnis sein muß, noch tiefer allein leben zu dürfen.«[1] Am kreativsten war er abends, aber die Gefängnisordnung untersagte den Häftlingen, künstliches Licht zu benutzen, so daß er oft dazu gezwungen war, eine Decke über den Tisch zu hängen und darunter zu kriechen, um beim Schein einer verborgenen Kerze zu schreiben.

Toller befand später: »Alle Dramen, die ich im Gefängnis schrieb, leiden an einem Zuviel.«[2] Der Grund dafür war, daß die Gefängniszensur bei Briefen strenger war als bei literarischen Arbeiten; diese boten dadurch eine Art Ventil für Gedanken und Gefühle, die andernorts unterdrückt wurden. Das verleiht den Stücken ihre sehr persönliche Färbung. In der Literaturwissenschaft werden sie üblicherweise als die »Gefängnisstücke« zusammengefaßt, dieser Begriff unterschlägt aber die stilistische und strukturelle Verschiedenheit der Stücke – formale und konzeptionelle Unterschiede, die Tollers persönliche und politische Entwicklung während dieser fünf Jahre dokumentieren.

Masse-Mensch

Die erzwungene Untätigkeit der Haft gab Toller hinreichend Zeit, ausführlich über seine Erfahrungen während der Revolution nachzudenken. Die Stücke, die er schrieb, waren in hohem Maße ein Ergebnis dieses Nachdenkens, waren Variationen über das Thema Sozialismus und Revolution. Die spontanste und intensivste Aufarbeitung dieser Erlebnisse war *Masse-Mensch*, geschrieben im Oktober 1919 im Festungsgefängnis von Eichstätt.[3] In den Monaten nach der Niederschlagung der bayerischen Revolution hatten ihn starke Schuldgefühle und Gewissensbisse geplagt, von denen er sich nur mit Mühe hatte befreien können. Die dramatische Umsetzung dieser Erfahrung war eine psychisch notwendige Katharsis: »*Masse-Mensch* war nach Erlebnissen, deren Wucht der Mensch vielleicht nur einmal ertragen kann, ohne zu zerbrechen, Befreiung von seelischer Not«, schrieb er rückblickend.[4] Ohne vorher irgendwelche Skizzen oder Entwürfe gemacht zu haben, vollendete er das Stück in einem einzigen kreativen Ausbruch innerhalb von drei Tagen; wie sehr ihn das Thema aufwühlte, könnte deutlicher kaum zum Ausdruck gebracht werden. Während der Revolution hatte Toller den Konflikt zwischen Zielen und Mitteln der Revolution, zwischen moralischen Prinzipien und politischen Notwendigkeiten erfahren müssen. Jetzt begann er, diesen Konflikt als unvermeidlich anzusehen, die Rolle des Revolutionärs schien ihm tragisch an sich zu sein.

> Der ethische Mensch: Ausschließlich Erfüller seines inneren Gesetzes. Der politische Mensch: Kämpfer für soziale Formen, die den anderen Voraussetzung zu höherer Lebenshaltung sein können. Kämpfer, auch wenn er gegen sein inneres Gesetz verstößt. Wird der ethische Mensch politischer Mensch, welcher tragische Weg bleibt ihm erspart?[5]

Die Unterscheidung zwischen ethisch und politisch, die für den dramatischen Konflikt von *Masse-Mensch* von zentraler Bedeutung ist, ist direkt von Kant abgeleitet, mit dessen Philosophie sich Toller während der Haft intensiv zu beschäftigen begann – ein bewußtes Bekenntnis zum fortdauernden Einfluß von Kurt Eisner.

In stilistischer Hinsicht ist *Masse-Mensch* ein ausgesprochen expressionistisches Stück, das weitgehende formale Ähnlichkeiten mit der *Wandlung* aufweist. Es besteht aus sieben Bildern, teils »Traumbildern«, teils »realen Bildern«, doch ist die Unterscheidung weniger eindeutig als in dem früheren Stück. Die Handlung ist sehr allgemein gehalten, die Charaktere sind keine individuell erkennbaren Personen, sondern Figuren, die bestimmte Ideen und Haltungen repräsentieren. Der Symbolismus der Traumbilder ist komplex und bleibt manchmal unklar, die Sprache ist elliptisch und emphatisch. Eine bemerkenswerte formale Neuerung ist der Versuch, durch Verwendung eines Chores ein Kollektivbewußtsein darzustellen, eine Stimme der Massen.

Die Protagonistin des Stücks, »Die Frau«, ruft zur Revolution auf, die sie durch die gewaltfreien Mittel des Massenstreiks glaubt realisieren zu können. Ihr Gegenspieler ist »Der Namenlose«, der erklärt, nur revolutionäre Gewalt könne die Massen von der Unterdrückung befreien. Der dramatische Konflikt besteht aus dem Zusammenstoß dieser beiden Positionen, der Kampf zwischen Revolution und Reaktion liefert nur den Hintergrund für das eigentliche Thema des Dramas. Was Toller darstellt, ist im Grunde nichts anderes als sein Streit mit Eugen Leviné (und damit auch der zwischen USPD und KPD) in den letzten Tagen der Bayerischen Räterepublik – was nicht heißen soll, daß das Stück unmittelbar autobiographischen Charakter hätte: Toller hat auf der Basis seiner eigenen Erfahrungen einen Widerstreit entgegengesetzter Philosophien des revolutionären Handelns ausgearbeitet. Eine kurze erläuternde Darstellung des Stücks wird helfen, dessen Stellenwert für Tollers persönliche und politische Entwicklung aufzuzeigen.

Im ersten Bild tritt gleich »Die Frau« (an anderer Stelle unter dem Namen Sonja Irene L.)[6] auf. Aus Mitleid für das Elend der Massen hat sie sich der revolutionären Bewegung angeschlossen. Gerade will sie eine Ansprache vor Arbeitern halten, um sie zum Generalstreik aufzufordern, was für sie nicht nur ein Mittel ist, den Krieg zu beenden, sondern auch die Revolution herbeizuführen. Als ihr Ehemann sie bittet, von ihren politischen Aktivitäten abzulassen, weil er um seine Karriere und sein Ansehen fürchtet, weigert sie sich: Ihr Engagement empfindet sie als moralische Pflicht.

Das zweite Bild, ein »Traumbild«, zeigt die Gegenseite, das System – symbolisch dargestellt durch das geschäftige Treiben an einer Effektenbörse –, das durch die Revolution gestürzt werden muß. Vier Bankiers diskutieren über einen Plan, die Kampfkraft der Truppen anzuheizen mittels Einrichtung eines staatlichen Bordells, das als »Erholungsheim zur Siegeswillenstärkung« getarnt werden soll. Das System ist nicht nur heuchlerisch, sondern unmenschlich; es behandelt Männer und Frauen als »Menschenmaterial«, als Bestandteile eines Mechanismus, der fast unabhängig von ihnen funktioniert. Es ist ein immer wiederkehrendes Thema in Tollers Frühwerk, daß Menschen durch ein System, in dem niemand ganz Mensch sein kann, ihrer Menschlichkeit beraubt werden. »Die Frau« erscheint und erinnert die Bankiers daran, daß sie von Menschenleben sprechen: »Meine Herren: Menschen. Ich wiederhole: Menschen!« Als Reaktion veranstalten die Bankiers einen Wohltätigkeitsball und zeigen so die Fähigkeit des Systems, sich moralische Ideale einzuverleiben. Die Szene endet mit der »Musik klappernder Goldstücke«, zu der die Bankiers einen Foxtrott um das Börsenpult herum tanzen: eine groteske Vorführung der zwei Gesichter des Kapitalismus.

Nur im dritten Bild wird der Grundkonflikt des Stücks explizit thematisiert. Die Szene beginnt mit einer Folge von Massenchören, in denen verschiedene Gruppen von Arbeitern ihre materielle Not beklagen. Dann spricht »Die Frau« zu ihnen und fordert sie zum Massenstreik auf, um den Krieg zu beenden und eine neue Ära der Freiheit und Gerechtigkeit einzuleiten:

> Streik unsre Tat! Wir Schwachen werden Felsen sein der Stärke, gewaltlos werden wir die Ketten sprengen, und keine Waffe ist gebaut, die uns besiegen könnte.[7]

Ihrem Aufruf widerspricht »Der Namenlose«, ein anonymer Wortführer der Massen. Selbst wenn der Streik den Krieg beendete, sagt er, würde sich nichts am Elend der Arbeiter ändern. Er verspottet ihren Aufruf zu gewaltfreien Aktionen. Es gäbe nur einen Weg, wie die Arbeiter ihr Joch abschütteln könnten:

> Der Feind dort oben hört auf schöne Reden nicht. Macht gegen Macht! Gewalt ... Gewalt! (S. 85)

»Die Frau« protestiert, sie wolle kein neues Morden, aber »Der Namenlose« verwirft ihren Einwand:

> Schweigen Sie, Genossin! Der Sache willen. Was gilt der Einzelne, was sein Gefühl, was sein Gewissen? Die Masse gilt! (S. 86)

Das heißt, Klasseninteressen haben Vorrang vor moralischen Prinzipien. »Die Frau« verknüpft ihr Schicksal mit dem der Arbeiter, die revolutionäre Solidarität ist ihr wichtiger als ihre moralischen Skrupel. Die Szene endet damit, daß die Massen aus dem Saal stürmen.

Das vierte Bild, ein »Traumbild«, behandelt die gleiche Problematik auf einer unterbewußten Ebene. Die Szene spielt in einem »hochummauerten Hof«, ein Symbol für das proletarische »Klassengefängnis«. »Der Namenlose« erscheint und beginnt auf der Harmonika zum Tanz aufzuspielen, zum Totentanz, wie sich herausstellt, denn Gefangene, die ihre Exekution erwarten, möchten mittanzen. »Die Frau« kommt hinzu, als die Wachen einen Gefangenen hereinführen, der die Gesichtszüge ihres Mannes hat. »Die Frau« greift ein, will versuchen, ihn zu retten, aber »Der Namenlose« weist sie zurück. Auch die Wache ist taub gegenüber ihrer Bitte um Gnade: Er selbst sei kurz zuvor von der Gegenseite zum Tode verurteilt worden. In dem Moment, als sie sich an ihn wendet, verwandelt sich das Gesicht des Gefangenen in das der Wache: Wenn er den Gefangenen erschießt, tötet er sich selbst – will sagen, revolutionäre Gewalt zerstört nur die humanitären Prinzipien, welche die Revolution durchzusetzen anstrebt. Am Ende der Szene steht »Die Frau« neben ihrem Mann und fordert die Wachen auf zu schießen, eine Geste, die ihr späteres Selbstopfer vorwegnimmt.

Das fünfte Bild entwickelt diese Problematik auf der Ebene der bewußten Erfahrung. »Die Frau« kann ihre Abscheu vor Gewalt nicht überwinden. In den letzten Gefechten vor der endgültigen Niederlage nehmen die Arbeiter Geiseln: Der Befehl »Des Namenlosen«, diese zu erschießen, spitzt die moralische Fragestellung des Stücks aufs äußerste zu. Für »Die Frau« ist der Mord an den Geiseln ein sinnloser Akt blinder Wut, der nichts gegen das System ausrichtet, das sie stürzen wollen:

> Ich rufe: Zerbrecht das System! Du aber willst die Menschen zerbrechen. (S. 96)

»Der Namenlose« beschuldigt sie des Verrats: Wer nicht mit ihnen ist, ist gegen sie – Toller wiederholt hier wörtlich die Argumentation der KPD während der letzten Tage der Räterepublik. Am Schluß der

Szene ist das Gebäude von konterrevolutionären Einheiten umstellt, und »Die Frau« wird zusammen mit den Arbeitern gefangengenommen.

Im sechsten Bild folgt wieder eine irreale Szenerie. Eine Reihe visueller Symbole soll das Wesen von Schuld und Verantwortlichkeit veranschaulichen. »Die Frau«, angekettet und in einen Käfig gesperrt, wird bedrängt von kopflosen Schatten, die sie des Mordes an ihnen beschuldigen. Zunächst leugnet sie ihre Schuld, aber schließlich bekennt sie sich dazu. In einer letzten Vision sieht sie sich einer Kolonne identischer Gestalten in Sträflingsuniform gegenüber, die die Massen darstellen. Sie tragen Sträflingskleidung, zum einen, weil viele Revolutionäre gerade inhaftiert waren, zum anderen, um so das Eingesperrtsein in Klassenschranken zu symbolisieren. Letzteres bestimmt ihr Handeln: »Masse ist Muß! Masse ist schuldlos!« Erst jetzt begreift »Die Frau« die wahre Natur ihrer eigenen Schuld:

> O ungeheuerlich Gesetz der Schuld, darin sich Mensch und Mensch verstricken *muß*. (S. 103)

Schuld gehört zum Menschsein, und jeder Versuch, das zu ändern, bestätigt die deterministische These erneut. Als »Die Frau« schließlich freigelassen wird, erfährt sie ihre Freiheit als zweifelhaft: Sie muß deren materielle Schranken erkennen.

Das letzte Bild spielt in einer Gefängniszelle, wo »Die Frau« Besuch vom »Namenlosen« erhält. Er ist gekommen, um ihr zur Flucht zu verhelfen, aber sie verwirft seinen Plan, da dabei eine der Wachen getötet werden müßte. Der anschließende Wortwechsel bildet den Höhepunkt des dramatischen Konflikts. »Die Frau« widerspricht der Argumentation, daß der revolutionäre Zweck jedes Mittel heilige; ihr sei nur das menschliche Leben heilig. »Der Namenlose« wiederholt, daß die Interessen der Massen Vorrang vor humanitären Erwägungen haben müssen, es gebe für ihn bisher noch keine gemeinsame Menschheit – nur den Gegensatz zwischen den Massen und dem Staat und seinen Agenten. Die neue Menschheit würde erst durch den erfolgreichen revolutionären Kampf geformt. »Die Frau« bestreitet die Vorrangstellung der Massen, diese seien nur das, was die gesellschaftliche Unterdrückung aus ihnen gemacht habe. Vehement attackiert sie die Anwendung von Gewalt; das Argument des »Namenlosen«, die Massen kämpften für die Menschheit, läßt sie nicht gelten. Aufgrund ihrer Methoden seien sie nicht besser als das System, das sie stürzen wollten.

> Ich sehe keine Unterscheidung: Die einen morden für ein
> Land, die andern für die Länder alle. (S. 108)

Wenn sich die neue Ordnung auf so viel Gewalt aufbaue, wäre sie ununterscheidbar von der alten. Ihre Argumentation endet unvermeidlich in einer Sackgasse: Gewalt anzuwenden bedeutet, die Ideale der Revolution zu betrügen, sie nicht anzuwenden heißt, die Revolution zum Scheitern zu verurteilen. Toller bietet keine Lösung – vielmehr ging es ihm gerade darum zu zeigen, daß das Problem unlösbar ist.[8] Dramaturgisch entzieht sich Toller dieser Frage, indem er auf das typisch expressionistische Motiv der Erlösung durch Selbstaufopferung zurückgreift. »Die Frau« geht freiwillig zu ihrer Hinrichtung, aber ihr Tod ist nicht vergeblich: Bei zwei Gefangenen, die sich in ihre Zelle schleichen, um ihre Habseligkeiten zu stehlen, ruft ihr Tod einen moralischen Sinneswandel hervor. Insofern endet das Stück mit einem offenbar positiven Akzent; gleichwohl bleibt der Schluß unbefriedigend, die individuelle Lösung weicht der ihrem Wesen nach gesamtgesellschaftlichen Fragestellung des Stücks aus.

Auch wenn »Die Frau« grundsätzlich auf dem Prinzip der Gewaltlosigkeit besteht, wie auch immer die Umstände sein mögen, so muß betont werden, daß Toller selbst diese Position damals und auch später niemals öffentlich vertreten hat. Vor dem Kriegsgericht hatte er ausdrücklich dazu Stellung bezogen: Er würde sich selbst nicht einen revolutionären Sozialisten nennen, wenn er Gewalt in keiner Situation für gerechtfertigt hielte. *Masse-Mensch* ist eine eher private Stellungnahme, die bestätigt, von welch entscheidender Bedeutung Gewaltlosigkeit für seine Persönlichkeit war, und aufzeigt, welche inneren Widerstände er überwinden mußte, um seine nach außen gezeigte Meinung rational zu begründen. Aber er war davon überzeugt, daß absoluter Pazifismus einem Verzicht auf politisches Handeln gleichkam, eine Überzeugung, die auch im Begriff des »revolutionären Pazifismus« enthalten war, den er nach 1924 vertrat.

Masse-Mensch wurde zuerst am Nürnberger Stadttheater inszeniert, konnte allerdings aufgrund einer polizeilichen Anordnung nur in Privatvorstellungen für Gewerkschaftsmitglieder aufgeführt werden, und selbst diese mußten nach nur vier Aufführungen eingestellt werden. Das Echo war daher verständlicherweise gedämpft. Es war Jürgen Fehlings Inszenierung an der Berliner Volksbühne im September 1921, die den internationalen Erfolg des Stücks begründete.

Masse-Mensch wirkt heutzutage wie ein seltsam archaisches Werk, aber es ist unübersehbar, wie sehr es das zeitgenössische Publikum beeindruckte, wie neuartig es damals erschien. An der Volksbühne hatte das Stück überwältigenden Erfolg und blieb für zwei aufeinanderfolgende Spielzeiten im Programm. Viele schrieben diesen Erfolg allein Fehlings meisterhafter Inszenierung zu, in der ein abstraktes Bühnenbild die traumartige Irrealität des Stücks veranschaulichte. Ausgeklügelte Lichteffekte, lange Treppenfluchten, die sorgfältig inszenierten Sprechchöre und Massenszenen, all das machte die Aufführung zu der expressionistischen Inszenierung schlechthin.[9] Fehling räumte ein, daß ein Teil des Erfolgs auf die überwiegend sozialistische Gesinnung des Publikums der Volksbühne zurückzuführen war, entscheidender aber sei »die dem Stück innewohnende dramatische Kraft« gewesen.[10] Der amerikanische Theaterkritiker Kenneth Macgowan betonte, daß das Stück »unter den amerikanischen Zuschauern viel diskutiert worden sei«, er selbst sei beeindruckt gewesen von dieser »seltsamen und mächtigen Tragödie«.[11]

Zu den Neuerungen, die Macgowan und andere Kritiker beeindruckt hatten, gehörten die Massenchöre, die Toller ein ganz neues Spektrum künstlerischer Möglichkeiten zu eröffnen schienen. 1920 experimentierte er mit der literarischen Form des »Sprechchors« oder der Chordichtung. Diese halbdramatischen Werke bestanden teils aus individueller Rede, teils aus Chorpassagen, vorgetragen mit entsprechenden Aktionen auf der Bühne, meist mit musikalischer Begleitung. Gedacht waren sie für Laienaufführungen von Arbeitergruppen auf Gewerkschaftstreffen oder ähnlichen Veranstaltungen, als öffentliche Bekundung und Feier sozialistischer Ideale. Seine Experimente mit dem Sprechchor begann Toller auf Anregung von Leo Kestenberg, damals Kulturfunktionär der USPD im preußischen Ministerium für Kunst, Wissenschaft und Erziehung, eines von vielen Beispielen für die gegenseitige Durchdringung von Kunst und Politik innerhalb der USPD. 1920 vollendete Toller zwei Sprechchöre: *Requiem den erschossenen Brüdern* und *Der Tag des Proletariats*; beide wurden noch vor Jahresende in der »proletarischen Feierstunde« uraufgeführt, eine Einrichtung, die die USPD in Berlin ins Leben gerufen hatte als Teil ihrer Bemühungen, die Entwicklung von Kunstformen mit einem ausgeprägt proletarischen Anspruch zu fördern.[12] Tollers Chordichtungen erwiesen sich als höchst populär, sie wurden oft aufgeführt und fanden schon bald Nachahmer; er selbst hingegen verlor schnell das Interesse an dieser Form und wendete sich nach 1920 davon ab.

Der fatalistische Zug von *Masse-Mensch* sollte in Tollers Arbeiten zunehmend deutlicher werden. Der Optimismus der *Wandlung* mit seiner naiven Annahme, durch die Kraft der geistigen Erneuerung gesellschaftlichen Wandel bewirken zu können, hatte sich als illusorisch erwiesen: »Könnte ich nur wie früher an Neugeburt, an reineres Werden glauben«, schrieb er 1920.[13] Das Verblassen dieses Ideals zieht sich wie ein roter Faden durch seine Korrespondenz in den Jahren 1920 und 1921:

> Ich glaube nicht mehr an Wandlung zu »neuem« Menschentum, zu »neuem« Geist. Jede »Wandlung« ist Faltung und Entfaltung. Tiefer denn je spüre ich den Sinn des tragischen und gnädigen Wortes Pindars: Der Mensch wird, was er ist.[14]

Obwohl er den Glauben an die »erlösende Kraft des Sozialismus« verloren hatte, hielt er ihn weiterhin für die »neue notwendige Wirtschaftsgestaltung ... ein gigantisches Werk«.[15]

Als die emotionalen Auswirkungen der Revolution nachließen, mühte sich Toller um eine Neubewertung seiner politischen Position, bestrebt, eine realistischere Grundlage für seine Überzeugungen zu finden. Ihm war wichtig, seine eigenen Erfahrungen in einen geschichtlichen Zusammenhang einzuordnen. Im Sommer 1920 begann er, sich intensiv mit der Theorie und Geschichte des Sozialismus zu befassen: »Weil ich immer deutlicher erkenne, daß Politik mehr verlangt als ›Gesinnung‹, ›seelische Grundstimmung‹, ›Ethos‹, und gründliche sachliche Kenntnisse notwendig sind, um die Gesetze des politischen Handelns beherrschen zu können.«[16]

Die Maschinenstürmer

Tollers Bemühungen, seine Erfahrungen in einen geschichtlichen Kontext zu rücken, ließen ihn für sein nächstes Stück, das er im Winter 1920/21 schrieb, einen historischen Stoff wählen.[17] Tollers »Drama aus der Zeit der Ludditenbewegung in England« basiert frei auf Vorfällen, die sich 1811/12 in Nottinghamshire ereigneten, als die Weber der Grafschaft die neuen Maschinenwebstühle zerstörten, weil sie um ihr Auskommen fürchteten.

Sprache und Aufbau des Stücks entsprechen seinem realistischen Sujet. Zum ersten Mal verzichtet Toller auf die formalen Möglichkeiten des expressionistischen Theaters – die Traumszenen, die symbolhaften Figuren, die überhöhte Sprache –, Aufbau und Handlung folgen dem Vorbild des klassischen Fünfakters. Es gibt einen konkreten historischen Schauplatz, die auftretenden Figuren sind unterscheidbare Individuen, und die Dialoge sind weitgehend naturalistisch. Die politische Umorientierung ging folglich einher mit einer künstlerischen Wende, aber dieser Prozeß dauerte lange und war oft schwierig. Im Gegensatz zu *Masse-Mensch*, das er in kürzester Zeit in einem einzigen schöpferischen Ausbruch niedergeschrieben hatte, war das neue Stück ein Ergebnis langwieriger Überlegungen, die sich über mehrere Monate hinzogen; zumindest fünf Entwürfe entstanden nacheinander.[18]

Der Prolog des Stücks zeigt eine Debatte im englischen Oberhaus, in der es um ein Gesetz geht, das die Zerstörung von Maschinen unter Todesstrafe stellt. Nur Lord Byron spricht sich gegen das Gesetz aus. Das Stück selbst handelt von folgendem: Jimmy Cobbett, ein herumziehender Handwerksgeselle, der sich der politischen Lage im Lande bewußt ist, kehrt in seine Heimatstadt Nottingham zurück, wo die Weber gerade gegen die Einführung neuer Maschinen durch den Fabrikanten Ure streiken. Während Jimmys Abwesenheit hat sich sein Bruder Henry zum Geschäftsführer bei Ure hochgearbeitet. Als Jimmy hört, daß die Weber unter Führung von John Wible planen, »die Maschine« zu zerstören, spricht er zu ihnen und überzeugt sie davon, daß ihr Feind nicht die Maschine sei, sondern das Wirtschaftssystem, das sich diese zunutze mache. Um politische Veränderungen zu erreichen, müßten sie sich der landesweiten Gewerkschaftsbewegung anschließen, die sich gerade formierte. Durch seinen Erfolg macht Jimmy sich Wible zum Feind, mit dessen Hilfe Henry Cobbett eine Intrige einfädelt, um seinen Bruder loszuwerden. Wibles Plan, die Maschinen zu zerstören, kommt Ure sogar entgegen, da dies den Vorwand für weitergehende Repressionen der Regierungsbehörden liefern würde. Um den Streik zu brechen, läßt Ure Frauen und Kinder in der Fabrik arbeiten. Während Jimmy auf sofortige Verhandlungen mit Ure drängt, ruft Wible zu Gewaltaktionen auf und stachelt die Männer dazu an, in die Fabrik einzudringen und »die Maschine« zu zerstören. Als Jimmy von ihrem Vorhaben erfährt, eilt er dorthin, um dies zu verhindern. Wible offenbart den Webern, daß Jimmy Henrys

Bruder ist und hetzt sie dazu auf, ihn als Verräter zu töten. Nach dem Mord erkennt Ned Lud, daß Jimmy recht hatte und daß sie angestiftet wurden, den falschen Feind zu bekämpfen.

Toller hatte sich schon einige Zeit für die Revolte der Ludditen interessiert, bevor er konkret mit der Arbeit an dem Stück begann. Die Revolte war ein Extrembeispiel des Konflikts zwischen Mensch und Maschine, der die Expressionisten so faszinierte; prototypisch in diesem Kontext ist Kaisers *Gas*-Trilogie. Toller selbst hatte das Thema bereits in seinen beiden vorhergehenden Stücken angeschnitten, aber diesmal interessierte ihn dessen allgemeinere historische Bedeutung:

> Ich beendete in diesem Winter ein dramatisches Gemälde »Die Ludditen«. – Die Ludditenbewegung ist eine der ersten bekannten großen Arbeiterbewegungen, die in der Geschichte des Sozialismus, auch bei Marx, eine gewichtige Rolle spielt. Ein erstes Aufflackern jener Bewegung, die später zum Chartistenaufstand reifte.[19]

Demnach interessierte ihn die Revolte der Ludditen als ein erstes Beispiel für ein gemeinsames Vorgehen der Arbeiterklasse – das heißt, als ein historischer Wendepunkt. Dies zeugt von einer dialektischen Geschichtsauffassung, abgeleitet von den historischen Werken, mit denen er sich hauptsächlich auseinandersetzte: Marx' *Kapital*, die *Geschichte des Sozialismus in England* des deutschen Historikers Max Beer und Engels' *Die Lage der arbeitenden Klasse in England*.[20] Vor allem Engels' Arbeit wies ihn auf die dialektische Bedeutung seines Themas hin und lieferte zudem viele der Details über die Lebens- und Arbeitsbedingungen, die in dem Stück verwendet sind.[21]

Toller ging bewußt daran, das Drama einer sozialen Klasse zu schreiben; in seinem Briefwechsel mit dem Historiker Gustav Mayer betonte er, daß der eigentliche Protagonist des Stücks »die Weber« seien. In seinen früheren Stücken hatte er die Massen weitgehend mit den typischen Mitteln des expressionistischen Theaters dargestellt. In den *Maschinenstürmern* tauchen die Massen aus der kollektiven Anonymität auf und werden zu unterscheidbaren Individuen. Gleichwohl bleibt ihr Vorgehen kollektiv. Sie werden aus materialistischer Sicht geschildert. Ihre Situation ist das Resultat einer bestimmten Entwicklungsstufe des industriellen Kapitalismus, auf der sie durch einen Wandel der Produktionsverhältnisse zur entbehrlichen Ware degradiert werden. Ihr Bewußtsein ist begrenzt durch ihre materiellen Verhältnisse: Sie halten die Maschine an sich für die Ursache ihres Elends. Sie schreiben ihr fast übernatürliche Kräfte zu und sehen in ihr einen Moloch, dem Menschen geopfert werden. Die materiellen Bedingungen, die ihre verzweifelte Revolte ausgelöst haben, verurteilen eben diese auch zum Scheitern.

In der Masse der Weber ist Ned Lud von besonderer Bedeutung. Diese historisch nicht sicher verbürgte Figur, nach der sich die Maschinenstürmer benannten, sollte das Erwachen des revolutionären Bewußtseins in der Arbeiterklasse verkörpern. In Tollers Vorstellung war er ein typischer Arbeiter und weniger ein Anführer: »Ned Lud ist auch in meinem Drama nicht ›Führer‹. Er trägt das Antlitz eines geraden, mutigen Arbeiters, der keinerlei Führerqualitäten besitzt, keine eigenen politischen und wirtschaftlichen Erkenntnisse erringt...«.[22] Luds Mut wird deutlich, als er sich bereit erklärt, die Gewerkschaftskasse aufzubewahren, seine Redlichkeit zeigt sich, als er die Plünderung eines Krämerladens verurteilt. Er verkörpert die beginnende Solidarität unter den Arbeitern, aber auch ihre abergläubische Ehrfurcht vor der Maschine. Er ist der erste unter den Webern, den Jimmy »bekehrt«, aber er ist auch derjenige, der als erster auf ihn einschlägt. Lud ist das typische Beispiel für die Unsicherheit und den Wankelmut, die aus der materiellen Notlage der Weber resultieren. Nur in einem solchen Umfeld kann John Wible seinen Einfluß auf die Weber zurückgewinnen und sie dazu aufhetzen, Cobbett umzubringen.

Auch Wible ist ein Produkt seiner Umgebung: Als Kind wurde er von seinem Vater im Rausch zum Krüppel geschlagen; eingezwängt in ärmlichste Verhältnisse, ist er entschlossen, diesen zu entkommen. Er verfügt zwar über Führungsfähigkeiten, ist aber vor allem Demagoge, der die blinde Wut der Weber für seine eigenen Zwecke mißbraucht. Er versteht es, ihre einfältige Reaktion auf ihre verzweifelte Lage zu formulieren: »Wir sagen Fehde der Maschine. Ein Moloch lebt in Nottingham. Erschlagt ihn! Bis morgen mehrt er sich und heckt zu Tausenden die Ungeheuer!« (S. 140) In der Tat ist er genau deshalb ihr Führer geworden, weil er um ihre Gefühle und Ängste weiß und sie ausdrücken kann. Er ist sich dessen sehr wohl bewußt und sagt siegessicher voraus, daß er die Arbeiter besser versteht als Cobbett.

Mit der Rolle des Jimmy Cobbett wollte Toller das Auftauchen eines neuen Typs andeuten, das des politisch bewußten Industriearbeiters des zwanzigsten Jahrhunderts. Obwohl Cobbetts politisches

Verständnis seiner Zeit weit voraus ist, vermag er heraufzubeschwören, was die Arbeiter dumpf ersehnen: »Er sagt, was wir alle fühlen... was wir alle wollen«, versichert Ned Lud. Er überzeugt sie davon, daß nicht die Maschine, sondern das System sie ausbeutet: Wenn sie die Maschinen kontrollierten, könnten sie ihr Schicksal selbst in die Hand nehmen. Er erklärt auch, welche praktischen Schritte notwendig sind, um dieses Ziel zu erreichen: Organisierung und kollektives Vorgehen im (geheimen) Arbeiterbund. Gleichwohl ist Cobbett selbst ganz eindeutig weniger ein pragmatischer Organisator als ein Idealist und Utopist. Wie Eisner versucht er, die Arbeiter über ihre wahre politische Lage aufzuklären in der Hoffnung, daß aus dieser Aufklärung der Wille zur Revolution entstehen werde. Er beschwört eine zukünftige sozialistische Gesellschaft als einen ureigenen Menschheitstraum:

> Und doch ist Traum in euch! Traum vom Land der Wunder... Traum vom Land der Gerechtigkeit... vom Land der werkverbundenen Gemeinden... vom Land des werkverbundenen Volks... vom Land der werkverbundenen Menschheit... vom Land der schaffenden, freudigen Werkarbeit...
> Brüder! Bündet euch! Beginnt! Beginnt! Nicht Ich und Ich und Ich! Nein: Welt und Wir und Du und Ich! Wollt die Gemeinschaft allen Werkvolks, und ihr werdet sie erkämpfen. (S. 143)

Hier wird deutlich, in welchem Maße sich Toller ideologisch immer noch an Gustav Landauer orientierte, der glaubte, Sozialismus sei immer möglich, wenn ihn nur hinreichend viele Menschen wollten. Aber Toller bemühte sich, das idealistische Erbe Landauers und Eisners einer Neubewertung zu unterziehen. Cobbetts Idealismus wird erheblich relativiert durch den Skeptizismus des Bettlers, dessen er sich annimmt. Der Bettler nennt Cobbett einen Träumer und hält ihm vor, daß er die Arbeiter durch eine rosarote Brille sehe; präzise sagt er voraus, wie es ihm schließlich mit ihnen ergehen wird. Er bestreitet nicht die Möglichkeit eines zukünftigen Sieges, aber mahnt Cobbett zu erkennen, was für Menschen er vor sich hat. Der Mord an Cobbett widerlegt dessen Idealismus nur allzu deutlich, aber sein Tod war nicht vergeblich, da er dazu beiträgt, daß Ned Lud die politische Situation besser zu verstehen beginnt. Cobbetts Ideen sind gescheitert, aber die letzten trotzigen Worte Luds machen klar, daß die gegenwärtige Niederlage gemildert wird durch die Aussicht auf den zukünftigen Sieg:

> So sperrt uns ein! Wir wissen, was wir taten! Und wollen sühnen, daß wir den erschlugen, andere werden kommen ... Wissender, gläubiger, mutiger als wir. Es wankt schon euer Reich, ihr Herren Englands! (S. 189)

Die Maschinenstürmer hat eine Reihe offenkundiger Schwächen, nicht zuletzt die, daß Jimmy Cobbett als historische Figur insgesamt nicht überzeugt. Zum einen ist sein politisches Bewußtsein merklich anachronistisch (seine Kritik an den kapitalistischen Produktionsverhältnissen zum Beispiel gehört in den Kontext des zwanzigsten Jahrhunderts), zum anderen passen auch seine praktischen Vorschläge nicht recht zu seinem überschwenglichen Idealismus. Allzu leicht verfällt er in jenen Tonfall des Menschheitsbeglückers, der so typisch für den Expressionismus war. Tollers Neigung zu predigen, dokumentiert das Stück nicht eben selten. Für den Kritiker Stefan Großmann handelte es sich daher weniger um ein Drama als um Tollers gesammelte Reden.[23]

Eine weitere Schwäche liegt in der oft unglücklichen Verbindung von Realismus und Symbolismus, von Prosa und Vers, von naturalistischer und gehobener Diktion. Allein schon die stilistische Mischung zeigt, daß *Die Maschinenstürmer* ein Werk des Übergangs ist, es veranschaulicht Tollers politische und künstlerische Entwicklung zwischen 1920 und 1921. Auf der persönlichen Ebene war es der Versuch, die Erfahrung der Revolution mittels historischer Distanzierung zu bewältigen; auf der ideologischen Ebene war es der Versuch, das idealistische Erbe Landauers und Eisners in den materialistischen Kontext geschichtlicher Entwicklung zu integrieren: also auf Eisners Spuren zu wandeln und die Aussöhnung von Kant und Marx zu versuchen. Trotz seiner Schwächen bleibt *Die Maschinenstürmer* ein provozierendes und interessantes Stück, das dramatisch höchst eindrucksvolle Szenen enthält.

Eben diese dramatischen Qualitäten vermochte Karlheinz Martin in seiner vielbejubelten Inszenierung an Max Reinhardts Großem Schauspielhaus zur Geltung zu bringen. Das Große Schauspielhaus hatte früher den Zirkus Schumann beherbergt. Nach dem Krieg war es umgebaut und am 30. Juni 1922 von Reinhardt wiedereröffnet worden, der dort seine Experimente mit »Massenaufführungen« auf die Bühne bringen wollte. Es gab einen riesigen Zuschauerraum mit fünftausend Sitzplätzen und eine große Bühne, die Martin ausnutzte, um turbulente Massenszenen zu inszenieren. Der junge John Heartfield entwarf ein Bühnenbild, in dem die gigantische Maschine die gesamte Szenerie überragte und die Weber wie Zwerge aussehen ließ, was etwas von deren abergläubischen Ängstlichkeit und Ehrfurcht vor der Maschine vermittelte. Die Rolle des Cobbett wurde von Wilhelm Dieterle gespielt, der sich später als Filmregisseur in Hollywood einen Namen machte. Zur Besetzung gehörte auch Alexander Granach, der in der Folgezeit durch seine enge Zusammenarbeit mit Erwin Piscator bekannt wurde. In Piscators Inszenierung von Tollers *Hoppla, wir leben!* sollte Granach dann die Hauptrolle spielen.

Bei der Premiere kam es zu außergewöhnlichen Zwischenfällen, selbst wenn man die zweifellos nicht eben gewöhnlichen Standards des Weimarer Theaters zum Maßstab nimmt. Die dramatische Wirkung des Stücks verstärkte sich durch Publikumsreaktionen, die den historischen Rahmen des Themas sprengten. Weniger als eine Woche vor der Premiere war Walter Rathenau, Außenminister der Republik und Architekt des Rapallovertrags mit Rußland, von nationalistischen Studenten ermordet worden. Als Cobbett in der Schlußszene von den Webern erschlagen wird, riefen viele im Publikum Rathenaus Namen. Alfred Döblin beschrieb die politisch geladene Atmosphäre im Theater und die kindliche Anteilnahme der Zuschauer am Bühnengeschehen. Cobbetts Reden wurden oft durch starken Beifall unterbrochen, wogegen jedes Auftreten von Ure mit Buhrufen quittiert wurde. Nach dem Schlußvorhang gab es langanhaltenden Applaus, bis schließlich Karlheinz Martin erschien und bei seiner Ansprache an das Publikum die Hoffnung äußerte, daß der neue Wind, der in Deutschland wehe, Toller bald befreien möge.[24] Nicht einmal einen Monat später verkündete die Reichsregierung als Antwort auf die Ermordung Rathenaus eine Generalamnestie für alle politischen Gefangenen, aber die bayerische Regierung weigerte sich, diese durchzuführen. Was Toller betrifft, so hatte er bereits ein neues Stück fertiggestellt: *Hinkemann*; es sollte noch stürmischer aufgenommen werden.

Hinkemann

Hinkemann, 1921/22 geschrieben, war wahrscheinlich Tollers erfolgreichstes und sicherlich sein am heftigsten umstrittenes Stück.[25] Zugleich ist es sein düsterstes. Der höchst pessimistische Schluß grenzt ans Unerträgliche.

Der durch eine Kriegsverwundung impotent gewordene Hinkemann ist Leiderfahrungen gegenüber aufs äußerste sensibilisiert. Als seine Schwiegermutter einen Singvogel mit einer Stricknadel blendet, ist er derart entsetzt, daß er daran zu zweifeln beginnt, ob seine Frau Grete ihn noch liebt. Seine Zweifel und sein Selbstmitleid führen dazu, daß Grete Trost sucht bei Grosshahn, einem billigen Schürzenjäger, dem sie das Geheimnis von Hinkemanns Impotenz anvertraut. Da Hinkemann unbedingt Arbeit braucht, nimmt er einen Job auf einem Rummelplatz an: Als »Bärenmensch« muß er lebenden Ratten das Blut aussaugen, um ein degeneriertes und blutdürstiges Publikum bei Laune zu halten. Grete geht zufällig mit Grosshahn auf den Rummel und sieht Hinkemanns Auftritt; sie erkennt schlagartig, wie sehr er sie liebt, und bricht ihre Beziehung zu Grosshahn ab. Später, in einer Arbeiterwirtschaft, diskutiert Hinkemann mit anderen Arbeitern über ihre täglichen Sorgen. Grosshahn kommt hinzu. Er ist immer noch verärgert, daß Grete ihn abgewiesen hat, und verrät Hinkemanns Geheimnis den anderen Arbeitern, die in Gelächter ausbrechen. Hinkemann stürmt hinaus und bricht zusammen. In einer alptraumartigen Vision erkennt er die Welt, wie sie ist – und er erkennt, daß er keinen Platz darin hat. Obwohl er seiner Frau letztlich vergibt, ist sein Glaube an ihre Liebe zerstört. Seine Hoffnungslosigkeit treibt Grete in den Selbstmord. Als der Vorhang fällt, sieht man, wie Hinkemann Vorbereitungen trifft, sich zu erhängen.

Wie viele andere linke Intellektuelle in Deutschland geriet Toller in den Jahren 1921/22 in eine geistige Krise.[26] Die politischen Entwicklungen deprimierten ihn zunehmend. Das Scheitern der Revolution war nun unzweifelhaft; Extremismus, Arbeitslosigkeit und Inflation grassierten. Toller machte das Parteidenken für die politische Ohnmacht der Linken verantwortlich; er kritisierte gleichermaßen den Opportunismus der SPD wie die linksextreme Abenteuerpolitik der KPD. Zur politischen Desillusionierung kam, daß sich sein Gesundheitszustand in besorgniserregendem Maße verschlechterte. Er klagte über heftige Kopfschmerzen, die ihn oft an der Arbeit hinderten.

Als Toller die erste Fassung von *Hinkemann* im Oktober 1921 beendet hatte, schickte er das Manuskript an die Berliner Volksbühne;[27] Anfang 1922 überarbeitete er das Stück und stellte im Juni die endgültige Fassung fertig. Seine Briefe aus dem Gefängnis zeugen beredt davon, wie er sich während dieser Monate fühlte. Er näherte sich einer tragischen Auffassung von Geschichte, die er mehr und mehr als einen immer wiederkehrenden Zyklus von Revolte und Unterdrückung wahrnahm:

> Las die *Geschichte der sozialen Kämpfe* von Beer. Wiederkehr der gleichen Kämpfe, der gleichen Ideen, des gleichen Widerstreits zwischen Realität und Idee, des gleichen Heroismus, der gleichen Sackgassen, der gleichen Verwechslungen zwischen Nöten der Massen und Nöten der Intellektuellen - von Revolution zu Reaktion, von Reaktion zu Revolution, der gleiche Kreislauf. Wozu? Wohin? Ich habe ein tiefes, tiefes Heimweh. Und das Heim heißt: Nichts.[28]

In einem Brief an Beer selbst bekannte er später, daß ihn die Lektüre des Werkes in einen »Zustand eigentümlicher Depression« stürzte: »Und dieser Eindruck ließ mich wochenlang nicht los.«[29] Es war sicherlich diese »eigentümliche Depression«, die in *Hinkemann* zu spüren ist, trotz aller späteren Bemühungen Tollers, dies abzuschwächen.

Das Stück war ein Versuch, die Vorstellung von »proletarischer Kunst« in die Tat umzusetzen. 1920 hatte Toller begonnen, die Idee zu formulieren; 1921 war von diesen Überlegungen eine ziemliche allgemeine Definition übriggeblieben, die zusammen mit den ersten Auszügen aus *Hinkemann* veröffentlicht wurde:

> Die proletarische Kunst *mündet* im Menschlichen, ist im tiefsten allumfassend – wie das Leben, wie der Tod. Es gibt eine proletarische Kunst nur insofern, als für den Gestaltenden die Mannigfaltigkeiten proletarischen Seelenlebens Wege zur Formung des Ewig-Menschlichen sind.[30]

Bei gleicher Gelegenheit nannte er das Stück »eine proletarische Tragödie«, in der, wie eine Anmerkung erläuterte, der Protagonist repräsentative Bedeutung habe:

> Dir widme ich dieses Drama, namenloser Prolet. Dir namenloser Held der Menschlichkeit, von dem kein Ruh-

> mesbuch meldet, keine Revolutionsgeschichte, kein Parteilexikon. Nur irgendein Polizeibericht im Winkel der Presse weiß von Dir unter der leidenschaftslosen Rubrik: ›Unfälle und Selbstmorde‹ zu sagen. Eugen Hinkemann ist Dein Symbol.[31]

Die Tragödie des Individuums sollte für die einer ganzen sozialen Klasse stehen. Aber die Tragödie von Hinkemann enthält noch eine weitere Dimension:

> Immer littest Du, in jeder Gesellschaft, in jedem Staat und wirst, von dunklem Schicksal gezeichnet, selbst leiden müssen, wenn in hellerer Zeit die sozialistische Gesellschaft erkämpft und gewachsen ist.

Hinkemann sollte nicht nur das Elend des Proletariats innerhalb des kapitalistischen Systems symbolisieren, sondern auch jenes menschliche Leid, das kein Gesellschaftssystem je wird lindern können. Wenn Toller sich später zu dem Stück äußerte, betonte er immer diesen Aspekt; wie auch immer, es bleibt festzustellen, daß Tollers ursprüngliche Idee in den Inszenierungen teilweise entstellt worden ist.

Hinkemann ist in stilistischer Hinsicht etwas ambivalent; es finden sich sowohl realistische wie expressionistische Elemente. Zum ersten Mal wählt Toller eine heimische und zeitgenössische Szenerie: Schauplatz ist Deutschland, die Handlung spielt »um 1921«, das Milieu ist proletarisch. Aber die Darstellung ist alles andere als naturalistisch, laut Regieanweisung soll das Arbeitermilieu nicht geschildert, sondern »angedeutet« werden – eine gebräuchliche Wendung, um die Darstellungstechniken des expressionistischen Theaters zu beschreiben. Überdies bildet ein längeres traumartiges Zwischenspiel, ganz im expressionistischen Stil, die zentrale Szene des Stücks.

Ambivalent ist auch das dramatische Geschehen: Hinkemann wird einerseits als Leidtragender eines soziökonomischen Systems dargestellt, andererseits als Opfer eines grausamen und unberechenbaren Schicksals. In den ersten Szenen resultiert seine Not in hohem Maße aus seiner wirtschaftlichen Lage. Er ist in zweifacher Hinsicht Opfer gesellschaftlicher Unterdrückung: zum einen als Leidtragender des Krieges – mithin der kapitalistischen und militärischen Interessen, die diesen auslösten – und zum anderen als Betrogener einer Nachkriegsgesellschaft, die ihm das Recht auf Arbeit und menschliche Würde verweigert:

> Ich bin ja ein Hampelmann, an dem sie so lange gezogen haben, bis er kaputt war... Die Rente läßt uns nicht genug zum Leben und zuviel zum Sterben... (S. 198)

Die Schwierigkeiten in seiner Beziehung zu Grete verstärken sich noch durch die wirtschaftlichen Probleme. Er nimmt den widerwärtigen und entwürdigenden »Job« auf dem Rummel an, weil er meint, keine Alternative zu haben, wenn er für sie sorgen will – und ihre Liebe behalten möchte. Er fühlt sich hilflos, manipuliert von Kräften, auf die er keinen Einfluß hat; als er das Angebot des Budenbesitzers annimmt, stammelt er: »Och... och... och... och... achtzig Mark ... och... Unsereiner... unsereiner!... Wie'n... Karussell muß man sich drehen! Immer rundum! Immer rundum!... Ich tu's, Herr.« (S. 206) Er ist ganz offenkundig nicht nur physisch, sonder auch gesellschaftlich impotent.

Während Hinkemann das ökonomische Elend des Proletariats verkörpert, repräsentiert der Budenbesitzer den skrupellosen Kapitalismus. Er nutzt Hinkemann aus, um die Gelüste eines degenerierten Publikums zu befriedigen:

> Volk will Blut sehen!!! Blut!!! Trotz zweitausend Jahren christlicher Moral! Mein Unternehmen trägt dem Rechnung. So harmoniert Volksinteresse mit Privatinteresse. (S. 205)

Der Rummelplatz selbst mit seinen grellen und sensationsheischenden Attraktionen ist ein Symbol der Nachkriegsgesellschaft. Ein Aspekt jener Zeit wird dargestellt in einem alptraumartigen Zwischenspiel, in dem ein Chor verkrüppelter Soldaten auftritt, die auf Leierkästen spielen und Soldatenlieder singen: ein drastisches Bild für die schreckliche Hinterlassenschaft des Krieges.

Im Verlaufe des Dramas wechselt die Betonung vom Gesellschaftlichen zum Psychologischen, vom Materiellen zum Metaphysischen. Das Kernstück des Dramas bildet Hinkemanns Diskussion mit einer Gruppe von anderen Arbeitern. Sie tragen Namen, die ihre Einstellungen jeweils auf den Punkt bringen: »Unbeschwert« ist der dogmatische Marxist, für den der Sieg des Sozialismus auf unabänderlichen wissenschaftlichen Gesetzen beruht. Hinkemanns Zweifel daran, daß der Sozialismus jedermann Glück bringt, läßt er nicht gelten: »Es entstehen so Verhältnisse, die die Vernunft regelt. Mit drei Worten: eine vernünftige Menschheit... Und eine vernünftige Menschheit produziert ein glückliches Dasein.« (S. 216) »Knatsch« ist ein Anarchist, der nicht an die marxistische Dialektik glaubt, sondern an den »revolutionären Willen der Menschen«. »Singegott« ist ein frömmelnder Eiferer, dessen Religiosität die politische Überzeugung ersetzt; »Immergleich« hingegen ist alles egal, solange man ihn in Frieden läßt. Sie debattieren über die aktuellen Zustände in Deutschland, wobei jeder sein eigenes Allheilmittel propagiert und den Vorschlägen der anderen gegenüber taub bleibt. Ihr Dogmatismus und ihre gegenseitige Intoleranz ist ein mikrokosmisches Spiegelbild der tiefen ideologischen Gräben innerhalb der Arbeiterbewegung. Bezeichnenderweise sind sie allesamt gleichermaßen gefühllos gegenüber Hinkemanns Nöten. Als Grosshahn hinzukommt und ohne jede Rücksichtnahme das Geheimnis von Hinkemanns Impotenz preisgibt, brechen sie alle in schallendes Gelächter aus. Hinkemann ist empört und prangert ihre Grausamkeit, ihre bürgerliche Verkommenheit und Intoleranz scharf an:

> Ihr Toren! Was wißt ihr von der Qual einer armseligen Kreatur? Wie müßt ihr anders werden, um eine neue Gesellschaft zu bauen! Bekämpft den Bourgeois und seid aufgebläht von seinem Dünkel, seiner Selbstgerechtigkeit, seiner Herzensträgheit! Einer haßt den andern, weil er in ner anderen Parteisekte ist, weil er auf'n andres Programm schwört! Keiner hat Vertrauen zum andern. Keiner hat Vertrauen zu sich. Keine Tat, die nicht erstickt in Hader und Verrat. (S. 225)

Diese Szene ist der Wendepunkt des Dramas, die Peripetie. Was Hinkemann erleben mußte, wirkt wie eine Offenbarung:

> Ich bin sehend geworden! Bis auf den Grund sehe ich! Bis auf den nackten Grund. Die Menschen sehe ich! Die Zeit sehe ich! Herr Direktor, der Krieg ist wieder da! Die Menschen morden sich unter Gelächter! Die Menschen morden sich unter Gelächter! (S. 228)

Hinkemann erkennt die wahren gesellschaftlichen Verhältnisse in seinem Alptraum, einem typisch expressionistischen »Traumbild«: Er begegnet einer Reihe von Figuren, die die Korruptheit und Grausamkeit Nachkriegsdeutschlands darstellen: eine Prostituierte und ihr Zuhälter, eine alte Frau, die den neuen Messias entdeckt hat, zwei Freikorpssöldner, die sich an ihrer eigenen Brutalität ergötzen, ein

Straßenhändler, der dubiose Mittelchen gegen die Krankheiten der Gesellschaft feilbietet.

Im letzten Akt des Stücks mehren sich die realitätsfernen Zwischentöne, die Hinkemanns Elend vor einem metaphysischen Hintergrund erscheinen lassen. Seine Verletzung begreift er mehr und mehr als ein persönliches Unglück und sich selbst als Opfer eines willkürlichen und launischen Schicksals. Er ist gänzlich entmutigt. Jetzt erkennt er, daß das Leben nichts weiter ist als ein Überlebenskampf ohne jede Moral, ein Kampf, in dem grausame Banditen über ihre Mitmenschen herfallen. (Grete fleht ihren Mann an, sie nicht allein zu lassen »in einem Wald voll gehetzter Tiere«.) Dabei ist die Grausamkeit der Menschen weniger ein Produkt der gesellschaftlichen Verhältnisse als eines der menschlichen Natur an sich. Die Menschen werden getrieben von nackten Instinkten, gegen die Vernunft nichts auszurichten vermag: »Die lebendige Natur vom Menschen ist stärker als sein Verstand. Der Verstand, ein Mittel zum Selbstbetrug.« (S. 244)

Dies mit all seinen Implikationen erkennen zu müssen, treibt Hinkemann in die Verzweiflung. Er hat nicht mehr die Kraft, für seine Ideale zu kämpfen, da er jeden Glauben an ihre Realisierbarkeit verloren hat. Zwar verheißt der Sozialismus eine auf Vernunft basierende Alternative zu der Wirklichkeit, die Hinkemann erlebt hat, aber es gibt wenig Hoffnung, dieses Ziel zu erreichen: Wenn die Menschen sich selbst nicht ändern können, wie können sie hoffen, die Gesellschaft zu ändern? Diese Schlußfolgerung raubt ihm die letzten Kräfte. Da er außerstande ist, noch für seine Ideale einzutreten, will er auch nicht mehr weiterleben:

> Ich habe die Kraft nicht mehr. Die Kraft nicht mehr zu kämpfen, die Kraft nicht mehr zum Leben. Der Schuß, der war wie eine Frucht vom Baum der Erkenntnis... Alles Sehen wird mir Wissen, alles Wissen Leid... Einst wurde mir alles Leid: Wille... Ich will nicht mehr. (S. 245)

Die Verzweiflung in diesen Gedanken steckt auch Grete an, die keinen Ausweg mehr sieht: Sie sind gefangen wie Insekten in einem Spinnennetz, ein Motiv, das Hinkemann in seinem Schlußmonolog noch einmal aufgreift.

In einer Welt, in der menschliches Leid die unvermeidliche Folge menschlicher Grausamkeit ist, wählt sich ein unbarmherziges Schicksal willkürlich seine Opfer:

> Und ich steh noch hier ... ich steh hier, kolossal und lächerlich ... Immer werden Menschen stehen in ihrer Zeit wie ich. Warum aber trifft es mich, gerade mich? ... Wahllos trifft es. Den trifft es und den trifft es. Den trifft es nicht und den trifft es nicht ... Was wissen wir? ... Woher? ... Wohin? ... Jeder Tag kann das Paradies bringen, jede Nacht die Sintflut. (S. 247)

In diesem Zusammenhang gibt es weder Muster noch Zweck in der Menschheitsgeschichte, nur tiefen existentiellen Pessimismus. Das Stück endet in völliger Resignation: Hinkemann bereitet den Strick vor, mit dem er sich erhängen wird.

In intellektueller und dramaturgischer Hinsicht ist *Hinkemann* vollkommen brüchig, und dennoch bleibt es ein wirkungsvolles Stück mit einigen beeindruckenden Szenen. Psychologisch betrachtet ist es ein Zeugnis einer geistigen Krise, das den tiefen Pessimismus zum Vorschein bringt, mit dem Toller für den Rest seines Lebens zu kämpfen hatte und der schließlich auch sein Engagement für einen künftigen Sozialismus untergrub. Auch biographisch ist es von einiger Wichtigkeit: Begonnen 1921, fertiggestellt 1922, veröffentlicht und uraufgeführt 1923 und überarbeitet in den ersten Monaten des Jahres 1924, beschäftigte es Toller die letzten drei Jahre seiner Haft hindurch.

Der tiefe Pessimismus von *Hinkemann* wird durch die ersten Reaktionen auf das Stück kaum abgeschwächt worden sein. Die erste Fassung hatte er im Oktober 1921 an die Volksbühne geschickt. Die Berliner Volksbühne war in den neunziger Jahren des letzten Jahrhunderts ursprünglich gegründet worden, um der Arbeiterklasse das Theater nahezubringen. Zu Beginn der zwanziger Jahre hatten etwa 450 000 Arbeiter ein Abonnement; das Theater hatte damit das mit Abstand größte Arbeiterpublikum. Toller hatte anfangs gehofft, daß Jürgen Fehling, der *Masse-Mensch* für die Volksbühne inszeniert hatte, auch *Hinkemann* inszenieren würde, aber Friedrich Kayssler, der Intendant der Volksbühne, lehnte das Stück schließlich ab, weil das Thema Entmannung und Impotenz für eine öffentliche Aufführung nicht geeignet sei.[32]

Solch vermeintliche Sittenstrenge enttäuschte Toller zutiefst: Die Bühne, die er einst als das »berufene Organ des proletarischen Willens zur Kunst«[33] gepriesen hatte, schien nun ein Hort des künstlerischen Konservatismus geworden zu sein. Er bedauerte, daß das Stück nicht vor dem Publikum aufgeführt wurde, für das er es geschrieben hatte: die Arbeiter. Umso mehr muß es ihn gefreut haben, als das Stück am Alten Theater in Leipzig angenommen wurde. Die Inszenierung stand unter der Schirmherrschaft des Arbeiterbildungsinstituts, einer der führenden kulturellen Organisationen innerhalb der Arbeiterbewegung. Die Uraufführung von *Hinkemann* fand am 19. September 1923 statt und wurde ein großer Erfolg. *Kulturwille*, die Kulturzeitschrift des Instituts, beschrieb die Inszenierung als »das wichtigste Theaterereignis des Jahres«.[34]

Als das Stück 1923 unter dem Titel *Der deutsche Hinkemann* erstveröffentlicht wurde, interpretierte man es vielfach als eine allegorische Darstellung Deutschlands, in der die Impotenz Hinkemanns für die Ohnmacht einer geschlagenen Nation stand. Toller lehnte diese Deutung ab und hatte, um Mißverständnissen vorzubeugen, den ursprünglichen Titel auf *Hinkemann* gekürzt. Bei der Leipziger Aufführung gab es keinerlei Zwischenfälle, aber als das Stück wenige Monate später in Dresden inszeniert wurde, kam es während der Vorstellung zu Tumulten.[35]

Die Inszenierung am Dresdener Staatstheater fand in einer Zeit extremer politischer Spannungen statt. Im Herbst 1923 war in Sachsen und Thüringen eine Volksfrontregierung aus Sozialisten und Kommunisten an die Macht gekommen. Die reaktionäre und diktatorische Kahr-Regierung in Bayern hatte Truppen an die Grenze abkommandiert, um der Bedrohung zu begegnen, welche die Entwicklung der Ereignisse angeblich darstelle. Da die Reichsregierung sich gegenüber den Landesbehörden nicht hatte durchsetzen können, war Deutschland einmal mehr von Separatismus und Bürgerkrieg bedroht. Am 29. Oktober intervenierten Reichswehrtruppen, um die Volksfrontregierung in Sachsen abzusetzen. Einige Tage später, in einer Atmosphäre gesteigerter nationalistischer Erwartungen, unternahm Hitler den Putschversuch in München. Vor diesem Hintergrund wurde die Aufführung von *Hinkemann* zum Anlaß für einen politischen Skandal, der nichts mehr mit dem vermeintlichen Inhalt des Stücks zu tun hatte.

Die Premiere fand am 17. Januar 1924 statt, dem Vorabend des Jahrestags der Reichsgründung, ein Jahrestag, der einen Vorwand bot für Demonstrationen gegen die verhaßte Republik. In einer generalstabsmäßig geplanten Aktion kauften Nazis und andere Nationalisten etwa 800 Eintrittskarten für die Vorstellung. Im Theater kam es, lange bevor sich der Vorhang hob, zu Störungen und Buhrufen. Als der Regisseur und die Schauspieler versuchten, das Publikum zu beruhigen, bewirkten sie nur das Gegenteil: Unter donnerndem Applaus grölten die Zuschauer die Nationalhymne und »Die Wacht am Rhein«; anschließend hielten sie Hetzreden gegen die Republik, die durchsetzt waren mit antisemitischen Beschimpfungen. Die Polizei legte eine ganz und gar untypische Zurückhaltung an den Tag und begnügte sich damit, die Rädelsführer herauszugreifen und deren Personalien aufzunehmen; danach wurde ihnen gestattet, auf ihre Plätze zurückzukehren. Wie entgegenkommend die Behörden waren, zeigte sich noch deutlicher in dem anschließenden Prozeß, in dem gegen sieben Nationalisten wegen ihrer Verwicklung in die Vorkommnisse verhandelt wurde. Der Richter sprach sie frei mit der Begründung, daß das Stück ihre patriotischen Empfindungen und ihre persönliche Ehre verletzt habe, so daß sie in Notwehr gehandelt hätten. Ein Urteil, das, selbst gemessen an den Maßstäben der politischen Justiz in der Weimarer Republik, berüchtigt wurde.[36]

Die nationalistische Kampagne gegen *Hinkemann*, in der Tollers Name einmal mehr im Brennpunkt heftigster politischer Auseinandersetzungen in einer gespaltenen Republik stand, hatte beunruhigend viel Erfolg; sie lieferte ein Beispiel für die taktische Vorgehensweise der Nationalsozialisten in den letzten Jahren der Weimarer Republik. *Hinkemann* wurde in Dresden nach der ersten Aufführung aus dem Programm genommen, nachdem es gegen den Regisseur und die Schauspieler Morddrohungen gegeben hatte. In Jena und Delitzsch wurden geplante Inszenierungen nach ähnlichen Einschüchterungen wieder gestrichen. In Wien war eine Inszenierung nur dadurch möglich, daß Arbeitermilizen die Aufführung absicherten. Dem Stück eilte ein solcher Ruf voraus, daß die vorgesehene Berliner Inszenierung sogar in Regierungskreisen diskutiert wurde. Toller selbst bemerkte, daß »hohe Behörden der Ebertschen Republik sich mit der Frage des Verbots der Aufführung befassen«.[37] Der Außenminister und frühere Reichskanzler Gustav Stresemann aber lehnte jeden staatlichen Eingriff ab; für den preußischen Innenminister hingegen war die Inszenierung »eine Sache der Republik«.[38] Während der Aufführungen am Residenztheater gab es ein riesiges Polizeiaufgebot. Tollers Gesuch an die bayerischen Behörden, Hafturlaub für eine Teilnahme an den Proben zu erhalten, wurde mit der Begründung abgelehnt, daß »die Bewilligung einer Strafunterbrechung zu diesem Zwecke mit dem Ernste des Strafvollzugs nicht vereinbar« sei.[39]

Die Resignation und Ernüchterung in *Hinkemann* markiert den Tiefpunkt von Tollers seelischer Verfassung während der Haft: eine Sackgasse, aus der nur Umkehr hinausführte. In den Monaten nach der Fertigstellung des Stücks unternahm er entschiedene Anstrengungen, seinen Pessimismus zu überwinden und sich wieder zu vergewissern, was zu tun war:

> Was das Geschick uns in den nächsten Jahren bringt? Wer kann prophezeien? Die Lage Deutschlands ist verfahren ... Wir gehen einer chaotischen Epoche entgegen. Es wird nicht ›schön und bequem‹ sein, in den nächsten fünfzig Jahren in Europa zu leben. Nicht müde werden, wach bleiben und sich bewahren und bereit sein.[40]

Der entfesselte Wotan

Tollers gewandelte Einstellung wird deutlich, als er nach mehreren Monaten Unterbrechung seine literarische Arbeit wieder aufnimmt. Sein nächstes Stück war die Komödie *Der entfesselte Wotan*, geschrieben Anfang 1923 und noch im selben Jahr veröffentlicht.[41] Daß Toller nach dem düsteren Pessimismus von *Hinkemann* ausgerechnet eine Komödie schreiben sollte, scheint fast unbegreiflich, wie er selbst zugab:

> Endlich – nach langer Pause – kann ich wieder schaffen. Eine Komödie ist im Entstehen. Hätte nicht geglaubt, daß ich je eine Komödie werde schreiben können: Man muß die naiven und raffinierten, die törichten und leidgefügten Donquixoterien des Menschenherzens geschaut haben, und es muß einem dabei ein Gran lächelnder Weisheit zugewachsen sein – sonst bleibt der Versuch, eine Komödie zu formen, naiver Versuch des Sich-selbstbeschwindelns.[42]

Das Stück handelt vom Aufstieg und Fall des größenwahnsinnigen Barbiers Wilhelm Dietrich Wotan, der, enttäuscht vom Nachkriegsdeutschland, den abenteuerlichen Plan verfolgt, eine Kolonie in Brasilien zu gründen, angeblich zur Rettung der Nation. Mit einer raffinierten Mischung aus Demagogie und Betrug findet er die Unterstützung von Bankleuten, Armeeoffizieren und Aristokraten, und schließlich gelingt es ihm auch, den Beifall der Massen zu gewinnen. Als sich sein Vorhaben als betrügerisch herausstellt, wird er inhaftiert, erhält aber von den Behörden die Versicherung, daß er nachsichtig behandelt werden wird.

Toller dachte sich das Stück sicherlich als eine zeitgenössische Satire auf den wiederauflebenden Nationalismus und Antisemitismus. Er spürte, daß er in *Hinkemann* die Ereignisse prophezeit hatte, die in Deutschland nun eingetreten waren: »Daß wir aber aus diesem Taumel der Dumpfheit herausfinden, dazu soll der *Wotan* mithelfen.«[43] Er äußerte seine Enttäuschung darüber, daß das Stück nicht sofort aufgeführt wurde. Die Komödie stellte für ihn den Versuch dar, die gesellschaftliche Realität positiv zu beeinflussen: Er wollte mit den Mitteln der Satire die unheilvolle Anziehungskraft des »völkischen« Nationalismus unterminieren, indem er dessen psychologische Ursachen bloßlegte.

Diesen fanatischen Nationalismus personifiziert Wotan, der nach dem Bild der germanischen Gottheit geformt ist, wie der Prolog verdeutlicht, der das Wiederaufleben der germanischen Mythologie grell parodiert. Er ist enttäuscht vom Nachkriegsdeutschland: »Dem Offizier stiehlt man sein Recht auf Krieg... Dem Rentner sein Recht auf Golddividende... Dem Beamten stiehlt man Titel und Orden. Dem Adel Ministerposten.« (S. 261) Seine ausgesprochen antisemitischen Ressentiments greifen die »völkische« Legende von der jüdischen Weltverschwörung auf: »Die Juden stecken dahinter! Die dreihundert Weisen von Zion!... Sie werden ihre krummen Nasen mit Gold umpanzern! Sie werden das blauäugige Heldenweib in ihr schmutziges Bett zerren!« (S. 260) Er verkörpert auch das nationalistische Ressentiment wider die verhaßte Republik, deren Anführer Deutschland in »Irrnis und Wirrnis, in Chaos und Wüste« gestürzt hätten. Er attackiert Frankreich als den Erbfeind und wettert gegen den »Dolchstoß«.

Viele dieser Charakteristika sind gängige Erscheinungsformen nationalistischer Ideologie in Deutschland, aber andere Merkmale Wotans weisen eine erstaunliche Ähnlichkeit mit dem jungen Adolf Hitler auf; interessant daran ist, daß Toller das Stück schrieb, bevor Hitler durch seinen Putschversuch nationale Bedeutung erlangt hatte. Wotan ist ein Demagoge: Nicht zufällig ist er von Beruf Barbier, »Schaumschläger« eben. Er wählt Bayern als Ausgangspunkt für seine Unternehmungen: In den frühen zwanziger Jahren war der Freistaat zum Zufluchtsort verschiedener reaktionärer Vereinigungen geworden, einschließlich der Nazis. Wotan ist nicht nur Antisemit, aber er prangert insbesondere das jüdische Finanzkapital an und benutzt dabei das Nazi-Schlagwort von der »Zinsknechtschaft«. Bezeichnenderweise gilt sein größter Haß der »roten« Schande.

Wotan ist der kleine Mann, der an Größenwahn leidet. Er hält sich selbst für einen Künstler, dessen Genie verkannt wird: Er ist stolz auf seine Zeichenkünste und beklagt, daß seine Gedichte plagiiert und seine Erfindungen bewußt unterdrückt worden seien. Toller stellt ihn dar als einen Pseudo-Messias (»Diktator und Jesus in einer Person«). Er verkündet, daß er seine Anhänger in eine Zeit der Herrlichkeit führen werde. Nicht die Marxisten, sondern er, Wotan, sei dazu bestimmt, Europa zu erlösen. Als er verhaftet wird, erklärt er, daß die Weltgeschichte über ihn urteilen werde, und kündigt an, während der Haft seine Memoiren zu schreiben. (Das Stück endet mit dieser ominös prophetischen Äußerung.)

Der Polizist, der Wotan gefangennimmt, versichert ihm, daß er seitens der Justiz nichts zu befürchten habe: In zwei oder drei Tagen werde er wieder frei sein. Wiederum gibt es eine Parallele zu Hitler: Auch er wurde von der Justiz mit äußerster Nachsicht behandelt. Als er im September 1921 mit seinen Anhängern gewaltsam eine Versammlung des föderalistischen Bayernbundes gesprengt hatte, wurde ihm lediglich Störung der öffentlichen Ordnung zur Last gelegt; die Haftstrafe von drei Monaten wurde zur Bewährung ausgesetzt.[44] Die Analogien zu Hitler sind derart evident, daß man kaum glauben mag, Tollers Stück sei tatsächlich durch einen seiner Mitgefangenen angeregt worden, der sich dem »völkischen« Nationalismus zugewandt hatte.[45]

Es ist Tollers großes Verdienst, daß er die Anziehungskraft des Nationalsozialismus zu erkennen vermochte. Mit *Wotan* liefert er mehr als eine Satire auf politischen Messianismus, er zeigt den gesellschaftlichen Nährboden, auf dem der Nationalsozialismus gedeihen sollte. Wotans Anhänger sind typische Vertreter der sozialen Klassen, die extremen nationalsozialistischen Ideen anhingen und schließlich Hitler unterstützten: der pensionierte Offizier, der reaktionäre Bankier, der sozial gesunkene Aristokrat, kleine Beamte. Wesentlich aber war, daß Wotan darüber hinaus auch die Massen für sich gewinnen konnte. »Reaktion und Kleinbürgertum rufen heute mit der gleichen Inbrunst nach der Diktatur und meinen: einen Diktator mit unbeschränkter Machtfülle. Dieser Ruf ist Ausdruck einer seelischen Stimmung, die erschreckt, weil sie auch die Massen ergreift.«[46] Er erkannte, daß die in Schulen und Kasernen eingetrichterte Disziplin die Massen in einem Klima wachsender wirtschaftlicher Verzweiflung zu einer leichten Beute skrupelloser Demagogie werden ließ. *Der entfesselte Wotan* ist ein pessimistisches Stück, indem es aufzeigt, wie leicht die Massen in den Bann eines politischen Scharlatans geraten. Den einzigen Lichtblick verheißt ein junger Arbeiter, der Wotans Mission zur Rettung Europas entgegentritt: »Was liegt an *Eurem* Europa! Jedes Leichenfeld wird Brachfeld. Zum Brachfeld kommt der Pflüger...«. (S. 262) Toller widmete sein Stück »den Pflügern«, die seinen Glauben an die Zukunft versinnbildlichen.

Einige zeitgenössische Kritiker fanden Tollers Satire auf den nationalistischen Größenwahn zu unbeschwert und heiter, dabei beginnt das Stück mit einer deutlichen Warnung:

> O Publikum! Lach nicht zu früh! Einst lachtest du zu spät und zahltest deine Blindheit mit lebendgen Leibern. Lach nicht zu früh! Doch – lach zur rechten Zeit. (S. 254)

Thematisch nimmt das Stück folglich Tollers spätere Warnungen vor den Gefahren des Faschismus vorweg; es dokumentiert, daß er dessen gesellschaftlichen und psychologischen Nährboden bereits zu einem so frühen Zeitpunkt wie 1923 erkannt hatte. Es überrascht vielleicht nicht einmal, daß das Stück in Deutschland auf wenig Wohlwollen stieß. Tatsächlich wurde es denn auch nicht in Deutschland zuerst aufgeführt: Die Welturaufführung fand 1924 in Moskau statt; in deutscher Sprache wurde es erstmals 1925 in Prag gespielt. Zur ersten Inszenierung in Deutschland kam es schließlich 1926, fast drei Jahre, nachdem er es geschrieben hatte. Toller selbst war davon überzeugt, daß die nationalistische Einschüchterungskampagne gegen *Hinkemann* die Theaterintendanten abschreckte, *Wotan* ins Programm zu nehmen. Nazi-Gruppen hatten bereits Demonstrationen gegen das Stück angedroht, als es in Prag gespielt wurde, und das, obwohl der Bezug zum Nationalsozialismus erst in der Berliner Inszenierung 1926 offen thematisiert wurde: Jetzt hatte man Tollers »Schaumschläger« auch äußerlich die Züge Adolf Hitlers verliehen. Toller hatte inzwischen das Ende umgeschrieben, um auf die geänderte Taktik der Nationalsozialisten hinzuweisen, die ihre Putschversuche aufgegeben hatten und nun über Wahlen an die Macht kommen wollten.[47]

Das Schwalbenbuch

Trotz seines brisanten Themas ist *Der entfesselte Wotan* ein eher unbedeutendes Stück. Tollers literarisches Hauptwerk im Jahr 1923 war der Gedichtzyklus *Das Schwalbenbuch*,[48] der praktisch in alle wichtigeren Sprachen übersetzt wurde und ihn weltberühmt machte. Toller war von den Schwalben inspiriert worden, die im Sommer 1922 in seiner Zelle genistet hatten. In diesen Gedichten, alle in freien Versen, beschreibt er die Gefühle, die die Betrachtung der Vögel in ihm weckt: Auf Elend und Verzweiflung folgen Erstaunen und Freude, schließlich stoische Gelassenheit und erneuertes Engagement. Das erste Gedicht spricht von der tiefen seelischen Krise, in die Toller nach dem Tod eines Freundes gestürzt war: Sein Mitgefangener August Hagemeister war aufgrund mangelnder ärztlicher Versorgung im Januar 1923 in Niederschönenfeld gestorben.[49] Sein Tod bringt die Monotonie und Isolation des Gefängnislebens noch deutlicher zum Vorschein. Sogar die geistige Freiheit, die die Integrität des Dichters bewahrt hat, ist bedroht, denn mehr und mehr wird die Haft auch zum Bewußtseinszustand:

> Und wohin Du blickst,
> Überall
> Überall siehst Du Gitterstäbe.
> Noch das Kind, das im fernen, ach so fernen
>   lupinenblühenden Feld spielt,
>   Ist gezwängt in die Gitterstäbe Deiner Augen.
> (S. 325–326)

Versunken in Selbstbetrachtungen, drängt sich dem Dichter sogar der Gedanke an Selbstmord auf. Ins Leben zurückgerufen wird er durch den Gesang der Schwalben, Vorboten des nahenden Frühlings, der Wiederbelebung und Erneuerung; beides sowohl Ursprung als auch Ziel der Revolution. Die Schwalben sind ein Symbol der Freiheit in einer repressiven Umgebung. Der Dichter spürt, daß die Haft nicht nur ein persönliches Unglück ist, sondern ein Symptom der gesellschaftlichen Verhältnisse – er ist »Gefangener eingekerkert von Gefangenen«. (S. 332) Die schrillen Vergnügungen einer zügellosen Gesellschaft können die geistige Verarmung des Menschen nicht überdecken:

> All Euer Lärm, Euer Gekreisch, Euer Gekrächz,
>   Euer Freudeplakatieren, Lustigsindwir:

> Hahaha –
> Übertönt nicht
> Das leise kratzende
> Nagen
> Der drei heimlichen Ratten
> Leere Furcht Verlassenheit (S. 337–338)

Diese trostlose Bestandsaufnahme der zeitgenössischen Gesellschaft wird gemildert durch den Glauben daran, daß es Menschen gibt, die an den Verhältnissen rütteln wollen; das folgende Gedicht rühmt die revolutionäre Kraft der Jugend:

> Aber schon schaue ich Dich,
> Gewandelte Jugend der Revolution.
> Deine Tat: Zeugung.
> Deine Stille: Empfängnis.
> Dein Fest: Geburt. (S. 338)

Hinkemanns entmutigende Erkenntnis, daß Menschen anders sein könnten, aber nicht den Willen dazu hätten, ist zurückgenommen in dieser Beschwörung dessen, was Menschen sein könnten – und auch sein werden. Das Lob der Jugend als entscheidende Kraft des sozialen Wandels ist ein wiederkehrendes Thema in Tollers Werk. Das Gedicht veranschaulicht sehr gut, wie er sich zu äußern pflegte: idealistisch dem Inhalt nach, abstrakt und symbolisch in der Sprache. Seine Beschwörung des gesellschaftlichen Wandels ist rein rhetorisch: Wie die in den vorhergehenden Versen geschilderte geistige Armut überwunden werden könnte, bleibt völlig unklar. Um zu zeigen, welche Möglichkeiten Solidarität eröffnet, ist Toller gezwungen, auf Vergleiche mit den Schwalben zurückzugreifen, die – ein Modell kollektiven Handelns – ihre Kräfte vereinen, um einen Sperber zu attackieren, damit der seine Beute fahren läßt.

Es folgen eine Reihe von Gedichten, die festhalten, was Toller an den Schwalben beobachtete. Das letzte Gedicht handelt vom Aufbruch der Vögel zu Beginn des Winters:

> Zum Winterflug
> Sammeln sich die Schwalben.
> Zur Winterstille
> Sammelt sich mein Herz. (S. 349)

Aber durch die Schwalben hat der Dichter gelernt, das, was ist, stoisch hinzunehmen, und sich erneut für das einzusetzen, was sein wird: die Revolution. Der pessimistische Tenor des Gedichtzyklus wird abgeschwächt durch den Glauben an die Zukunft.

Das Schwalbenbuch wurde zum Gegenstand langwieriger und erbitterter Auseinandersetzungen zwischen Toller und den Gefängnisbehörden. Einige Teile des Gedichtzyklus, vor allem das durch den Tod von Hagemeister angeregte Gedicht und das Lob der revolutionären Jugend, enthielten nach Auffassung der Gefängniszensur

> ...agitatorische Stellen in solcher Häufung, daß es auch als Ganzes als »Hetze« wirke... Nach Paragraph 22 der Hausordnung werde das Schwalbenbuch beschlagnahmt, da es eine Reihe von Stellen enthalte, deren Verbreitung, dem Strafvollzug Nachteile bereiten würde.[50]

Als Folge wurde das Buch nicht vor 1924 veröffentlicht und erreichte den Verleger überhaupt erst, nachdem es durch einen entlassenen Häftling herausgeschmuggelt worden war.

Toller wurde in eine andere Zelle verlegt, die nicht mehr auf der Ost-, sondern auf der Nordseite war, wo keine Schwalben hineinfliegen würden. Im April des folgenden Jahres kehrten die Vögel zurück, um in seiner früheren Zelle wieder zu nisten, aber die Gefängnisleitung, die über das Erscheinen des *Schwalbenbuchs* verärgert war, ordnete an, das Nest zu zerstören. Der neue Insasse von Tollers Zelle bat, die Schwalben in Frieden zu lassen, aber der Gefängnisleiter blieb unerbittlich: »Schwalben sollen im Stall bauen. Da ist Platz genug.« Die Vögel begannen dann in mehreren Zellen gleichzeitig ihre Nester zu bauen, aber alle wurden entdeckt und zerstört, bis die Schwalben schließlich aufgaben. »Sieben Wochen dauerte der Kampf schon, heldenhafter, ruhmreicher Kampf bayerischer Rechtsbeschützer wider den Geist tierischer Auflehnung.«[51]

Das Schwalbenbuch ist Tollers meistgerühmter Gedichtzyklus – und auch sein letzter. Aus den Jahren 1924 bis 1933 ist kein einziger Vers bekannt, den Toller geschrieben hätte, als ob seine lyrische Inspiration buchstäblich versiegt wäre. Aus den Jahren des Exils gibt es lediglich zwei einzelne Gedichte.

Massenspiele

Zu den interessantesten – und am wenigsten bekannten – Arbeiten Tollers während der Haft gehören die »Massenspiele«, die für eine Aufführung beim jährlichen Gewerkschaftsfest in Leipzig gedacht waren. Das Fest, organisiert vom Arbeiterbildungsinstitut in Zusammenarbeit mit den Gewerkschaften, brachte 1920 die erste Inszenierung eines Massenspiels in Deutschland auf die Bühne: In *Spartakus*, einem Stück, das den Aufstand der römischen Sklaven schildert, traten über neunhundert Arbeiter vor einem 50 000 Menschen zählenden Publikum auf.

Die Massenspiele gehörten zu den ambitioniertesten Versuchen, eine neue proletarische Kunst zu schaffen. Angeregt durch die Theaterexperimente aus den Anfangsjahren der Sowjetunion, stellten sie bedeutsame Ereignisse aus der Geschichte der Arbeiterklasse dar. Da sie mehrere hundert Schauspieler erforderten, waren sie eher auf aktive Teilnahme als auf passiven Konsum angelegt. Sie sollten das sozialistische Erbe feiern und dabei Schauspieler und Publikum einen durch die Erfahrungen, die sie aufgrund ihrer Klassenzugehörigkeit teilten. Im Auftrag des Arbeiterbildungsinstituts, das damals noch von der USPD beherrscht war, schrieb Toller drei Szenarios für das Fest, die in aufeinanderfolgenden Jahren in Leipzig aufgeführt wurden.[52]

Im August 1922 wurde Tollers Szenario *Bilder aus der großen französischen Revolution* von mehr als dreitausend Arbeitern aufgeführt. Regisseur war Alwin Kronacher, der später auch *Hinkemann* in Leipzig inszenierte. Allen Berichten zufolge war das Massenspiel ein beeindruckendes Ereignis. »Alles in allem ist ... ein großer, erhebender Eindruck vermittelt worden«, hieß es in der *Leipziger Volkszeitung*.[53] Tollers Szenario umfaßt die Jahre 1789 bis 1792 und endet mit der formellen Konstituierung der Republik. Entgegen den historischen Fakten schildert es die Revolution als einen Arbeiteraufstand, aus dem schließlich eine bürgerliche Republik hervorging: Die Analogien zur Weimarer Republik waren unmißverständlich.

Im folgenden Jahr wurde ein neues Szenario von Toller aufgeführt, das *Krieg und Frieden* hieß. Unter den 20 000 Zuschauern befand sich der englische Dramatiker Ashley Dukes, der die *Maschinenstürmer* ans Londoner Theater gebracht hatte. Die Aufführung fand nach Einbruch der Dunkelheit statt, Suchscheinwerfer beleuchteten die Bühne:

> Das terrassenförmige Bühnenbild war so angelegt, wie es die verschiedenen »Eigenheiten« des Stücks erforderlich machten: Umrisse von Schützengräben waren zu erkennen, Stacheldraht, Nationalflaggen und Hoheitszeichen, riesige Pappfiguren, die Zeitungen symbolisierten und durch deren Münder Megaphone zur Menge sprachen. Kreisende Suchscheinwerfer leuchteten Szene nach Szene aus, zeigten ganze Kompanien von Soldaten, die in ihren nationalen Uniformen in den Krieg ziehen, Priester und Politiker, die durch nationalistische Propaganda die Moral der Bürger zu heben versuchen, die Megaphonpresse, Börse und Spekulanten, junge Rebellen, die in den Waffenfabriken auftauchen, pazifistische Erhebungen, niedergemäht vom Maschinengewehrfeuer der Truppen, und schließlich die Verbrüderung der Armeen auf dem Schlachtfeld.[54]

Dukes berichtet, wie das Publikum dasaß, gebannt davon, wie Toller ihre eigene, allen gemeinsame Erfahrung auf der Bühne darstellte. Sein Begleiter sei gleichermaßen beeindruckt gewesen und habe angemerkt: »Nur einer unter Millionen kann wagen, so einfach zu sein.«

Das letzte von Tollers drei Massenspielen, *Erwachen*, eine allegorische Darstellung des Weltkriegs, wurde 1924 aufgeführt, in einer Inszenierung mit über tausend Arbeitern. Es spielt auf einem See und schildert den Kampf zweier rivalisierender Großmächte um den Besitz einer Insel – bis die Mannschaften der sich bekämpfenden Schiffe revoltieren, sich verbrüdern und den »Palast des Friedens« errichten. Den Text des Schauspiels schrieb in Wahrheit der Regisseur Adolf Winds »nach Motiven von Ernst Toller«. Wahrscheinlich konnte Toller das Thema nicht frei wählen, da das Schauspiel anläßlich einer Friedenskundgebung aufgeführt wurde, die an den zehnten Jahrestag des Kriegsausbruchs erinnern sollte. Zeitgenössische Berichte lassen vermuten, daß das Stück keinen Erfolg hatte. Wegen gravierender Akustikprobleme waren große Teile des Dialogs schlichtweg nicht zu verstehen; kritisiert wurde auch die allegorische Behandlung des Themas: Toller habe die Entwicklung verschlafen und mit dem neuen Realismus des Theaters nicht Schritt halten können.[55]

Erwachen war das letzte Massenspiel, das in Leipzig aufgeführt wurde. Als das Arbeiterbildungsinstitut unter den politischen Einfluß der SPD geriet, die wenig Interesse an solchen kulturellen Experimenten hatte, wurden keine weiteren Versuche in dieser Richtung unternommen. Die Massenspiele sind praktisch in Vergessenheit geraten, gleichwohl bleiben sie ein wichtiger Meilenstein in der Geschichte des proletarischen Theaters. Für Toller waren sie Teil seiner Suche nach der geeigneten Form für ein »Kollektivdrama«. Bis zum Ende des Jahrzehnts sollte er seine Überlegungen dazu weiterverfolgen.

Das Schwalbenbuch war die letzte Arbeit, die Toller in Niederschönenfeld fertigstellte. Anfang 1924 begann er einmal mehr, den *Hinkemann* zu überarbeiten; er reagierte damit auf die Kritik der Linken, der das Stück zu defätistisch war. Er war wütend darüber, daß man ihm unterstellte, er habe sein politisches Engagement aufgegeben: »...als ob, wer die tragische Grenze der Glücksmöglichkeiten sozialer Revolutionen ahnt, darum weniger rigoros für die Umgestaltung sozialer Unordnung zu kämpfen gewillt ist.«[56]

Was *Hinkemann* betraf, hatte er selbst gewisse Vorbehalte, die für das letzte Stadium seiner politischen Entwicklung während der Haft bezeichnend sind. Rückblickend war er sich im klaren darüber, daß das Stück keine politischen Lösungen bot, und er bekannte, daß er sich zeitweilig gefragt hatte, ob er Aufführungen überhaupt erlauben wollte.[57] Wie er einräumte, sei er das Thema, als er das Stück schrieb, intuitiv, nicht intellektuell angegangen.[58] Aus der Warte der Vernunft betrachtet, wisse er, daß er sich der Realität nur stellen könne und den Kampf »nichtsdestoweniger« auszutragen habe:

> Ohne Götzenbilder leben können, das ist eine der entscheidenden Fragen. Götzenbilder sind sogar die Fiktionen, die als »lebensnotwendig« gelten. Fromm sein wie der, der an Götzenbilder glaubt – und doch kein Götzenbild nötig haben. Keines. Dennoch wollen. Dennoch handeln. Wer es kann, der ist frei.[59]

Diese Haltung des Engagements ohne Illusionen scheint in seinen Briefen aus dem Gefängnis während des letzten Jahres immer wieder durch; auch in den Jahren nach 1924 blieb sie charakteristisch für ihn. Zunehmend wollte er diese Einstellung auch in *Hinkemann* zum Ausdruck bringen, und er machte jetzt verschiedene Überarbeitungen für eine neue Ausgabe des Stücks, die noch im Laufe des Jahres erscheinen sollte. Er fügte neuen Text ein, um auf eine positive Alternative zu

Hinkemanns Verzweiflung hinzuweisen, und – noch wichtiger – er strich die Bühnenanweisung, nach der Hinkemann Vorbereitungen trifft, sich zu erhängen.

Die Überarbeitungen von *Hinkemann* schließen den Kreis von Tollers Gefängnisstücken, einen Kreis, der seine ideologische und politische Entwicklung spiegelt und ein dramatisches Gegenstück zu den eher prosaischen Äußerungen seiner Briefe aus dem Gefängnis bildet. Tollers Stücke reflektieren seine Entwicklung nicht nur, sie bestimmen sie auch: Ihr Erfolg schreibt mit an der Legende, der er niemals ganz entkommen sollte. Im Juli 1924 waren seine Stücke schon in die wichtigsten europäischen Sprachen übersetzt und weltweit aufgeführt worden.[60] Meyerhold hatte *Die Maschinenstürmer* und *Masse-Mensch* 1922/23 in Moskau inszeniert; die Stage Society hatte beide Stücke 1923/24 in London aufgeführt. In New York war *Masse-Mensch* in einer Inszenierung der experimentellen Theatre Guild zu sehen gewesen und *Hinkemann* in einer Fassung der Yiddish Art Theatre Group. Das letztere Stück war auch vor Textilarbeitern in Leningrad gespielt worden. Bevor Toller aus dem Gefängnis entlassen wurde, hatte er bereits Einladungen nach New York und London erhalten und mit Henri Barbusse über eine Übersetzung seines Werks ins Französische korrespondiert. Er war so etwas wie eine linke Berühmtheit geworden. Sein Ruf eilte ihm nun, wo immer er hinkam, voraus.

IX Politischer Dramatiker und Prominenter: Toller in der Weimarer Republik 1924–1930

Als Ernst Toller im Juli 1919 seine Gefängnisstrafe antrat, war er nicht mehr als ein junger vielversprechender Schriftsteller, der sich in die Politik verirrt hatte. Bis zu seiner Entlassung, fünf Jahre später, war er zum berühmtesten deutschen Dramatiker seiner Generation avanciert, dessen Stücke bereits in allen Theatermetropolen der Welt aufgeführt worden waren. Tollers Jahre in Freiheit während der Weimarer Republik bildeten den Zenit seines Ruhms und seiner Laufbahn in Deutschland. Trotzdem ist ihnen bisher weniger Aufmerksamkeit geschenkt worden als irgendeinem seiner anderen Lebensabschnitte. Es gibt weder eine umfassende biographische Darstellung dieser Jahre – was an dem nur verstreut und fragmentarisch vorhandenen Material liegen mag – noch eine zusammenhängende Analyse seines literarischen Werks, das trotz gelegentlicher Versuche, einzelne Stücke zu retten, bisher weitgehend vernachlässigt worden ist. Die Gründe für diese Versäumnisse liegen in der weit verbreiteten Annahme, daß Tollers politisches Engagement nach 1924 nachgelassen habe, ebenso seine Kreativität.[1] Tatsächlich aber gibt es reichlich Beweise dafür, daß das Gegenteil der Fall war: Seine Biographie in diesen achteinhalb Jahren zeugt davon, wie viel er zum politischen und geistigen Leben der Republik beitrug.

Nach der Entlassung aus dem Gefängnis war er damit konfrontiert, so berühmt zu sein, daß es ihn fast schon verlegen machte, und nicht das geringste seiner Probleme bestand darin zu lernen, mit dem eigenen Ruhm zu leben. Er stürzte sich mit einer Aktivität, die die Entbehrungen der Gefängniszeit kompensieren zu wollen schien, zurück ins Leben. Fast ständig erhielt er Anfragen nach Vorträgen und Lesungen; während der nächsten Jahre war er auf zahlreichen Lesereisen in Deutschland und im Ausland unterwegs, was dazu beitrug, jene Ruhelosigkeit entstehen zu lassen, die sein weiteres Leben kennzeichnete.

Politische Verpflichtungen nahmen ebenfalls einen Großteil seiner Zeit in Anspruch. Er engagierte sich in den unterschiedlichsten politischen Angelegenheiten, wobei sein Hauptaugenmerk Fragen der politischen Justiz und der bürgerlichen Freiheiten sowie der Unabhängigkeit der Kolonien und der Kulturpolitik galt. Obwohl er sich nach dem

Austritt aus der USPD keiner politischen Partei mehr anschloß, zog er sich nicht gänzlich aus der organisierten politischen Arbeit zurück. Er zählte zu den führenden Mitgliedern der Liga für Menschenrechte und trat außerdem der Gruppe Revolutionärer Pazifisten bei. Auf internationalen Versammlungen und Konferenzen war er bald eine vertraute Erscheinung: Er sprach 1927 auf dem Kongreß der Liga gegen koloniale Unterdrückung in Brüssel, dem Kongreß der Weltliga für Sexualreform in Wien 1930, auf den Internationalen PEN-Kongressen in Warschau (1930) und Budapest (1932), und auf der Amsterdamer Friedenskonferenz von 1932, bei der die »Liga gegen Krieg und Faschismus« gegründet wurde.

Obwohl ihn diese Aktivitäten oft von der rein literarischen Arbeit abhielten, war Tollers künstlerische Produktion bemerkenswert, sowohl was den Umfang als auch die Bandbreite betrifft. Er schrieb nicht weniger als fünf Stücke: *Hoppla, wir leben!* (1927), *Bourgeois bleibt Bourgeois* (1928, in Zusammenarbeit mit Walter Hasenclever), *Feuer aus den Kesseln* (1928–1930), *Wunder in Amerika* (1930/31, in Zusammenarbeit mit Hermann Kesten) und *Die blinde Göttin* (1931/32). Er verfaßte auch zwei Hörspiele und zwei Bände mit dokumentarischer Prosa, außerdem Erzählungen, Zeitungsartikel, Essays, Rezensionen und Reiseskizzen. Obwohl manches darunter nur zum literarischen Tagesgeschäft zu rechnen ist, stellen seine beiden besten Stücke aus dieser Zeit bedeutende Beiträge zum Theater der zwanziger Jahre dar und widerlegen eindrucksvoll die These von seinem vermeintlichen künstlerischen Niedergang. Gewiß, keines dieser Stücke konnte den Erfolg seiner früheren Arbeiten bei Kritik und Publikum wiederholen. Als *Hoppla* in Berlin von Erwin Piscator inszeniert wurde, stand eher die Inszenierung als das Stück selbst im Mittelpunkt des Interesses. *Bourgeois bleibt Bourgeois*, angekündigt als eines *der* Theaterereignisse des Jahres 1929, erwies sich als vollkommener Flop. Und *Feuer aus den Kesseln* bekam zwar gute Kritiken, war aber an den Theaterkassen ein Mißerfolg.

Tollers Probleme rührten teilweise von den hochgesteckten Erwartungen, für die der sensationelle Erfolg seiner Gefängnisstücke gesorgt hatte. Sein Freund und Verleger Fritz Landshoff brachte das Problem auf den Punkt: »Toller hatte die Entstehung und gewaltige Entwicklung seines Ruhms als Häftling erlebt... Der Gefangene hielt ganz Deutschland in Atem... der Freigelassene war seiner Märtyrerkrone beraubt und einer strengen Kritik als Mensch und Künstler unterworfen.«[2] Daß Toller ahnte, welche Probleme ihn erwarteten, geht aus seiner Korrespondenz während der letzten Haftmonate klar hervor. »Ich will nicht, weil ich hier ›saß‹, auf Festen und Tagungen mich feiern lassen«, schrieb er an Theodor Lessing.[3] Seiner Rolle als öffentliche Person konnte er jedoch nicht entkommen: In den ersten Monaten nach seiner Entlassung befand er sich nur selten nicht im Rampenlicht. Einige Ausführungen zu seinem Leben während dieser Monate mögen veranschaulichen, wie groß sein Ruhm war und wie sehr dieser seine Zeit und Energie in Anspruch nahm.

Unmittelbar nachdem er entlassen und aus Bayern ausgewiesen worden war, reiste Toller nach Leipzig, um an den Proben zu seinem Massenspiel *Erwachen* teilzunehmen. »Das Ensemble nahm ihn enthusiastisch auf.«[4] Er reiste dann nach Berlin, wo er – nur drei Tage nach seiner Entlassung – vor dem Rechtsausschuß des Reichstags über die Haftbedingungen in Niederschönenfeld aussagte. De facto war es allerdings so, daß er nur vor sozialdemokratischen und kommunistischen Abgeordneten des Ausschusses sprechen konnte, da die anderen sich weigerten, ihn anzuhören – eine Entscheidung, die schon auf den späteren Theater-»Boykott« von Tollers Werken hindeutete. (Einzige Ausnahme war ein junger Abgeordneter der Liberalen, der später der erste Präsident der Bundesrepublik Deutschland werden sollte: Theodor Heuss.)

Am Abend des gleichen Tages wohnte Toller einer Aufführung des *Hinkemann* im Residenztheater bei. Es war das erste Mal, daß Toller eines seiner Stücke auf der Bühne sah. Seine Anwesenheit machte aus der Vorstellung ein Medienereignis, wie die üblicherweise sehr nüchterne *Vossische Zeitung* berichtete: »Photographen, Zeichner, Journalisten, Autographensammler ließen ihn nicht zur Ruhe kommen. Im Licht des Scheinwerfers wurde er, nachdem der Vorhang gefallen war, gewaltsam von den Hauptdarstellern in die Mitte genommen und gekurbelt.«[5] Dieser begeisterte Empfang wiederholte sich praktisch überall, wo Toller in den nächsten Wochen auftauchte. Vierzehn Tage später war er Ehrengast während der Arbeiterkulturwoche in Leipzig: Das Fest, an dem mehr als hunderttausend Menschen teilnahmen, geriet fast zu einer persönlichen Feier für Ernst Toller. Am Sonntag, den 3. August wurde morgens *Die Wandlung* aufgeführt, am Nachmittag sprach Toller auf einer Massenversammlung, die zum Gedenken an den zehnten Jahrestag des Kriegsausbruchs stattfand, und am Abend wurde sein Massenspiel *Erwachen* von über tausend Arbeitern aufgeführt.

Tollers Rede zum Gedenken an die Kriegstoten hatte eine erstaunliche Wirkung auf die Zuhörer, die er teilweise gar zu Tränen rührte. Seine rhetorische Brillianz und seine vorbehaltlose Offenheit beschrieb der Dramatiker Günther Weisenborn, der damals noch ein junger Medizinstudent war und das Ereignis vom Fenster einer Erste-Hilfe-Station verfolgte:

> Im Rahmen des offenen Fensters sehe ich ihn, erhöht über der Masse unter den niederen Ziehwolken des regnerischen Abendrothimmels, schlank, schwarz und kalt. Er spricht kalt, noch beherrscht mit einem leisen Beleidigtsein, mit jener nervigen Eleganz, die durch seine Bewegungen sensibel vibriert. Und dann bricht er aus und schleudert eine rasende Anklage gegen alles, was Krieg heißt, in den trüben Septemberhimmel Leipzigs, über die graue unübersehbare Masse von sächsischen Arbeiterköpfen.
> Dieser ist der Wort gewordene Wille der Massen, dieser ist die Anklage gewordene Klage des Leipziger Industriekulis, dies ist ein Ereignis! Die alte wortlose Arbeitersehnsucht verwandelt Ernst Toller in Ausdruck, in Sätze, in Worte, und in der Glut seines Mundes werden die Worte zur sprungbereiten Wut der Ausgebeuteten. Er steht hier im Park wie Feuer in den Bäumen, ein Mann, jung, schwarzhaarig, elektrisch, fast stammelnd vor Ergriffenheit, das Profil des Expressionisten... Es ist der flammende Haß, der dort diesen hektischen Redner schüttelt. Der Haß auf den Krieg und die Kriegsstifter. Er weint, er ist erschüttert, und er erschüttert die Masse. Sie wissen, dieser ist kein glatter Paganini der Rhetorik... Dieser ist Ernst Toller.[6]

Tollers Auftritt in Leipzig wäre beinahe verhindert worden durch einen jener ebenso grotesken wie bedrohlichen Vorkommnisse, die für die Justiz der Weimarer Republik so typisch waren. Am 31. Juli um sieben Uhr morgens wurde Toller verhaftet und zwar aufgrund des Haftbefehls von 1919. Der Polizeichef von Leipzig beeilte sich, diesen »Irrtum« rückgängig zu machen und ordnete die Freilassung Tollers noch am gleichen Tage an.

Nach dem begeisterten Empfang in Leipzig reiste Toller in die Schweiz, um Emil Ludwig in Ascona zu besuchen. Nach Deutschland zurückgekehrt, verhandelte er mit der Volksbühne in Berlin erfolgreich über eine Aufführung der *Wandlung*. Noch vor Ende des Monats begab er sich nach Frankfurt zu Proben einer neuen Inszenierung des *Hinkemann*, die am 1. September Premiere hatte. Wenige Tage später wohnte er einer zu seinen Ehren abgehaltenen Matinée der Berliner Volksbühne bei. Solche Ereignisse häuften sich. Am 5. Oktober wurde am Großen Schauspielhaus in Berlin die erste einer Reihe von »proletarischen Feierstunden« mit Rezitationen von Tollers Gedichten und Aufführungen seiner Choralwerke abgehalten.

Tollers Triumphzug setzte sich nahtlos ins Jahr 1925 fort. Im Januar las er im Konzertsaal der Berliner Philharmonie Gedichte aus *Vormorgen* und dem *Schwalbenbuch* sowie Auszüge aus *Die Wandlung* und *Masse-Mensch*. Der Kritiker Alfred Kerr berichtete: »Eine tenorhelle Stimme trägt und klingt über die gestopfte Philharmonie weg. Zuweilen das monotonere Pathos des Predigers. Tausende junger Menschen ehren ihn tobend.«[7] Tollers Zuhörerschaft bestand aus überwiegend jungen Leuten, deren Idealismus er offenbar besonders ansprach. Bei solchen Gelegenheiten ließ er seinen theatralischen Neigungen freien Lauf. So schrieb er 1929 an einen amerikanischen Geldgeber: »Ich darf ohne falsche Bescheidenheit sagen, daß ich rezitatorisch ebenso stark bin wie Schauspieler, die Dinge von mir lesen.«[8] Diese triumphale Feier des revolutionären Dramatikers Ernst Toller rief auf seiten seiner politischen Gegner feindselige Gegenreaktionen hervor: So mußte eine für 1925 geplante Lesereise aufgrund einer generalstabsmäßig inszenierten Störkampagne abgesagt werden. In Stettin erwies es sich als unmöglich, einen geeigneten Saal anzumieten. Die Lokalzeitungen weigerten sich, Werbeanzeigen für den Auftritt abzudrukken. In Halle gab es massive Boykottdrohungen gegen Theaterkassen aus nationalistischen Kreisen. Alfred Kerr äußerte die Hoffnung, dieser inoffizielle Bann würde zu entsprechenden Reaktionen der Linken führen: »Moralisch sind wir längst im Bürgerkrieg.«[9]

Aber nicht nur die politische Rechte fühlte sich durch die Begeisterungsstürme, die Toller entfachte, provoziert. Sein Ruf als »Dichter der Arbeiterklasse« hatte ihm auch die Feindschaft der KPD eingetragen, die seine Glaubwürdigkeit als Revolutionär zu untergraben versuchte. Der kommunistische Dichter Johannes R. Becher attackierte ihn scharf als einen »Pseudorevolutionär«, dessen Werk nur dazu diene, das Gewissen der bürgerlichen Klasse zu beschwichtigen. Solche Angriffe, die sich während des ganzen Jahrzehnts fortsetzten, bestätigten indirekt nur Tollers Ruf. Die Inszenierung von *Hoppla*, *wir leben!* in Berlin war Thema von nicht weniger als neun Besprechungen in aufeinanderfolgenden Ausgaben der KPD-Zeitung *Rote Fahne*.[10]

Als Toller entlassen wurde begann eine Periode sichtbarer Stabilität in der Geschichte der Weimarer Republik. Der Aufruf zum passiven Widerstand gegen die französische Besatzung des Ruhrgebiets wurde zurückgezogen, der Ausnahmezustand im Februar 1924 aufgehoben. Der Regierung Stresemann gelang es, die galoppierende Inflation zu stoppen und die Währung zu stabilisieren. Im September 1924 nahm die Regierung schließlich den Dawes-Plan an, der es Deutschland mit einem internationalen Darlehen ermöglichen sollte, sowohl angemessene Reparationen zu zahlen als auch das Land für ausländische (vor allem amerikanische) Investoren attraktiv zu machen. So stand eine Zeit relativer Stabilität und Prosperität in Aussicht, die mit der Weltwirtschaftskrise 1929 enden sollte.

Oft ist vorgebracht worden, Toller sei mit den politischen Veränderungen, die sich während seiner fünfjährigen Haft ereignet hatten, nicht zurechtgekommen. Tatsache jedoch ist, daß es ihm trotz einiger anfänglicher Schwierigkeiten sehr wohl gelang, sich in das politische Leben der Republik wiedereinzugliedern. Die politische Position, die er während dieser Jahre vertrat – die eines unabhängigen Sozialisten, der für eine breite linke Front plädierte – hatte er im wesentlichen bereits vor seiner Haftentlassung bezogen. Entschlossen, sich nicht wieder auf Parteipolitik einzulassen, engagierte er sich in bestimmten politischen Bereichen, wo er durch Reden auf öffentlichen Veranstaltungen und journalistische Arbeiten etwas zu bewirken hoffte. Unermüdlich setzte er sich für politische Gefangene ein, sowohl für seine Genossen in Niederschönenfeld als auch für andere, die er für Opfer politischer Justiz hielt. Außerdem beteiligte er sich an verschiedenen Aktionen gegen die Zensur – eine Frage, die immer mehr zum Prüfstein der politischen Kultur in der Weimarer Republik wurde. Er spielte eine führende Rolle in der Kontroverse an der Volksbühne 1926/27, in der es darum ging, deren Selbstverständnis als Volkstheater zu klären; er wurde Mitglied des inoffiziellen Untersuchungsausschusses nach den Massakern vom 1. Mai 1929 in Berlin (siehe S. 178). Diese Aktivitäten allein würden bereits ausreichen, die Kontinuität von Tollers politischem Engagement zu dokumentieren; sie zeugen zudem von seinem realistischen Urteilsvermögen und der praktischen Natur der Ziele, die er verfolgte.

Sein politisches Engagement war alles andere als nebensächlich, da es sich immer auch in seiner literarischen Arbeit widerspiegelte, nicht selten diese sogar überwog. In einem Interview am Tag nach seiner Haftentlassung versicherte Toller, keine unmittelbaren literarischen Pläne zu haben, da er ganz und gar mit der Notwendigkeit des Augenblicks beschäftigt sei: einer Amnestie politischer Häftlinge.[11] Zwei Tage später sagte er vor dem Rechtsausschuß des Reichstages aus. Auf der Grundlage dieser Aussage schrieb er eine Reihe kurzer Artikel, die er im Rahmen einer allgemeinen Kampagne für die Amnestie veröffentlichte. Die Artikel erschienen zwischen Oktober 1924 und Januar 1925 in der politischen Wochenzeitung *Die Weltbühne* unter dem Titel »Dokumente bayerischer Justiz«,[12] sie bildeten den Kern seines Buches *Justiz. Erlebnisse*, das 1927 veröffentlicht wurde und dazu beitrug, der schließlich erreichten Amnestie im folgenden Jahr den Boden zu bereiten.[13]

Ursprünglich war die Veröffentlichung des Buches für Anfang 1926 unter dem Titel *XX. Jahrhundert. Dokumente bayerischer Justiz*[14] angekündigt. Toller hatte das Manuskript mit Sicherheit schon im Januar 1926 fertiggestellt, da er Maximilian Harden damals eine Kopie zusandte. Im Februar war es bereits in der Druckerei, obwohl Tollers Briefwechsel verrät, daß er noch in diesem späten Stadium erwog, es zu überarbeiten und ein neues Kapitel einzufügen. Warum das Buch nicht sofort veröffentlicht wurde, ist unklar, es erschien jedenfalls nicht vor dem Mai 1927. Der wahrscheinlichste Grund für diese lange Verzögerung ist wohl der, daß Toller selbst mit dem Werk nicht zufrieden war: Offenbar fühlte er sich von den Ereignissen, von denen er berichtete, noch zu sehr persönlich betroffen. Als Toller 1927 mit der Überarbeitung begann, bemerkte der Journalist Ernst Feder: »Sein Justizbuch immer noch nicht erschienen, jetzt erst hat er die richtige Distanz zu den Vorgängen in der Festung.«[16] Die Haltung des Buches ist in der Tat bewundernswert nüchtern und objektiv: ein frühes und typisches Beispiel für den Trend zur dokumentarischen Literatur, der in der zweiten Hälfte der zwanziger Jahre in Deutschland aufkam.

Der von Toller ursprünglich vorgesehene Titel bekräftigt, daß er nicht beabsichtigte, eine subjektive Darstellung seiner Erfahrungen zu liefern, sondern eine objektive Dokumentation der Behandlung von (dem linken Spektrum zugehörigen) politischen Gefangenen in Bayern. In der Einleitung schrieb er: »Jedes Kapitel belichtet beispielhaft den Geist bayerischer Justiz, darüber hinaus: den Geist der Klassenjustiz.« Und weiter: »Rechtszustände dürfen nicht isoliert betrachtet werden. Auch sie sind Machtauswirkungen der Herrschenden, sind Symptome für Umfassenderes, für Wesentliches und Wesendes der Zeit.« Will sagen: Klassenjustiz ist das Produkt einer Klassengesellschaft.

Toller veranschaulichte das Thema »Klassenjustiz« anhand der ungenierten Rechtsbeugung im Falle der Todesstrafe gegen Eugen Leviné, anhand der Scheinbeweise, die gegen ihn und andere bei den Anklagen wegen Hochverrats vorgebracht wurden, anhand der plötzlichen und willkürlichen Änderungen der Haftbedingungen für Festungsgefangene, anhand des durch unterlassene Hilfeleistung zu Tode gekommenen August Hagemeister (Volksbeauftragter für Volkswohlfahrt in der Räterepublik), anhand der politisch motivierten Weigerung der bayerischen Regierung, vom Reich erlassene Amnestien für Gefangene der politischen Linken durchzuführen, sowie nicht zuletzt anhand seiner »ungesetzlichen« Ausweisung aus Bayern. Die zeitspezifische Thematik setzt der Anziehungskraft auf heutige Leser gewisse Grenzen, so daß das Buch nach dem Krieg nur einmal neuaufgelegt worden ist. Ein Abschnitt jedoch ist auch heute noch zweifellos interessant: Darin vergleicht Toller die harte Behandlung der Gefangenen des linken Flügels mit der Milde gegenüber Häftlingen aus dem rechten Lager. In einem Kapitel mit der ironischen Überschrift »Gleiches Recht« stellt er die Nachsicht, die das Gericht Adolf Hitler nach dessen Münchener Putschversuch zuteil werden ließ, der Behandlung des jungen Kommunisten Lorenz Popp gegenüber, den Toller im Gefängnis kennengelernt hatte. Indem er den Fall des nach nur neunmonatiger Haft auf Bewährung freigelassenen Hitlers einmal gründlicher beleuchtete, zeigte Toller die Sympathie auf, die Polizei und Justiz für den künftigen »Führer« hegten: Der ganze Justizapparat war ein Mikrokosmos des politischen Zeitgeistes.

Scharfsichtige Kritiker erkannten, was Toller mit *Justiz. Erlebnisse* geleistet hatte. Thomas Mann erklärte, das Buch habe einen »furchtbaren Eindruck« auf ihn gemacht, seiner Meinung nach werde es die Zahl der Amnestiebefürworter beträchtlich erhöhen. Kurt Tucholsky lobte den leidenschaftslosen Stil: »Toller hat das Pathos fast ganz zugunsten einer glücklichen Sachlichkeit vermieden – er erzählt. Er gibt Tatsachen wieder...«.[17] Obwohl in der Absicht geschrieben, ein kurzfristiges politisches Ziel zu erreichen, hat *Justiz. Erlebnisse* einen beachtlichen Stellenwert in Tollers literarischer Entwicklung, da es den Trend zum Dokumentarischen vorwegnimmt, der in seiner späteren Arbeit – von dem historischen Drama *Feuer aus den Kesseln* und dem Hörspiel *Berlin – letzte Ausgabe!* bis zu seinen autobiographischen Texten – offenkundig ist.

Tollers engagierte Auseinandersetzung mit dem Problem der politischen Justiz zeigt sich auch bei seiner Kampagne zugunsten des inhaftierten Revolutionsführers Max Hölz, der sich als Befehlshaber einer Roten Armee im vogtländischen Grenzgebiet zwischen Sachsen und Thüringen einen geradezu legendären Ruf erworben hatte. Hölz hatte später an dem kommunistischen Aufstand im Mansfelder Revier im März 1921 teilgenommen, wo man ihn schließlich auch festnahm. Trotz all seiner Unschuldsbeteuerungen wurde er wegen Mordes an einem vogtländischen Landbesitzer zu lebenslänglicher Haft verurteilt. Nachdem ein gewisser Erich Friehe den Mord, dessen Hölz bezichtigt wurde, gestand, wurde eine Kampagne zur Freilassung von Hölz gestartet, in der Toller eine führende Rolle spielte. Er besuchte Friehe in Halle und veröffentlichte einen polemischen Artikel, in dem er forderte, Hölz zu entlassen. Er brachte seinen Fall auf Massendemonstrationen vor, publizierte weitere Artikel in Deutschland und im Ausland und mühte sich insbesondere, Geld aufzutreiben, um Hölz die Wiederaufnahme seines Verfahrens zu ermöglichen.[18]

Tollers Engagement in dieser Sache bekam bald eine sehr persönliche Note. Ein Briefwechsel mit Hölz begann, der von der zunehmenden Herzlichkeit und Achtung der beiden Männer füreinander zeugt. In seinen Briefen bekundet Hölz oft, wie sehr er Tollers Einsatz und Hartnäckigkeit zu schätzen wußte: »Es stünde sehr gut, wenn meine eigenen Parteigenossen sich nur halbsoviel Mühe um die Wiederaufnahme machten wie Du.« Toller besuchte Hölz mehrmals im abgelegenen Gefängnis von Sonnenburg bei Küstrin (jetzt Kostrzyn), was ihre gegenseitige Achtung bald zu Freundschaft werden ließ. Nach dem ersten dieser Besuche schrieb Hölz: »... ich bin besonders glücklich darüber, daß der *Mensch* Toller dem Bilde entspricht, daß wir Arbeiter uns aus seinen Arbeiten und Dichtungen von ihm machen.«[19] Hölz wurde schließlich 1928 im Rahmen der Generalamnestie für alle politischen Gefangenen freigelassen. Er starb unter mysteriösen Umständen 1933 in der Sowjetunion. Tollers Kampagne veranschaulicht zwei typische Aspekte seiner politischen Arbeit in den zwanziger

Jahren: die Mischung aus öffentlichen Reden und journalistischen Arbeiten im Hinblick auf ein konkretes und kurzfristiges politisches Ziel zum einen und die sehr persönliche Prägung seines Engagements zum anderen. Seine offensichtliche Nähe zu Max Hölz ging natürlich in großem Maße auf die Gemeinsamkeit der Hafterfahrung zurück. Er habe gespürt, daß es zwischen ihm und Hölz eine unausgesprochene Verbundenheit gegeben habe, erzählte er Jawaharlal Nehru: »Oft denke ich, daß die Leute, die im Gefängnis gewesen sind, eine unsichtbare Brüderschaft bilden, die durch die Erfahrung von Leid und die größere innere Vorstellungskraft miteinander verbunden ist.«[20] Auch nach der Amnestie von 1928 engagierte er sich weiterhin für politische Gefangene. Während seiner Reise in die Vereinigten Staaten 1929 griff er in öffentlichen Reden und Zeitungsbeiträgen den Fall Tom Mooney und den anderer Sozialisten auf, die in San Quentin inhaftiert waren.

Toller setzte sich in diesen Jahren für die unterschiedlichsten politischen Ziele ein, nicht zuletzt für die Unabhängigkeit der Kolonien. Im Juli 1926 trat er der Liga gegen koloniale Unterdrückung bei, einer großen linken Organisation, die der kommunistische Verleger Willi Münzenberg gegründet hatte. Im Februar 1927 organisierte Münzenberg auf Drängen der Kommunistischen Internationalen in Brüssel einen Antiimperialistischen Kongreß, an dem Repräsentanten der wichtigsten kolonialen Unabhängigkeitsbewegungen teilnahmen, unter ihnen Jawaharlal Pandit Nehru als Vertreter der All-India Congress Party, Liau als Abgesandter der chinesischen Kuomintang und Delegierte vieler europäischer kommunistischer Parteien. Friedrich Adler, Sekretär der Amsterdamer Internationalen, hatte deren Mitgliedsparteien vor einer Teilnahme gewarnt, da die Initiative zu dem Kongreß von der Komintern ausgegangen war. Die SPD weigerte sich folglich zu kommen, und die einzigen deutschen Verbände, die Delegierte schickten, waren die KPD, die Liga für Menschenrechte und die Liga gegen koloniale Unterdrückung. Die britische Arbeiterbewegung hingegen war zahlreich vertreten: die ILP hatte George Lansbury und Fenner Brockway, die Labour Party Ellen Wilkinson gesandt. Brockway kannte Toller bereits von dessen Aufenthalt in London 1925 (siehe S. 213 ff.) und Ellen Wilkinson bewunderte ebenfalls seine literarischen Arbeiten, die sie innerhalb der Plebs League bekannt zu machen geholfen hatte.[21]

Der Kongreß beschloß, die Liga gegen Imperialismus zu gründen als ein Forum für antiimperialistische Ideen; zum ersten Vorsitzenden wurde Brockway gewählt. Toller wohnte dem Kongreß zwar nur als Privatperson bei, spielte aber während der Sitzungen eine herausragende Rolle. Er hielt eine Rede, in der er die Forderungen deutscher Nationalisten nach Rückgabe der Kolonien scharf attackierte: »Die Zeit der Kolonialpolitik ist vorüber«, verkündete er.[22] Er war von der historischen Bedeutung des Kongresses überzeugt. Besonders beeindruckte ihn der allgemein vorherrschende Geist der Solidarität, der in seinen Augen den in Brüssel gegründeten »wahren Völkerbund« vom Genfer Gegenstück unterschied, das sich allen Unabhängigkeitsbestrebungen der Kolonien gegenüber taub stellte. Er war enttäuscht über das Fernbleiben der liberalen Presse, von deren Berichterstattungen er sich weitreichende politische Wirkungen versprochen hatte. Die Tatsachen sahen anders aus: Die Liga gegen Imperialismus verkümmerte nach und nach als ein Opfer des zunehmenden Sektierertums zwischen Kommunisten und Sozialisten. Toller selbst wurde im *Vorwärts* beschuldigt, an einer kommunistischen Propagandaveranstaltung teilgenommen zu haben. Auf persönlicher Ebene waren die Auswirkungen des Kongresses erfreulicher: Unter anderen lernte Toller dort Nehru kennen; mit dieser Begegnung begann eine Freundschaft, die bis ins nächste Jahrzehnt währte. Auch seine Freundschaft mit Fenner Brockway erneuerte er. Ein Ereignis aus dessen Leben sollte er später in seinem Hörspiel *Berlin – letzte Ausgabe!* dramatisch umsetzen: Brockway war 1930 aus dem britischen Unterhaus ausgeschlossen worden, nachdem er zu heftig darauf bestanden hatte, die Indien-Krise im Hause zu debattieren – ein beispielloser Vorfall.[23]

Ein weiteres Anliegen Tollers war der Pazifismus. 1929 trat er der Gruppe revolutionärer Pazifisten um den Schriftsteller Kurt Hiller bei. Auf dem Weltfriedenskongreß von 1925 hatte Hillers Gruppe sich von der bürgerlichen pazifistischen Mehrheit losgesagt, die dem Völkerbund das Recht zugestanden hatte, Sanktionen bis hin zu bewaffneten Interventionen zu verhängen. Hiller und sein Kreis lehnten dies mit der Begründung ab, der Völkerbund diene nur den Interessen der kapitalistischen Regierungen, aus denen er sich zusammensetzte. Die Gruppe revolutionärer Pazifisten wurde im Juli 1926 gegründet. Zu den Gründungsmitgliedern gehörten so prominente Linksintellektuelle wie Kurt Tucholsky, unter anderem eine Zeitlang Herausgeber der *Weltbühne*, Alfons Goldschmidt, gleichzeitig als Wirtschaftsredakteur für Zeitungen wie das *Berliner Tageblatt* und für Münzenbergs Internationale Arbeiterhilfe tätig, der Schriftsteller und Lyriker Walter Mehring, die Feministin Helene Stöcker und Klaus Mann.[24] Die Gruppe vertrat den Standpunkt, Krieg sei das Ergebnis der kapitalistischen Gesellschaft, Pazifismus daher nur innerhalb einer sozialistischen Weltordnung möglich. Absoluten Pazifismus lehnten sie mit der Begründung ab, daß in einer im wesentlichen auf Gewalt errichteten Gesellschaft völlige Gewaltlosigkeit auf Komplizenschaft hinausliefe. Klassenkampf sei ein notwendiges Mittel, eine soziale und politische Ordnung zu schaffen, die den Weltfrieden sichern würde. Die Gruppe wurde von verschiedenen linksorientierten Bewegungen unterstützt, darunter die Theodor-Liebknecht-Fraktion der alten USPD und der Kreis um den altgedienten Sozialisten Georg Ledebour. Wichtige Punkte ihres Programms waren die Forderungen nach Abschaffung des Militärdienstes und nach Anerkennung des Rechts auf Verweigerung aus Gewissensgründen. Um eine gesetzliche Regelung des Verweigerungsrechts zu erreichen, formulierten sie eine Petition, die eine Volksabstimmung über diese Frage verlangte. Damit stand ihre politische Linie im Gegensatz zu der der Dritten Internationalen.

Die Gruppe war nur eine unter mehreren pazifistischen Gruppen in der Weimarer Republik; tatsächlich übte sie kaum einen politischen Einfluß aus. Nichtsdestoweniger läßt sich an ihrem Beispiel Tollers Haltung in der Frage der Gewaltlosigkeit nachzeichnen, die für seine Persönlichkeit und sein politisches Denken entscheidend blieb. Die unausweichliche Schlußfolgerung aus seiner Revolutionserfahrung lautete, daß Gewalt tragischerweise nicht zu vermeiden war. Seine öffentlichen Stellungnahmen zu diesem Thema zeugen von den fortgesetzten Bemühungen, dieses Problem in den Griff zu bekommen. Er gab offen zu, daß bedingungsloser Pazifismus mit den Geboten politischen Handelns nicht zu vereinbaren sei: Der Revolutionär müsse begreifen, »daß Gesetz und Folgen seines Handelns von anderen Mächten bestimmt werden als seinen guten Absichten«. Seine Schlußfolgerung: »Keine politische Revolution kann der Gewalt entraten. Aber wie bei allen politischen Mitteln gibt es Akzentunterschiede.« Der revolutionäre Sozialist lehne Gewalt als Selbstzweck ab und betrachte sie, wenn sie sich denn nicht vermeiden ließe, als »furchtbares, tragisch notwendiges Mittel«.[25] In einem Artikel, den er 1928 für eine Esperanto-Zeitschrift schrieb, umriß Toller seine Position: »Aller wahre Pazifismus ist revolutionär. Pazifismus, der glaubt, auf dem Fundament der kapitalistischen Gesellschaftsordnung die Welt befrieden zu können, ist blind. Wir müssen diese gefährliche

Blindheit bekämpfen.«[26] Tollers Haltung zum Pazifismus blieb bemerkenswert konsequent bis 1936, als er sie unter dem Druck der politischen Ereignisse zu modifizieren begann.

Eines von Tollers zentralen Anliegen in dieser Zeit war die Frage der Zensur, mit der er sich schon in Niederschönenfeld konfrontiert gesehen hatte und die in einer Reihe spektakulärer Fälle zum Prüfstein für die politische Kultur in der Weimarer Republik geworden war. 1927/28 beteiligte sich Toller aktiv an der Kampagne gegen die strafrechtliche Verfolgung von Johannes R. Becher wegen »literarischen Hochverrats«, eine Anklage, die hinsichtlich des herrschenden politischen Klimas für sich selbst spricht. Becher, der während des Krieges mit seinen expressionistischen Gedichten bekannt geworden war, trat später der KPD bei und wurde, wie bereits erwähnt, einer der bösartigsten Kritiker Tollers. Bereits 1925 war eines der Werke Bechers wegen angeblichen Aufrufs zum gewaltsamen Umsturz der Republik von der Polizei beschlagnahmt worden. Becher wurde wegen Hochverrats festgenommen, später aber wieder freigelassen. Während dieser Zeit war die Klage gegen ihn nicht vordringlich, wurde aber auch nicht fallengelassen. Im Februar 1926 wurden Kopien von Bechers Roman *Levisite oder der einzig gerechte Krieg* von der Polizei konfisziert. 1927 wurden mehrere kommunistische Buchhändler strafrechtlich verfolgt, weil sie Bücher von Becher und der Dramatikerin Berta Lask verkauft hatten. Im Oktober wurde auch der Fall Becher wiederaufgenommen und Anklage wegen Hochverrats erhoben. Es kam zu massiven Protestaktionen gegen diesen Angriff auf die künstlerische Freiheit, der Fall Becher wurde zum »cause célèbre«.[27] Auf der großen Protestveranstaltung, die am 8. Januar im Theater am Nollendorfplatz stattfand, waren unter den vielen prominenten Rednern auch Toller und Erwin Piscator. Toller nannte die Verfolgung Bechers »einen Hochverrat an der Freiheit des Wortes« und erklärte, der Weimarer Staat wolle die Unterdrückung revolutionärer Schriftsteller und versuche, ihre Arbeit unmöglich zu machen.[28] Zwei Monate später sprach Toller an der Seite Bechers auf einer Protestkundgebung Leipziger Arbeiter, wo er die »Klassenjustiz« attackierte, die sich in diesem Fall manifestiere. Die Kampagne für Becher endete mit einem vollen Erfolg: Nachdem das Verfahren bereits zweimal verschoben worden war, wurde es schließlich im Zuge der Amnestie vom Juli 1928 eingestellt. Toller engagierte sich noch stärker in solchen Kampagnen, als nach 1930 neue Notstandserlasse die Zensur weiter verschärften und den Niedergang der Republik zur Diktatur vorzeichneten.

In diesen Jahren unterhielt Toller die vielleicht engsten Beziehungen zur Liga für Menschenrechte, die 1922 als Gegenstück zur französischen *Ligue des Droits de l'Homme* gegründet worden war. Durch seine eigenen Erfahrungen sensibilisiert für alle Bürgerrechtsfragen, begann von 1926 an die intensive Verbindung zur Liga; sein Briefwechsel bestätigt, daß er als Mitglied ihres politischen Unterausschusses eine bedeutende Rolle spielte und als Redner höchst gefragt war, insbesondere wenn es um politische Justiz oder beabsichtigte Änderungen des Strafgesetzbuches ging.[29]

1929 wurde Toller Mitglied des inoffiziellen Untersuchungsausschusses, der von der Liga eingerichtet worden war, um die Ereignisse des sogenannten Berliner Blutmais zu untersuchen. Unter den Arbeitern hatte es zu Beginn des Jahres beträchtliche Unruhe gegeben, und vor dem Hintergrund von Streiks, Demonstrationen und wachsender Arbeitslosigkeit hatte es die damals sowohl in Preußen als auch im Reich regierende SPD als ihre Pflicht angesehen, Recht und Ordnung zu verteidigen. Der Berliner Polizeichef Karl Zörgiebel, Mitglied der SPD, hatte ein Verbot der traditionellen Umzüge zum 1. Mai verfügt. Die Kommunisten und andere hatten daraufhin in verschiedenen Teilen Berlins, vor allem in den Arbeiterbezirken Neukölln und Wedding, Demonstrationen organisiert. Polizei und Militär marschierten auf, um die Teilnehmer auseinanderzutreiben. Es kam zu Auseinandersetzungen, in denen 33 Arbeiter getötet und Hunderte verletzt wurden. Unter dem Eindruck dieser Vorfälle setzte Carl von Ossietzky, Herausgeber der *Weltbühne*, einen Untersuchungsausschuß ein, der unter der Schirmherrschaft der Liga für Menschenrechte stand.[30] Zu den Mitgliedern gehörten neben Toller eine Reihe von Politikern und Journalisten. Obwohl die Arbeit des Ausschusses von der Polizei ernsthaft behindert wurde – es gab eine interne Anweisung der Polizeibehörden, alle Informationen zurückzuhalten –, wurden zahlreiche Augenzeugen, darunter auch unabhängige Beobachter, angehört, nach deren Aussagen unzweifelhaft feststand, daß die Polizei die Schuld für das Blutbad trug und wahllos das Feuer auf unbewaffnete Demonstranten eröffnet hatte. Nicht nur für die KPD, sondern auch für viele Unabhängige aus dem linken Spektrum hatte die SPD den staatlichen Unterdrückungsapparat in Gang gesetzt. Die Mai-Ereignisse zeugten von der Feindschaft zwischen den beiden Arbeiterparteien der Republik und von ihrem tragischen Versäumnis, gegen die heraufziehende Bedrohung durch den Nationalsozialismus gemeinsam vorzugehen.

Allein die Zeitungsbeiträge, die Toller während dieser Jahre verfaßte, würden reichen, die abgedroschene These zu widerlegen, nach der er mit der politischen Entwicklung in der Weimarer Republik nicht habe Schritt halten können. Er schrieb für die führenden literarischen und politischen Zeitschriften jener Zeit: für *Das Tagebuch*, *Die literarische Welt* und vor allem für *Die Weltbühne*, *das* Forum für die demokratische Linke der Republik schlechthin. Einige von Tollers Artikeln waren Randbemerkungen zu den großen politischen Fragen des Jahrzehnts, wie Abrüstung oder Unabhängigkeit der Kolonien, andere setzten sich mit tagespolitischen Problemen auseinander, wie der Bewaffnung der Flotte oder der Kampagne zur Befreiung von Max Hölz. Letztere, darauf angelegt, kurzfristig die öffentliche Meinung zu mobilisieren, und oft verbunden mit öffentlichen Reden, offenbaren, wie genau er die politischen Verhältnisse kannte. Seine Schreibweise ist dem Sujet angemessen: Nüchtern und zurückhaltend notiert er konkrete Gegebenheiten und zieht daraus die politischen Schlußfolgerungen. Sein Artikel »Das sozialistische Wien« beispielsweise verzeichnet die konkreten Errungenschaften der sozialistischen Stadtregierung in Wien und sieht darin ein Modell für die deutsche Arbeiterbewegung. In »Heimarbeit« befaßt er sich mit der Situation von Heimarbeitern im Erzgebirge; er schildert deren entsetzliche Lebensumstände in der Hoffnung, daß Publizität zu Diskussionen und schließlich zu Verbesserungen führen würde. In »Sprechen wir vom Panzerkreuzer« verband er seine Kommentare zur bevorstehenden Wiederbewaffnung der Marine mit Kritik an den langfristigen Konsequenzen der sozialdemokratischen »Realpolitik«.[31]

Tollers politischer Scharfblick wird am deutlichsten in seinen Reden und Artikeln über den Nationalsozialismus. Auf die wachsende Bedrohung durch den europäischen Faschismus reagierte er hellhöriger als fast alle seine Zeitgenossen. So warnte er bereits 1927: »Der Faschismus ist eine solche Gefahr für die europäische Arbeiterschaft, daß ich glaube, man sollte *jede* Offensive gegen ihn begrüßen.«[32] Im Februar 1929, als er zum zehnten Todestag von Kurt Eisner sprach, warnte er vor den Folgen einer faschistischen Machtübernahme in Deutschland:

> Wir stehen vor einer Herrschaftsperiode der Reaktion.
> Glaube keiner, die Periode eines noch so gemäßigten, noch
> so schlauen Faschismus werde eine sehr kurze Übergangs-
> periode sein. Was jenes System an revolutionärer, sozialisti-
> scher, republikanischer Energie zerstört, ist kaum in Jahren
> wieder aufzubauen.[33]

Toller wiederholte seine Warnung achtzehn Monate später in einem Artikel, der unmittelbar nach den ersten nennenswerten Wahlerfolgen der Nazis erschien und den geradezu prophetischen Titel »Reichskanzler Hitler« trug. Er sagte sowohl Hitlers Machtergreifung als auch seine Methoden des Machterhalts exakt voraus. Toller warnte ausdrücklich vor der von Liberalen, Kommunisten und Sozialisten gleichermaßen gehegten »gefährlichen Illusion«, Hitler werde durch die Regierungsübernahme am ehesten »abwirtschaften«. Seiner Auffassung nach hatten die Nazis einen unbedingten »Willen zur Macht«: Hitler sei bereit, mit demokratischen Mitteln an die Macht zu gelangen, aber wenn er sie erst in Händen hielte, würde er sie nicht mehr loslassen. Mit hoher Präzision sagte er des weiteren voraus, welche Konsequenzen aus einer Machtergreifung der Nationalsozialisten resultierten: die Abschaffung von sozialen Reformen, die Entfernung von SPD-Anhängern aus allen Machtpositionen, die Zerschlagung der Gewerkschaften und die Anwendung »nackten, brutalen Terrors gegen Sozialisten, Kommunisten, Pazifisten und die paar überlebenden (liberalen) Demokraten«.[34] Tollers Warnung erfolgte zu einer Zeit, als die wichtigsten Linksparteien noch weit davon entfernt waren, zu erkennen, welche Gefahr Hitler darstellte: Die SPD glaubte noch an Bündnisse auf Parlamentsebene, und die KPD spekulierte darauf, daß eine kurze faschistische Periode letztlich zu einer proletarischen Revolution führen würde. Toller wußte es besser. Als er 1932 die »deutsche Situation« analysierte, wandte er sich gegen die Kürzung des Krankengeldes und der Arbeitslosenunterstützung, er wies auf die demoralisierende Wirkung der Armut hin. In der Massenarbeitslosigkeit sah er einen fruchtbaren Nährboden für den Faschismus. Er schloß mit der genauen Voraussage, daß Hitler im Falle der Machtübernahme »die Reste der Verfassung mit Hilfe der Verfassung außer Kraft setzen« würde.[35] Die Klarheit, mit der er Wesen und Vorgehensweise des Nationalsozialismus durchschaute, steht im krassen Gegensatz zu der beinahe schon willentlichen Selbsttäuschung von

SPD und KPD in den letzten Jahren vor der nationalsozialistischen Machtübernahme.

Soviel zu Toller als öffentliche Persönlichkeit nach 1924 – wie aber verhielt es sich mit dem Privatmenschen? Bis 1933 hatte er seinen Wohnsitz in Berlin, das in jener Zeit zu *der* Theatermetropole Europas geworden war. Nachdem er einige Wochen bei seinem Freund Ernst Niekisch untergekommen war, bezog Toller eine Wohnung im Grunewald. In den Jahren danach wechselte er des öfteren die Adresse, wohnte aber immer in den eher vornehmen Bezirken Charlottenburg und Steglitz. Sein literarischer Ruhm prägte zweifelsohne auch seine Lebensweise, sein Ruf als Lebemann und Genußmensch entstand in dieser Zeit. Auf seinen häufigen Reisen in Deutschland und im Ausland pflegte er in teuren Hotels abzusteigen. Er schätzte gutes Essen und war oft in kleinen französischen oder italienischen Restaurants zu finden, engen Freunden wußte er immer ein gutes Lokal zu empfehlen. Tollers Feinde waren mit Kritik an solch irdischen Schwächen schnell zur Hand, Kritik jedoch, die er leicht übelnahm und sich verbat von »jenen skrupellosen Bourgeois, die einem Sozialisten ehrlose Gesinnung vorwerfen, wenn sie ihn einmal ein Glas Wein trinken sehen«.[36]

Nichtsdestoweniger gehört es zu den großen Ironien von Tollers Leben nach 1924, daß er sich ausgerechnet von jener Klasse, der er seine literarische Arbeit widmete und für deren Sache er eine fünfjährige Haftzeit erlitten hatte, mehr und mehr entfernte. In den ersten Jahren nach seiner Entlassung erhielt er zahlreiche Einladungen, auf Veranstaltungen von Arbeiterbildungs- und Kulturvereinen zu sprechen, aber aus seinen Briefen geht hervor, daß solche Kontakte nach 1927 nachließen. Sein Werk spielte mehrere Jahre lang eine zentrale Rolle in der autonomen Arbeiterkulturbewegung; von Arbeitern gebildete Theatergruppen führten regelmäßig seine Choralgedichte auf – bis solche Werke gegen Ende des Jahrzehnts aus der Mode gerieten. Tollers Beziehungen zur Berliner Volksbühne waren nach Vertragsstreitigkeiten im Jahr 1926 ebenfalls gespannt, obwohl im November 1927 schließlich doch *Hinkemann* inszeniert wurde, mit Toller als Koregisseur und der jungen Helene Weigel in der Rolle der Grete Hinkemann.

Toller fühlte sich in literarischen Kreisen zweifellos heimischer als in politischen. Obwohl das Leben als Bohemien in Schwabing weit hinter ihm lag, war er manchmal noch in den literarischen Cafés am

Kurfürstendamm anzutreffen. Die meisten seiner engen Freunde waren Schriftstellerkollegen, mit einigen kam es sogar zu einer literarischen Zusammenarbeit. Einer seiner engsten Freunde war der Dramatiker Walter Hasenclever, mit dem er sich 1928 während der gemeinsamen Arbeit an der unter einem unglücklichen Stern stehenden musikalischen Komödie *Bourgeois bleibt Bourgeois* eine Wohnung teilte; ein anderer war der Romancier Hermann Kesten, für den er bis an sein Lebensende eine besondere Achtung empfand. Eng befreundet war er auch mit seinem Verleger Fritz Landshoff, mit dem er von 1930 bis 1933 in der Württembergischen Straße zusammenwohnte. Landshoff lernte Toller erst 1926 kennen, aber hielt ihn schon bald für seinen besten Freund. Ihre Freundschaft war derart innig, daß es hieß, selbst ihre äußerliche Ähnlichkeit würde von Tag zu Tag frappierender. Es gab noch weitere Freunde aus der literarischen Szene: der erfolgreiche Biograph Emil Ludwig, in dessen Haus in Ascona Toller mehrfach zu Besuch war, Kurt Tucholsky, Walter Mehring und die Journalistin Betty Frankenstein. Toller schätzte insbesondere den Umgang mit Schauspielern; ihn verband eine Freundschaft mit Heinrich George, der in Berlin die Rolle des Hinkemann mit einigem Erfolg gespielt hatte. Freundschaftliche Beziehungen hielt er auch zu Alfred Kerr, obwohl er im allgemeinen Kritiker nicht mochte; er nahm ihnen manchmal übel, wie sie über sein Werk urteilten. Er hielt die Rolle des Interpreten für überschätzt und attackierte den »Hochmut gewisser Kritiker, die meinen, daß der Dichter vom Kritiker lebe«.[37]

In den Jahren nach 1924 wurde es zunehmend schwieriger, den Schriftsteller Toller und Tollers Rolle im öffentlichen Leben auseinanderzuhalten. Es war ihm unmöglich, seiner eigenen Legende zu entkommen. Emil Ludwig, den er kurz nach seiner Entlassung in der Schweiz besuchte, war der Ansicht, sein großer Erfolg als Dramatiker sei verfrüht, und gab ihm den Rat, dem Beispiel Schillers zu folgen und das Stückeschreiben eine Zeitlang aufzugeben, um sich Studien und grundsätzlichen Überlegungen widmen zu können.[38] Aber Toller war zu sehr damit beschäftigt, seine Rolle in der Öffentlichkeit weiterzuentwickeln, um solch einem Rat folgen zu wollen. Seine Einstellung zu seiner Prominenz war von Anfang an zwiespältig. Einerseits suchte er den Beifall des Publikums – Fritz Landshoff bestätigte, daß »er es oft genoß, Ernst Toller zu sein«[39]; andererseits aber verspürte er ein ebenso großes Bedürfnis nach Zurückgezogenheit, weshalb er die Öffentlichkeit immer wieder mied. Obwohl sein Ruhm seiner Eitelkeit schmeichelte, rief dieser gleichfalls Anfälle heftigen Selbstzweifels hervor. Wie erwähnt, bedrückte ihn ständig die Diskrepanz, die er zwischen seinem Ruf und seinen tatsächlichen Leistungen wahrnahm, ein Gefühl, das letztlich auch zu seinem Selbstmord beigetragen haben mag.

Tollers Kränklichkeit hinderte ihn oft an seiner Arbeit. 1925 mußte er aufgrund einer Erkrankung eine Reise durch Palästina und den Mittleren Osten, die für mehrere Monate geplant gewesen war, vorzeitig abbrechen. 1927 war er gezwungen, eine Lesereise abzusagen, um sich zur Erholung in ein Schweizer Sanatorium zu begeben. Im Juni 1928 mußte er nach einem Autounfall ins Krankenhaus, und im gleichen Jahr erkrankte er nochmals. Vor einer Reise durch die Vereinigten Staaten 1929 hatte er gerade eine langwierige Krankheit durchgestanden. Trotz seines prekären Gesundheitszustands war er körperlich durchaus aktiv, ähnlich wie viele seiner Zeitgenossen faszinierten ihn physische Fitneß und Sport. Er lernte boxen – ein Sport, der auch Brecht und Grosz faszinierte; Schwimmen, Reiten und Skifahren gefielen ihm ebenfalls. Er besuchte populäre Sportveranstaltungen wie das Sechs-Tage-Rennen im Berliner Sportpalast, das Georg Kaiser in seinem expressionistischen Meisterwerk *Von morgens bis mitternachts* für das Theater entdeckt hatte. Außerdem teilte er das allgemeine Interesse an moderner Technologie und hegte, obwohl selbst offenbar ein schlechter Fahrer, eine Vorliebe für Automobile; er experimentierte auch mit den neuen Medien Film und Hörfunk.

Daß Toller nach 1924 nicht mehr in dem Maße publizierte wie zuvor, ließ manchen seine Schaffenskraft für verbraucht halten, und führte schließlich dazu, daß er selbst an seinen kreativen Fähigkeiten zweifelte. Er war stets der Typ des intuitiven Schriftstellers, der in kurzen intensiven Eruptionen schrieb, denen oft lange unproduktive Phasen folgten, in denen er zu fürchten begann, seine Kreativität sei versiegt:

> Äußere Erfolge haben mir wenig genützt, vor jedem neuen Werk glaubte ich, ich stehe am Anfang. Und wenn monatelang die Schaffenskraft versagte, fürchtete ich, sie hätte mich für immer verlassen. Nur der Schaffende kennt die furchtbaren Krisen, die dann einsetzen.[40]

Nach 1924 wurden die Phasen seines Schweigens länger, die Schreibkrisen größer. Von 1926 an nahm die literarische Zusammenarbeit mit anderen einen immer größeren Teil seines Werkes ein. Der Text von *Hoppla, wir leben!*, der schließlich erschien, verrät deutlich den Einfluß Piscators. *Bourgeois bleibt Bourgeois* war in gemeinschaftlicher Arbeit mit Hasenclever und Kesten entstanden, und die Zusammenarbeit mit den beiden Schriftstellern intensivierte sich, obwohl das Stück ein Flop war. Mit Hasenclever schrieb er 1931 an dem Filmscript *Menschen hinter Gittern*, und im selben Jahr verfaßte er mit Kesten das Drama *Wunder in Amerika*. Es war Tollers Idee, ein Stück zusammen mit Kesten zu schreiben, der ihre Arbeitsweise so skizzierte: »Toller und ich schrieben jeder einen Entwurf der einzelnen Szene, die wir dann gemeinsam redigierten. Entweder übernahmen wir dann die eine oder andere redigierte Szene oder schrieben gemeinsam eine dritte Fassung.«[41] Das Stück hatte nur mäßigen Erfolg, aber Kesten arbeitete noch einmal mit Toller zusammen, als er half, 1934/35 in London dessen Briefe aus dem Gefängnis herauszugeben.

An anderer Stelle beschrieb Toller seine Arbeitsweise und seine Schreibgewohnheiten ausführlich:

> Ich fixiere meine Einfälle nicht. Meistens ist es so, daß Monate nach dem ersten Einfall vergehen, bis ich das Werk schreibe. In diesen Monaten geistigen Bauens lasse ich Alles, was zum Werk Beziehung hat, gleichsam in mich hineinfallen. Im Allgemeinen kann ich morgens kaum arbeiten. Aber in Tagen, da ich ein größeres Werk schreibe, arbeite ich zu jeder Zeit, unterbreche nur, wenn mir die Finger vom Schreiben klamm werden. Ich brauche, wenn ich mit Tinte schreibe, eine bestimmte Feder. Und Stille. Ich rauche viel, meide *jede* Art von Geselligkeit. Entwürfe mache ich selten. Wenn es geschieht, andeutende Skizzen. Ich schreibe sehr schnell. Trotzdem zu langsam. Es baut sich rascher auf, als ich mechanisch folgen kann. Ich korrigiere viel. Bis ich die Arbeit in Druck gebe, können viele Monate vergehen, in denen ich ganze Teile und einzelne Worte ständig umarbeite. Auch Korrekturfahnen ändere ich. Ich sehe das Stück gleichsam neu, wenn es das erstemal gedruckt vor mir liegt. Das fertige Buch lese ich nie mehr. Es sei denn, wenn ich bei Vorlesungen einzelne Kapitel sprechen muß. Auch dann geschieht es nach Überwindung starker Hemmungen. Ob ich Lust habe, fertige Bücher noch einmal zu schreiben?

> Man könnte mich ebensogut fragen, ob ich ein Stück gelebtes Leben noch einmal von vorne beginnen möchte.[42]

Tollers Ausführungen vermitteln einen faszinierenden Einblick in seine Arbeitsweise, obwohl manches darunter mit einiger Vorsicht zu genießen ist. Sicherlich schrieb er ein Großteil seiner Arbeiten sehr rasch, für die Überarbeitungen hingegen nahm er sich immer reichlich Zeit. *Masse-Mensch* entstand, wie bereits erwähnt, in einem einzigen Kreativitätsausbruch von drei, das Hörspiel *Berlin – letzte Ausgabe!* innerhalb von vier Tagen. Aber die Behauptung, er läse seine Werke nach Erscheinen nie wieder, ist unwahr. *Die Maschinenstürmer* überarbeitete er unter dem Eindruck der Berliner Inszenierung nach der Erstveröffentlichung noch einmal vollständig. Wie sein Werk aufgenommen wurde, berührte ihn sehr wohl: Aus keinem anderen Grund änderte er den Schluß von *Hinkemann* und verwarf nach der Berliner Inszenierung die vorliegende Fassung von *Hoppla, wir leben!* zugunsten einer anderen. Seine Äußerungen bestätigen die autobiographische Bedeutung jedes seiner Stücke in dem Sinne, daß de facto alle aus der Reflexion seiner eigenen Erfahrungen entstanden sind. Nicht von ungefähr prägte er für sein Werk den Ausdruck »gelebtes Leben«. Seinem Werk aus jenen Jahren gilt es nun sich zuzuwenden.

X Politisches Theater: Theorie und Praxis

Ernst Toller entwickelte keine ausgefeilte Dramentheorie, aber in den Vorträgen, die er von 1927 an hielt, stellte er eine Reihe grundsätzlicher Überlegungen an, die einen Rahmen für seine eigene Theaterarbeit vorgeben. Als er 1924 aus dem Gefängnis kam, hatte sich nicht nur die politische Situation, sondern auch die kulturelle Landschaft gewandelt. Das deutsche Theater hatte sich vom Expressionismus abgewendet. Brechts frühes Stück *Trommeln in der Nacht* hatte eine Trendwende hin zu einem größeren Realismus angekündigt, der andere Werke, wie etwa Kaisers *Beieinander*, sich anschlossen. Dieser Trend wurde schließlich durch den Erfolg von Carl Zuckmayers Komödie *Der fröhliche Weinberg* im Jahr 1925 bestätigt. Dies waren frühe Beispiele für das, was unter dem Begriff »Neue Sachlichkeit« bekannt wurde und in einer Phase postrevolutionärer Stabilisierung angemessener war als die anachronistisch wirkenden hochfliegenden Ambitionen des Expressionismus. Literarischer Idealismus machte einem pragmatischen und oft bitteren Realismus Platz. Statt die »Neue Menschheit« zu beschwören, schilderte man den Mann von der Straße, statt hymnischer Dichtung gab es Tatsachenberichte, statt Rhetorik Reportagen.

Nach seiner Entlassung aus dem Gefängnis dauerte es mehr als drei Jahre, bis Tollers nächstes Stück *Hoppla, wir leben!* erschien und aufgeführt wurde, eine Zeitspanne, die in deutlichem Gegensatz zu seiner Produktivität während der Haft steht, als er zwischen 1919 und 1923 jedes Jahr ein Stück geschrieben hatte. Oft ist dieses lange Schweigen als Dramatiker nachlassender Kreativität zugeschrieben worden, aber die wahren Ursachen sind komplexer und sind im Zusammenhang seiner Anpassung an das Leben außerhalb des Gefängnisses zu suchen, nicht zuletzt in der Notwendigkeit der künstlerischen Anpassung an ein neues kulturelles Klima. Wenn dieser Prozeß auch kaum ein Beleg für ein Nachlassen der Kreativität ist, so brachte er doch ganz zweifellos künstlerische Schwierigkeiten mit sich: *Hoppla*, 1927 geschrieben, war nicht das erste Stück, an dem Toller nach seiner Haftentlassung gearbeitet hatte. Anfang 1926 hatte er ein neues Drama begonnen, das auf den Ereignissen basierte, die zur

Ermordung von Karl Liebknecht und Rosa Luxemburg geführt hatten, und für das er später den Titel *Berlin 1919* wählte. Er arbeitete an einer neuen Form des »Massendramas«, was ihm – gerade wegen dessen experimentellen Charakters – Schwierigkeiten bereitete. Obwohl er 1926 das ganze Jahr hindurch immer wieder an dem Stück schrieb, wurde es nie fertig und nur Fragmente davon sind erhalten geblieben.

Die Berliner Zeitungen hatten seit Sommer 1926 davon berichtet, daß Toller an einem neuen Stück schrieb. Zur ersten offiziellen Bestätigung von seiten Tollers kam es in einem offenen Brief an die Zeitschrift *Volksbühne*, der im August veröffentlicht wurde:

> Es sind in der Presse ohne mein Wissen Notizen erschienen, daß ich für die Volksbühne eine »Komödie über das Scheunenviertel«, »ein dramatisches Szenarium« geschrieben hätte. Davon ist nur richtig, daß ich vor der Beendigung eines Dramas stehe, dessen Titel noch nicht feststeht, dessen Uraufführung ich der Berliner Volksbühne und der Regie Piscators überlassen werde.[1]

Toller schrieb, daß er versucht habe, »eine neue Form für ein Kollektivdrama zu finden«, weil seines Erachtens die herkömmlichen Mittel des Dramas nicht mehr angemessen seien, »inneres Gesicht und äußere Atmosphäre, Auf und Ab einer großen modernen Massenbewegung« zu gestalten. Das neue »Massendrama« müsse ein formales Äquivalent entwickeln zu der Möglichkeit des Films, dem Anschein nach unverbundene Ereignisse so zu zeigen, daß deren innerer Zusammenhang ersichtlich werde; nur so könne »das innere Tempo und die Vielfältigkeit der Handlung als gebundene Ganzheit« dargestellt werden.

Tollers Experimentieren mit neuen Formen wurde zum Teil durch den russischen Film angeregt, insbesondere durch Sergej Eisensteins *Panzerkreuzer Potemkin*, der zu Beginn des Jahres einen wahren Triumphzug durch Deutschland angetreten hatte, und der Toller so sehr beeindruckt hatte, daß er in einem Brief an Eisenstein den Film das »erste große gelungene Kollektivspiel« nannte.[2] Tollers theoretische Ausführungen verraten außerdem den Einfluß Erwin Piscators, dessen radikale Experimente mit einem politisch engagierten Theater die deutschen Bühnen bis zum Ende der zwanziger Jahre beherrschten. Piscator, der 1926 noch bei der Berliner Volksbühne unter Vertrag stand, war ein energischer Verfechter des »politischen Theaters«. Er hielt das Theater für ein Mittel, den revolutionären Kampf voranzubringen: Das Drama sei »Mittel zum Zweck... Ein politisches Mittel. Ein propagandistisches. Ein erzieherisches«.[3] In seinen Inszenierungen suchte er die gesellschaftlichen und ökonomischen Kräfte darzustellen, die das individuelle Schicksal bestimmten, und arbeitete an einer seiner revolutionären Botschaft angemessenen dramatischen Form. Er glaubte, daß sich mit den traditionellen Bühnenvorrichtungen die zeitgenössische gesellschaftliche Realität nicht mehr darstellen ließe und daß das Theater mit Hilfe moderner Technologie Entsprechungen zu den gesellschaftlichen Verhältnissen zu finden habe. Daher benutzte er Projektoren und Lautsprecher, integrierte Filmsequenzen in die dramatische Handlung und verwendete dokumentarische Elemente wie Statistiken, Zeitungsberichte und amtliche Erklärungen als indirekten Kommentar. Die Dramenfiguren waren keine autonomen Persönlichkeiten, sondern Inhaber einer sozialen Rolle.

Toller hoffte, daß Piscator das neue Stück nicht nur inszenieren, sondern auch aktiv an dessen Entwicklung mitwirken würde. In der Tat verbrachten die beiden Männer einen Teil des Sommers gemeinsam in dem südfranzösischen Ferienort Bandol, zwischen Marseille und Toulon, »damit er das Stück schon im Entstehen kennen lerne«.[4]

Toller scheint anfangs rasche Fortschritte mit dem Stück gemacht zu haben, aber je weiter die Arbeit gedieh, desto schwieriger erschien es ihm, seine dramatische Konzeption zu verwirklichen. Wie die Arbeit an dem Stück im einzelnen verlief und wie es zu der schöpferischen Krise kam, die daraus folgte, läßt sich teilweise rekonstruieren anhand der Briefe an Betty Frankenstein, eine enge Freundin, mit der er regelmäßig korrespondierte, während er im Ausland war.[5] Toller war Mitte Juni nach Paris gekommen und harrte nun mit einiger Ungeduld der Ankunft Piscators. Es wurde Anfang Juli, bis die beiden Männer schließlich in Bandol ankamen. Ende des Monats hatte Toller ein Großteil des Stücks fertiggestellt, aber gewisse künstlerische Zweifel beunruhigten ihn schon: »Es existieren vom Stück wohl an die fünfzehn Szenen, aber ob ich packe, was ich möchte – wissen nicht mal die Götter (29. Juli 1926).« Diese Zweifel wurden bald ernsthafter:

> Es kommt mir manchmal vor, als sei ich ausgedörrt und ausgetrocknet. Und mit gutem Gewissen faulsein, nichts als faulsein, vermag ich nicht. (Das Drama, wer weiß, ob mir nicht auch das entglitscht.) (13. August)

Einen Monat später hatte Toller einen ersten Entwurf des Stücks praktisch vollendet, aber er war so selbstkritisch, daß er glaubte, alles verwerfen und wieder von vorne beginnen zu müssen. Seine Unzufriedenheit kündigte eine schöpferische Krise an, die mehrere Monate dauern sollte:

> Ich lebe sehr bedrückt ... von meinem Drama, das schon einmal bis zur letzten Szene fertig war habe ich die Hälfte zerrissen – und zur ersten Hälfte nicht das mindeste Vertrauen. Nicht nur von jedem Satz, den ich schreibe, wende ich mich, im Schreiben schon, widerwillig ab, jeden Gedanken, den ich denke, empfinde ich als mediokre, und nicht der Gestaltung wert. (13. September)

Piscator war Mitte August nach Berlin zurückgekehrt und hatte mit der Volksbühne über eine Aufführung des Stücks verhandelt. Einen Monat später schrieb er Toller und fragte ihn, wie die Arbeit vorangehe; Toller antwortete, daß er weder fertig sei noch sagen könne, wann er es sein werde. Betty Frankenstein vertraute er an:

> Die Volksbühne will die *Wandlung* nicht spielen. Von P[iscator] kam ein Brief. Man will das neue Stück, aber ich gebe nichts weg, zu dem ich nicht stehe. Das Schlimmste ist, daß ich an mir beobachte, wie gleichgültig mir solche Briefe sind. (25. Oktober)

Anfang Oktober war Toller von Bandol nach Paris aufgebrochen und zog schließlich in Walter Hasenclevers Vorstadtappartment in Clamart ein; aber der Ortswechsel trug wenig zur Lösung seiner Probleme bei, und als er Anfang November aus Frankreich abreiste, war das Stück noch immer nicht fertig. Während der nächsten drei Monate drängte ihn die Volksbühne immer wieder, das Stück fertigzustellen. Toller reagierte mit einer interessanten Erklärung zu seinem künstlerischen Selbstverständnis. Er ließe sich nicht zur Eile treiben und richte sich nur nach seinem künstlerischen Gewissen: »Schließlich bin ich kein Bäcker, von dem billig erwartet werden darf, daß er zu einer bestimmten Morgenstunde sein Brot gebacken hat.«[6]

Im Anschluß an seine Rückkehr nach Berlin setzte er die Arbeit an dem Stück offenbar fort, mehrere Szenen wurden im Winter 1926/27 in verschiedenen Zeitschriften abgedruckt.[7] Bei seinen öffentlichen Lesungen trug er ebenfalls Auszüge vor. Am 22. Februar beispielsweise las er aus seinen unveröffentlichten Werken, darunter auch insgesamt fünf Szenen aus dem »Massendrama«, das in der Zeitschrift *Volksbühne* erstmals unter dem Titel *Berlin 1919* erschien. Wie aus seiner Korrespondenz hervorgeht, hielt Toller das Stück zu diesem Zeitpunkt mit Sicherheit noch immer für ein Werk, das im Entstehen begriffen war.[8] Endgültig scheint er es erst aufgegeben zu haben, nachdem er mit der Arbeit an *Hoppla, wir leben!* begonnen hatte.

Tollers Zusammenarbeit mit Piscator vermochte das Scheitern seines »Massendramas« zu überdauern. 1926 hatte Piscator eine Reihe denkwürdiger, wenn auch tendenziöser Inszenierungen auf die Bühne gebracht; Höhepunkt dieser Entwicklung war die Inszenierung von Ehm Welks historischem Drama *Gewitter über Gottland* im März 1927. Er hatte versucht, dem Stück eine zeitgenössische Bedeutung zu geben, indem er Filmsequenzen einfügte, welche die Analogien zu modernen Revolutionsereignissen demonstrieren sollten. Die Inszenierung geriet innerhalb der Volksbühnenbewegung in den Mittelpunkt heftiger Auseinandersetzungen über die eigentliche Bestimmung eines Volkstheaters – sollte es künstlerisch neutral sein oder politisch engagiert? Die Leitung der Volksbühne hatte in einer Erklärung bekanntgegeben, daß Piscators Inszenierung »im Widerspruch mit der grundsätzlichen politischen Neutralität der Volksbühne steht«.[9] In dem nachfolgenden Streit, der die Mitglieder der Volksbühne in einen rechten und einen linken Flügel spaltete, gehörte Toller zu den lautstärksten Anhängern Piscators. Auf einer Versammlung des linken Flügels im Berliner Herrenhaus, trat er für ein unmißverständlich politisches Theater ein:

> Drama, das heißt Kampf, radikal oder gar nicht sein. Der Proletarier, der heute auf der Bühne steht, trägt eine Fahne – das stört die Kleinbürger. Heute ist der Proletarier nicht nur der Gefühlsmensch, er ist Träger einer Idee.[10]

Im Kontext dieser Kontroverse hielt Toller im Juli 1927 auf der Volksbühnentagung in Magdeburg eine Rede, in der er umriß, was politisches Theater für ihn bedeutete:

> Wenn Sie zur ursprünglichen Idee der Volksbühne zurückkehren wollen, müssen Sie beginnen mit dem Lebendigen, mit unserer Zeit. Nur wer die Gegenwart durchdringt, wird zu dem dringen, was wir überzeitlich, was wir zeitlos nennen.[11]

Das heißt: dem Inhalt nach hat politisches Theater zeitgenössisch zu sein, der Form nach realistisch; es muß versuchen, das Bewußtsein der Arbeiterklasse zu beeinflussen, indem es dem Arbeiter die Tatsachen seiner eigenen Lebensumstände vor Augen führt:

> Die Arbeiter, die ihr Leben in künstlerischer Form auf dem Theater sehen, werden von solchem Theater aufs stärkste angezogen. Fragen Sie die Wiener, lassen Sie sich erzählen, wie die Arbeiter miterlebten, wie sie fühlten: du bist es, der hier spricht, du bist es, der hier handelt. [Hinkemann war 1924 in Wien herausgebracht worden.]

Politisches Theater habe politische Konflikte widerzuspiegeln:

> Wir wissen, daß in der Geschichte die gesellschaftlichen Kämpfe sich abspielen in der Form von Klassenkämpfen. Wer das erkannt hat, der kann nicht umhin, die Gestaltung dieser Kämpfe auch im Drama zu bejahen.

Auch wenn der politische Dramatiker sein Sujet in der zeitgenössischen Wirklichkeit finden müsse, sei er nicht bloß der »Photograph« realistischer Einzelheiten, sondern »Sprachrohr der aus der Zeit wirkenden Idee«. Für Toller war der Sozialismus und der Kampf für dessen Verwirklichung die alles beherrschende Frage seiner Zeit:

> Auf den *Weg* kommt es an. Wir, die wir an den sozialistischen Weg glauben, wir wissen, daß dieser Weg keine Verschwommenheit, keine Unklarheit, keine liberalen »Utopien« von politischer Freiheit ohne soziale kennen kann. Dieser Weg muß eindeutig sein. Für uns ist dieser Weg der Weg des Sozialismus. Und Sozialismus ist Kampf... So... muß unsere Kunst doch vor allem Kampfkunst sein, nicht Kunst verschwommenen schönen Willens.

Tollers Rede auf der Volksbühnentagung zeigt das Ausmaß – und die Grenzen – von Piscators Einfluß. Im Gegensatz zu Piscator war Toller stets darauf bedacht, zwischen politischer Kunst und Propaganda zu unterscheiden. Nicht, daß er völlig ablehnte, was er »Agitatorisches in künstlerischer Form« nannte – seine eigenen Chorgedichte bezeichnete er mit eben diesen Begriffen[12] –, aber er unterschied es strikt von politischer Kunst. Während Propaganda ihr Publikum zu sofortigen Taten aufzurufen suche, formuliere politische Kunst die tiefsten Gefühle und Regungen der Arbeiter:

> Nicht darauf kommt es an, daß in einem Kunstwerk ausgesprochen wird, die zweite oder die dritte Internationale sei die richtige, das mag der Proletkult tun. Es kommt an auf die revolutionäre Atmosphäre, die in einem Werk lebt, die den im Theater sitzenden Arbeiter anfeuert, in ihm klärt, was er dumpf fühlt und seinem Fühlen gedanklichen Ausdruck gibt.

Seine Zusammenarbeit mit Piscator überzeugte Toller auch vom revolutionären Potential des Dokumentartheaters. Als er 1928 einen geplanten Film über die deutsche Revolution skizzierte, vertrat er die Auffassung: »Aus der deutschen Revolution einen Spielfilm, einen gedichteten Film zu machen, wäre falsch. Er muß die große historische Spannung des dokumentarischen Belegs besitzen.«[13] Obwohl der Film Partei ergreifen müsse, dürfe er nicht der Film einer Partei sein: »Denn dieser Film darf nicht der Film einer proletarischen Partei werden, er muß ein Gesicht haben, das das gesamte Proletariat als das seine erkennt.« Er hoffte, daß die Arbeiterklasse wie in Rußland aktiv an der Inszenierung ihrer eigenen Geschichte teilnehmen würde – ganz offensichtlich ein Wiederaufgreifen der Idee, die ihn schon zu seinen Massenstücken angeregt hatte. Gleichwohl sollten nicht nur Massenszenen gezeigt werden: Das Schicksal des einzelnen Individuums müsse mit den Gesamtereignissen verbunden werden.[14]

Tollers Überzeugung, daß Kunst sich keinem unmittelbaren politischen Zweck unterordnen könne, seine Hinwendung zu individueller Charakterzeichnung und sein Vertrauen auf die traditionellen Wirkungsweisen mittels Einfühlung und Betroffenheit, all das zeigt, wo seine Theorien innerhalb der ästhetischen Debatte der Linken im Deutschland der zwanziger Jahre anzusiedeln sind. Seine Vorstellungen sind zum einen zu unterscheiden von denen des kommunistisch orientierten Bunds proletarisch-revolutionärer Schriftsteller, für die Kunst nichts anderes als eine Waffe im Klassenkampf war, zum anderen von Brechts Theorie des epischen Theaters. Es muß jedoch betont werden, daß Brecht nicht vor 1930/31 begann eine kohärente Theorie des epischen Theaters zu entwickeln und daß diese anfänglich rein deskriptiv war: rückblickende Kommentare zu den Stücken, die er schon geschrieben hatte. Tollers Vorstellungen hingegen waren immer präskriptiv: Vorstellungen, die er in den beiden wichtigsten

Stücken, die er in den letzten Jahren des Jahrzehnts schrieb – *Hoppla, wir leben!* und *Feuer aus den Kesseln* –, umzusetzen versuchte.

Hoppla, wir leben!

Hoppla, wir leben! nimmt einen entscheidenden Platz in Tollers Werdegang als Dramatiker ein: Scharf und beißend porträtiert er die Verhältnisse in der Weimarer Republik, unterzieht aber auch seine eigene Rolle in jenen Jahren einer kritischen Neubewertung. Das Stück war das Ergebnis einer langen Phase formalen Experimentierens, ein Versuch, die technischen Neuerungen und den dokumentarischen Stil von Piscators »politischem Theater« zu übernehmen. Ebenso war es das Resultat langwieriger politischer Überlegungen, eine dramatische Darstellung der gesellschaftlichen Realität, in der sich Toller nach 1924 wiedergefunden hatte. Im allgemeinen verbindet man mit dem Stück Piscators außerordentliche Berliner Inszenierung, die sich in der europäischen Theatergeschichte einen dauerhaften Platz gesichert hat, aber auch das Stück für sich genommen weist in textlicher und technischer Hinsicht vieles auf, was für ein heutiges Publikum noch von Interesse ist.

In der Fassung, die veröffentlicht wurde, besteht *Hoppla* aus einem Prolog und fünf Akten. Der Prolog stellt die Schlüsselrollen des Stücks vor: Karl Thomas, Albert Kroll, Eva Berg, Mutter Meller, Wilhelm Kilman. Sie alle erwarten nach der Niederschlagung einer volksnahen Revolution in einer Gemeinschaftszelle ihre Hinrichtung. Als schließlich die Nachricht von einer Amnestie eintrifft, und sie von ihrer Begnadigung erfahren, verliert Thomas seinen Verstand und wird in ein Irrenhaus eingeliefert, wo er die nächsten acht Jahre isoliert von der Gesellschaft verbringt. Das eigentliche Stück beginnt mit seiner Entlassung und beschreibt, wie er in einer Reihe von Begegnungen mit seinen früheren Zellengenossen die gesellschaftliche Wirklichkeit erlebt. Wilhelm Kilman ist jetzt Minister der neuen Republik; Kroll, Berg und Meller sind nach wie vor sozialistische Aktivisten und setzen ihren politischen Kampf in der täglichen Kleinarbeit in Partei und Gewerkschaft fort. Thomas beschuldigt Kilman, die Revolution verraten zu haben, aber ist fast ebenso kritisch gegenüber Kroll und Berg, von denen er glaubt, daß sie ebenfalls ihre Ideale aufgegeben haben. Unfähig, sich mit einer Republik abzufinden, die der Grundsätze beraubt ist, für die er gekämpft hatte, plant er Kilman zu ermorden, um ein dramatisches Zeichen zu setzen und das Volk aus seiner politischen Lethargie aufzurütteln. Aber ein nationalistischer Student, der Kilman erschießt und dann flieht, kommt ihm zuvor. Thomas wird wegen des Verbrechens inhaftiert und erhängt sich aus Verzweiflung über »den Irrsinn der Welt« – gerade als die Nachricht eintrifft, daß der wahre Mörder gefaßt ist.

Tollers ursprünglicher Entwurf von *Hoppla* war Anfang 1927 entstanden. Damals erzählte er Ernst Feder, er arbeite an drei verschiedenen Projekten, eines davon eine »Komödie«, von der Feder folgenden Handlungsabriß gab: »Politischer Gefangener zum Tode verurteilt, irrsinnig, zehn Jahre in der Irrenanstalt, als er herauskommt, sind seine damaligen Mitverschwörer Minister etc.«[15] Toller hatte offenkundig mit der Arbeit am Stück schon begonnen, da er den Prolog bereits im Februar ins Programm seiner öffentlichen Lesungen aufnahm.[16] Ungefähr zu dieser Zeit zeigte er auch Erwin Piscator einen Entwurf. Piscators Streit mit der Volksbühne spitzte sich damals zu, und er stellte schon Überlegungen an, sein eigenes Theater zu eröffnen.

In den ersten Monaten des Jahres hatte Toller nur sporadisch an dem Stück arbeiten können, da er durch Vorträge, Lesungen und Reden immer wieder abgelenkt wurde. Im Januar machte er eine Vortragsreise durch Österreich, im Februar war er auf dem Antiimperialistischen Kongreß in Brüssel und dann in Kopenhagen, um die Grabrede für den Literaturkritiker und -historiker Georg Brandes zu halten. Im März war er zu einer Reihe von Vorträgen in Dänemark und Norwegen, und als er am 20. März nach Berlin zurückkehrte, verpflichtete er sich sofort zu einigen weiteren Redeauftritten. »...daneben soll ich bestimmte Bücher fertigmachen«, schrieb er an Max Hölz leicht resigniert.[17] Die öffentliche Persönlichkeit Toller hatte einmal mehr den Bühnenautor in den Hintergrund gedrängt.

Während des Frühjahrs muß er intensiv an dem Stück weitergeschrieben haben, da er Mitte Juni mitteilte, er gebe ihm nur noch den letzten Schliff. Im selben Monat erzielte er mit Piscator Einigkeit darüber, daß das Stück als erste Inszenierung an der neuen Piscatorbühne uraufgeführt würde, die am 1. September eröffnen sollte.[18] Noch vor Ende des Monats hatte Piscator eine erste Lesung in seiner Wohnung in der Oranienstraße veranstaltet. Toller war kurz darauf nach Sylt gereist um Urlaub zu machen: »...ich bin derart von Menschen, Reden, Schreiben erschöpft, daß ich nichts weiter möchte, als ein paar

Wochen mir den Bauch von der Sonne bescheinen lassen«, schrieb er.[19] Er hielt *Hoppla* offensichtlich für vollendet, aber als er am 20. Juli nach Berlin zurückkehrte, mußte er feststellen, daß Piscator das Stück überarbeitet haben wollte.

Piscator hatte sehr strikte Vorstellungen hinsichtlich des Repertoires seines neuen Theaters, in dem er nur Stücke geben wollte, welche die zeitgenössische Realität aus einer marxistisch materialistischen Perspektive zeigten. Für seine Eröffnungsvorstellung wollte er ein Stück, das einen »sozialen und politischen Aufriß einer ganzen Epoche« bot.[20] Obwohl der Entwurf von *Hoppla* diese Bedingung allem Anschein nach erfüllt hatte, war Piscator nicht eben glücklich mit dem fertigen Manuskript, das ihm für eine dokumentarische Darstellung gesellschaftlicher Wirklichkeit zu lyrisch und subjektiv erschien: »Alle unsere Bemühungen im Laufe der weiteren Arbeit gingen dahin, dem Stück den realistischen Unterbau zu geben«, schrieb er (PT, S. 146). Er schlug eine Reihe von Änderungen vor, die Gegenstand langwieriger und manchmal hitziger Debatten wurden – er erinnerte sich an tagelange Auseinandersetzungen über einzelne Passagen. Da die Proben am 1. August beginnen sollten, stand Toller unter einem ungeheuerlichen Druck, die Überarbeitungen abzuschließen. Piscators Erinnerungen vermitteln einen lebhaften Eindruck davon, wie Toller in dieser Zeit arbeitete:

> Toller verließ kaum noch meine Wohnung. Er hatte sich an meinem Schreibtisch eingerichtet und füllte mit unglaublicher Schnelligkeit Blatt nach Blatt mit seinen riesigen Schriftzügen, um die Blätter ebenso rasch in den Papierkorb zu befördern. Dabei zündete er sich unausgesetzt meine teuersten Zigaretten an, um sie nach wenigen Zügen wieder im Aschbecher auszudrücken. (PT, S. 149)

Toller arbeitete schnell, am 11. August hatte er die endgültige Fassung des Stücks fertiggestellt.[21] Die ursprüngliche Fassung hatte aus einem Prolog und vier Akten bestanden und mit der Wiedereinweisung von Karl Thomas ins Irrenhaus geendet. Auf Piscators Anregung hin hatte er einen fünften Akt hinzugefügt, der mit dem Selbstmord von Thomas schloß, und in dieser Fassung wurde *Hoppla* schließlich auch veröffentlicht. Der Keim aller späteren Kontroversen über das Stück ist in diesen beiden Schlüssen enthalten.

Piscators Kritik an Tollers Manuskript bezog sich vor allem auf die

Rolle von Karl Thomas. Er beklagte, daß Toller seinen Protagonisten mit zu vielen seiner eigenen Emotionen belastet habe, und sah in Thomas den »Tollerschen ›Helden‹, der in jedem seiner Stücke wiederkehrt« (PT, S. 148).

Thomas ist jedoch keiner jener »Tollerschen Helden« wie in den früheren (expressionistischen) Dramen: Anders als diese wird er durchaus in einem kritischen Licht gezeigt. Toller beschreibt ihn als Träumer, als einen Idealisten, der alles will und zwar sofort, und der unfähig oder nicht willens ist, die politische Realität zu akzeptieren. Hieran zeigt sich, in welchem Maße Zeit und Erfahrung Tollers Idealismus abgekühlt hatten. Die Figur des Thomas dient natürlich dazu, die politischen Verhältnisse einer Überprüfung zu unterziehen und die Republik von 1927 den revolutionären Idealen von 1918 gegenüberzustellen, aber gleichermaßen ist sie auch ein Mittel diese Ideale und deren Bedeutung in der zeitgenössischen politischen Situation neu zu bewerten. *Hoppla* ist zu verstehen als ein Teil von Tollers fortgesetzten Bemühungen um eine praktische Basis für seine revolutionären Überzeugungen: ein Versuch, die politischen Verhältnisse in der Weimarer Republik deutlich werden zu lassen und seine eigene Rolle darin zu bestimmen.

In einer Regieanweisung heißt es vorab: »Das Stück spielt in vielen Ländern. Acht Jahre nach einem niedergeworfenen Volksaufstand«;[22] aber trotz dieses universellen Anspruchs ist das Stück unmißverständlich im Deutschland von 1927 angesiedelt, es zeigt ein Panorama der Weimarer Republik auf der Höhe augenscheinlicher Prosperität und Stabilität. Toller zeichnet ein düsteres und pessimistisches Bild, führt uns hinter die Fassade von Fröhlichkeit und Wohlstand und gibt den Blick frei auf eine Gesellschaft, die kurz vor ihrer Auflösung steht: eine Republik ohne Republikaner.

Mit Ausnahme von Karl Thomas sind die dramatis personae keine eigentlichen Individuen, sondern Vertreter gesellschaftlicher Gruppen. Deren repräsentative Funktion bestätigte Piscator, der seine Schauspieler auf den Proben anwies, ihre Rollen zu spielen als »den scharf umrissenen Ausdruck einer gesellschaftlichen Schicht« (PT, S. 152). Tollers Bild der gesellschaftlichen Wirklichkeit ist dialektisch, dargestellt anhand einer Reihe kontroverser Positionen über das gesamte politische Spektrum hinweg. Auf der einen Seite gibt es die Gruppe revolutionärer Aktivisten: Albert Kroll, der klassenbewußte Arbeiter: »Daß die Gesellschaft, in der wir leben, schmarotzt von unserer Hände Schweiß, wußte ich schon als sechsjähriger Junge, wenn ich morgens um fünf Uhr aus dem Bett gerissen wurde, um Semmeln auszutragen. Und was geschehen muß, damit das Unrecht ein Ende nehme, wußt ich eher, als ich ausrechnen konnte, wieviel zehn mal zehn ist...« (S. 18); Frau Meller, die politisches Engagement entwickelt, nachdem ihr Mann und ihre Söhne im Krieg gefallen sind; und Eva Berg, die emanzipierte junge Frau der Nachkriegsjahre, aktiv in Partei und Gewerkschaft. Ihr früherer Genosse Wilhelm Kilman, jetzt sozialdemokratischer Minister, repräsentiert jene Art von politischem Opportunismus, der die SPD die Republik hat »verteidigen« lassen, indem sie mit deren Feinden gemeinsame Sache machte. Wer diese Feinde sind, wird sehr deutlich gesagt: Baron Friedrich, ein Funktionär aus Kilmans Ministerium, der der Republik dient, um sie desto besser untergraben zu können; Graf Lande, der Protofaschist, der dafür eintritt, mit einem Militärputsch die Demokratie zu stürzen; der Kriegsminister von Wandsring, ein konservativer Militarist, der ebenfalls für »eine ehrliche Diktatur« plädiert, aber überzeugt ist: »Die Zeiten des Losschlagens sind vorüber. Was wir für unser Vaterland erreichen wollen, können wir legal erreichen.« (S. 31) – Eine Position, die damals auch Adolf Hitler vertrat. Dann gibt es noch den Bankier, einen zwielichtigen, einzig von seiner Habgier angetriebenen Spekulanten, der den Zynismus der Neureichen verkörpert.

Mit seinem für Piscators Theater geschriebenen Stück zollte Toller den technischen Neuerungen, die dessen Inszenierungsstil kennzeichneten, reichlich Tribut, insbesondere der Integration von Filmsequenzen in die Dramenhandlung und der Verwendung der »Simultanbühne«. Die Filmsequenz zwischen Prolog und Akt I veranschaulichte den historischen Kontext, auf dem das Stück gründet: Sie stellte einen Zeitraum von acht Jahren (1919 bis 1927) dar und führte deren politische Bedeutung vor Augen durch eine Reihe von bildlichen Bezügen zu den Schlüsselereignissen jener Zeit: dem Versailler Vertrag, dem Faschismus in Italien, dem Tod Lenins und den Unabhängigkeitsbestrebungen in Indien und China. Zwischen Akt I und II hatte Toller eine Filmsequenz über die neue gesellschaftliche Stellung der Frau vorgesehen, um das soziale Umfeld der Rolle der Eva Berg zu veranschaulichen – eine Sequenz die Piscator unerklärlicherweise strich.

Tollers Regieanweisungen geben an, daß »alle Szenen des Stücks... auf einem Gerüst spielbar (sind), das in Etagen aufgebaut ist und ohne Umbau verwendet werden kann«. Dieser Aufbau, bei dem verschiedene Teile der Bühne je nach Erfordernis angestrahlt werden konnten, ermöglichte es Toller, anhand einer Reihe von Kurzszenen die vielfältige und widersprüchliche Natur der gesellschaftlichen Realität zu vermitteln. Hinter der Fassade von Wohlstand und Fröhlichkeit zeigt Toller eine Gesellschaft, die durch politischen Opportunismus, Amoral, aufkommenden Nationalsozialismus, düsteren Radikalismus unter den Intellektuellen sowie durch Armut und Resignation der Arbeiterklasse gekennzeichnet ist. Es ist eine Gesellschaft, in der einmal mehr Kapitalismus und Militarismus herrschen; um es mit den Worten aus Walter Mehrings Titelsong zu sagen: »Es ist wieder ganz wie vor dem Kriege – Vor dem nächsten eben ...«.[23]

Tollers Porträt der Weimarer Republik vereint einen bedeutenden darstellungstechnischen Fortschritt mit einer wesentlich profunderen Einsicht in die politischen Verhältnisse. Diese Verhältnisse sieht man nicht mit den Augen Karl Thomas', sie zeigen sich in den Auseinandersetzungen zwischen ihm und seinen früheren Genossen – was bedeutet, sie werden nicht subjektiv, sondern dialektisch vermittelt. Der erste, den Thomas nach seiner Entlassung besucht, ist Wilhelm Kilman. Er ist erstaunt, Kilman nun als Minister der Republik wiederzutreffen, und noch erstaunter ist er über dessen zynische Form der Machtausübung. Kilmans Selbstwahrnehmung deutet auf das eigentliche Wesen der Republik – und auf seine eigene objektive Funktion als einer ihrer Minister: »Als Minister vertrete ich nicht eine Partei, sondern den Staat. Wenn man die Verantwortung hat, lieber Freund, sehen die Dinge anders aus.« (S. 40) Verantwortung bedeutet für ihn, Recht und Ordnung durchzusetzen; sich selbst hält er für einen neutralen Mittler zwischen Arbeiterschaft und Kapital: »In der Demokratie habe ich die Rechte der Arbeitgeber ebenso zu achten, wie die Rechte der Arbeitnehmer.« (S. 41) Er ist ein schamloser Verfechter eines Reformkurses. »Wie Kinder seid ihr«, sagt er zu Thomas. »Den ganzen Baum wollen, wenn man einen Apfel haben kann.« (S. 42) Obwohl er sich mit seinem Pragmatismus brüstet und behauptet, er und seinesgleichen hätten die Revolution »gerettet«, ist er merkwürdig kurzsichtig. Er hat sich mit politischen Feinden umgeben. Baron Friedrich, früher sein Gefängniswärter, hat jetzt bezeichnenderweise einen Posten in seinem Ministerium inne; er verkehrt mit dem Bankier, für den Demokratie nichts anderes ist als ein Sicherheitsventil für die allgemeine Unzufriedenheit. Thomas hört Kilman mit wachsender Skepsis und schließlich resigniert zu. »Wir sprechen verschiedene Sprachen,« sagt er zuletzt.

Er wendet sich an seine frühere Freundin Eva Berg, der er gesteht, mit den gegenwärtigen Verhältnissen nicht mehr zurecht zu kommen: »Seit meinem Besuch bei Wilhelm Kilman mag ich nicht mehr.« Das Bild, das er sich von ihr macht, ist ebenso sentimental wie seine Sicht der Revolution, während der sie sich kennenlernten und verliebten. Er bittet sie, mit ihm wegzugehen: »Wir reisen nach Griechenland. Nach Indien. Nach Afrika. Es müssen irgendwo noch Menschen leben, kindliche, die sind, nur sind... Die nichts von Politik wissen, die leben, nicht immer kämpfen müssen.« (S. 50) Eva Berg tut seinen Vorschlag als romantischen Eskapismus ab: »Dich ekelt vor Politik? Glaubst du, du könntest ihren Kreis durchbrechen?... Das Paradies, das du dir träumst, existiert nicht.« (S. 50) Eva personifiziert die emanzipierte Frau der Nachkriegsära, sachlich und nüchtern in ihrer Einstellung zum Leben und zur Liebe. Thomas schockiert ihre unsentimentale Haltung zu ihrer Beziehung:

> THOMAS: Gehörst du nicht mir?
> BERG: Gehören? Das Wort ist gestorben. Keiner gehört dem andern... Ich merke, wenn ich mit dir spreche, die letzten acht Jahre, in denen du »begraben« warst, haben uns stärker verwandelt als sonst ein Jahrhundert. (S. 51)

Ihrer Auffassung nach sei die Revolution nicht mehr als eine historische Episode gewesen, eine Beschreibung, die Thomas empört und verstört. Er schließt daraus, die Flamme der Revolution sei erloschen, aber sie widerspricht ihm: »Du täuschst dich. Anders glüht sie. Unpathetischer.« (S. 52)

Thomas begegnet Albert Kroll als Wahlhelfer bei den Präsidentschaftswahlen wieder. Diese Szene bildet den Schluß des zweiten Aktes. Kroll personifiziert das Dilemma des Revolutionärs in Zeiten politischer Reaktion. Thomas beschuldigt ihn »den Wahlschwindel mitzumachen«, seine Ideale verloren zu haben und gerade von dem System geschluckt worden zu sein, für dessen Sturz sie einst gekämpft hätten. Kroll entgegnet, daß er nicht seine Ideale, sondern nur seine Taktik geändert habe; er mache sich keine Illusionen über Wahlen, die für ihn keine Taten seien, aber ein »Sprungbrett zu Taten«. (S. 70) Während er zu Geduld rät – »Weil ich mit Volldampf fahren will, wenns Zeit ist« (S. 72) –, fordert Thomas eine demonstrative Aktion, um die Leute aus ihrer politischen Lethargie wachzurütteln: »Geschehen muß was. Einer muß ein Beispiel geben ... Einer muß sich opfern. Dann werden die Lahmen rennen.« (S. 66) Seinen Vorschlag, Kilman zu ermorden, lehnt Kroll als politisch schädlich ab. Als Thomas ihn beschuldigt, ein Feigling zu sein, entgegnet er: »Du möchtest, daß um deinetwillen die Welt ein ewiges Feuerwerk sei, mit Raketen und Leuchtkugeln und Schlachtengetöse. Du bist der Feigling nicht ich.« (S. 67)

Obwohl seine Begegnungen mit Berg und Kroll ohne ein unmittelbares Ergebnis enden, ist doch klar, daß Thomas' Ansichten für unrealistisch gehalten werden. Toller selbst betonte, daß seine persönliche Sympathie Berg und Kroll gelte: Insbesondere Kroll verkörpert die Haltung, für die Toller immer eintrat: Engagement ohne Illusionen. »Man muß sehen lernen«, so Kroll zu Thomas, »und sich dennoch nicht unterkriegen lassen.« (S. 65) Was Toller zum Ausdruck bringen wollte, wird noch deutlicher in der ursprünglichen Fassung des Stücks, in der Karl Thomas sich nicht erhängt, sondern neuen Mut findet, den Kampf fortzusetzen und somit sich der Haltung seiner früheren Genossen anschließt. In dieser Fassung endet das Stück, wie es begonnen hat: mit einer Szene in der Irrenanstalt zwischen Thomas und dem Psychiater Professor Lüdin. Toller verwendete diesen Aufbau nicht nur aus Gründen der dramatischen Symmetrie, sondern auch um seine These von der Verrücktheit der gesellschaftlichen Ordnung zu bekräftigen. Lüdin verkörpert beruflichen Sachverstand, der sich dem Staate andient. In der Eingangsszene behauptet er, daß er, wenn er tausend Menschen zu untersuchen habe, 999 für verrückt erklären könne – daß er es nicht tue, liege schlichtweg daran, daß »der Staat kein Interesse« daran habe. Verrücktheit ist durch die Staatsraison definiert, nicht durch die ärztliche Diagnose, ein Motiv, das Toller in der Schlußszene seiner ursprünglichen Fassung wiederaufnimmt. Als Thomas in die psychiatrische Anstalt zurückkehrt, beschuldigt Lüdin ihn zunächst, ein Simulant zu sein. Ihr Gespräch läßt Thomas die eigentliche Verrücktheit der Gesellschaft erkennen:

> Ich Narr! Jetzt seh ich die Welt wieder klar. Ihr habt sie in ein Irrenhaus verwandelt... Die Welt ist ein Pferch geworden, in dem die Gesunden zertrampelt werden von einer kleinen Herde galoppierender Verrückter. (S. 324)

Er erkennt den Unterschied zwischen »damals« (1919) und »jetzt« (1927) und sieht das Engagement seiner früheren Genossen in einem neuen Licht. Aber jetzt, wo Thomas zu Verstand gekommen ist, erklärt Lüdin ihn für verrückt; jetzt, als er seine Genossen wiedersehen will, steckt Lüdin ihn in eine Einzelzelle. Tollers ursprüngliches Skript endet mit bitterem Zynismus, der dem Geist des Stücks eher entspricht als der Selbstmord, den Piscator als Schluß vorschlug. In der ursprünglichen Fassung von *Hoppla* war die Rolle des Thomas eindeutig als Selbstkritik angelegt, mit der sich Toller öffentlich vom revolutionären Idealismus seiner Jugend lossagte.

Der Selbstmordschluß, mit dem das Stück veröffentlicht wurde, resultierte aus Piscators Deutung des Dramas. Thomas' »Wandlung« überzeugte ihn nicht. »Das Thema zeigt nicht den Weg eines schwankenden Elementes der Revolution... Thomas ist in Wirklichkeit ein anarchisch sentimentaler Typus, der logischerweise zerbricht.« (PT, S. 209) Nach langen Diskussionen setzte er seine Konzeption der Rolle gegen die Vorstellungen Tollers durch, aber noch immer genügte das Skript Piscators Anforderungen nicht. Um die Metamorphose von Karl Thomas zu vervollständigen, besetzte er die Rolle mit Alexander Granach und wies ihn an, einen Proletarier zu spielen und keineswegs das »Bürgersöhnchen«, das Tollers Skript verlangte. Auch während der Proben nahm er grundlegende Änderungen an dem Skript vor; er schrieb Passagen um und fügte sogar neue Szenen ein, ohne sich mit Toller, den dieses selbstherrliche Verhalten empörte, zu besprechen. Die Beziehung zwischen den beiden Männern wurde zunehmend gespannt: *Hoppla* war das letzte Stück, bei dem sie zusammenarbeiteten.

Ursprünglich war vorgesehen, daß *Hoppla* am 1. September gleichzeitig in Hamburg und Berlin Premiere haben sollte, aber während die Hamburger Inszenierung wie geplant vorankam, verzögerte sich die Berliner Premiere aufgrund der aufwendigen technischen Vorbereitungen um zwei Tage. Diese Verzögerung steigerte noch die hochgespannte Erwartung auf das, was weithin als großes Theaterereignis angesehen wurde.

Die technische Virtuosität von Piscators Inszenierung verblüffte Publikum und Kritiker gleichermaßen. Am Ende der ersten Aufführung, die vier Stunden dauerte, erhob sich ein Teil der Zuschauer und sang die Internationale. Ein Kritiker schrieb, Piscator habe die Grenzen des Theaters erweitert, ein anderer, daß er ebenso wie Toller verdiene, Autor dieses Abends genannt zu werden. Der Autor erhielt in der Tat wenig Anerkennung für seine Arbeit, die Kritiker waren geneigt zu unterstellen, daß nur Piscators Inszenierung ein eher mittelmäßiges Stück gerettet habe. Eine solche Kritik ist allerdings offenkundig ungerecht, da *Hoppla* in der Folgezeit mit großem Erfolg an verschiedenen anderen Theatern aufgeführt wurde, ohne die aufwendige Bühnentechnik, die Piscator eingesetzt hatte. Stefan Großmanns Kommentar traf vielleicht den Kern der Sache: »Ein Meister des Theaters hat sein Haus. Er wird sich weder durch Anhänger noch durch Autoren stören lassen.«[24]

Toller war mit Piscators Inszenierung unzufrieden; er hatte das Gefühl, daß die technischen Effekte das Stück selbst nicht selten in den Hintergrund drängten. Seine Unzufriedenheit ging so weit, daß er sich entschloß, selbst Regie zu führen, als das Stück ein paar Wochen später am Alten Theater Leipzig inszeniert wurde. In einem Brief an Alwin Kronacher, den Intendanten des Alten Theaters, brachte er seine Vorbehalte gegenüber Piscators Inszenierung zum Ausdruck und schlug vor, daß dessen Streichungen zurückgenommen und die Hinzufügungen gestrichen werden sollten.[25] Nach Tollers Meinung hatte Piscators Film das Stück fast überdeckt, und er bestand darauf, in Leipzig Projektionen nur zwischen den Akten zu zeigen. Auch meinte er, die Figur des Kroll, »die in Berlin viel zu wenig herausgekommen ist«, solle mehr hervorgehoben werden. Vor allem aber bedauerte er die Änderungen, zu denen Piscator ihn überredet hatte: Presseankündigungen betonten, daß die Leipziger Inszenierung sich nicht an den veröffentlichten Text hielte, sondern an eine neue Fassung, die auf Tollers erstem Entwurf basiere. Toller wollte, daß das Stück so zu sehen war, wie er es sich ursprünglich vorgestellt hatte: »Vergessen Sie nicht den Berliner Kritikern zu schreiben«, drängte er Kronacher. »Ich möchte, daß die Leipziger Aufführung in der neuen Fassung wiederum eine Art Uraufführung ist.« Die Berliner Kritiker kamen tatsächlich und zumindest einige von ihnen hielten das Stück für merklich verbessert, nachdem die Änderungen Piscators rückgängig gemacht worden waren.[26]

Hoppla erregte großes Interesse und half Toller, seinen Ruf im In- und Ausland zu erneuern. Bis Ende 1927 – während das Stück in Berlin noch lief – wurde es in Leipzig, Frankfurt und Wien inszeniert. 1928 und 1929 wurde es im Ausland vielfach aufgeführt, darunter in Moskau, Stockholm, Kopenhagen, Helsinki und London. Wie groß das Interesse in Großbritannien und Irland war, läßt sich an der Tatsache ermessen, daß es dort 1929 nicht weniger als drei Inszenierungen gab:

am Gate Theatre, London, am Festival Theatre, Cambridge, und am Abbey Theatre in Dublin, so daß das Stück innerhalb von zwei Monaten an drei führenden experimentellen Theatern auf den britischen Inseln gespielt wurde.

Der Erfolg von *Hoppla* war sicherlich beachtlich, beachtlicher aber noch war der Mißerfolg, der sich daran anschloß. 1928 arbeitete Toller mit Walter Hasenclever an dem Skript zu der musikalischen Komödie *Bourgeois bleibt Bourgeois*, einer freien Adaption von Molières *Le Bourgeois Gentilhomme* (*Der Bürger als Edelmann*). Hasenclever, der in den zwanziger Jahren einige erfolgreiche Boulevardkomödien geschrieben hatte, war nicht der einzige prominente Mitarbeiter. Der Romancier Hermann Kesten, damals ein junger Redakteur im Kiepenheuer Verlag, schrieb die Texte zu den Liedern, die Musik stammte von Friedrich Holländer. Das Stück sollte von Alexander Granowsky inszeniert werden, dem Leiter des Jüdischen Staatstheaters Moskau, das im vorhergehenden Herbst ein höchst erfolgreiches Gastspiel in Berlin gegeben hatte; für die Hauptrolle war Max Pallenberg vorgesehen, damals, unmittelbar nach seinem Triumph in Piscators Inszenierung der *Abenteuer des braven Soldaten Schwejk*, Deutschlands berühmtester Komiker.

Der Text von *Bourgeois bleibt Bourgeois* ist vollständig verlorengegangen, aber laut Tollers eigener Beschreibung war es eine moderne Fassung von Molières Komödie, geschrieben im Stil einer satirischen Revue. Die erste Hälfte des Stücks bestand aus einer Kurzfassung von Molières Komödie, während die zweite Hälfte 1929 spielt, »wo die Personen des Moliere'schen Stückes, als moderne Kaufleute, Hochstapler usw. auftreten«.[27] Gespannt erwartete man das Stück als eines der Theaterereignisse der Saison, und es war sogar die Rede davon, daß Granowsky das Stück im folgenden Frühjahr in der Theatre Guild in New York inszenieren sollte. Toller selbst glaubte, »das Stück wird sehr lustig werden und (klopfen Sie dreimal Holz!) Erfolg haben«.[28] Sein Erfolg schien in der Tat lange vor der Premiere am 21. Februar 1929 im Lessing Theater sicher zu sein, aber es erwies sich als katastrophaler Flop. Die Kritiker verteilten die Schuldzuweisungen für diesen Mißerfolg nahezu gleichmäßig. Einige hielten das Skript für zu dürftig, andere meinten, Granowskys üppige Inszenierung habe das Stück selbst in den Hintergrund gedrängt; einig aber war man sich darin, daß das Resultat ein Desaster war. Angesichts solcher Anfeindungen aus allen Lagern wurde das Stück nach nur acht Aufführungen aus dem Programm genommen. Kurt Pinthus nannte es den größten Flop der Theatersaison 1928/29;[29] Toller selbst äußerte sich im weiteren nicht mehr dazu. Musikalische Komödien waren nicht sein Metier; zwar versuchte er sich mit *No more Peace!* noch einmal darin, war aber auch diesmal nicht viel erfolgreicher. Im Laufe des Jahres 1929 wendete er sich wieder dem Thema zu, daß all seine Hauptwerke beherrschte: der Novemberrevolution.

Feuer aus den Kesseln

Vor Ende des Jahrzehnts schrieb Toller noch ein Stück: das »historische Schauspiel« *Feuer aus den Kesseln*, das die Unruhen in der deutschen Marine vom Sommer 1917 – und deren revolutionäre Auswirkungen – behandelt.[30] Reichpietsch und Köbis, beide Heizer auf dem Kriegsschiff *Friedrich der Große*, kritisieren sowohl die Verpflegung und Lebensbedingungen an Bord als auch das Verbot sozialistischer Zeitungen durch die Marine. Sie nehmen Verbindung auf zu Reichstagsabgeordneten der USPD, die zu Vorsicht raten, sie aber gleichzeitig anhalten, für die bevorstehende Friedenskonferenz der sozialistischen Parteien in Stockholm um Unterstützung zu werben. Im folgenden werden Reichpietsch und Köbis zusammen mit Beckers, Sachse und Weber in eine »Menagekommission« gewählt, welche die Beschwerden der Seeleute vorbringen soll. Auf einer Versammlung von Schiffsmannschaften an Land umreißt Reichpietsch die Friedensvorschläge der USPD, die weitgehende Zustimmung finden. Die Mitglieder der Verpflegungskommission werden anschließend verhaftet und des Hochverrats angeklagt. Der Untersuchungsrichter Schuler bedient sich brutaler und einschüchternder Verhörmethoden, um Beweise gegen die Männer zu konstruieren; die Behörden wollen, soviel wird bald klar, ein Exempel an ihnen statuieren. Die fünf Männer werden für schuldig befunden und zum Tode verurteilt; Reichpietsch und Köbis werden tatsächlich hingerichtet. Die Schlußszene spielt im November 1918: Als die Flotte den Befehl erhält, in See zu stechen, um die britische Marine anzugreifen, meutern die Mannschaften und löschen die Feuer in den Kesseln.

Feuer aus den Kesseln ist ein Beispiel für den dokumentarischen Realismus, der Tollers Arbeit nach 1925 kennzeichnete und der gegen

Ende des Jahrzehnts zum vorherrschenden Trend des Weimarer Theaters wurde. Es war eines von einer steigenden Zahl von »Zeitstücken«, die aktuelle Themen behandelten und in einem objektiven, dokumentarischen Stil geschrieben waren. Hauptquelle für das Stück waren die Protokolle des Reichstagsuntersuchungsausschusses zu den Gründen des militärischen Zusammenbruchs Deutschlands 1918. Der mit der Marine befaßte Untersuchungsausschuß, der von Januar 1926 bis März 1928 arbeitete, wurde schnell zum Spiegelbild der wachsenden politischen Polarisierung in der Republik. Während die nationalistische Rechte zu beweisen versuchte, daß die Marine – und damit die Nation – nicht durch den Feind geschlagen, sondern durch eine Verschwörung der Linken im eigenen Land unterminiert worden war, versuchte die SPD, sich selbst zu verteidigen und zu zeigen, daß die USPD (mit der sie inzwischen ja wieder vereinigt war) 1917 die Flotte nicht zur Meuterei aufgewiegelt habe, sondern daß die Unruhen eine spontane Reaktion auf mangelhafte Verpflegung und übertriebene Disziplin gewesen seien.

Feuer aus den Kesseln gehört zu den frühesten Beispielen des Dokumentartheaters. Die Druckfassung des Stücks enthielt einen dokumentarischen Anhang, der die Authentizität der zentralen Ereignisse des Dramas darlegen sollte. Im Vorwort betonte Toller, daß er sich hinsichtlich der historischen Fakten einige Freiheiten genommen, Zeitpunkte und Schauplätze geändert und sogar Figuren frei erfunden habe, »weil ich glaube, daß der Dramatiker das Bild einer Epoche geben, nicht, wie der Reporter, jede historische Einzelheit photographieren soll«.[31] Nichtsdestoweniger hielt er sich bemerkenswert genau an seine Quellen, die er oft fast wortwörtlich in den Text des Dramas übertrug.

Das Stück hat eine komplexe, vielschichtige Struktur, in der Zeit und Ort des Geschehens in schnellem Tempo wechseln. Die Eingangsszene stellt die Untersuchungen der Reichstagskommission im Jahr 1926 dar; der Rest des Stücks ist in Rückblenden erzählt. Zunächst geht es zurück zur »Schlacht am Skagerrak«, es folgt die »Meuterei« 1917 und schließlich in der Schlußszene die revolutionären Ereignisse in Kiel vom November 1918. Diese »epische« Struktur, in der die ersten und letzten Szenen mit der Haupthandlung des Stücks nur dialektisch verbunden sind, paßt wunderbar zu Tollers dramatischem Stoff.

Zunächst handelt es sich um ein »Justizstück«, um die Schilderung eines Falls korrupter Rechtsprechung in einer reaktionären Gesellschaft. Die Eingangsszene, die im Untersuchungsausschuß des Reichstags spielt, verleiht dem Stück den Charakter einer gerichtlichen Ermittlung. Als der Ausschußvorsitzende erklärt: »Wir haben nicht die Aufgabe, nachzuprüfen, ob die Urteile juristisch berechtigt waren oder nicht«, wird er durch eine Stimme aus der Kulisse unterbrochen: »Aber wir!« Wir, das Publikum, sind eingeladen, Zeuge zu sein und ein Urteil abzugeben über die Ereignisse, die in Rückblenden gezeigt werden. Die zentrale Szene des Stücks, die in groben Zügen die Geschichte der »Meuterei« erzählt, macht klar, daß kein Fall von Hochverrat vorlag und die Hinrichtung der beiden Männer ein Justizmord aus politischen Gründen war. Was uns gezeigt wird, ist kein Justizirrtum, sondern eine bewußte Rechtsbeugung.

Der Fall von Köbis und Reichpietsch hat aber weiterreichende Implikationen. In der Eingangsszene sagt einer der Hauptzeugen der Untersuchung aus, daß die Hinrichtung dazu führte, die Flotte zu radikalisieren und der Meuterei vom November 1918 den Weg bereitete. Die Schlußszene zeigt die Revolutionsereignisse in Kiel und schließt somit den Kreis, indem sie die Justizmorde von 1917 in einen revolutionären Zusammenhang stellt.

Obwohl Toller sein Stück ein »historisches Schauspiel« nannte, hatte es auch zeitgenössische Bezüge. Der dokumentarische Anhang des Dramas ist in drei Abschnitte unterteilt, die mit 1917, 1918 und 1928 datiert sind. Während der erste Abschnitt eine Auswahl der Beweise enthält, die dem Ausschuß vorlagen und der zweite die Ereignisse in Kiel dokumentiert, erweitert der dritte Abschnitt den Bezugsrahmen bis zum Ende der zwanziger Jahre. Unter der Überschrift »Und was tat die Republik?« findet sich das wegen Verlust ihres Sohnes gestellte Unterhaltsgesuch von Reichpietschs Eltern – und die Ablehnung der Behörden. Das letzte Dokument legt dar, wie wenig sich in der Zeit von 1917 bis 1928 geändert hatte. Der Ankläger Dobring (der im Stück Schuler heißt) wird zitiert: »... er wäre imstande, die ›Leute‹ mit der größten Ruhe noch einmal zu erschießen.«[32] Da Dobring noch immer Landgerichtsrat war, wird seine Äußerung zu einem Kommentar über den reaktionären Charakter der Weimarer Justiz. Toller prangerte in einem Beitrag für *Die Weltbühne* Dobrings Rechtsbeugung erneut an und forderte ihn auf, sich zu verteidigen:

> Heute wird der Spieß umgedreht und Sie, Öffentlicher Ankläger, sind öffentlich Angeklagter. Sie sollen sich für

»Ihr System« verantworten... Sie haben, wie jeder Angeklagter, das Recht zu sprechen... Werden Sie sprechen?[33]

Dobring äußerte sich öffentlich nicht zu den Vorwürfen, traf sich aber mit Toller einmal privat, nachdem dieser bei einer Matineeaufführung von *Feuer aus den Kesseln* seine Anklage wiederholt hatte. Ihr Gespräch soll vier Stunden gedauert haben, aber worüber gesprochen wurde, läßt sich nicht mehr herausfinden.[34]

Feuer aus den Kesseln ist ein Meilenstein für den Dramatiker Toller. Es ist gut geschrieben und zeigt an der Beherrschung der komplexen Struktur sein gewachsenes technisches Vermögen. Außerdem enthält kein anderes seiner Stücke eine so klare politische Stellungnahme. Zum ersten Mal verzichtet er auf den individuell agierenden Helden seiner früheren Dramen und schildert die fünf Seeleute als *kollektive* Opfer von Klassenjustiz; zum ersten Mal wird der dramatische Konflikt eindeutig als Klassenkonflikt dargestellt.

Die Unruhen in der Flotte resultieren aus der ungleichen Behandlung von Offizieren und Mannschaft: Während in der Offiziersmesse gutes Essen und edle Weine gereicht werden, hat man im unteren Deck mit »Steckrüben und Marmelade« zufrieden zu sein, eine Ungerechtigkeit, die durch strengen und oft sinnlosen Drill noch verschärft wurde. Die Kluft zwischen Offizieren und Mannschaft rührt eindeutig aus der unterschiedlichen Klassenzugehörigkeit, wie die Seeleute bald erkennen:

> KÖBIS: Sterben können die meisten Offiziere, aber leben können Sie nicht mit uns.
> SACHSE: Richtig, Alwin. Für die Herren ist Krieg das große Los, und für uns die große Niete. (S. 140)

Der dramatische Konflikt leitet sich aus dieser sozialen Spannung ab.

Die Offiziere und die Behörden der Marine gehören zur herrschenden Klasse, ihr Handeln beruht auf gemeinsamen Wertvorstellungen, die dazu dienen, die existierende gesellschaftliche Ordnung zu erhalten. Aber Toller versteigt sich nicht zu Schwarzweißmalereien, die er immer ablehnte. Als Kontrast zu dem jungen Offizier Hoffmann, der seine Unerfahrenheit durch überstrenge Disziplin zu verbergen sucht, gibt es den anständigen und menschlichen Kohler, einen Offizier, der aufrichtig um das Wohlergehen seiner Leute besorgt ist. Beide Offiziere aber sind an einen Führungskodex gebunden, der ungeachtet ihrer persönlichen Unterschiede Gültigkeit hat und der letztlich auch Kohlers Einstellung zu seinen Untergebenen irrelevant macht. Sein Versuch, zugunsten der Angeklagten Fürsprache einzulegen, wird beiläufig abgetan von Admiral von Scheer, der die Todesstrafen zur Wahrung der Disziplin für notwendig hält – das heißt: zum Erhalt der militärischen Hierarchie und der Klassengesellschaft, für die auch Kohler steht.

Scheer repräsentiert den nationalistischen Reaktionär, der von Deutschlands Recht auf territoriale Annexionen überzeugt ist. Opposition dagegen ist für ihn Landesverrat. Er zögert nicht, die Hinrichtungen bereits vor Verkündung des Urteils durchführen zu lassen. Hauptvertreter der Behörden ist der Kriegsgerichtsrat Schuler; er ist die Personifikation der Rechtsbeugung zur Verteidigung der herrschenden Verhältnisse. Toller ist bemüht, der Rolle einen menschlichen Zug zu geben: Wir begegnen ihm zuerst in einer eher privaten Situation – er diktiert einen Brief an seine Frau – aber den harmlosen Plauderton des Briefes legt er schlagartig ab, um auf erdenklich niederträchtige Weise die fünf Angeklagten zu begrüßen: »Aha, – da sind ja die Todeskandidaten.« (S. 154) Von da an ordnen sich seine sämtlichen Charaktereigenschaften seiner juristischen Funktion unter. Er ist sich der Bedeutung des ihm übertragenen Falles bewußt und zeigt sich schonungslos in seiner Jagd nach »Geständnissen«; um dieses Ziel zu erreichen, macht er von Erpressung, Einschüchterungen und Lügen Gebrauch. Sorgfältig belegte Toller all die Praktiken, die er Schuler zuschrieb, da er sich darüber im klaren war, wie entscheidend die Authentizität der Rolle für das Thema des Dramas war.

Waren die Offiziere durch gemeinsame Wertvorstellungen verbunden, so eint die Seeleute ihre soziale Situation. Sachse spricht aus, daß sie wissen, nichts anderes als »Arbeiter in Uniform« zu sein, im Gegensatz zu den Offizieren, deren Beruf der Krieg ist:

> Wenn wir jetzt auch Kulis und Stoker sind, wir sind trotz unserer Militärkluft Proleten geblieben. Wir waren Packer und Metallarbeiter und Eisenbahner und Kutscher. Wenn der Krieg zu Ende ist, werden wir wieder Packer und Metallarbeiter und Eisenbahner und Kutscher. (S. 147)

Sprecher der Seeleute sind die fünf Mitglieder der Menagekommission. Nüchtern und realistisch geschildert, gehören sie zu den überzeugendsten Arbeiterfiguren in Tollers Dramen. Zum ersten Mal tauchen sie bei der Schlacht am Skagerrak auf, wo sie noch (bewußt) als Teil der breiten Masse der Mannschaften dargestellt werden. Erst später treten sie hervor als Wortführer der allgemeinen Unzufriedenheit. Die fünf Männer sind individuell charakterisiert und unterscheiden sich sehr in ihrem politischen Bewußtsein und Engagement. Weber ist eher ein Mitläufer, der außerstande ist, die weitere Bedeutung der Menagekommission zu erkennen; vor dem Kriegsgericht lügt er, um seine Haut zu retten. Beckers ist engagierter, hält aber anfangs den Ausstand der Mannschaften schlicht für einen Protest gegen die schlechte Verpflegung. Sachse ist politisch bewußter, aber auf keinen Fall eine tonangebende Figur.

Toller schreibt die führenden Rollen Köbis und Reichpietsch zu; der Reiz des Dramas beruht teilweise auf den psychologischen und politischen Unterschieden der beiden. Reichpietsch wird als gutgelaunt, gesellig, sentimental und etwas schwächlich geschildert. Er ist überzeugter Christ, für den das Gebot »Du sollst nicht töten« wörtlich gilt – und der wegen seines Glaubens Anhänger der USPD ist. Er ist politisch unerfahren, sogar naiv, wie sich zeigt, als er dem Agent provocateur Birgiwski unbesehen vertraut, während Köbis sofort Verdacht schöpft. Köbis ist von Beginn an politisch bewußter als seine Mitstreiter. Er ist der geborene Sprecher für die Beschwerden der Männer, ist der erste, der die Wahl zur Menagekommission vorschlägt, und er übernimmt auch die Führung während des Massenausstands. Während andere die Bedeutung der Menagekommission herunterzuspielen suchen, sieht er sie eindeutig als ein Mittel, die Rechte der Mannschaften durchzusetzen. Die Bestimmtheit und Stärke seines Willens, die ihn von den anderen unterscheidet, zeigt sich während der Verhöre in Untersuchungshaft. Während Reichpietsch unter der fortgesetzten Befragung zusammenbricht, weigert sich Köbis, ein Geständnis abzulegen, und sogar Schuler muß anerkennen, daß er »die härteste Nuß« ist.

Das Kriegsgericht bestätigt Köbis' führende Rolle. Reichpietsch glaubt selbst in diesem letzten Stadium noch an die Unparteilichkeit des Gerichts, doch Köbis hegt keine derartigen Illusionen. Er lehnt es ab, sich zu verteidigen, und nutzt die Gelegenheit, seine revolutionären Überzeugungen kundzutun. Er bedaure nichts, außer daß er in Wirklichkeit nicht geschafft habe, was die Anklage ihnen vorwerfe – einen Massenstreik in der Flotte. Er schließt mit der zuversichtlichen Vorhersage: »Deutschland wird *unsere* Stimme hören, nicht *Ihre*!«

(S. 169) Wie weit sein Engagement geht, erweist sich auch in der Haft, als er sich weigert, ein Gnadengesuch zu stellen. Was Köbis letztlich von den vier anderen Mitgliedern der Menagekommission unterscheidet, ist, daß er als einziger aus seinen Erfahrungen zu lernen vermag: Daß Recht sein soll, was über oder gegen ihn gesprochen wird, läßt ihn erkennen, wie es um die Gesellschaft bestellt ist, die solches billigt. Während Reichpietsch noch nicht ganz fassen kann, was ihm geschieht, ist Köbis in der Lage, ihre mißliche Situation in einem größeren Kontext zu sehen. Als Beckers vorschlägt, die Hinrichtung durch Selbstmord zu vereiteln, ist es Köbis, der ihm widerspricht:

> Nee, Jungens, Finger weg! Es ist bitter, von diesen Leuten noch an die Wand gestellt zu werden. Aber jede Sache verlangt Opfer. Unser Blut wird nicht umsonst fließen. (S. 173)

Er erkennt, daß, wenn ihr Tod schon unausweichlich ist, dieser wenigstens einen Sinn haben müsse: Nur ihre Hinrichtung würde sie zu Märtyrern der Revolution werden lassen. Die Ereignisse in der Schlußszene des Stücks bestätigen seine Zuversicht und geben der persönlichen Erfahrung der Männer eine historische Dimension.

Feuer aus den Kesseln wurde am 31. August 1930 am Theater am Schiffbauerdamm in Berlin uraufgeführt, dessen Direktor Ernst-Josef Aufricht zwei Jahre zuvor mit Brechts *Dreigroschenoper* einen spektakulären Erfolg erzielt hatte. Die Inszenierung von *Feuer aus den Kesseln* markierte einen Höhepunkt in der Geschichte des realistischen »Zeittheaters«. Brechts Mitarbeiter Caspar Neher entwarf ein Bühnenbild, das ein fahrendes Kriegsschiff simulierte; zu den Effekten, derer sich die Inszenierung bediente, gehörte der Volltreffer eines Geschosses in den Maschinenraum. Die Kritik war positiv, die meisten Rezensenten lobten die Regie wie auch das Stück, aber der Kassenerfolg früherer Toller-Aufführungen stellte sich nicht ein. Aufricht erinnerte sich, daß Tausende von Freikarten an Gewerkschaften und andere Arbeiterorganisationen verschickt wurden in der Hoffnung, so wenigstens das Theater zu füllen, aber selbst dieses Angebot wurde nicht wahrgenommen.[35] Trotz des Mißerfolgs bleibt *Feuer aus den Kesseln* eines von Tollers besten Stücken: technisch vollendet, stilistisch konsequent und inhaltlich schlüssig. Als ein herausragendes Beispiel politischen Dokumentartheaters nahm es um mehr als drei Jahrzehnte die Arbeiten von Dramatikern wie Rolf Hochhuth, Peter Weiss und Heinar Kipphardt aus den sechziger Jahren vorweg.

Feuer aus den Kesseln war ursprünglich als Film konzipiert, und wer sich mit Tollers Theaterarbeit in den Weimarer Jahren befaßt, sollte keinesfalls seine Experimente mit den neuen Medien Film und Radio übersehen. Insbesondere der Film war ein Medium, das viele linke Schriftsteller faszinierte. Nachdem Lenin D.W. Griffiths *Intolerance* gesehen hatte, hatte er erklärt, daß der Film wie kein anderes Medium geeignet sei, dem Volk die revolutionäre Botschaft nahezubringen. Zweifellos waren es die Propagandamöglichkeiten des Films, die Toller interessierten: »Für uns Sozialisten wäre der Film ein Kampfinstrument von unschätzbarem Wert«, äußerte er noch während seiner Haft.[36] Sein Glaube an das revolutionäre Potential des Films wurde durch seine Begegnung mit dem frühen russischen Kino und seine Zusammenarbeit mit Piscator noch gestärkt. In seinem ursprünglichen Entwurf von *Feuer aus den Kesseln* drückte er die Hoffnung aus, daß ein solcher Film gemeinsam durch die Volksbühne und die Gewerkschaften finanziert würde, aber dazu kam es nie. 1929 schrieb Toller als Antwort auf eine Zeitungsumfrage, daß er keine Drehbücher verfaßt habe, weil es keine Aufträge von Produzenten gegeben hätte.[37] Aber er fügte hinzu, daß er jetzt an seinem ersten Drehbuch schreibe, einer Filmversion von *Hinkemann*, für die der berühmte russische Regisseur Pudowkin engagiert werden solle.[38] Doch das Projekt wurde nie verwirklicht. Erst 1931 schrieb Toller in Zusammenarbeit mit Walter Hasenclever schließlich ein Drehbuch: *Menschen hinter Gittern*, eine deutsche Version des MGM-Films *The Big House* – ein früher Tonfilm, 1930 entstanden nach dem gleichnamigen Bühnenstück von Lennox Robinson.

Wie der Film symbolisierte auch das Radio für Toller die dem technischen Fortschritt innewohnende Ambivalenz. Schon während der Haft hatte er sich damit auseinandergesetzt:

> Was Sie mir über den Rundfunk berichten, hat mich sehr nachdenklich gemacht. Alle Mittel der Technik bergen zwei Kräfte: aufbauende und zerstörende. Die Menschen haben bis jetzt die kühnsten Berechnungen, die herrlichsten Erfindungen dazu benutzt, einander totzuschlagen, Städte zu vergasen, Länder zu verwüsten. Diese gefährliche Doppelkraft ist auch dem Rundfunk eigen.[39]

Radio zog die Massen an, wie ja nicht zuletzt Goebbels später beweisen sollte. Zwischen 1927 und 1932 hatte Toller verschiedene Rundfunkauftritte, und 1930 versuchte er sich auch an einem Hörspiel, einer Gattung, mit der sich bereits Schriftsteller wie Brecht, Friedrich Wolf und Erich Kästner befaßt hatten. Tollers Hörspiel *Berlin – letzte Ausgabe!* verwendet Montagetechniken und besteht aus einer Folge von kurzen, lose verbundenen Szenen, die die Schlagzeilen einer Zeitung szenisch umsetzen.[40] Das Stück enthält eine Reihe von Anspielungen auf aktuelle Ereignisse, eine interessante Vorwegnahme von Darstellungsformen der »living newspaper«, die in den dreißiger Jahren in den USA entwickelt wurde. Das Spektrum der Themen reicht von bedeutsamen Ereignissen bis hin zu Trivialitäten – von der Abrüstungskonferenz des Völkerbundes bis hin zu einem Interview mit einem Filmstar – aber die Schlagzeilen bringen all das auf einen banalen gemeinsamen Nenner: Nachricht wird nur, was das Konsumbedürfnis stillt. Eine implizite Kritik an dem Medium, für das das Stück geschrieben war.

Daß Toller sich nicht intensiver dem Radio zuwandte, lag an den Verantwortlichen der Sender, die von 1930 an eine interne Zensur ausübten, welche die »Gleichschaltung« des Mediums nach 1933 vorwegnahm. So verzögerte sich die Übertragung von *Berlin – letzte Ausgabe!* in der Tat dadurch, daß der Text an das Ministerium zur Prüfung weitergeleitet und schließlich nur »trotz starker Bedenken gegen die Tendenz des Stückes und einzelne der darin enthaltenen Darstellungen« genehmigt wurde.[41] Toller schrieb später ein zweites Hörspiel, *Indizien*, das 1932 in Österreich gesendet wurde, in Deutschland aber nie zu hören war. Es erlitt ein ähnliches Schicksal wie Tollers Bühnenstück *Die blinde Göttin*, das 1932 in Wien Premiere hatte, in Deutschland aber nie aufgeführt wurde. Diese Beispiele von Zensur waren Anzeichen umfassenderer politischer Entwicklungen – denen es nun sich zuzuwenden gilt.

XI Rußland und Amerika: Quer durch

In den Jahren nach der Entlassung aus dem Gefängnis reiste Toller viel, bald schon gewohnheitsmäßig, ins Ausland. Hier mag es genügen, die Hauptziele seines zunehmend rastlosen Umherreisens aufzuzählen, welches nach 1933 fast zum Selbstzweck werden sollte. Im März 1925 brach er zu einer sechsmonatigen Vortragsreise nach Ägypten und Palästina auf, mußte sie aber wegen Erkrankung vorzeitig beenden. 1926 verbrachte er zehn Wochen in der Sowjetunion, wohin er 1930 anläßlich der Feierlichkeiten zur Oktoberrevolution noch einmal zurückkehrte. Sommer und Herbst 1926 verlebte er in Frankreich. Eine Reihe von Vortragsreisen führte ihn nach England (1925, 1928 und 1929), nach Österreich (1927), Dänemark und Norwegen (1927) sowie Schweden und Norwegen (1928). 1929 unternahm er eine dreimonatige Vortragsreise durch die Vereinigten Staaten. Weitere Reiseziele waren unter anderem die Tschechoslowakei (1925), Italien (1925 und 1928), Polen (1930), die Schweiz (1924, 1929, 1931 und 1932) und Ungarn (1932).

Tollers politischer Ruf eilte ihm während seiner Reisen stets voraus. Als er 1924 in die Schweiz wollte, durfte er erst ins Land, nachdem er sich schriftlich verpflichtet hatte, politische Aktivitäten zu unterlassen und vor allem nicht mit dem Völkerbund in Verbindung zu treten. Während seiner Reise durch Italien 1928 wurde er auf Schritt und Tritt von zwei Kriminalbeamten verfolgt, von denen einer ihm gegenüber Passagen aus dem *Schwalbenbuch* zitierte.[1] Auf Einladung des PEN-Clubs kam er 1925 erstmals nach London, um Vorträge zu halten und aus seinem Werk zu lesen, doch ungeachtet dessen, daß er in seiner Eigenschaft als Schriftsteller kam, hatte er große Schwierigkeiten, ein Visum zu erhalten; nur durch Vermittlung des Reichstagspräsidenten Paul Löbe bei der britischen Paßbehörde konnte er schließlich einreisen.[2] In London kannte man Tollers Werk bereits durch die Aufführungen der Stage Society. Welches Ansehen er genoß, läßt sich in etwa bereits an der Liste seiner Engagements in Großbritannien ablesen: Er sprach nicht nur vor dem PEN-Club, sondern hielt auch in Cambridge einen Vortrag über »Zeitgenössische Tendenzen im deutschen Theater«, und er »wurde enthusiastisch empfangen« als er vor einem großen Publikum, das das englische Goethe-Institut ins Londoner King's College geladen hatte, Auszüge aus dem *Schwalbenbuch* las.[3]

Die engsten politischen Kontakte in Großbritannien hatte Toller zur Independent Labour Party (ILP), deren Programm weitgehend mit dem der USPD übereinstimmte. Man lud ihn in die Redaktion der Parteizeitung *The New Leader* ein, wo er mit dem Herausgeber H.N. Brailsford und einigen Mitarbeitern, darunter Bertrand und Dora Russell, zu Mittag aß.[4] Örtliche Theatergruppen, die der ILP Arts Guild angeschlossen waren – ein Verein, der gegründet worden war, um einem sozialistischen Publikum Filme und Theaterstücke vorzustellen –, lasen und spielten seine Stücke.

Seine Ansichten über Großbritannien hielt Toller nicht schriftlich fest, doch seine gelegentlichen journalistischen Arbeiten vermitteln Eindrücke aus vielen anderen seiner Reiseländer, wobei deutlich wird, wie aufmerksam und scharfsinnig er beobachtete.[5] Was er über seine Reisen schrieb, sind im wesentlichen Berichte von den politischen und sozialen Zuständen, die er vorfand. Das gilt insbesondere für die Reiseskizzen, die er nach seinen Aufenthalten in der Sowjetunion und in den USA verfaßte. Diese Beobachtungen, veröffentlicht in dem Sammelband *Quer Durch*[6] sind nicht nur fesselnde Berichte, sie ergeben indirekt auch ein zusammenhängendes Bild von Tollers politischen Überzeugungen, vor allem hinsichtlich seiner Einstellung zur Sowjetunion, dem Prüfstein linker Positionen in den zwanziger Jahren.

Tollers russische und amerikanische »Reisebilder« sind eine fragmentarische und oft anekdotische Beschreibung seiner Erlebnisse, in der er von Zwischenfällen und Begegnungen, Tatsachen und Ereignissen in der »objektiven« Art berichtet, die typisch für seine dokumentarische Prosa ist. Tollers Absichten gingen jedoch über das bloße Berichten hinaus, er wollte Diagnosen stellen, seine fragmentarischen Beobachtungen einfügen in eine zusammenhängende Kritik an den sozialen und politischen Verhältnissen. Die anekdotische Herangehensweise ist kein Zufall, sondern hat Methode: »Sie wissen ja, ich liebe mehr als theoretische Beschreibungen sinnliche Episoden, weil sie beziehungsreicher sind.« (S. 184) In der Tat zieht Toller nur selten unmittelbare Schlußfolgerungen; was er sagen will, äußert er indirekt mittels Auswahl, Nebeneinanderstellungen und Gewichtungen. In dieser Hinsicht ist das Buch ein typisches Beispiel für die Sozialreportage, die zum festen Bestandteil der Literatur der Weimarer Republik wurde.

Tollers Ansatz bei seinen Betrachtungen der amerikanischen und russischen Gesellschaft war, zu prüfen, wie sich das Selbstbild der jeweiligen Gesellschaft zur Realität verhielt. Im Falle der USA interessierte ihn, das Ausmaß der politischen Freiheit im »land of the free« zu untersuchen; in Rußland wollte er aufzeigen, wie der Weg zum Sozialismus im »ersten sozialistischen Staat« verlief. Seine Beobachtungen, ursprünglich getrennt voneinander geschrieben, wurden durch das durchdachte Nebeneinanderstellen zu einem Vergleich entgegengesetzter politischer Systeme. Damit verfolgte er eine didaktische Absicht, wie er in der Einleitung zur englischen Ausgabe des Buches deutlich machte:

> Rußland und Amerika – zwei Länder, zwei Wege. Beide unermeßlich reich in ihrer ethnischen Vielfalt, ihren Landschaften und Bodenschätzen. Beide jung und ungebrochen in ihrem Glauben an die eigene Stärke. Aber das Amerika von heute, kontrolliert von einer kleinen Schicht skrupelloser Geschäftemacher, *war* das Land der Zukunft. Rußland *ist* das Land der Zukunft.[7]

Amerika

Die »Amerikanischen Reisebilder« beschreiben die Eindrücke seines USA-Aufenthalts von September bis Dezember 1929. Toller war auf Einladung von Ludwig Lore, Herausgeber der deutschsprachigen *Volkszeitung* und Präsident der International Labor Alliance, in die USA gekommen, um Vorträge über das moderne Deutschland und Entwicklungen im deutschen Theater zu halten. Auf einer Reiseroute, die etwa zwanzig amerikanische Städte umfaßte und ihn auch bis nach Mexiko führte, hielt er ungefähr fünfunddreißig Vorträge und las aus seinem Werk vor einem Publikum, das hauptsächlich aus Arbeitern und Studenten deutscher Herkunft bestand.[8]

Bei seiner Ankunft in den Vereinigten Staaten begrüßte ihn Pierre Loving in der *New York Evening Post* als den »derzeit bedeutendsten deutschen Dramatiker«, aber in Wirklichkeit war sein Werk jenseits des Atlantiks wenig bekannt. Die experimentelle Theatre Guild hatte *Masse-Mensch* in New York aufgeführt, doch die Inszenierung erregte kaum mehr als höfliches Interesse an dem, was man für eine Theaterkuriosität hielt. Außerhalb New Yorks war sein Werk vermutlich unbekannt.

Tollers Beobachtungen in den Vereinigten Staaten am Vorabend der großen Depression scheinen bruchstückhaft, fügen sich jedoch zu einer gründlichen und systematischen Kritik am amerikanischen Kapitalismus. Sein Thema umreißt er im einleitenden Abschnitt: »›Sie haben die Freiheit, wir haben die Statue‹, heißt es in der Revue *Fifty million Frenchmen*, die in New York gespielt wird. Von diesem Satz stimmt nur der zweite Teil.« (S. 9) Der Mangel an wirklicher Freiheit im »land of the free« wurde eindrucksvoll belegt durch das, was Toller als erstes erlebte.

Bei seiner Ankunft in New York wurde er von den Einwanderungsbehörden auf Ellis Island festgehalten und nach seinen politischen Anschauungen befragt. Nur unter der Bedingung, sich nicht in Angelegenheiten der amerikanischen Politik einzumischen, ließ man ihn schließlich einreisen; sein Visum war auf drei statt der üblichen zwölf Monate begrenzt.

Toller hatte den Einwanderungsbehörden nicht verschwiegen, daß er radikaler Sozialist geblieben war, ein Standpunkt, der sich implizit auch in seinen »Reisebildern« findet. Er beginnt mit Überlegungen zur Lage des amerikanischen Arbeiters, von dem er immer angenommen habe, daß dieser weit besser gestellt sei als sein deutsches Pendant. Doch die Kehrseite dieses Wohlstands sei der Niedergang der amerikanischen Arbeiterbewegung, wie er sich zum Beispiel zeige an der Unterdrückung des International Workers of the World (IWW), eines revolutionär-syndikalistischen Gewerkschaftsverbandes, oder an der Willfährigkeit und Korruptheit der Gewerkschaften und der Verbürgerlichung der Arbeiter, gefördert durch Instrumente wie Gewinnbeteiligung oder Anteilseigentum. Da es keine angemessene Kranken- oder Arbeitslosenversicherung gebe, sei der amerikanische Arbeiter wirtschaftlich abhängig; seinen bescheidenen Wohlstand habe er sich in Wirklichkeit für den Preis erkauft, faktisch Sklave des Kapitals zu sein.

Es gebe keine wahre politische Freiheit, weil es keine wirtschaftliche Freiheit, keine schöpferischen Beziehungen innerhalb des kapitalistischen Systems gebe. Toller veranschaulicht diese Theorie in seiner Beschreibung der Ford-Werke, wo die Arbeitsteilung mit der strengen Abgegrenztheit der Fließbandproduktion ihren logischen

Schlußpunkt erreicht hat. Die Eintönigkeit am Fließband führe zur Entfremdung des Arbeiters vom Produkt seiner Arbeit:

> So kann es vorkommen, daß einer sein Leben lang einen und denselben Hammerschlag an einem Autoteil tut, ohne daß er je das fertige Auto, an dem er doch mitgearbeitet hat, zu Gesicht bekommt. Das kapitalistische System wird indessen diese Probleme niemals lösen. (S. 27)

Um die Unmenschlichkeit des Kapitalismus noch zu unterstreichen, läßt Toller seiner Schilderung der Verhältnisse bei Ford die eines Besuches in einem Chicagoer Schlachthaus folgen, das ebenfalls Methoden der Fließbandproduktion anwandte: »Wenn Ford die Menschenhölle genannt wird, dies ist die Tierhölle.«

Nach den Überlegungen zum Produktionssystem befaßt sich Toller mit den sozialen Institutionen des Landes, zunächst mit den Gefängnissen. Er beschreibt einen Besuch in San Quentin, wobei er auch die »Todeszellen« besichtigte. Blumenkörbe hingen vor jeder Zelle, und ein Wärter erzählte von einigen seltsamen und makabren Bräuchen:

> Es kommt vor, daß Gefangene wünschen, mit Musik gehängt zu werden. Oh, sie haben es gut ... was sie wollen, bekommen sie. Einer wünschte sich Jazzmusik, da spielte ihm die Gefangenenkapelle Jazztänze vor. Essen erhalten sie besseres als wir Aufseher, sogar Hühnerdiner. (S. 38)

Tollers Kommentar: »Blumentopf, Hühnerdiner und Galgen mit Musik: that's civilisation.«

Toller war in erster Linie nach San Quentin gekommen, um Tom Mooney zu treffen, einen bekannten Sozialisten, der schon viele Jahre für ein Verbrechen, das er nicht begangen hatte, inhaftiert war. Dabei handelte es sich nicht um einen Justizirrtum, sondern um einen Fall von Rechtsbeugung, denn Mooney blieb, nur weil er militanter Sozialist war, noch im Gefängnis, als schon längst niemand mehr an seine Schuld glaubte. Indem er Mooneys Schicksal publik machte, hoffte Toller, zu dessen Freilassung beizutragen. Gleichzeitig benutzte er den Fall auch dazu, darzulegen, wie Gesetze mißbraucht wurden, um das herrschende ökonomische System zu stützen, ein Thema, daß er in einer kurzen Dokumentation mit dem Titel »Wie man in Amerika Sozialisten behandelt« wieder aufgriff.

Auch die Religion diente objektiv der Aufrechterhaltung des kapitalistischen Systems, da sie ein Mittel war, soziales Elend und Unzufriedenheit zu sublimieren. Toller schildert dies am Beispiel der Aimée Sempel McPherson, die auch Evelyn Waugh später in *Aber das Fleisch ist schwach* karikierte. Toller hebt die augenscheinliche Verbindung zwischen Religion und Geschäft hervor: Mit dem Geld wohlhabender Gönner hatte Aimée ihre »Church of the smiling light« aufgebaut. Außerdem war ihre Sekte nur eine von vielen, die sich durch Privatspenden finanzierten: »Überall unterstützen reiche Leute diese Sekten, jede Sekte hat als Schutzheilige ihre kleinen ›Rockefellers‹.« (S. 54) In »Aimée« richtet sich Tollers Ironie gegen ihr offenkundig betrügerisches Treiben. Ihre Gottesdienste waren wie Bühnenshows. Um ihre Position und ihren Einfluß zu stärken, bediente sie sich moderner Technik und Tricks aus der Werbung, nutzte die Leichtgläubigkeit und den Chauvinismus der Amerikaner aus. Das Thema Religion als Geschäft griff Toller später in seinem Schauspiel *Wunder in Amerika* wieder auf.

Toller interessierte sich für die »weltliche Prophetin« in erster Linie, um zu zeigen, wie sehr das allgemeine Bewußtsein von kapitalistischen Wertvorstellungen durchdrungen war. Aufgezeigt wird das auch für die öffentliche Haltung gegenüber der Kriminalität: Die sozialen Ursachen von Verbrechen werden außer acht gelassen. Noch deutlicher wird dies in der materialistischen Einstellung zu Sexualität und Liebe. Prostitution war illegal, aber in der Praxis weit verbreitet. Was man allgemein über Liebe dachte, war sowohl sentimental wie auch zutiefst materialistisch; Jungfräulichkeit behandelte man wie ein Kapital, das man nur gegen Heirat eintauschte. Kapitalistische Wertvorstellungen bestimmten die soziale Rolle der Frau und reduzierten diese nicht selten zum Vorzeigepüppchen und Statussymbol.

Auch die Künste reflektierten und bestärkten die herrschende ökonomische Ordnung. Toller begeisterte sich für das Kino, insbesondere für die Möglichkeiten des Tonfilms, den es seit kurzer Zeit gab. Er bewunderte die natürliche Vitalität von King Vidors *Hallelujah*, der seines Erachtens das künstlerische Potential des Films demonstrierte. Doch allgemein beklagte er die Beschränkungen, die dem Medium durch jene, die die Produktionsmittel besaßen, auferlegt waren. Er hatte gehofft, in den USA möglichst viele Theateraufführungen besuchen zu können, war aber dann enttäuscht von denen, die er tatsächlich sah. Mit wenigen Ausnahmen war das amerikanische Theater zu einem Unterhaltungsbetrieb für das Bürgertum verkommen. Salonkomödien, Kriminalstücke und Musicals beherrschten die Bühne, Stücke mit sozialkritischen Tendenzen wurden bewußt ausgeschlossen:

> Theater ist in Amerika eine Einrichtung für das besitzende Vergnügungspublikum. Wehe den Autoren, die die Kehrseite amerikanischen Reichtums aufzeigen. Sie werden nicht gespielt, wie etwa Upton Sinclair. Nur kleine Studios nehmen sich ihrer an. (S. 64)

Objektiv bestand die Funktion des Theaters darin, die von ihr dargestellte gesellschaftliche Ordnung zu stabilisieren. Die Künste, die doch vor allem zur geistigen Freiheit anregen sollten, trugen zu deren Unterdrückung bei: »Denn in God's own country, das sich das Land der Freiheit nennt, ist von geistiger Freiheit wenig zu spüren.« (S. 63)

Im letzten Abschnitt kehrt Toller zu seinem Ausgangspunkt zurück. Im Land der Freiheit wurden den Schwarzen nicht nur grundlegende politische Rechte verweigert, man verwehrte ihnen gar den Schutz durch das Gesetz. Zum Beweis führt Toller einige Fälle an, in denen Schwarze Opfer von Lynchjustiz wurden; doch in der Unterdrückung der Schwarzen erkennt er bereits den Keim der zukünftigen Befreiung: »Heute kämpft ein Trupp von schwarzen Pionieren, morgen wird eine selbstbewußte Millionenarmee um Menschenrechte kämpfen.« (S. 78)

Rußland

Tollers »Russische Reisebilder« sind bewußt so angeordnet, daß sie einen Kontrast zu seinen Amerikaimpressionen bilden. In ihrer ursprünglichen Fassung waren sie bereits mehr als drei Jahre alt. Sie beinhalten die Eindrücke seiner zehnwöchigen Reise durch die Sowjetunion im Frühjahr 1926. Er war auf Einladung Anatoli Lunatscharskys, des Sowjetischen Kommissars für Erziehung, gereist – ein Zeichen für das hohe Ansehen, das Toller in der Sowjetunion genoß. Obwohl Lunatscharsky dem Expressionismus kritisch gegenüberstand, hatte er sich persönlich für die Veröffentlichung und Aufführung expressionistischer Stücke eingesetzt. Als Toller erstmals in die Sowjetunion kam, waren dort nicht weniger als neun seiner Arbeiten veröffentlicht worden; Lunatscharsky selbst hatte für die 1925 erschienene russische Ausgabe der *Gedichte der Gefangenen* ein Vorwort geschrieben.[9] Toller war nicht nur der bekannteste moderne deutsche Dramatiker in Rußland, er war auch der meistgespielte. Meyerhold hatte sowohl *Die Maschinenstürmer* als auch *Masse-Mensch* an seinem Revolutionstheater in Moskau inszeniert, und *Der entfesselte Wotan* war im November 1924 am Bolschoi-Theater sogar in russischer Übersetzung uraufgeführt worden. Meyerholds Schüler Sergej Varnow brachte in Leningrad verschiedene expressionistische Stücke auf die Bühne, darunter den *Hinkemann*.

Als sich der Zug der sowjetischen Grenze näherte, schwankten Tollers Gefühle zwischen Vorfreude und Ängstlichkeit:

> Alle Nerven sind gespannt. Endlich! Die russische Grenze, die erste rote Fahne. Welch eine Empfindung! Und gleich etwas wie Beklemmung: Was wirst du finden? Schon ist sie zerstäubt vor dem einfachen Gedanken: Du bist im ersten sozialistischen Land. (S. 86)

Wie Toller reisten in den zwanziger Jahren viele europäische Intellektuelle in die Sowjetunion. Aus heutiger Sicht kann man sich kaum vorstellen, wie weit der Enthusiasmus für die Sowjetunion damals unter fortschrittlichen Künstlern verbreitet war, und nirgends so sehr wie in Deutschland. Bis 1921 hatte der Bürgerkrieg Rußland isoliert, aber in dem Jahr nach der Unterzeichnung des Rapallo-Vertrags waren die deutsch-russischen Beziehungen wiederaufgenommen worden, und eine unvermutete Vielfalt kultureller Verbindungen war entstanden; dazu gehörten Organisationen wie die Gesellschaft der Freunde des neuen Rußlands, unterstützt unter anderem von Alfred Döblin, Albert Einstein und Thomas Mann.

Im Sog von Rapallo reiste ein steter Strom von deutschen Intellektuellen in die Sowjetunion, darunter Journalisten wie Alfons Paquet und Egon Erwin Kisch, der »rasende Reporter«, der Kritiker Alfred Kerr, Walter Benjamin und J. R. Becher, der Universitätsprofessor E. J. Gumbel und andere Persönlichkeiten des literarischen Lebens wie Arthur Holitscher, Franz Jung und Ernst Glaeser. Sie kamen auf der Suche nach einer schönen neuen Welt, und die meisten von ihnen fanden sie. Holitscher nannte die Sowjetunion »die Heimat unserer Seelen«, Kerr »das grandioseste soziale Experiment, das seit zweitausend Jahren gemacht worden ist«, während sie für Glaeser und F. C. Weiskopf schlicht »der Staat ohne Arbeitslose« war.

Toller wurde wie ein hoher ausländischer Staatsgast empfangen. Bei seiner Ankunft erwarteten ihn offizielle Delegationen verschiedener kultureller Organisationen; die meisten Zeitungen veröffentlichten Interviews und Fotos, und man überschüttete ihn mit Einladungen, bei Versammlungen aufzutreten oder zu sprechen. Toller schrieb die »russischen Reisebilder« ursprünglich in Briefform, veröffentlichte sie aber erst 1930, obwohl er sie 1926/27 zu diesem Zweck bereits überarbeitet hatte. Tatsächlich hegte er wegen ihres fragmentarischen Charakters einige Vorbehalte gegen eine Veröffentlichung und räumte sogar ein, daß sie bis zu einem gewissen Grad überholt waren:

> Nichtsdestoweniger wage ich, diese Eindrücke zu veröffentlichen, weil sie einen Teil von Rußlands Geschichte dokumentieren und bemüht sind, geistige Entwicklungen aufzuspüren, die sich schließlich so schnell nicht ändern.[10]

Die »russischen Reisebilder« waren demnach der Versuch, die Entwicklung der Sowjetunion zu einer sozialistischen Gesellschaft zu beurteilen. Obwohl Toller seine Eindrücke von Fabriken und Gefängnissen, Schulen und Theatern notierte, galt sein Interesse doch weniger den sozialen Einrichtungen selbst als den »geistigen Entwicklungen«, die darin zutage traten – will sagen, dem Stand des sozialistischen Bewußtseins.

Tollers Beobachtungen ist vorgeworfen worden, zu höflich und unkritisch zu sein, als ob sie der übrigen Welt nur vermittelten, wie sich das Régime selbst sah. Doch das Gegenteil ist der Fall: Er war ein viel schärferer und kritischerer Beobachter als die meisten der anderen Berühmtheiten, die zu jener Zeit die Sowjetunion besuchten. Zweifellos war Toller wie alle anderen wohlwollenden Besucher von gewissen Errungenschaften beeindruckt – dem Fortschritt im Schulwesen und der Kinderfürsorge, der Emanzipation der Frauen – »die russischen Frauen sind erwacht« (S. 111) – und vor allem von dem ungeheuren Willen zur Umstrukturierung der Gesellschaft. Aber in seine Begeisterung mischen sich auch kritische Töne. Er registrierte Anzeichen von ideologischer Engstirnigkeit und Angepaßtheit, von Intoleranz gegenüber Andersdenkenden.

Tollers Rußlandimpressionen sind so angelegt, daß sie Themen und Motive der »amerikanischen Reisebilder« kontrapunktieren. Die Anmerkungen zu Ford haben ihr Gegenstück in seinen Ausführungen über eine Motorenfabrik in Leningrad, die Situation des Arbeiters im sozialistischen System wird der des Arbeiters im kapitalistischen System gegenübergestellt. Wurden die Arbeiter bei Ford von der Betriebspolizei und Spitzeln der Unternehmensführung überwacht, so bemerkte Toller überrascht, daß sich die russischen Arbeiter bei Verlassen der Fabrik freiwillig durchsuchen ließen. Wie in den USA gab es auch in Rußland Einkommensunterschiede, was mit der Idee des Sozialismus' unvereinbar schien. Wenn sich auch der Lebensstandard kaum verbessert hatte, die Einstellung zur Arbeit hatte sich verändert: »Unser Leben im Alltag ist ökonomisch nicht viel besser als früher... Aber in der Fabrik ist der Arbeiter Mensch, keine ›Hand‹ wie früher.« (S. 113)

Falls Ford die dem Kapitalismus inhärente Entfremdung des Industriearbeiters verkörperte, inwieweit könnte dann der Sozialismus dem Arbeiter eine andere Perspektive eröffnen? Erste Experimente der Arbeitsforschung am Moskauer Zentralinstitut für Technologie (ZIT) veranlaßten Toller, das Wesen der sozialistischen Produktionsweise zu hinterfragen: »Mir wird beklommen zumute. Das soll das Ziel sein: Mechanisierung des Menschen, Ertötung all dessen, was als Schöpferisches in ihm lebt?« (S. 123) Der Sozialismus hatte den Arbeiter nicht von der Tyrannei der Maschine befreit: Diese mechanistische Reduktion des Menschen auf eine Kette festgelegter Tätigkeiten begründete Tollers Kritik am industriellen Kapitalismus, angefangen mit den *Maschinenstürmern* und weiterentwickelt mit »Ford«.

Tollers Überlegungen zu den Haftbedingungen in Rußland ziehen einmal mehr einen unausgesprochenen Vergleich zu den USA. In Rußland besuchte er Sokolniki, eines der Mustergefängnisse, die bei Führungen von offizieller sowjetischer Seite stets vorgezeigt wurden. Auch wenn die Verhältnisse dort menschlich zu sein schienen, blieb er doch skeptischer als andere Besucher wie Harold Laski oder die Webbs. Er war schockiert von der Härte mancher Strafen und kritisierte scharf die »administrative Haft« (S. 128), wie sie von der OGPU (Vorläuferorganisation des KGB – d. Übers.) gehandhabt wurde. Vor allem wußte er, daß »Gefängnis immer etwas Furchtbares ist« (S. 129):

> Ein noch so tolerantes Gefängnis bleibt Gefängnis. Bezweifeln mag es, wer Gefängnis nicht erlebt hat. Hier soll nicht die Frage erörtert werden, ob Gefängnisse zu jenen Institutionen gehören, die der Sozialismus auszurotten die Pflicht hat. Ich gehöre zu den Anhängern dieser Meinung. (S. 130)

Er fügt hinzu: »Nichts gefällt dem wahren Menschen, wenn ihm die Freiheit fehlt.« (S. 139) Dies war nicht das einzige Mal, daß der libertäre Sozialist den autoritären Tendenzen des Bolschewismus entgegentrat.

Toller wurde in Rußland von seiner revolutionären Vergangenheit wieder eingeholt. Kurz nach seiner Ankunft erschien in der *Prawda* ein verleumderischer Artikel, der ihn des Defätismus und des Verrats während der Münchener Räterepublik bezichtigte. Als er protestierte, riet man ihm anfangs, eine Erklärung zu veröffentlichen, in der er die Fehler der Vergangenheit zugeben und die revolutionäre Führerschaft der Kommunistischen Internationalen anerkennen sollte; er lehnte ab und erhielt schließlich die Erlaubnis, in der *Prawda* eine Erwiderung zu veröffentlichen. Er berichtete von dem Vorfall: »Nicht um ihrer persönlichen Elemente willen, die sind unwichtig, das Atmosphärische daran ist bedeutsam.« (S. 96) Er glaubte, auf viele Menschen, die er traf, eine positive Wirkung zu haben, und hoffte, daß sie weniger zurückhaltend in ihrer Kritik an den Verhältnissen in der Sowjetunion sein würden.

Dieser »kleine Zwischenfall«, der Bürokratie und Konformismus aufscheinen ließ, leitet eines der wichtigsten Themen der »russischen Reisebilder« ein: die Zunahme von Dogmatismus und Orthodoxie in der Partei. Er beschrieb die Anstrengungen der Partei, die Universität des Ostens, wo die zukünftigen Kader ausgebildet wurden, auf Linientreue zu trimmen: »Das bedeutendste Lehrfach aber ist der Leninismus. Aufsätze der Schüler werden genau daraufhin untersucht, ob die inhaltlichen Elemente mit Lenin-Zitaten übereinstimmen.« (S. 117–118) Ihn beunruhigte der zunehmende Personenkult um Lenin, dessen Bild man fast an jedem öffentlichen Ort begegnete. Die Erklärung, dieser Kult sei ein Zugeständnis an die Bedürfnisse der Massen, ein Ersatz für die jetzt mißbilligte Religiosität, wies er zurück. Im Gegenteil, er hielt die Auswirkungen dieser Entwicklung für schädlich:

> Denn immer lähmt Kult Selbstverantwortung, Entfaltung eigener Fähigkeiten, und gibt Kultanhängern den Glauben, daß das, was erkannt und getan werden muß, vom Idol schon erkannt und getan sei. (S. 107)

Dieser Kult nutze verborgene chauvinistische Gefühle und die allgemeine Leichtgläubigkeit in derselben Weise aus wie das Geschäft mit der Religion in Amerika. Tollers Kritik am Personenkult reicht so weit, daß er behauptet, dieser stehe der Entwicklung sozialistischen Bewußtseins entgegen: »... man darf die Gefahr nicht unterschätzen, die darin besteht, daß die sozialistische Lehre zu einem Glaubensartikel wird, den man annimmt, ohne zu denken, wie der Katholik sein Dogma, zumal er noch einige staatliche Vorteile bringt.« (S. 108)

Die Gefahren von ideologischem Dogmatismus zeigten sich auch in der Kampagne gegen Trotzki, dessen Leistung beim Aufbau der Roten Armee bereits aus der offiziellen Geschichtsschreibung verschwunden war. Wenn Toller Trotzki reden hörte, hatte er nur Bewunderung für dessen rhetorische Begabung und umfassende Bildung. Als die »Reisebilder« erschienen, war Trotzki bereits im Exil, aber Toller sah keinen Grund, irgend etwas zurückzunehmen, und er beteiligte sich auch nie an den Angriffen auf Trotzki.

Toller kritisierte die strenge Pressezensur aus der Sicht des libertären Sozialisten: »Eine Arbeiter-Regierung muß die lebendige Kritik aller Schaffenden fördern.« (S. 161) Der harten »Parteilinie« in Theater und Literatur war er sich bewußt. Zur Zeit seines Aufenthaltes hatten die Änderungen in der Kulturpolitik bereits begonnen, die schließlich die ästhetische Moderne als »formalistisch« verwerfen und den Sozialistischen Realismus zur einzig offiziell anerkannten Form sozialistischer Kunst erklären sollten. Obwohl Toller (fälschlicherweise) Anzeichen für eine Lockerung staatlicher Zensur zu erkennen glaubte, entging ihm nicht die zunehmende Intoleranz gegenüber Schriftstellern, die nicht in der Partei waren, wie Ilja Ehrenburg, Isaak Babel und Boris Pilniak. Obwohl sie die Revolution weitgehend unterstützt hatten, waren sie intellektuell doch unabhängig geblieben und mußten nun die von offizieller Seite ausgeheckten Attacken der »proletarischen« Schriftsteller, die im RAPP (Russische Vereinigung proletarischer Schriftsteller) organisiert waren, über sich ergehen lassen, mußten sich vorwerfen lassen, daß sie nicht schrieben, was als proletarische Literatur gelten konnte. Die offizielle Ideologie widersprach Trotzkis Behauptung, proletarische Kunst sei in einer Phase gesellschaftlichen Umbruchs unmöglich. Schulen wurden gegründet, um die Grundsätze proletarischer Kunst zu lehren. Was den Studenten beigebracht wurde, war im Kern folgendes: »Das Revolutionsgeschehen betrachten, wie es der Marxist betrachtet, immer die Rolle der Kommunistischen Partei hervorhebend.« (S. 167)

Tollers Kritik am Bolschewismus, im wesentlichen bereits 1926 verfaßt, ahnte einige entscheidende Züge des Stalinismus voraus: die starre, orthodoxe Ideologie, die Unterdrückung jeglicher Opposition, den Personenkult und die Festschreibung des Sozialistischen Realismus als alleingültiger Kunstform. Umso erstaunlicher ist, daß er bei seinen späteren Reisen nach Rußland in den Jahren 1930 und 1934 offenkundig blind gewesen ist für die Entwicklungen, die seine schlimmsten Befürchtungen bestätigten. Er blieb sicherlich bis 1936 ein engagierter, wenn auch kritischer Anhänger der Sowjetunion, wie er in einem Brief an Lunatscharsky hervorhob:

> Seit 1918, seit Schaffung der russischen Räterepublik, habe ich politisch und literarisch in unzähligen Versammlungen, Aufsätzen, Manifesten, Resolutionen als Freund der russischen Revolution gearbeitet. Nicht nur in Deutschland, auch im Auslande.[11]

Toller gehörte natürlich zu dem Kreis linker Sympathisanten, der die verschiedenen prosowjetischen Organisationen des kommunistischen Verlegers Willi Münzenberg unterstützte: Er war Mitglied der Liga gegen koloniale Unterdrückung, sprach 1928 auf der Gründungsversammlung des Komitees der Freunde Sowjet-Rußlands und unterzeichnete 1930 die Resolution des Internationalen Verteidigungskomitees für die Sowjetunion.

Das Eintreten für die Sowjetunion war während der zwanziger Jahre der gemeinsame Nenner der linken Intellektuellen. Unter dem Druck der politischen Entwicklungen der Jahre 1929/30 schlossen sich viele von ihnen – darunter Gustav Regler, Ernst Ottwalt, Ernst Glaeser und Arthur Koestler – der KPD an, und angesichts Tollers langjähriger Sympathien für die Partei scheint die Frage angebracht, warum er nicht ein gleiches tat. Tollers Differenzen mit der KPD hatten in erster Linie historische Gründe. Seine Rolle in der Bayerischen Räterepublik war wiederholt scharfen Angriffen ausgesetzt. Das begann während der Haft, setzte sich nach seiner Entlassung fort, tauchte während der Rußlandreise wieder auf und kulminierte 1929 in einem Pamphlet von Erich Wollenberg, der in der Roten Armee bei Dachau einer seiner Adjutanten gewesen war.[12] Toller setzte sich energisch zur Wehr, doch bekannte er Lunatscharsky in dem bereits zitierten Brief: »Angriffe wie die ... lassen zwar nicht meinen Eifer für die Sache erlahmen, sind mir aber unfassbar und wirken verbitternd auf mich.« Zweifellos hätte er der KPD nur um den Preis, sich von seiner eigenen Vergangenheit loszusagen, beitreten können – und genauso zweifellos sah er dazu keinen Grund.

Auch in ideologischer Hinsicht gab es Unterschiede zur KPD. Obwohl er sich entscheidend vom Anarchismus seiner politischen Anfänge entfernt hatte, war er nie ganz und gar Marxist geworden. Er lehnte die bürgerliche Weimarer Demokratie ab, in der die herrschenden Klassen die demokratischen Strukturen zu ihren Gunsten manipulierten, und pflichtete der marxistischen Position bei, daß gerade die Verhältnisse in der bürgerlichen Gesellschaft den Klassenkampf unvermeidlich machen würden. Obwohl er die Bedeutung wirtschaftlicher Faktoren anerkannte, sah er sie aus einem ethisch idealistischen Blickwinkel. Von krudem ökonomischen Determinismus hielt er nicht viel – die mechanistische Auslegung des Marxismus hatte er bereits in *Hinkemann* karikiert. Er sah den revolutionären Prozeß als ein »dialektisches Wechselspiel« zwischen ökonomischen Kräften und menschlichem Willen. In einer Radiodiskussion mit Alfred Mühr, dem nationalsozialistischen Herausgeber der *Deutschen Zeitung* – eine Diskussion, die die politische Polarisierung in der Weimarer Republik deutlich macht – betonte er, daß eine ökonomische Theorie moralischen Verpflichtungen genügen müßte: »Kant hat einmal gesagt: ›Begriffe ohne Anschauungen sind blind.‹«[13] Er selbst stellte den Sozialismus immer in Begriffen wie Freiheit, Gerechtigkeit und Demokratie dar. Seine Arbeit in den Jahren 1924 bis 1933 suchte nachzuweisen, daß diese Ideale in der bürgerlichen Gesellschaft entstellt worden waren und sich letztlich nur in einer sozialistischen Wirtschaftsordnung verwirklichen ließen.

Gewiß teilte Toller nicht die Haltung der KPD zur Führungsrolle der Partei. Revolutionen würden nicht von einer vorauseilenden revolutionären Elite entfacht: »Revolutionen werden nicht gemacht«, sagte er zu Mühr, »ihnen gehen Zusammenbrüche voraus.«[14] Die Revolution in Deutschland hatte er im wesentlichen als eine spontane Reaktion auf den Zusammenbruch der herrschenden gesellschaftlichen Ordnung erlebt, eine Auffassung, die er auch in seiner Autobiographie ausführlich darlegt. In den letzten Jahren der Weimarer Republik beherrschte die Idee von einer breiten linken Front sein politisches Denken, und das Sektierertum der KPD, das in der These vom »Sozialfaschismus« gipfelte, konnte ihn nur weiter von der Partei entfernen. Seine Persönlichkeit trennte ihn ebenso wie grundsätzliche ideologische und politische Unterschiede von der KPD.

XII Generalprobe für die Diktatur
1930–1933

Das Jahr 1930 bildete einen Wendepunkt in der Geschichte der Weimarer Republik. Die Wirtschaftskrise bedeutete nicht nur das Ende ökonomischer Stabilität, sondern faktisch auch das der Demokratie: Seit März 1930 gelang es nicht mehr, eine Regierung zu bilden, die über eine parlamentarische Mehrheit verfügte. In den Septemberwahlen erzielten die Nationalsozialisten einen unerwarteten Erfolg und wurden mit 107 Sitzen zweitstärkste Partei im Reichstag. Das Jahr 1930 erwies sich auch für Toller als ein Wendepunkt, sein Ruf und seine Wirkungskraft begannen nachzulassen, was an der Aufnahme seiner Werke ersichtlich war: *Feuer aus den Kesseln*, nur zwei Wochen vor dem Wahlsieg der Nationalsozialisten in Berlin uraufgeführt, war zwar bei der Kritik ein Erfolg, an der Kasse jedoch ein Reinfall. Als *Quer Durch* veröffentlicht wurde, nahm die Presse kaum Notiz davon. Keines der beiden Werke wurde ein zweites Mal aufgelegt.

Die Ursachen für diesen Niedergang sind in erster Linie in der sich verschlimmernden politischen Lage und dem dadurch bedingten plötzlichen Wandel der öffentlichen Meinung zu sehen. Fritz Landshoff, Leiter des Kiepenheuer Verlags, der damals nicht nur Toller, sondern auch Brecht, Kaiser, Kesten und andere linke Autoren herausbrachte, erinnerte sich, daß die Vertreter des Verlages auf einmal unwillkommen waren und dessen Titel nicht mehr gefragt.[1] Operette und eskapistische Phantasien beherrschten das kommerziell betriebene Theater. Aus Furcht vor gewalttätigen Störungen weigerten sich die Theaterintendanten zunehmend, Stücke linker Autoren auf die Bühne zu bringen. In einer Antwort auf eine Zeitungsumfrage faßte Toller die Lage mit Bitternis zusammen: »Die Situation in der dramatischen Dichtung? Die Reaktion bestimmt, welche Stücke gespielt werden dürfen, welche nicht.«[2] In der Tat hatte keines seiner nach 1930 geschriebenen Stücke Premiere in Berlin: *Wunder in Amerika* wurde in Mannheim uraufgeführt; *Die blinde Göttin* hatte Premiere in Wien und wurde in Deutschland nie gespielt.

In einem Klima zunehmender politischer Repression standen politisch engagierte Bühnenautoren vor der Wahl, sich der Situation zu stellen oder sich ihr zu entziehen. Autoren wie Brecht und Friedrich

Wolf kehrten dem kommerziell betriebenen Theater den Rücken. Wolf, der kurz zuvor der KPD beigetreten war, wandte sich dem Agitprop zu und leitete von 1932 an die Spieltruppe Südwest, ein Ensemble, das in Fabriken und Gewerkschaftshäusern spielte und für das er drei kurze Stücke schrieb. Auch Brecht wandte sich vom kommerziellen Theater ab und widmete sich den für Laienaufführungen gedachten »Lehrstücken«. Zusammen mit Slatan Dudow und Ernst Ottwalt arbeitete er an dem Film *Kuhle Wampe*, in dem gleichfalls überwiegend Laien mitspielten.

Toller seinerseits scheint außerstande gewesen zu sein, seine Arbeit den Verhältnissen nach 1930 anzupassen. Die Anmerkungen zu seinen eigenen Stücken, die *Quer Durch* (1930) enthält, bestätigen noch, daß er daran glaubte, durch politisches Theater die gesellschaftliche Realität beeinflussen zu können; bis zum Jahresende aber hatte er solche Hoffnungen augenscheinlich restlos aufgegeben: »Bücher wirken jetzt nicht«, soll er zu Ernst Feder gesagt haben.[3] Tollers Desillusionierung wird offenkundig in den beiden Stücken, die er 1931/32 schrieb; beide meiden in auffälliger Weise die direkte Auseinandersetzung mit den politischen Verhältnissen. *Wunder in Amerika*, in Zusammenarbeit mit Hermann Kesten entstanden, dramatisiert den Werdegang der Mary Baker Eddy, Gründerin der »Christian Science«-Sekte. Toller hatte eine Zusammenarbeit angeregt und Kesten das Thema vorgeschlagen. Kesten war durch einen bedeutsamen, erstmals 1930 erschienenen Essay von Stefan Zweig auf Mary Baker Eddy aufmerksam geworden.[4] Das Stück entlarvt Marys religiöse Heuchelei, indem es ihren Aufstieg von einer obskuren Wunderheilerin zur Führerin der reichsten und mächtigsten Sekte in den USA nachzeichnet. Sie wird als berechnende Schwindlerin dargestellt, die sich zum kapitalistischen Prinzip »Geld ist Macht« bekennt: »Wir werden reich sein, Millionäre«, sagt sie zu Eddy, ihrem Ehemann. »Erschrick nicht, Reichtum ist Macht. Nur Macht überzeugt. Niemand glaubt einem armen Mann.«[5] Das Stück greift mithin ein Thema auf, das Toller bereits in seinen »Amerikanischen Reisebildern« angeschnitten hatte: das Geschäft mit der Religion. Mary Baker Eddy kommt durch die skrupellose Ausnützung der allgemeinen Leichtgläubigkeit zu Macht. Ihre Wirkung ist bewußt auf einer irrationalen Ebene angelegt, dennoch klingen ihre Darlegungen vollkommen überzeugend. Offenkundig erkannte Toller bei ihr Parallelen zum Aufstieg Adolf Hitlers, doch nicht minder offenkundig wurden solche unausgesprochenen Analogien von Publikum und Kritik übersehen.

Die Abkehr von politischen Themen wird noch deutlicher in dem Stück *Die blinde Göttin*, das auf einem bekannten Schweizer Justizskandal beruht, dessen Opfer Toller 1931 im Gefängnis besucht hatte, als diese auf die Wiederaufnahme ihres Falles warteten.[6] Somit kehrt das Stück zwar zur juristischen Thematik von *Feuer aus den Kesseln* zurück, setzt aber deutlich andere Akzente. Schilderte *Feuer aus den Kesseln* ein Beispiel von »Klassenjustiz« aus revolutionärer Sicht, so enthält *Die blinde Göttin* praktisch keinerlei Hinweis darauf, daß der dargestellte Justizirrtum spezifisch kapitalistischer Natur sei. Allzusehr bleibt das Stück in den Besonderheiten des Falles stecken und zeigt so individuelles, nicht gesellschaftliches Unrecht auf. Die Hauptfigur des Stücks, Anna Gerst, erlebt durch die Erfahrung unverschuldeter Haft eine innere Wandlung, die keine politische, sondern nur eine persönliche Bedeutung hat: Sie verläßt ihren früheren Geliebten, einzig um sich in die private Isolation zurückzuziehen. Sowohl *Wunder in Amerika* wie *Die blinde Göttin* zeugen von Tollers Talent als Dramatiker. Insbesondere letzteres ist ein gut geschriebenes Stück, dessen Premiere in Wien auch erfolgreich war, das aber in der Situation von 1932/33 seltsam bedeutungslos wirkt und Tollers zwischenzeitlichen Verzicht auf die Rolle des politisches Autors deutlich macht.

Tollers Ernüchterung hinsichtlich des politischen Theaters wird angesichts seiner klaren Einschätzung des Nationalsozialismus nur noch bemerkenswerter. Anders als viele seiner Zeitgenossen hatte er Hitler nie als Stammtischdemagogen abgetan. Gleichwohl traf auch ihn 1930 der plötzliche Wahlerfolg der Nationalsozialisten unvorbereitet. Kurt Grossmann erinnerte sich daran, daß Toller ihm kurz vor der Wahl im mondänen Café Bauer Unter den Linden anvertraut habe, daß er für die Nazis mit höchstens 25 Sitzen rechne.[7] Selbst nach der Wahl neigten noch viele Linke dazu, die von den Nazis ausgehende Gefahr zu verharmlosen; Toller hegte keine derartigen Illusionen. In seinem Artikel »Reichskanzler Hitler«, drei Wochen später in der *Weltbühne* abgedruckt, warnte er: »Vor den Toren Berlins wartet Reichskanzler Hitler«; wie die Wahl des Titels belegt, war er sich bewußt, daß die wahre Gefahr in einer Machtergreifung Hitlers mit legalen Mitteln lag.

Toller hielt nicht allzu viel von der Weimarer Demokratie, sah aber nichtsdestoweniger die Notwendigkeit, sie zu verteidigen. Die einzige

Kraft, der er zutraute, den Nationalsozialisten etwas entgegenzusetzen, war »die Einheitsfront der deutschen Gewerkschaften«. Zweifellos dachte er dabei an den Generalstreik, der 1920 den Kapp-Putsch hatte scheitern lassen, war aber skeptisch, ob sich ähnliches wieder erreichen ließe. Die Gewerkschaften seien zu besorgt um den Schutz ihres Vermögens, um ihre Mitglieder zu mobilisieren, schrieb er.[8] »Es gäbe nur noch ein Mittel, den Sieg des Faschismus zu vereiteln: Die Schaffung einer einheitlichen Organisation der gesamten Arbeiterklasse, mit klar umrissenen, konkreten Kampfzielen.«[9] Im Herbst 1932 fand sich Tollers Unterschrift – neben denen von Persönlichkeiten wie Albert Einstein, Heinrich Mann und Käthe Kollwitz – unter einem Aufruf, der die beiden großen Linksparteien zur Zusammenarbeit bei den anstehenden Reichstagswahlen aufforderte, »am besten in Form gemeinsamer Kandidatenlisten, mindestens jedoch in der Form von Listenverbindung«. Die gegenseitige Feindschaft von SPD und KPD unterlief von vornehrein jede solcher Möglichkeiten.

Weder die wachsende Gewißheit der herannahenden Katastrophe noch seine Ohnmacht, diese abzuwenden, beeinträchtigten sein politisches Engagement. Im Lauf der Jahre 1931/32 beteiligte er sich aktiv an verschiedenen Kampagnen gegen die sich ständig verschärfende Zensur und juristische Repressionen. Der spektakulärste Fall war der von Carl von Ossietzky, dem Herausgeber der *Weltbühne*, der im November 1931 zu 18 Monaten Haft wegen »Landesverrats und des Verrats militärischer Geheimnisse« verurteilt worden war, nachdem er einen Artikel veröffentlicht hatte, der die illegale Wiederbewaffnung der Reichswehr enthüllte. Trotz zahlreicher Proteste und Petitionen zugunsten Ossietzkys weigerte sich Reichspräsident Hindenburg, von seinem Begnadigungsrecht Gebrauch zu machen. Als Ossietzky am 10. Mai 1932 am Gefängnis Tegel eintraf, um seine Haft anzutreten, erwartete ihn eine gut achtzigköpfige Schar von Freunden und Anhängern, die sich unter Mißachtung des offiziellen Demonstrationsverbots versammelt hatten. Toller hielt eine kurze Rede, in der er Christoph Martin Wieland zitierte: »Die Schriftsteller, die den Machthabern unbequeme Wahrheiten sagen, werden als Ketzer und Verbrecher bestraft.«[10]

Auf dem Internationalen PEN-Kongreß noch im gleichen Monat in Budapest gelang es Toller erstmals, ein politisches Thema auf die Tagesordnung einer solchen Versammlung zu setzen. In einer Rede prangerte er die Ausweitung der Zensur und die zunehmende Unterdrückung geistiger Freiheit an. Indem er einzelne Fälle, insbesondere den von Ossietzky, anführte, beschwor er die politische Verantwortung des Schriftstellers angesichts des Faschismus:

> Warum lohnt es sich zu leben, wenn nicht für die Gerechtigkeit und Freiheit. Vielleicht werden ich und meine Freunde nicht im nächsten Jahr zu Ihnen sprechen können. Vielleicht werden unsere Stimmen in den Zellen erstickt sein ... Ich grüße die Schriftsteller, die nicht an den Diners des PEN-Klubs teilnehmen, sondern, weil sie für Wahrheit und soziale Gerechtigkeit gekämpft haben, in Gefängnissen leben müssen.[11]

Tollers Rede wurde zur zentralen Streitfrage des Kongresses und führte zu erbitterten Wortgefechten mit dem italienischen Delegierten Filippo Marinetti. Toller hoffte, Ossietzkys Fall zu einem »internationalen Skandal« ausweiten zu können, doch der PEN-Kongreß war als Forum zu begrenzt, um ein solches Ziel zu erreichen.[12]

Das stetige Abgleiten Deutschlands in die Diktatur spiegelte sich in der zunehmend strengeren Zensur. 1931 wurden anhand einer Notstandsverordnung Romane wie Hans Marschwitzas *Sturm auf Essen* und Klaus Neukrantz' *Barrikaden am Wedding* verboten, angeblich, »weil sie die öffentliche Ordnung und Sicherheit sowie lebenswichtige Interessen des Staates gefährden«. Aufgrund derselben Verordnung wurde auch der Brecht-Ottwalt-Film *Kuhle Wampe* verboten, eine Entscheidung, die einen Sturm der Entrüstung entfachte. Toller führte den Vorsitz auf einer Protestversammlung, die die Liga für Menschenrechte einberufen hatte, und geißelte die Entscheidung als »das lächerlichste, dümmste Verbot, das die Zensurpraxis bisher gezeigt habe«.[13]

Mit Toller sprach kein Unberufener, da er selbst der Zensur kein Unbekannter war. Bereits im November 1930 war die Radioübertragung seines Hörspiels *Berlin – letzte Ausgabe!* auf Betreiben von Erich Scholz verzögert worden, der im Auftrag des Innenministeriums für die Überprüfung von Manuskripten verantwortlich war. Schließlich wurde es »trotz starker Bedenken gegen die Tendenz des Stückes und einzelne darin enthaltende Darstellungen« doch gesendet.[14] Im April 1932 sollte Toller in einer Reihe von Sendungen über seinen Aufenthalt im republikanischen Spanien sprechen, was aber trotz bereits erfolgter Ankündigung auf Betreiben von Scholz abgesetzt wurde. *Die*

Weltbühne nahm den Vorfall als Beweis für den wachsenden Einfluß der Nazis auf das Radio; in der Tat war Scholz schon 1931, kurz nach seiner Ernennung zum Reichsrundfunkkommissar, der NSDAP beigetreten.

Was immer Toller auch über den Nationalsozialismus voraussagte, seine Stimme verhallte in den letzten Jahren vor Hitlers Machtübernahme doch weitgehend ungehört, nicht zuletzt, weil ihm eine wirkungsvolle politische Plattform fehlte – ein Preis, den Toller für seine Stellung als unabhängiger Sozialist zahlte. Obwohl er keine Möglichkeit sah, den Verlauf der politischen Entwicklung zu beeinflussen, glaubte er dennoch, Deutschland nicht verlassen zu können – zu tief reichten seine persönlichen und kulturellen Wurzeln.[15]

Nichtsdestoweniger reiste Toller auch während der letzten Jahre der Republik oft ins Ausland. Große Teile des Sommers 1931 hielt er sich in der Schweiz auf, und im Winter 1931/32 unternahm er, zusammen mit Lotte Israel, seiner engen Gefährtin der letzten drei Jahre, eine etwa fünfmonatige Reise nach Spanien und Nordafrika.

Die Spanien-Tour war eine faszinierende, wenn auch manchmal unbequeme Erfahrung, wie er in einer Reihe von Artikeln erzählte, die in der *Weltbühne* erschienen.

Kurz nach Weihnachten 1931 kamen er und Lotte nach Mallorca und quartierten sich in dem Dorf Puerto Pollensa an der Nordküste der Insel ein.[16] Sie nahmen ein Zimmer in dem bescheidenen Hotel Miramar direkt am Hafen. Zu den anderen Gästen, die in dem kleinen Speisesaal verpflegt wurden, gehörte die junge englische Künstlerin Peggy Withycombe. Toller zeigte sofort so offen sein Interesse an ihr, daß er einen Streit mit Lotte provozierte, die kurz darauf nach Deutschland abreiste.

Toller zögerte nicht, die Bekanntschaft zu der jungen Engländerin zu vertiefen, die er anfangs für eine Französin gehalten hatte. Überrascht stellte er fest, daß sie wußte, wer er war, und tatsächlich sogar eines seiner Stücke gelesen hatte. Sechzig Jahre später erinnert sich Peggy noch deutlich an Toller. In Puerto Pollensa habe er eine seltsame Figur abgegeben und »ganz anders als alle anderen« ausgesehen. Trotz der entspannten dörflichen Atmosphäre habe er immer einen dunklen Anzug und Krawatte getragen, abends sogar oft einen Opernumhang und einen breitkrempigen Hut.

In den darauffolgenden Tagen habe zwischen Toller und ihr ein Liebesverhältnis begonnen; er sei, erinnert sie sich vor allem, ein zärtlicher und taktvoller Liebhaber gewesen – die einzige überlieferte Äußerung von einer unter Tollers zahlreichen Frauenbekanntschaften. In Peggy Withycombes Haus in der Nähe von Oxford hängt noch immer ein von ihr gemaltes Ölbild, das die Aussicht auf den Hafen von Puerto Pollensa darstellt, umrahmt von dem Fenster in Tollers Zimmer, in dem sie während der drei, vier Wochen ihrer Beziehung oft zusammenkamen. Hauptsächlich sahen sie sich während der Abende: Sie nutzte das Tageslicht zum Malen und ließ ihn allein, damit er an seiner Autobiographie weiterarbeiten konnte. Nach ihrer Erinnerung war er »ein aufgeschlossener Gesellschafter, der stets an allem um ihn herum interessiert war«, manchmal amüsant, öfter noch ernst. Sie fertigte eine Büste aus Ton von ihm, die später in einer Ausstellung in der Londoner Galerie Zwemmer zu sehen war, inzwischen aber offenbar verlorengegangen ist.

Diesem kurzen privaten Zwischenspiel setzte der Druck der öffentlichen Ereignisse ein Ende. Anfang Februar reiste Toller von Mallorca in die Schweiz, um die Abrüstungskonferenz in Genf vor Ort mitzuverfolgen. Wie zynisch er die Verhandlungen mittlerweile sah, bringt der Titel des Kommentars zum Ausdruck, den er in der *Weltbühne* veröffentlichte. »Menschliche Komödie in Genf«.[17]

Kurz nachdem er im Februar 1932 nach Berlin zurückgekehrt war, lernte Toller die junge Schauspielerin Christiane Grautoff kennen, die er drei Jahre später im Londoner Exil heiraten sollte. Sie war die Tochter eines renommierten Kunsthistorikers, der außerdem für viele Jahre den Vorsitz der Deutsch-Französischen Gesellschaft innegehabt hatte. 1928 hatte sie ihre Bühnenkarriere als Kinderdarstellerin in Carl Zuckmayers Stück *Kakadu-Kakada* begonnen. Dort war sie Max Reinhardt aufgefallen, der sie für *Die Kreatur*, ein neues Stück von Ferdinand Bruckner, engagierte. Ihre schauspielerische Leistung in diesem Stück und später in einer Bühnenfassung von Kästners *Emil und die Detektive* beeindruckte Publikum wie Kritik gleichermaßen; sie wurde eine der großen Attraktionen der Berliner Bühnen, ein echtes »Theaterwunderkind«.

Christiane war noch keine sechzehn Jahre alt, als ihre Schauspiellehrerin Lili Ackermann sie mit Toller bekannt machte. An ihre erste Begegnung bewahrte sie eine lebhafte Erinnerung: »Ernst Tollers Augen waren unendlich traurig. Seine Wohnung war klein.«[18] Sie beobachtete, daß Toller nur in einem kleinen, möglichst mit einem vergitterten Fenster versehenen Raum schreiben konnte, der den Verhältnissen in der Gefängniszelle ähnlich war, in der er seine größten Bühnenerfolge verfaßt hatte. Offenbar hatte die Begegnung auch Toller beeindruckt, der eine Theateraufführung besuchte, in der Christiane mitspielte, einen Thriller mit Fritz Kortner. Von da an sahen sich die beiden häufig. Meistens trafen sie sich in der Wohnung in der Württembergischen Straße, die sich Toller mit Fritz Landshoff teilte. Wie diese Zusammenkünfte abliefen, war bald eingespielt: »ET und ich hatten eine sehr seltsame Beziehung zueinander. Sie war völlig platonisch... Wir hatten lange Gespräche über sein Leben, über mein Leben, seine Gedanken und meine Gedanken... Sehr bald las er mir aus seinen noch nicht vollendeten Werken vor. ›Was gefällt dir besser‹, frug er immer. Er schrieb gerade die Schlußszene von der *Blinden Göttin*.« Nach wenigen Monaten ließ Christiane ihre ältere Schwester wissen, sie habe den Mann getroffen, den sie heiraten werde. Toller war sich zweifellos weit weniger sicher, nicht allein, weil er sich ihres Alters bewußt war, sondern auch aufgrund der immer bedrohlicheren politischen Situation.

Allmählich verbrachte er mehr und mehr Zeit im Ausland. Im Mai 1932 war er in Ungarn, im Sommer einmal mehr in der Schweiz, wo er einige Wochen in dem Städtchen Comologno im Sommerhaus des Züricher Anwalts Vladimir Rosenbaum blieb, der ihn als erster auf den Fall aufmerksam gemacht hatte, den er in *Die blinde Göttin* dramatisierte. Unter den weiteren Gästen in Comologno waren alte Freunde wie Kurt Tucholsky und neue Bekanntschaften wie Secondo Tranquilli, besser bekannt unter seinem literarischen Pseudonym Ignazio Silone.[19] Letzterer hatte vor den Faschisten fliehen müssen und konfrontierte Toller schon mit dem Schicksal, das ihn selbst erwartete.

Die geistige und sogar körperliche Bedrohung fortschrittlicher Künstler in Deutschland war inzwischen nicht mehr zu übersehen. Im Juni 1932 wurde von Papen Reichskanzler und verschärfte umgehend die Kampagne gegen alles, was als »Kulturbolschewismus« galt. Die Nationalsozialisten, mittlerweile stärkste Fraktion im Reichstag, drohten ihren Gegnern in aller Öffentlichkeit. Der *Völkische Beobachter* druckte im August eine Liste mit jenen Künstlern und Schriftstellern ab, deren Arbeit die neuen Machthaber bald unterbinden würden. Unter den darauf aufgeführten Namen befanden sich praktisch alle bedeutenden avantgardistischen Schriftsteller der Weimarer Republik: Fritz von Unruh und Franz Werfel, Friedrich Wolf und Bertolt Brecht, Lion Feuchtwanger und Leonhard Frank, Stefan Zweig und Carl Zuckmayer, Walter Hasenclever und Ernst Toller. Sechs Monate später sollten die Nationalsozialisten ihre Drohung wahrmachen.

Toller selbst wußte nur zu gut, welche Stimmung herrschte. Im Januar 1933 veröffentlichte er in einer Literaturzeitschrift den kurzen Entwurf eines szenischen Dialogs zwischen einem Theaterintendanten und seinem Dramaturgen: Letzterer setzt sich enthusiastisch für das Stück eines neuen Autors ein, das der Intendant jedoch rundheraus ablehnt mit der Begründung, daß es sich bei diesem neuen Autor in Wirklichkeit um einen verkappten Juden handeln müsse. Wichtigste Aufgabe eines Intendanten aber sei, erklärt er, das Theater von Juden und anderen subversiven Elementen freizuhalten. Es war Tollers letzte Veröffentlichung in Deutschland.[20]

XIII Das erste Jahr im Exil
1933

Mit Hitlers Ernennung zum Reichskanzler am 30. Januar 1933 war klar, daß linke Autoren in Deutschland nicht mehr ungehindert schreiben oder veröffentlichen durften. Einige von denen, die im Lande blieben, riskierten gar ihr Leben. Ernst Niekisch erinnerte sich daran, daß Toller ihn damals anrief und um Rat fragte: Sollte er bleiben oder Deutschland verlassen?[1] Niekisch riet ihm zu gehen, doch Toller scheint zunächst noch unschlüssig gewesen zu sein. Ende Februar reiste er von Berlin aus in die Schweiz, wo er in einer Reihe von Rundfunksendungen mitwirken sollte. Zweifellos hatte er vor, nach Deutschland zurückzukehren, tatsächlich aber hatte sein Exil bereits begonnen.

In der Nacht des 27. Februar brannte der Reichstag. Noch bevor das Feuer gelöscht war, begannen Polizei und SA in einer sorgfältig vorbereiteten Operation mit der Verhaftung von mehr als 4000 kommunistischen Aktivisten und anderen prominenten Linken. Darunter befanden sich mehr als 130 Berliner Schriftsteller und Intellektuelle: Kommunisten wie Ludwig Renn und Willi Bredel, der Anarchist Erich Mühsam und unabhängige Sozialisten wie Ossietzky und Kurt Hiller. Einige von ihnen sollten ihre Freiheit nie wiedererlangen. Zwei Stunden nach Ausbruch des Reichstagsbrandes drangen SA-Leute in Tollers Wohnung ein, um ihn festzunehmen. Da sie ihn nicht antrafen, plünderten sie seine Habe und zogen wieder ab.

Auch Tollers Mitbewohner Fritz Landshoff war nicht in Berlin gewesen. Als er am nächsten Morgen zurückkam, drängten ihn Nachbarn, sich schnellstmöglich abzusetzen. Die SA war auf der Suche nach Toller erneut aufgetaucht und hatte gedroht wiederzukommen – eine Drohung, die Landshoff angesichts seiner erstaunlichen äußeren Ähnlichkeit mit Toller besonders verhängnisvoll erschien.[2]

Ob Weitsicht oder Glück, daß Toller nicht in Deutschland war, hat ihm wahrscheinlich das Leben gerettet. Wäre er den Nationalsozialisten in die Hände gefallen, wäre es ihm wohl kaum anders ergangen als Erich Mühsam, der im KZ Oranienburg mißhandelt, gefoltert und schließlich ermordet wurde. In den darauffolgenden Monaten wurden Tollers Stücke verboten, seine Bücher verbrannt, sein Eigentum wurde konfisziert. Der größte Teil seiner persönlichen Aufzeichnungen und Manuskripte ging in jener Zeit verloren oder wurde vernichtet; jedenfalls blieben nur wenige Originalmanuskripte Tollers aus den Jahren vor 1933 erhalten. In der Einleitung zu seinen *Briefen aus dem Gefängnis* schreibt Toller, daß jene Briefe, die das Gerüst des Buches ausmachen, von der Journalistin Dora Fabian gerettet worden sind, die kurz nach der SA-Razzia in Tollers Wohnung war und zwei mit Aufzeichnungen und Briefen vollgestopfte Koffer mitnahm. Als die Polizei dies herausfand, wurde sie verhaftet und eingesperrt; sie behauptete aber standhaft, die Papiere vernichtet zu haben. Nach ihrer Freilassung floh sie ins Ausland, und es gelang ihr »auf unerklärliche Weise«, die Papiere aus Deutschland herauszuschmuggeln.[3]

Am 1. April, in einer der Hauptreden zum Erlaß des offiziellen Boykotts gegen jüdische Geschäfte und Unternehmen, erklärte Joseph Goebbels Toller zum öffentlichen Feind des Dritten Reiches. Zu jenen Exponenten des jüdischen Geistes, die er bezichtigte, das »neue Deutschland« untergraben zu wollen, zählte er *Die Weltbühne*, den Kulturphilosophen Theodor Lessing und – als Hauptfeind der nationalsozialistischen Kampfideologie – Ernst Toller. »Aus den Gräbern von Flandern und Polen«, schrie Goebbels pathetisch, »stehen zwei Millionen deutsche Soldaten auf und klagen an, daß der Jude Toller schreiben durfte, das Heldenideal sei das dümmste aller Ideale.«[4] Am 23. August erschien Tollers Name zusammen mit 32 anderen auf der ersten Liste jener, denen die deutsche Staatsbürgerschaft aberkannt wurde. Die Liste umfaßte die engagiertesten Gegner des Nationalsozialismus: Kommunisten wie Ruth Fischer, Wilhelm Pieck und Willi Münzenberg, Sozialisten wie Philipp Scheidemann und Rudolf Breitscheid, die Professoren F. W. Foerster und E. J. Gumbel und Schriftsteller wie Toller, Feuchtwanger, Tucholsky und Heinrich Mann.

Die Werke solcher Schriftsteller waren bereits verboten worden. Im April hatte die Nazi-Regierung eine Schwarze Liste von Autoren veröffentlicht, die von Marx bis Freud, von Brecht bis Thomas Mann reichte. Am 10. Mai wurden ihre Bücher in einer jener für den Nationalsozialismus so bezeichnenden archaischen Zeremonien verbrannt. SA- und SS-Kapellen spielten, als Studenten der Berliner Universität, angeführt von Alfred Bäumler, ihrem neuen Professor für »Politische Pädagogik«, 20 000 Bücher auf dem Opernplatz ins Feuer warfen, wobei sie gleichsam rituelle Beschwörungsformeln riefen: »Gegen

Dekadenz und moralischen Verfall! Für Zucht und Sitte in Familie und Staat! Ich übergebe der Flamme die Schriften von Heinrich Mann, Ernst Glaeser, Erich Kästner...«.[5] Ähnliche Szenen spielten sich in allen anderen deutschen Universitätsstädten ab. Mit den Bücherverbrennungen demonstrierten die Nationalsozialisten nicht nur ihre Entschlossenheit, jegliche geistige Opposition zu unterdrükken, sondern signalisierten auch, daß sie gewillt waren, die Literatur einer ganzen Generation auszulöschen. Auch in der Bundesrepublik blieben viele dieser Autoren lange nach Kriegsende noch vergessen – eine Tatsache, die sowohl ein Symptom des Kalten Krieges war, wie auch nachträglich die Effizienz der nationalsozialistischen Kulturpolitik unter Beweis stellte.

Dem Reichstagsbrand folgte ein Exodus von Schriftstellern und Intellektuellen in einem Ausmaß, das kein anderes Land zuvor je erlebt hatte. In der Vergangenheit war das Exil ein Unglück gewesen, das einzelnen Autoren widerfuhr, im Deutschland von 1933 wurde es eine beinahe universelle Erfahrung. Praktisch jeder Schriftsteller, der vor 1933 für das gestanden hatte, was im Ausland als deutsche Kultur galt, war danach ein Flüchtling. Als 1933 das Gesetz zur Errichtung einer Reichskulturkammer erlassen wurde, gab es in Deutschland kaum noch einen Schriftsteller von internationalem Rang, der entweder nicht inhaftiert oder, wie Gottfried Benn und Hanns Johst, Anhänger des Regimes war.

Unter den Flüchtlingen glaubten nur wenige an ein langes Exil. Es gab die weitverbreitete Ansicht, daß das Nazi-Regime sehr bald wegen seiner Inkompetenz zusammenbrechen werde. Die Kommunisten glaubten gar, die Arbeiterrevolution werde durch die Vorgänge nur beschleunigt. So ließen sich die meisten Flüchtlinge anfangs in den Ländern nieder, die an Deutschland grenzten. Wie Brecht in seinem Gedicht »Über die Bezeichnung Emigranten« schrieb:

> Unruhig sitzen wir so, möglichst nahe den Grenzen
> Wartend des Tags der Rückkehr, jede kleinste Veränderung
> Jenseits der Grenze beobachtend.[6]

Auch Toller war zunächst »möglichst nahe den Grenzen« geblieben; er verbrachte die ersten sechs Monate seines Exils im Hause Emil Ludwigs in Zürich. Auch er scheint die Entwicklungen in Deutschland abgewartet zu haben. Er studierte die Zeitungen und hörte, was die Flüchtlinge zu erzählen hatten, die in stetem Strom in der Schweiz einzutreffen begannen. In diesen bangen Monaten stellte Toller seine Autobiographie *Eine Jugend in Deutschland* fertig.[7]

Tollers Autobiographie wird häufig für sein gelungenstes Werk gehalten: Sicherlich ist sie eine ebenso eindringliche wie lesbare Darstellung seiner jungen Jahre bis hin zu seiner Entlassung aus dem Gefängnis im Alter von dreißig Jahren. Den größten Teil des Buchs hatte er in den letzten Jahren der Weimarer Republik geschrieben, einige der Schlußpassagen jedoch sind offenbar erst im Exil entstanden. Toller hatte bereits 1926/27 einige kurze autobiographische Skizzen veröffentlicht, die er teilweise in *Eine Jugend in Deutschland* integrierte; die eigentliche Arbeit an seiner Autobiographie begann jedoch erst 1929. »Ich habe viel Arbeit vor mir«, schrieb er seinem amerikanischen Förderer Ludwig Lore, »ich beginne nämlich, meine Erlebnisse niederzuschreiben, eine Arbeit, mit der ich ein bis zwei Jahre beschäftigt sein werde.«[8] An dem Buch arbeitete er mit Unterbrechungen während der folgenden vier Jahre; gelegentlich stellte er Auszüge für Radioübertragungen oder Anthologien zur Verfügung.[9] Fest steht, daß er im Februar 1933 noch an dem Manuskript schrieb und es mit in die Schweiz nahm. Nur deshalb entging es dem Schicksal seiner anderen Papiere und Unterlagen, die größtenteils den Nationalsozialisten in die Hände fielen. In den darauffolgenden Monaten setzte er die Arbeit fort; im August zeigte er Kurt Tucholsky das fertige Werk.[10] Da die Nationalsozialisten skrupellos und Zug um Zug ihre Macht ausbauten, mußten viele Emigranten ihre Hoffnungen auf eine baldige Rückkehr nach Deutschland begraben. Erste Exilverlage wurden gegründet, nennenswert vor allem die deutschsprachigen Reihen der Amsterdamer Verleger De Lange und Querido. Im Spätsommer traf sich Fritz Landshoff, der für das deutschsprachige Programm des Querido-Verlages verantwortlich war, in Zürich mit Toller. Die beiden einigten sich schnell auf die Vertragsmodalitäten für *Eine Jugend in Deutschland*, und Landshoff nahm das Manuskript mit nach Amsterdam, wo es im Herbst herauskam und noch vor Jahresende eine zweite Auflage erreichte.

Da Toller vom repräsentativen Charakter seiner individuellen Erfahrungen überzeugt war, verstand er seine Aufzeichnungen nicht nur als persönliche Memoiren: »Nicht nur meine Jugend ist hier aufgezeichnet, sondern die Jugend einer Generation und ein Stück Zeitgeschichte dazu.« (S. 7) Seine Erinnerungen sind zu einer hochgradig stilisierten Erzählung zusammengefügt, in der die Ereignisse nach ihrer übergeordneten Bedeutung ausgewählt und dargestellt sind. In seinem Vorwort – datiert mit: »Am Tag der Verbrennung meiner Bücher« – bekundet Toller offen seine didaktische Absicht: »Wer den Zusammenbruch von 1933 begreifen will, muß die Ereignisse der Jahre 1918 und 1919 in Deutschland kennen, von denen ich hier erzähle.« (S. 7) Toller bemühte sich darzulegen, daß der Nationalsozialismus kein unerklärliches Phänomen war, sondern in den militaristischen und nationalistischen Traditionen Deutschlands wurzelte. Als einer der ersten vertrat er die Auffassung, der Zusammenbruch der Weimarer Republik sei bereits in deren Anfängen, nämlich in der gescheiterten Revolution von 1918, angelegt gewesen.

Toller schildert die Novemberrevolution als eine weitgehend spontane Revolte, in der nicht revolutionärer Idealismus, sondern das Trauma von Niederlage und Hungersnot die Massen bewegt hätte:

> Die deutsche Revolution fand ein unwissendes Volk, eine Führerschicht bürokratischer Biedermänner. Das Volk rief nach dem Sozialismus, doch nie in den vergangenen Jahren hatte es klare Vorstellungen vom Sozialismus gewonnen, es wehrte sich gegen seine Bedrücker, es wußte, was es nicht wollte, aber es wußte nicht, was es wollte. (S. 111)

Zu den Hauptgründen für das Scheitern der Revolution rechnete er die Vorsicht und Verbürgerlichung der SPD-Führer: »versippt und verfilzt mit den Gewalten der Monarchie und des Kapitalismus«, hätten sie im Namen von Recht und Ordnung die Revolution bekämpft. Toller weiter: »Sie haßten die Revolution, Ebert hatte den Mut, es auszusprechen.« (S. 111)

Toller erzählt aus der Sicht von 1933. Über die Räterepublik schreibt er im Präsens, zum einen, um die Erzählung unmittelbarer wirken zu lassen, zum andern aber auch, um den Bezug zur Gegenwart hervorzuheben. In München macht die SPD gemeinsame Sache mit den Feinden der Revolution: Auer »fördert und bewaffnet« eine Bürgerwehr. Toller nennt die Bürgerwehr einen »Vorläufer« der paramilitärischen Gruppen, die das Ende der Weimarer Demokratie einläuteten, und kommentiert markig: »Eines Tages werden sie ihre Paten davonjagen.« (S. 114) Das politische Dilemma der SPD spiegelt sich in den Nöten der Bamberger Regierung, die im April 1919 um Militärhilfe des Reiches nachsuchen muß: »Bald sind die Generäle die politischen Herren, die Bamberger Regierung wird ihr Werkzeug.« (S. 153) Es sind die Generäle, die sich weigern zu verhandeln: »Sie hassen Bayern, hier allein war die Republik mächtig... Indem man die Räterepublik niederschlug, wollte man die Republik treffen.« (S. 154) Hier wird der Bezug zur zeitgenössischen Wirklichkeit ganz offenkundig.

Auch die Uneinigkeit der Linken, die 1933 zum Zusammenbruch beigetragen hatte, zeigte sich bereits in der bayerischen Räterepublik: »In München bekämpften sich die Revolutionäre, in Nordbayern sammelt sich der Gegner.« (S. 132) Diese internen Streitigkeiten, auf die Toller wieder und wieder zu sprechen kommt, erlangten im Exil zusätzliche Bedeutung, da Versuche, eine deutsche Volksfront gegen die Nazis zu bilden, am Mißtrauen der SPD scheiterten.

Die Niederlage der Revolution war vor allem eine Niederlage sozialistischen Bewußtseins. Weite Teile der Arbeiterschaft waren geprägt von dem autoritätshörigen Denken, das ihnen in Schulen und Kasernen eingetrichtert wurde. Toller zeigt, wie diese geistige Hinterlassenschaft von Beginn an die Revolution untergrub. In der von ihm kommandierten Roten Armee wurde die Wiedereinführung militärischer Disziplin erforderlich, um so etwas wie Kampfkraft überhaupt aufrechtzuerhalten: »Ach, der deutsche Arbeiter war zu lange an Gehorsam gewöhnt, er will gehorchen, Brutalität hält er für Stärke, autoritäre Herrengeste für Führertum, Ausschaltung eigener Verantwortlichkeit für Disziplin...« (S. 147) Die Ursachen für den moralischen und politischen Zusammenbruch von 1933 sind mithin bereits in den Einstellungen und Ereignissen von 1918/19 zu suchen.

Das politische Klima der frühen dreißiger Jahre war ganz entscheidend für ein weiteres Hauptanliegen der Autobiographie: Erstmals setzte sich Toller mit seinem Verhältnis zu seiner jüdischen Identität auseinander. Wie bereits ausgeführt, hatte er die Ablehnung seiner jüdischen Herkunft in der *Wandlung* verarbeitet, aber später glaubte er, das Problem in seinem Engagement für den Sozialismus sublimiert zu haben. In seinen Arbeiten aus den zwanziger Jahren finden sich nur selten Bezüge zum Judaismus oder Judentum, obwohl seine Haltung in dieser Sache irgendwie zwiespältig blieb. Deutlich war, daß er sich von Palästina angezogen fühlte; 1925 reiste er zur Einweihung der hebräischen Universität dorthin. Die ersten Kibbuzim, deren Formen des Zusammenlebens seinen eigenen Gemeinschaftsidealen nahezustehen schienen, interessierten ihn besonders, den Zionismus hingegen hielt er für irrelevant: »Ich bin kein Zionist... Das Gebot der Stunde hat aus mir einen Sozialisten gemacht und keinen Raum gelassen, sich einer Sache wie dem Zionismus zu verschreiben.«[11] Wenn er sich auch für einige Aspekte der jüdischen Kultur interessierte, so fühlte er sich doch – wie die meisten jüdischen Intellektuellen in der Weimarer Republik – ganz und gar der deutschen Kulturszene zugehörig.

Der zusehends deutlicher zutage tretende Antisemitismus zwang Toller nach 1929, seine Position zu überdenken. Am Ostrand des Reiches geboren und aufgewachsen, trafen ihn die Vorurteile gegen jüdische Immigranten aus Osteuropa besonders. *Eine Jugend in Deutschland* beginnt mit einem Abschnitt, in dem er die Ursprünge seiner Familie in Samotschin bis in die Zeit Friedrichs des Großen zurückverfolgt, womit er sich indirekt vom antisemitischen Stereotyp des »Ostjuden« abgrenzt. Antisemitismus ist das vorherrschende Thema seiner Kindheitserinnerungen. Erstmals taucht es auf in der Erinnerung an ein Kindermädchen, das ein anderes Kind anhält, nicht mit ihm, dem Juden, zu spielen. Seine eigene Verständnislosigkeit und sein Schmerz über solche Vorfälle bündeln sich schließlich in der Frage an die Mutter: »Warum sind wir Juden?« Er beschreibt seine Entfremdung vom Judaismus und seine »schreckliche Freude«, wenn man ihn nicht für einen Juden hielt. Das Kapitel »Kindheit« überschneidet sich weitgehend mit der Eingangsszene aus *Die Wandlung*, aber der Blickwinkel ist deutlich verschoben. Während das Stück Tollers negative Einstellung zu seinem jüdischen Erbe subjektiv rechtfertigt, so hebt die Autobiographie den sozialen Druck und die Diskriminierungen hervor, die eine solche Haltung verursachten: »Ich möchte kein Jude sein. Ich möchte nicht, daß die Kinder hinter mir herlaufen und ›Jude‹ rufen.« (S. 21)

Rückblickend litt er unter tiefen Schuldgefühlen: »Ich wollte meine Mutter verleugnen, ich schäme mich.« (S. 227) Im abschließenden Teil seiner Autobiographie – eindeutig erst im Exil entstanden – bekennt sich Toller wieder zu seiner jüdischen Identität. Deutsche Sprache und Kultur hätten seine Persönlichkeit geprägt, beharrt er, aber auch dem Judentum verdanke er viel:

> Aber bin ich nicht auch Jude? Gehöre ich nicht zu jenem Volk, das seit Jahrtausenden verfolgt, gejagt, gemartert, gemordet wird?

In bewußter Anspielung auf die nationalsozialistische Rassenideologie fragt er:

> Bin ich darum ein Fremder in Deutschland? Hat allein die Fiktion des Blutes zeugende Kraft? Nicht das Land, in dem ich aufwuchs, die Luft, die ich atmete, die Sprache, die ich lebe, der Geist, der mich formte? ... Fragte mich einer, sage mir, wo sind Deine deutschen Wurzeln, und wo Deine jüdischen, ich bliebe stumm. (S. 227)

Dieser Passus bestätigt, daß die Wichtigkeit der Autobiographie für Tollers Werdegang nicht in den Ereignissen selbst, sondern in deren nachträglicher Deutung liegt. Unter der Wucht der politischen Entwicklungen des Jahres 1933 ordnete sich das Buch mehr und mehr in den Kampf gegen den Nationalsozialismus ein, Tollers Hauptanliegen während des Exils.

Emil Ludwig nahm später an, daß Toller in den Jahren unmittelbar vor 1933 den Verlust seiner politischen Führungsrolle gespürt habe: »Als er ganz vage zu irrlichtelieren schien, kam ihm Hitler zu Hilfe, gab ihm einen neuen Feind, eine neue Arena. Er entzündete sich daran...«[12] Tollers Lebensweise im Exil veranschaulicht, wie er sich die Rolle des engagierten Schriftstellers vorstellte: Der Privatmensch hatte hinter die öffentlichen Verpflichtungen zurückzutreten. »Arbeite ich, bin ich von der Arbeit besessen, aber ich weiß, daß wieder Entscheidungen fallen können, in denen persönlicher Einsatz wichtiger ist als Kunst.«[13] Diese Worte, 1930 geschrieben, waren im Hinblick auf seine Exilzeit geradezu prophetisch, da er in diesen Jahren all seine Arbeit bewußt dem einzigen Zweck unterordnete, das wahre Gesicht Nazideutschlands zu zeigen. Für dieses Unterfangen nutzte er jede sich bietende Gelegenheit: Vorträge, Rundfunksendungen und leidenschaftliche Reden, die er auf den verschiedenen internationalen Schriftstellerkongressen hielt, die im Laufe des Jahrzehnts stattfanden. Sein zweites öffentliches Anliegen ergänzte das erste. Angesichts des vorrückenden Faschismus startete er umfangreiche Nothilfeprojekte, zunächst für andere Flüchtlinge, später für die hungernde spanische Zivilbevölkerung. Sein politisches Engagement lenkte ihn zweifellos von der rein literarischen Arbeit ab, gleichwohl hatte seine schriftstellerische Produktion in den letzten sechs Jahren seines Lebens beträchtlichen Umfang: Neben seiner Autobiographie gab er eine Auswahl seiner Briefe aus dem Gefängnis heraus (1935), schrieb zwei Stücke – *No more Peace!* (1934/35) und *Pastor Hall* (1938) –, zwei Drehbücher – *Der Weg nach Indien* und *Lola Montez* (beide 1936/37) –

sowie Gedichte, Essays und Artikel. Seine literarischen Arbeiten müssen im Kontext des Exils gesehen werden, viele von ihnen kontrapunktieren gezielt seine Reden und Vorträge, greifen deren Themen auf bis hin zu wörtlichen Übereinstimmungen.

In einer Rede auf dem Internationalen PEN-Kongreß in Dubrovnik im Mai 1933 begann Toller seine Kampagne, die Weltöffentlichkeit über den wahren Charakter des Nazi-Regimes aufzuklären. Lange schon hatte er der politischen Neutralität des PEN-Klubs kritisch gegenübergestanden, er hielt es für illusorisch zu glauben, daß ein internationaler Schriftstellerverband politische Fragen ignorieren könne. Auf dem PEN-Kongreß 1932 in Budapest hatte er über die Redefreiheit gesprochen und die zunehmende Zensur in vielen Ländern angeprangert, darunter die des Gastgeberlandes. Da der Kongreß von 1933 weniger als drei Wochen nach den Bücherverbrennungen in Deutschland stattfand, war es unvermeidlich, daß das Thema den Verlauf der Veranstaltung bestimmen würde.[14]

Schon vor der Bücherverbrennung war die deutsche PEN-Sektion von allen Juden und politisch unzuverlässigen Autoren »gesäubert« worden. Die offizielle deutsche Delegation in Dubrovnik bestand aus Hans Martin Elster, Edgar von Schmidt-Pauli und Fritz Otto Busch, drei Schriftstellern, die sich bis dahin durch kaum mehr als ihre bloße Treue zum neuen Deutschland hervorgetan hatten. An Bord des Sonderschiffes, das sie von Triest nach Dubrovnik brachte, unternahmen sie gemeinsam noch vor Eröffnung des Kongresses einige Anstrengungen, der unter den Delegierten vorherrschenden nazifeindlichen Stimmung entgegenzuarbeiten. Am Eröffnungstag trafen sie hinter den Kulissen eine Reihe von Absprachen, die eine Diskussion der vielen Resolutionen verhindern sollten, die Kritik am Nationalsozialismus in Deutschland übten.

In jenen ersten Exiltagen gab es keine offizielle Vertretung der antinazistischen deutschen Schriftsteller, und Toller, aus der deutschen PEN-Sektion ausgeschlossen, wurde als Mitglied der englischen Delegation eingeladen. Daß er weder gemeinsam mit den anderen Delegierten angereist noch zum ersten Kongreßtag eingetroffen war, nährte Spekulationen, ob er überhaupt erscheinen werde. Schließlich kam er mit einem Schiff, das früh am nächsten Morgen in Dubrovnik anlegte. Wie sich einer der Teilnehmer erinnerte, breitete sich die Nachricht, »Toller ist gekommen«, wie ein Lauffeuer in der Stadt aus.

Toller begab sich geradewegs in den Konferenzsaal, wo sein Erscheinen hellen Aufruhr auslöste. Progressive Autoren klatschten und jubelten, während seine Gegner Zwischenrufe machten und ihn ausbuhten.

In diesem Moment gab der Vorsitzende des Kongresses, H. G. Wells, seine Entscheidung bekannt, eine offene Aussprache über den gesamten Komplex von Bücherverbrennung und Zensur zuzulassen. Als er Toller ans Rednerpult bat, verließ die offizielle deutsche Delegation den Saal, gefolgt von der holländischen, österreichischen und Schweizer Abordnung, während die im Saal Verbleibenden demonstrativ applaudierten. Aber erst am folgenden Tag hielt Toller seine vorbereitete Rede, eine einzige zornige Anklage gegen die Nazis. Zu Beginn sprach er davon, mit wieviel Glück nur er selbst der Verhaftung entgangen sei: »Dieses Geschenk der Freiheit ist eine Verpflichtung gegen alle Kameraden, die in Deutschland im Gefängnis sitzen.«

Im Hauptteil der Rede rechnete er mit der »Gleichschaltung« der Künste in Deutschland ab. Er verlas eine lange Liste von Autoren, deren Bücher verbrannt worden waren. In einer Reihe rhetorischer Fragen verdeutlichte er anschließend die Komplizenschaft der offiziellen deutschen Delegation mit solcher Unterdrückung der Redefreiheit. Was, wollte er wissen, habe die deutsche PEN-Sektion unternommen, um gegen die Bücherverbrennungen zu protestieren? Oder gegen die Verfolgung bedeutender Gelehrter und Wissenschaftler? Was habe sie getan, um das Arbeitsverbot von Künstlern zu verhindern, oder die schwarzen Listen von Schriftstellern oder die Nötigung ausländischer Verleger, deren Werke abzulehnen? Er nannte das Nazi-Regime einen »Ausbruch des Wahnsinns und der Barbarei« und verwahrte sich gegen den Einwand, seine Rede sei antideutsch, da er es ablehne, die Nationalsozialisten als Vertreter Deutschlands zu akzeptieren. Für die Millionen von Deutschen, die nicht mehr frei reden könnten, müßten nun er und die übrigen Exilanten das Wort ergreifen. Erstmals beschwor er hier das »andere Deutschland«, das die Emigranten vertreten wollten; es sollte das einende Thema der Exilliteratur werden.

Sowohl der Applaus für Tollers Rede als auch das Echo außerhalb des Konferenzsaales waren beispiellos in der Geschichte des PEN. Ausgiebig wurde über seine Rede in der Weltpresse berichtet, sie verschaffte ihm einmal mehr internationale Geltung und machte ihn zur Symbolfigur der deutschen Exilopposition gegen die Nazis. Kaum einmal habe er irgend jemand derart schnell populär werden sehen, bemerkte ein jugoslawischer Journalist. Toller wurde spontan beklatscht, wohin er auch ging. Im Sommer kehrte er für mehrere Vorträge und Lesungen nach Jugoslawien zurück.

Tollers Rede in Dubrovnik stellte die Weichen für sein politisches Wirken im Exil. In den folgenden sechs Jahren hielt er nachweislich über zweihundert Ansprachen, Vorträge und Rundfunkreden – die tatsächliche Zahl liegt wahrscheinlich darüber. Stets versuchte er, die brutale Wirklichkeit des Nazi-Regimes vor Augen zu führen, und bestritt dessen Recht, für Deutschland zu sprechen.

Im September 1933 traf Toller in London ein, um vor der juristischen Kommission auszusagen, die den Reichstagsbrand untersuchte. Die folgenden drei Jahre verbrachte er zum größten Teil in Großbritannien. Die Kommission war nach heutigen Begriffen ein Medienereignis; gedacht war sie als Gegenstück zum offiziellen Reichstagsbrand-Prozeß, den die Nationalsozialisten gerade in Leipzig inszenierten. Die Idee dazu stammte von dem Verleger und Propagandisten Willi Münzenberg und gehörte zu der Kampagne, die sich für die Freilassung Ernst Torglers, Georgi Dimitrows und der anderen Hauptangeklagten einsetzte. Der *Daily Worker* nannte das Unterfangen »the trial of a trial«, den Prozeß eines Prozesses.[15]

Der Kommission gehörten renommierte Anwälte aus acht verschiedenen Ländern an, die für ihre liberale Einstellung bekannt waren; den Vorsitz führte der Anwalt D.N. Pritt, ein Labour-Politiker. Die Anhörungen fanden im Gerichtssaal der Law Society statt, einer Vereinigung einfacher Anwälte. Der kleine Raum war während der gesamten Verhandlungsdauer mit Pressevertretern und Zuschauern überfüllt. Toller war nur einer von einer ganzen Reihe prominenter Zeugen, darunter der frühere Berliner Polizeipräsident Albert Grzesinski, der ehemalige Herausgeber der *Vossischen Zeitung*, Georg Bernhard und die Reichstagsabgeordneten Rudolf Breitscheid, Paul Hertz und Wilhelm Koenen. Eine der Hauptaufgaben des Organisationskomitees war, die Einreise dieser Zeugen ins Land sicherzustellen, da das britische Innenministerium gewisse Schwierigkeiten machte. Am letzten Tag der Anhörungen sagte Toller aus und beschrieb, wie versucht worden war, ihn und andere bedeutende Schriftsteller zu verhaften. (»Ich weiß nicht, wessen ich beschuldigt werden sollte. Heutzutage gibt es Tausende in den Konzentrationslagern, die nicht wissen, wessen sie beschuldigt werden.«) Nach seiner Überzeugung war der Brand Teil eines vorbereiteten Plans. Seine Aussage endete pathetisch: »Ich weigere mich, den Herrschaftsanspruch der zur Zeit in Deutschland Herrschenden anzuerkennen, weil sie die edlen Regungen und Bestrebungen des deutschen Volkes nicht repräsentieren.« Isabel Brown, die Schriftführerin des Organisationskomitees, erinnerte sich, daß Toller auch auf öffentlichen Veranstaltungen sprach, die anläßlich der Untersuchungen der Kommission stattfanden; unermüdlich habe er sich für Dimitrow und dessen Mitgefangene eingesetzt. Auch im britischen Unterhaus hielt er eine Rede über die Zustände in den Konzentrationslagern und bot an, den Abgeordneten den Film eines ehemaligen Gefangenen vorzuführen, dem es gelungen war, in Dachau Aufnahmen zu machen und herauszuschmuggeln – ein Angebot, das unerklärlicherweise wegen angeblicher technischer Mängel des Filmmaterials ausgeschlagen wurde.

Skeptiker wie Kurt Tucholsky meinten, Toller vergeude seine Zeit: »Was kann Toller aussagen? Das ist doch Blödsinn! Er weiß doch gar nichts über die Sache.«[16] Aber Toller hatte erkannt, daß es in der Kommission nicht um die Wahrheitsfindung ging, sondern darum, den offiziellen Prozeß zu diskreditieren und dessen Ausgang zu beeinflussen. Folglich wurde das Untersuchungsergebnis, das die Hauptangeklagten entlastete, am 20. September bekanntgegeben, um sicherzustellen, daß die Presseberichte am folgenden Morgen mit dem Beginn des eigentlichen Prozesses in Leipzig zusammenfielen. Als Dimitrow schließlich freigesprochen wurde, hielten viele Linke dies für eine bedeutende Niederlage der Nationalsozialisten und einen Sieg der internationalen Kampagne. Auch Toller hegte keinerlei Zweifel:

> Sogar Diktatoren beugen sich der öffentlichen Meinung. Wenn die Weltmeinung sich nicht nachdrücklich zu Wort gemeldet hätte, wenn nicht Menschen, die sich den großen Traditionen ihrer Nationen verpflichtet fühlten, Beistand geleistet hätten, wäre dann der unschuldige Dimitrow vor dem Schafott bewahrt worden?[17]

Der Reichstagsbrand blieb für Toller ein in emotionaler wie symbolischer Hinsicht bedeutsames Ereignis. In seinem letzten veröffentlichen Gedicht »Die Feuerkantate« (1938) kam er darauf zurück. Das Feuer fungiert in dem Gedicht sowohl als Symbol für die Unterdrückung durch die Nationalsozialisten wie auch als Leuchtsignal für zukünftige Generationen, die die Faschisten hinwegfegen würden.[18]

Im Anschluß an die Untersuchung verbrachte Toller auch den Oktober und November in Großbritannien; er ging auf eine Vortragsreise, die unter der Schirmherrschaft des PEN-Klubs stand. Damals muß er auch den Vertrag für die englische Ausgabe seiner Autobiographie geschlossen haben. Ende des Jahres war er zurück in der Schweiz. Daß ihn das erste Jahr des Exils insgesamt enttäuscht hatte, konnte er nicht verhehlen. Er hatte gehofft, die Exilanten im gemeinsamen Kampf gegen die Nazis einen zu können, aber er fand sie untereinander zerstritten vor. An Emil Ludwig schrieb er:

> Ich habe zuweilen daran gedacht, die Emigration zu sammeln, mit der strengen Disziplin einer Legion – es wäre ein vergebliches Beginnen. Die Emigration von 1933 ist ein wüster Haufen aus zufällig Verstoßenen, darunter vielen jüdischen verhinderten Nazis, aus Schwächlingen mit vagen Ideen, aus Tugendbolden, die Hitler verhindert, Schweine zu sein, und nur wenigen Männern mit Überzeugungen. Deutsche, allzu Deutsche.[19]

Zu den politischen Enttäuschungen kam privater Kummer. Am 28. Dezember 1933 starb seine Mutter. Seit Monaten hatte Toller mit der Angst gelebt, sie nicht mehr wiederzusehen. Wie sehr ihn ihr Tod traf, geht aus seinen Briefen und einer kaum verhüllten autobiographischen Erzählung hervor, die sich unter seinen unveröffentlichten Schriften fand. Seine Schwester schrieb, daß die Mutter seinen letzten Brief bis zu ihrem Tod wie ein Amulett in einem Medaillon um den Hals getragen habe.[20]

XIV Exil in London: PEN, Pazifismus und Volksfront 1934–1936

Im Februar 1934 übersiedelte Toller schließlich nach Großbritannien, dem Land, das, wie er wenige Monate später erklärte, zu seiner zweiten Heimat geworden war.[1] Er wohnte bis September 1936 in London, wenn er auch weiterhin ausgedehnte Auslandsreisen unternahm. Im August und September 1934 war er in Rußland, den Sommer danach verbrachte er weitgehend in Frankreich, und im Frühling 1936 ging er auf eine sechswöchige Reise durch Spanien und Portugal. Einer der Gründe, sich in London niederzulassen, dürfte gewesen sein, daß die deutsche Exilliteratur in der Schweiz nur noch eingeschränkt veröffentlicht werden konnte. Darüber hinaus scheint er sich England aber wirklich verbunden gefühlt zu haben. 1934 äußerte er in einem Interview mit einer finnischen Zeitung, die Idee der Gerechtigkeit sei nirgendwo so lebendig wie in Großbritannien. Daß selbst konservative Zeitungen die Freilassung des Kommunisten Ernst Thälmann forderten, habe ihn erstaunt, in England aber sei dergleichen nichts Ungewöhnliches, versicherte er, weshalb sich ein Flüchtling dort heimisch fühlen könne.[2]

Dem bisherigen Leben den Rücken kehren und sich an die Verhältnisse des jeweiligen Gastlandes anpassen zu müssen, war die Hauptschwierigkeit für die meisten Exilanten. Viele waren außerstande, Fuß zu fassen; ganz anders Toller, dem es in bemerkenswerter Weise gelang, sich in die britische Gesellschaft zu integrieren. In den literarischen Kreisen Londons wurde er gefeiert. Der englische PEN-Klub ernannte ihn zum Ehrenmitglied, an den Universitäten von London und Manchester hielt er Vorlesungen, er sprach vor einer Vielzahl kultureller Organisationen, darunter dem noch jungen PEN-Klub, der British Drama League und der »Gesellschaft für kulturelle Beziehungen mit der UdSSR«. Bei seinen Kontakten zum PEN-Klub war ihm der Sekretär des Internationalen PEN, Hermon Ould, behilflich, ein langjähriger Freund, der *Hoppla* 1928 ins Englische übertragen hatte. Toller war auch mit Kingsley Martin, dem Herausgeber des *New Statesman*, befreundet und mit dem Schriftsteller und Journalisten H. N. Brailsford, den er von seinen früheren Aufenthalten in London kannte. Der bekannte *Times*-Redakteur Wickham Steed nahm sich seiner an und lud ihn regelmäßig sonntags zum Lunch. Ein besonders guter Freund war der damalige Literaturredakteur von *Time and Tide*, Richard Ellis Roberts, der viele von Tollers eher journalistischen Arbeiten veröffentlichte; Roberts übersetzte später auch die *Briefe aus dem Gefängnis* und überließ Toller mehr als einmal sein Landhaus bei Stroud/Gloucestershire, damit er ungestört arbeiten konnte.

In den zweieinhalb Jahren, die Toller in Großbritannien verbrachte, erlangte sein Werk eine Popularität, wie sie kaum ein ausländischer, geschweige denn ein deutscher Schriftsteller je erreicht hatte. Seine Autobiographie erschien 1934, die gesammelten Stücke 1935 – die einzige Werkausgabe, die zu seinen Lebzeiten veröffentlicht wurde – und die Gefängnisbriefe 1936. Mehrere seiner Stücke wurden außerdem in Einzelausgaben gedruckt oder wiederaufgelegt. Als seine Autobiographie in der englischen Übersetzung erschien, gab es mehr als ein Dutzend Besprechungen, darunter im *Manchester Guardian*, im *Observer*, im *Times Literary Supplement*, *New Statesman* und *Spectator*. Die Presse berichtete des öfteren über seine Aktivitäten; seine Essays erschienen in *Time and Tide*, im *Bookman* und im *London Mercury*. Er ließ sich auf einen öffentlichen Disput mit H.G. Wells ein, wurde übersetzt von Edward Crankshaw und W.H. Auden. Kurzum, in literarischen Kreisen war er bald kaum weniger bekannt, als er es in Deutschland gewesen war.

Als im Februar 1935 die Ausgabe seiner gesammelten Dramen erschien, erreichte Tollers literarischer Ruf in Großbritannien wohl seinen Höhepunkt. *Feuer aus den Kesseln* wurde im Hinblick auf eine Aufführung des Stücks am Manchester Repertory Theatre zusätzlich noch gesondert veröffentlicht – Toller hielt diese Inszenierung für die einzige, die all seine Ideen zum Ausdruck brächte. Als der irische Dramatiker Sean O'Casey die gesammelten Stücke rezensierte, schrieb er: »Aber Toller ist ein Dramatiker und das ist das, was zählt. Bekommt Toller in London seine Spielzeit, wird England besserem Theater ein Stück näher kommen.«[3] *Seine* Spielzeit in London aber hatte Toller nie, sein Ruf in Großbritannien beruhte tatsächlich nur auf einer Handvoll professioneller Aufführungen. Die spießige und konservative Atmosphäre der Londoner Bühnen in den Zwischenkriegsjahren bedeutete, daß sich die Inszenierung ausländischer und experimenteller Stücke auf die »kleinen Theater« oder Laienspieltruppen beschränkte, und Tollers Werk bildete da keine Ausnahme. Selbst auf dem Gipfel seines Ruhms in Großbritannien wurden seine Stücke nur von Theatervereinen oder sozialistischen Schauspielgruppen aufgeführt. Neben der Inszenierung von *Feuer aus den Kesseln* in Manchester wurden noch *Wunder in Amerika* und *No more Peace!* am experimentellen Londoner Gate Theatre auf die Bühne gebracht.

Wie immer waren das literarische und das politische Ansehen von Toller untrennbar miteinander verbunden. Durch seine Rede in Dubrovnik war er zum Symbol der deutschen Opposition im Exil geworden und konnte sich frei in politisch progressiven Zirkeln bewegen. Nicht nur mit Journalisten wie Kingsley Martin und Wickham Steed pflegte er Umgang, sondern auch mit sozialistischen Intellektuellen wie Harold Laski, D.N. Pritt und Lady Oxford, der großen Dame des politischen Liberalismus, die ihn mehrfach zu sich einlud, oder mit Fenner Brockway, dem Generalsekretär der Independent Labour Party. Letzterer erinnerte sich an Tollers enge Beziehungen zur Partei, der er im Hinblick auf die angestrebte Untergrundarbeit in Deutschland Kontakte vermittelt und beratend zur Seite gestanden habe.[4]

Natürlich galt Deutschland weiterhin sein Augenmerk. Er beteiligte sich an antifaschistischen Initiativen wie Willi Münzenbergs *Braunem Buch* und der Kampagne für die Freilassung Ernst Thälmanns. 1934 wurde er in die Leitung der Deutschen Freiheitsbibliothek in Paris gewählt, einer Sammlung aller von den Nazis verbotenen Bücher. Alfred Kantorowicz berichtete, mit welchem Enthusiasmus Toller das Unterfangen unterstützte, wie entscheidend seine Rolle bei der Herstellung von Kontakten – besonders zu Margot Asquith und Lady Oxford – war, die schließlich zur Gründung einer »Gesellschaft der Freunde verbrannter Bücher« in England führten.[5]

Besonders engagierte sich Toller für die Freilassung Ossietzkys, der im Konzentrationslager Esterwegen so schwer mißhandelt worden war, daß man um sein Leben bangte.[6] Anfang 1934 startete die Liga für Menschenrechte aus dem Exil eine internationale Kampagne, in der Toller die Aufgabe übernahm, die Unterstützung des *Manchester Guardian* und anderer britischer Zeitungen zu gewinnen. Ossietzkys Frau Maude, eine Engländerin, hatte ihre Tochter Rosalinde nach Großbritannien geschickt, aber das Mädchen war dort nicht glücklich, und ihre Mutter bat Toller um Hilfe. Toller zeigte ein freundliches Interesse an dem Mädchen, besuchte es mehr als einmal und brachte es dank der Fürsprache Bertrand Russells an der fortschrittlichen Privatschule Dartington Hall unter.[7]

Im Juni 1934 startete die Liga für Menschenrechte eine neue Kampagne, die Ossietzky zum Friedensnobelpreis verhelfen wollte und dadurch seine Freilassung zu erzwingen hoffte. Durch Ossietzkys ehemalige Kollegen Hellmut von Gerlach und Hilde Walter von Paris aus locker koordiniert, nahm die Kampagne bald internationale Ausmaße an. In den USA wurde sie von Albert Einstein angeführt, in Norwegen von dem jungen Emigranten Willy Brandt, in London von dem Journalisten Rudolf Olden, zusammen mit Toller und dem Schriftsteller Otto Lehmann-Russbüldt. Toller hatte sich bereits als kluger und energischer Lobbyist erwiesen, und gemeinsam mit Olden gelang es ihm, die Unterstützung solch prominenter britischer Intellektueller wie Aldous Huxley, H. G. Wells, Norman Angell, Bertrand Russell und Virginia Woolf zu gewinnen. Toller blieb ganz bewußt im Hintergrund, weil er fürchtete, es könne Ossietzky schaden, wenn er sich öffentlich für ihn einsetzte; es ging jedoch im wesentlichen auf sein Betreiben zurück, daß Artikel von Wickham Steed und Elisabeth Bibesco in der *Times* erschienen, die sich für eine Nominierung Ossietzkys aussprachen.[8] Lion Feuchtwanger berichtet von einem Vorfall aus dem Jahre 1935, als Toller, der frisch verheiratet war und in einem malerischen, wenn auch etwas baufälligen Haus in Hampstead wohnte, einen englischen Journalisten zu Gast hatte, den er für die Kampagne gewinnen wollte. Toller war allzu erfolgreich: »Der Mann, der für Ossietzky gewonnen werden sollte, war längst gewonnen, er hätte gehen sollen, aber er blieb, und der arme Toller mußte noch herunterlaufen und irgendwo in der Stadt den Kaffee auftreiben, der nicht da war.«[9]

Es war nicht immer so einfach. Die Romanautorin Ethel Mannin erinnerte sich an einen Abend, als sie und Toller, die beide gerade von einem Empfang in der sowjetischen Botschaft kamen, W. B. Yeats zu bewegen versuchten, Ossietzky dem Nobelpreiskomitee vorzuschlagen. Dieses bizarre Treffen ereignete sich in der Lounge des »Claridge's«, begleitet von der lauten Musik des Orchesters. Schon beim Betreten des vornehmen Hotels gaben die beiden Dichter ein seltsames Paar ab: Yeats, hochgewachsen und vornehm, trug einen Umhang, wie er es an den Abenden gerne tat, Toller dagegen, »klein, dunkelhaarig und ›fremdländisch‹ mit einem malerischen, breitkrempigen Hut auf dem Kopf, sah aus, als sei er den Seiten von *La Vie de Bohème* entsprungen«. Toller mühte sich leidenschaftlich und beredt, Yeats hörte zu, doch erwiderte, daß er weder Ossietzky kenne noch irgendwelches Interesse an Politik habe. Mit Tränen in den Augen habe Toller flehentlich seine Bitte vorgetragen, habe geltend gemacht, daß es sich nicht um eine politische Angelegenheit handele, sondern darum, ein Menschenleben zu retten. Yeats sei sichtlich berührt gewesen, habe aber darauf beharrt, nicht helfen zu können.[10]

Toller war enttäuscht, aber nicht entmutigt, und einige Zeit später gelang es ihm, Professor Harold Laski, einen der führenden Köpfe in der Labour Party, zu überreden, Ossietzky zu nominieren.[11] Nach und nach mehrte sich die internationale Unterstützung für die Kampagne, die so über ihr ursprüngliches Anliegen hinauswuchs und Ossietzky selbst zu einem unübersehbaren Symbol des »anderen Deutschlands« machte, das die Exilanten so häufig zu beschwören suchten. Im November 1936 kündigte das Nobelpreiskomitee schließlich an, Ossietzky den Friedenspreis für 1935 zu verleihen. Toller, damals bereits in Amerika, begrüßte die Nachricht als einen Sieg der internationalen Solidarität und rief dazu auf, die Anstrengungen zu verdoppeln, um Ossietzkys Freilassung zu erreichen. Das Dritte Reich aber ignorierte die Meinung des Auslands und verweigerte Ossietzky die Ausreise nach Oslo zur Entgegennahme des Preises; entlassen wurde er schließlich nur, um im Mai 1938 im Krankenhaus zu sterben.

In Großbritannien bildete sich jener Lebensrhythmus heraus, den Toller während des Exils beibehalten sollte. In den Jahren 1934 und 1935 war er ein gefragter Redner und hielt zahlreiche Vorträge; diese Aktivitäten mögen zunächst nur eine notwendige Einkommensquelle gewesen sein, aber schon bald beanspruchten sie ihn mehr als die literarischen Arbeiten. Toller sprach sowohl zu literarischen wie zu politischen Themen, obwohl dies immer weniger auseinanderzuhalten war. In einer Vorlesung an der Universität von Manchester mit dem Titel »Das deutsche Theater heute« erörterte er die stilistischen Neuerungen des Expressionismus und der Neuen Sachlichkeit – und deren Unterdrückung durch eine politische Ideologie, die »alle modernen Experimente als Kulturbolschewismus« verunglimpfte. Er wurde mit lang anhaltendem Beifall empfangen, den er, sich seiner repräsentativen Funktion wie immer bewußt, nicht nur als persönliche Anerkennung empfand, sondern als Ehrung »für alle freien Schriftsteller, die nicht im Dritten Reich leben«.[12]

Die dreißiger Jahre waren ein Jahrzehnt, in dem die allgemeinen Ereignisse viele Schriftsteller dazu zwangen, politisch Stellung zu beziehen. Diese zunehmende Überschneidung von Literatur und Politik veranschaulichen auch die Vorkommnisse im Internationalen PEN 1933/34. Mit seiner Rede in Dubrovnik hatte Toller eine rasche Politisierung des PEN eingeleitet; in der Folge setzte Toller sich engagiert für den Ausschluß der deutschen Sektion ein, da sie grundlegende Prinzipien des Verbandes verletze. Als die deutsche Sektion schließlich auf eigenen Beschluß hin ausschied, gründeten Toller, Feuchtwanger und Rudolf Olden im Dezember 1933 ein PEN-Zentrum der deutschen Exilschriftsteller. Als »ein Zentrum der freien deutschen Literatur« sollte es der Propaganda der offiziellen Nazi-Kultur entgegentreten, die Isolation der Exilautoren durchbrechen und, wo immer möglich, praktische Hilfe leisten. Obwohl es im wesentlichen symbolischen Charakter hatte, vermochte es auch ganz konkret einiges zu erreichen, so etwa bei der Rettung deutschsprachiger Schriftsteller aus Österreich und der Tschechoslowakei 1938 und 1939.

Als der Internationale PEN-Kongreß im Juni 1934 in Edinburgh wieder tagte, beherrschten politische Fragen bereits die Tagesordnung. Der Vorsitzende H.G. Wells gab in seiner Eröffnungsansprache den weiteren Verlauf vor:

> Wenn die Politik die Literatur und die Gedanken- und Redefreiheit bedroht und attackiert, dann haben wir die Politik zur Kenntnis zu nehmen. Wenn nicht, was will der PEN-Club dann sein? Ein Serviceunternehmen, das anerkannte Autoren mit nützlichen Leuten bekannt macht?[13]

Indem der Kongreß die PEN-Sektion der Exildeutschen offiziell bestätigte, erkannte er die Emigranten als die wahren Repräsentanten des deutschen Geistes- und Kulturlebens an. Als Toller aufstand, um zu den Kongreßteilnehmern zu sprechen, wurde er besonders herzlich aufgenommen. Als »ein Schriftsteller zu Schriftstellern« sprechend, setzte er sich in einer langen Rede für die Autoren ein, die noch immer in den Gefängnissen und Konzentrationslagern der Nationalsozialisten dahinsiechten. »Wenn wir an die Macht des Wortes glauben«, sagte er, wie so oft während seines Exils, »dann dürfen wir nicht schweigen.« Am Ende des Kongresses brachte er einen Resolutionsentwurf ein, der sich gegen die Nazi-Regierung wandte und die Freilassung aller ohne Verfahren inhaftierten Schriftsteller forderte; die Resolution wurde mit nur einer Gegenstimme verabschiedet.[14]

Die Tagung in Edinburgh hatte ein breites Echo in der Presse und brachte die deutsche Botschaft, die alle Aktivitäten Tollers aufmerksam verfolgte, zweifellos in einige Verlegenheit. Im Januar 1935 begann er mit einer Reihe von Vorträgen, die schließlich eine direkte Intervention der Botschaft provozierten. Ein Diplomat namens zu Putlitz bat am 10. Januar um einen Termin im britischen Außenministerium, um »die Frage der deutschen Flüchtlinge« aufzuwerfen. Er dächte dabei insbesondere an Ernst Toller, der durchs Land reise und Reden gegen die deutsche Regierung halte. Er ersuche die Regierung, daß sich die Flüchtlinge während ihres Aufenthalts in Großbritannien deutschfeindlicher Aktivitäten enthielten, andernfalls des Landes verwiesen würden.[15] Wenn auch dieses Ansinnen höflich zurückgewiesen wurde, so waren andere Bemühungen, Toller mundtot zu machen, erfolgreicher. Im selben Monat wurde er vom irischen Arbeiterbund gegen Faschismus eingeladen, auf einer Kundgebung über das »Nationalsozialistische Deutschland« zu sprechen, aber er erhielt keine Einreiseerlaubnis, nachdem Vertreter der deutschen Botschaft in Dublin interveniert hatten, wie der Wilhelmstraße hämisch berichtet wurde: »Verhinderung eines deutschfeindlichen Vortrags des Kommunisten Toller in Dublin.«[16]

Die Nazis beschränkten sich nicht allein auf diplomatischen Druck, um ihre Gegner im Ausland zum Schweigen zu bringen. Verlegern und Grossisten wurde mit Boykottmaßnahmen gedroht, sollten sie Bücher der verbotenen Autoren im Programm haben, Gestapo-Agenten wurden in Flüchtlingsgruppen eingeschleust, prominente Exilanten verschleppt oder umgebracht. Der Philosoph Theodor Lessing wurde in Marienbad ermordet, der Journalist Berthold Jacob aus der Schweiz entführt. Toller fürchtete mehr und mehr um sein eigenes Leben, insbesondere seit man seine enge Mitstreiterin Dora Fabian zusammen mit ihrer Freundin Mathilde Wurm unter mysteriösen Umständen in ihrer Wohnung in der Great Ormond Street tot aufgefunden hatte. Die Untersuchung kam zu dem Schluß, daß Dora sich nach einer unglücklichen Liebesaffäre selbst getötet hatte, der Coroner entschied auf Freitod. Toller hingegen hatte den Verdacht, daß beide ermordet worden seien: »Die ganze Sache scheint mir ziemlich dunkel und zweifelhaft.«[17] Seit einiger Zeit erhielt er anonyme Drohanrufe; mit Sicherheit stand er einen Teil seiner Zeit in London unter Polizeischutz. Im März 1935 berichtete er von Versuchen des Journalisten Hans Wesemann – ein früherer Bekannter, inzwischen als Gestapo-Agent enttarnt –, ihn zu einem verdächtigen Treffen nach

Frankreich und in die Schweiz zu locken.[18] Ellis Roberts erinnerte sich, daß Toller immer das Gefühl hatte, beschattet zu werden.[19]

Im Dezember 1933 war Toller kurz in die Schweiz zurückgekehrt. Am Neujahrstag war er in Wengen, wo er ein geheimes Treffen mit Christiane Grautoff verabredet hatte, ihr erstes seit fast einem Jahr. Wie Christiane erzählte, war es bitterkalt und tief verschneit. Während ihres kurzen Aufenthaltes in Wengen machte er ihr einen Heiratsantrag; hier erhielt er auch von seiner Schwester die Nachricht, daß die Mutter gestorben war.[20]

Sofort nach dem Treffen kehrte Christiane nach Deutschland zurück, wo sie ein Engagement am Darmstädter Schauspielhaus hatte. Sie spielte unter der Regie von Gustav Hartung, dessen Ruf in der Theaterszene dem von Reinhardt und Jessner nicht nachstand, der aber schon bald in die Schweiz floh. Auch den Nationalsozialisten blieb Christianes früh entwickeltes Talent nicht verborgen; sie boten ihr eine Hauptrolle in einem Film über Horst Wessel an, aber sie hatte sich schon entschlossen, Deutschland zu verlassen. Später erklärte sie, daß »sie nicht darüber nachgedacht habe, bei einem Theater mitzumachen, dessen Arbeiten vom Rassenhaß geprägt seien«.[21] Sie ging nach Zürich und spielte dort wiederum unter der Regie Gustav Hartungs; allerdings nicht sehr lange, denn im Frühjahr 1934 fuhr sie zu Toller nach London. Mit siebzehn war sie nicht einmal halb so alt wie er; ihre Karriere schien gerade zu beginnen, während seine schon ihren Zenit überschritten hatte.

Wie viele andere deutsche Exilanten lebte auch Toller in Hampstead; dort hatte er eine kleine Wohnung in der Lambolle Road 1. Im Nachbarhaus mietete er ein Zimmer für Christiane. Photographien von ihr aus dieser Zeit zeigen eine schlanke, blonde junge Frau, attraktiv und mit selbstsicherer Ausstrahlung. Zeitgenossen haben sie als charmant, eigenwillig oder gar als »Problemkind« beschrieben, aber alle waren sich darin einig, daß sie eine vielversprechende Schauspielerin war. Ihre Gefühle für Toller waren zweifellos romantischer Natur. Was er für sie empfand, schien sich weniger leicht fassen zu lassen. Wie sie selbst eingestand, interessierte sie sich nicht im geringsten für Politik oder Literatur, während sein Leben davon beherrscht wurde. Eine Gemeinsamkeit war das Theater, doch scheint ihn in erster Linie ihre Jugend und Selbstsicherheit angezogen zu haben: »Sie ist eine ›alte‹ Schauspielerin und dennoch fast ein ›Kind‹, aber einige Leute halten sie für reifer als mich.«[22]

Christiane war natürlich darauf bedacht, ihre schaupielerische Laufbahn weiter zu verfolgen, und nahm Englischstunden und Sprechunterricht bei Miss Borton, die jeden Tag kam, um mit ihr zu üben und zu proben. Es dauerte aber etwa zwei Jahre, bis Christiane in *No More Peace!* ihr Bühnendebüt in London hatte. Im Mai 1935 heirateten die beiden in London und zogen ganz in der Nähe in eine Wohnung am Belzise Park 27, die ihnen der Schauspieler und Schriftsteller Miles Malleson vermietete. Zur Wohnung gehörte eine Dachkammer, die Toller als Arbeitszimmer nutzte. Um diese Zeit begann er, regelmäßig um halb zehn Uhr morgens das Haus zu verlassen, um zwei bis drei Stunden später zurückzukehren. Als Christiane schließlich den Mut aufbrachte, ihn darauf anzusprechen, erfuhr sie, daß er die Psychiaterin Dr. Hilde Maas konsultierte, um etwas gegen seine manchmal suizidalen Depressionsanfälle zu unternehmen, die zusehends sein Leben überschatteten. Es war Tollers erste Erfahrung mit der Psychoanalyse, aber in den verbleibenden vier Jahren seines Lebens begab er sich wiederholt in psychiatrische Behandlung.

Christiane hatte Tollers depressive Anfälle schon erlebt, wenn er oft tagelang apathisch in verdunkelten Räumen lag. Im Zusammenhang mit diesen Depressionen befiel ihn ein Gefühl kreativer Unzulänglichkeit, die Angst, daß er seine künstlerischen Fähigkeiten endgültig verloren habe. Weder Christiane noch enge Freunde wie Fritz Landshoff wußten zu sagen, ob diese Ängste Ursache oder Wirkung seiner Depressionen waren. Toller bat Christiane mehrmals inständig darum, nichts über diese wiederkehrenden Zusammenbrüche verlauten zu lassen, die er offenkundig für ein Zeichen der Schwäche hielt, das mit seiner öffentlichen Stellung unvereinbar war. Zwischen seinen Depressionen gab es lange »normale« Phasen, in denen Toller die ihm aufgebürdete literarische und gesellschaftliche Rolle spielte. Seine Stimmungsumschwünge kamen unvermittelt und waren erschreckend. Fritz Landshoff erinnerte sich daran, daß, häufig in den frühen Morgenstunden, nach Tagen selbst auferlegter Isolation ein geradezu zwanghaftes Bedürfnis nach Gesellschaft und Unterhaltung einsetzte.[23] Trotz dieser Schwierigkeiten waren die beiden Jahre, die Toller und Christiane in London verbrachten, ihre glücklichste gemeinsame Zeit. Wie sie erzählte, liebte sie England schon im ersten Augenblick, da sie den Fuß an Land setzte. Landshoff bestätigte, daß England von den vielen Stationen des Exils das Land gewesen sei, in dem Toller sich am heimischsten gefühlt habe.

Als Toller heiratete, schien er sich auf dem Gipfel seines Ruhms und Erfolgs zu befinden. Die Veröffentlichung fast aller seiner Werke in Großbritannien hatte ihn in finanzieller Hinsicht relativ unabhängig gemacht, was er nun nützte, um mit einer großangelegten Kampagne andere Flüchtlinge in Großbritannien und Frankreich zu unterstützen. In Deutschland hatte er immer einen Teil seines Einkommens für politische Anliegen aufgewandt; im Exil wurden seine Großzügigkeit und Hilfsbereitschaft bald sprichwörtlich. René Schickele riet 1935 Kurt Wolff, sich wegen Hilfe an Toller zu wenden: »Er ist ja die Gefälligkeit selbst und kennt einen Haufen Leute.«[24] Aber Toller war sich der Grenzen individueller Großzügigkeit sehr wohl bewußt und mühte sich daher, die Regierungen zum Handeln zu bewegen.

Etwa 8 000 deutsche Flüchtlinge hatten sich in Frankreich niedergelassen, so viele wie nirgends sonst in Europa. Die französischen Behörden ließen sie zwar ungehindert einreisen, verweigerten den meisten aber eine Arbeitserlaubnis, wodurch diese auf die Großzügigkeit von Freunden oder die Hilfe von Flüchtlingskomitees angewiesen waren. Toller verbrachte mehrere Wochen in Frankreich, um sich über die Situation der Flüchtlinge dort kundig zu machen, und unterbreitete anschließend auf der Basis seiner Erkenntnisse eine Reihe von Vorschlägen zur Linderung ihrer Not. Geschicktes Taktieren verschaffte ihm die Unterstützung von Menschenrechtsorganisationen, Gewerkschaften und Politikern aller Couleur. Auch im französischen Arbeitsministerium wurde er mit seinen Vorschlägen vorstellig. Tollers Kampagne zeugte nicht nur von seinem Engagement, sondern auch von seinem Hang zur Publicity, wie der kommunistische Schriftsteller Alfred Kantorowicz ironisch notierte: »Ernst Toller ist hier, voll von Plänen, Ehrengast verschiedener kultureller und politischer Institutionen. Er diniert oft zu seinen Ehren, spricht oft und ist mit seiner Publicity vollauf beschäftigt.«[25] Zweifellos genoß Toller das Rampenlicht, wie der Kommentar nahelegt, doch war er auch klug genug, um sich darüber im klaren zu sein, daß Publicity wichtig war für die Angelegenheiten, für die er eintrat.

Nach dem sichtbaren Erfolg seiner Kampagne in Frankreich veröffentlichte er im Juli 1935 ähnliche Vorschläge in Großbritannien und berichtete, daß seine vorläufigen Empfehlungen von den Hilfskomitees, den verschiedenen Kirchen und Politikern aller Parteien bereits angenommen worden seien.[26] Seine Anregungen waren rein praktischer Natur und betrafen die Schwierigkeiten mit Arbeitserlaubnissen und Ausweispapieren: Die Länder sollten den Flüchtlingen aus wohlverstandenem Eigeninteresse heraus helfen. Er räumte ein, daß das Problem vorerst nur eingegrenzt werden könne; eine mögliche Lösung läge in der Einrichtung eines Sonderbüros des Völkerbundes. Toller erinnerte an das Beispiel Fridtjof Nansens, des ersten (und einzigen) Flüchtlingshochkommissars des Bundes. Er beschloß seine Ausführungen damit, daß man die Flüchtlingsfrage nicht isoliert sehen dürfe, sondern nur als »Teil des ganzen Kampfes für den Sieg der Menschlichkeit über die Barbarei«. Immer häufiger beschrieb er die auf Europa zukommende Konfrontation als eine zwischen Zivilisation und Barbarei, Demokratie und Diktatur, Krieg und Frieden. Wie angesichts des sich ausbreitenden Faschismus den Frieden bewahren? Diese Frage quälte und beunruhigte ihn in dieser Zeit fast ständig, sie lag seinen Vorträgen und Reden zugrunde und war das Thema seines Stücks *No More Peace!*.

Die zweieinhalb Jahre, die Toller in Großbritannien verbrachte, waren für die Entwicklung seiner politischen Anschauungen, insbesondere für seine Einstellung zum Pazifismus, ganz entscheidend. Frieden und Abrüstung waren die beherrschenden Themen in der britischen Politik jener Zeit: Die Jahre 1934/35 erlebten das Aufkommen der christlichen und pazifistischen Peace Pledge Union (Friedensgelöbnis-Union), die Durchführung einer »Friedenswahl«, bei der mehr als elf Millionen Unterschriften für einen Frieden mit gegenseitigen Sicherheitsgarantien gesammelt wurden, und schließlich als Höhepunkt im November 1935 Parlamentswahlen, in deren Vorfeld es hauptsächlich um die Frage der Abrüstung gegangen war.

Toller hatte aus seiner Revolutionserfahrung den Schluß ziehen müssen, daß Gewalt tragischerweise unvermeidlich war und absoluter Pazifismus nicht vereinbar mit den Erfordernissen politischen Handelns. In dieses Dilemma gerieten auch Teile der europäischen Linken in den dreißiger Jahren, als sie versuchten, ihren traditionellen Pazifismus auszusöhnen mit der Notwendigkeit, den Faschismus mit Gewalt zu bekämpfen.

Tollers Auseinandersetzung mit diesem Problem läßt sich aus Vortragstiteln wie »Masses and Man. The Problem of Non-Violence and Peace« (Masse-Mensch. Das Problem von Gewaltlosigkeit und Frieden) und »The Failure of Pacifism in Germany« (Das Versagen des Pazifismus in Deutschland) ersehen. Im ersten der beiden Vorträge, den Toller im Londoner Friends' House im Februar 1934 erstmals hielt, sprach er über das Verhältnis von individueller Moral und gesellschaftlicher Notwendigkeit:

> Wer heute auf der Ebene der Politik, im Miteinander ökonomischer und menschlicher Interessen, kämpfen will, muß klar wissen, daß Gesetz und Folgen seines Kampfes von anderen Mächten bestimmt werden als seinen guten Absichten, daß ihm oft Art der Wehr und Gegenwehr aufgezwungen werden, die er als tragisch empfinden muß, an denen er, im tiefsten Sinne des Wortes, verbluten kann.[27]

Er betonte nochmals seine langgehegte Überzeugung, daß eine Erziehung zum Frieden notwendig sei. Der Frieden könne nur durchgesetzt werden, wenn »der Geist der Gewalt und des Krieges aus den Schulen und Universitäten und aus den Geschichtsbüchern verbannt würden«. Auch für die zwischenstaatlichen Beziehungen müsse solches gelten. Toller vertrat ein Konzept internationaler Sicherheit, das wirtschaftliche Sanktionen der Großmächte vorsah für den Fall, daß ein Land den Frieden bedrohe. Er schloß mit einem Loblied auf »das Abenteuer des Friedens« und die Begeisterungskraft des persönlichen Beispiels: »Für einen Mann der Tat gibt es keinen Mittelweg. Die Welt braucht Vorbilder und beispielhafte Biographien.«

Die politischen Ereignisse in den Jahren 1935/36 – der Einmarsch deutscher Truppen in das entmilitarisierte Rheinland, der Propagandaerfolg mit der Berliner Olympiade, der Ausbruch des spanischen Bürgerkrieges – wandelten Tollers Einstellung merklich, was sich in den späteren Fassungen seiner Vorträge widerspiegelte, als er sie 1936 für das amerikanische Publikum überarbeitete. Wenn auch nach wie vor um die Aussöhnung privater und öffentlicher Moral bemüht, setzte er jetzt die Akzente auf der Ebene internationaler Politik. Er trat nicht mehr für eine Erziehung zum Frieden ein, da die zugespitzte internationale Lage wesentlich kurzfristigere Perspektiven erforderte. Um den Frieden zu sichern, reichten seiner Ansicht nach Wirtschaftssanktionen nicht mehr aus, sondern nur noch der gemeinsame Widerstand der demokratischen Staaten gegen Hitler.

Mitte 1936 hatte er sich mit der Aussicht auf einen neuen europäischen Krieg abgefunden. »Das letzte Gefecht zwischen dem Faschismus und dem demokratischen Block in Europa wird unvermeidlich sein«, schrieb er an Nehru im Juli, drei Tage nach Ausbruch des spanischen Bürgerkriegs.[28] Er beklagte die Schwäche des Völkerbundes,

»die von den faschistischen Diktatoren ausgenutzt wird«, und mahnte die demokratischen Staaten, sich geschlossen gegen Hitler zu stellen: »Wenn nicht, werden sie genau das herbeiführen, was sie vermeiden wollen: Krieg in naher Zukunft.« Diese privaten Überzeugungen vertrat er aber nicht vor Ende des Jahres in der Öffentlichkeit. In einer Rede vor Deutschamerikanern in New York sagte er voraus: »Wenn es der Welt nicht gelingt, Hitler zum Frieden zu *zwingen*, wird er Deutschland und Europa in einen Trümmerhaufen verwandeln und die Zivilisation vernichten.«[29]

Tollers Gesinnungswandel muß natürlich auch im Zusammenhang mit der aufstrebenden Volksfront-Bewegung gesehen werden. In den letzen Jahren der Weimarer Republik hatte er stets als letzte Bastion gegen die nationalsozialistische Machtübernahme eine breite linke Front gefordert; im Exil hatte er weiterhin die Bemühungen um eine Einheitsfront unterstützt. Inzwischen war das politische Klima dafür allmählich günstiger geworden. Anfang 1934 hatte die Komintern begonnen, einen neuen Kurs einzuschlagen, und denunzierte nun die Sozialdemokraten nicht länger als »Sozialfaschisten«; statt dessen bemühte sie sich jetzt um eine Politik der aktiven Zusammenarbeit mit anderen antifaschistischen Kräften. Einer der ersten Hinweise auf die neue Politik war der sowjetische Schriftstellerkongreß in Moskau im August 1934. Innenpolitisch markierte der Kongreß den Höhepunkt der Bestrebungen, den Künsten eine straffere Disziplin aufzuerlegen und den Sozialistischen Realismus als einzige offiziell anerkannte Kunstform hervorzuheben; nach außen hin war er der Versuch, »linksbürgerliche« Autoren für eine antifaschistische Front zu gewinnen, und Toller war einer von vielen ausländischen Delegierten, die zur Teilnahme eingeladen wurden. Seine Rede auf dem Kongreß wurde als wichtiger Beitrag zur antifaschistischen Zusammenarbeit begrüßt und in der in Moskau erscheinenden Zeitschrift *Internationale Literatur* veröffentlicht:

> Ich begrüße eure Resolution, es ist wichtig, Künstlern, die furchtlos gegen den Faschismus kämpfen, die Türen weit zu öffnen, selbst dann, wenn ihre Werke nicht alle ideologischen Forderungen erfüllen, die ihr stellt.[30]

Wie sich die Volksfront im Bereich der Kultur auswirkte, hätte nicht deutlicher zum Ausdruck gebracht werden können.

Toller war in den zwanziger Jahren so etwas wie ein wohlwollender Kritiker der Sowjetunion gewesen. Was immer seine Vorbehalte gewesen sein mögen, jetzt zählte für ihn nur die Notwendigkeit, den einzigen sozialistischen Staat der Welt zu verteidigen, und wie er bekundete, war diese Verteidigung »die Pflicht aller, die sich den Glauben an die historische Mission der arbeitenden Klasse bewahrt haben«. Mit H. G. Wells ließ er sich auf eine öffentliche Auseinandersetzung ein, weil dieser behauptet hatte, in der Sowjetunion werde die intellektuelle Freiheit unterdrückt. Er erklärte, ihn hätten die zwei Monate, die er dort verbracht hatte, davon überzeugt, daß »die Fehler aus den ersten Jahren der UdSSR korrigiert worden sind«.[31]

Tollers Unterstützung für die Sowjetunion ergab sich fast zwingend aus seinem Eintreten für eine Einheitsfront. Bereits im Januar 1934 hatte er sich enttäuscht über die Uneinigkeit unter den deutschen Exilanten geäußert. Zwei Jahre später veröffentlichte er einen letzten Aufruf zur Einigkeit über alle politischen Meinungsverschiedenheiten hinweg: »Die Herren im Reich dürfen zufrieden sein. Drei Jahre – und welche Jahre! – sind ins Land gegangen, und noch immer fehlt die einheitliche Front der Gegner... Haben wir nichts gelernt?«[32] Einen Monat später gehörte er zu den 118 prominenten Exilanten, die sich im Pariser Hotel Lutétia versammelten, um einen Aufruf zur Bildung einer deutschen Volksfront zu verabschieden. Toller erinnerte sich an das Treffen als Gelegenheit, die Spaltungen und die Ohnmacht der Opposition gegen Hitler zu überwinden:

> ...ich (saß) in Paris an einem Tisch mit Männern beisammen, die sich einst leidenschaftlich bekämpft hatten, mit Katholiken und Kommunisten, mit Sozialisten und Liberalen, mit Gewerkschaftlern und freien Schriftstellern, mit Männern, die aus der Fremde und, unter Lebensgefahr, aus Deutschland gekommen waren. Sie alle waren sich einig in dem einen und glühend ersehnten Ziel, ein Deutschland der Freiheit, des Friedens und der Gerechtigkeit zu schaffen.[33]

Aber während sich die gesamte KPD-Führung ebenso wie viele linke Intellektuelle dem Aufruf anschlossen, lehnte ihn die sich im Exil befindliche Führung der SPD ab.

Die Frage, wie der Frieden angesichts des vorrückenden Faschismus bewahrt werden sollte, ist eines der Schlüsselthemen von Tollers literarischen Arbeiten in jenen Jahren, insbesondere in der Dichtung *Weltliche Passion* und der Komödie *Nie wieder Friede!*. *Weltliche Passion* ist ein »Sprechchor«, eine Form mit der Toller bereits Anfang 1920 experimentiert hatte; es ist eine Hymne auf Rosa Luxemburg und Karl Liebknecht, die ihn, wie bereits erwähnt, tief beeindruckt hatten.[34] Die Geschichte in *Weltliche Passion* wird von einem Chronisten erzählt und durch eingefügte Chorpartien illustriert und kommentiert. Es beginnt mit einer Feier der Revolution: Hammer und Sichel symbolisieren produktive Arbeit und reichliche Ernten, eine Verheißung, die durch die destruktive Gewalt des Krieges bedroht wird. Liebknecht verkörpert den Widerstand gegen den Krieg. Seine Worte beseelen den Kampf für »ein Deutschland der schaffenden Hände... Für ein Deutschland der Gerechtigkeit.« (S. 176)

Als die Mächte des Kapitalismus und Militarismus ein Kopfgeld auf die beiden Revolutionsführer aussetzen, werden diese verraten und ermordet. Aber ihr Opfer ist nicht vergebens, da es neues Engagement hervorbringt. Ihr Beispiel wird letztlich zum Sieg führen; die Dichtung endet mit der zuversichtlichen Behauptung: »Aber die Welt wird unser!«

In *Weltliche Passion* zeigt sich nicht nur, wie wichtig für Toller die Rolle von Vorbildern war, diese Dichtung ist auch ein literarisches Dokument der sich herausbildenden Volksfront, wie die Publikationsgeschichte verdeutlicht: Nachdem sie im Anschluß an den sowjetischen Schriftstellerkongreß in der Zeitschrift *Internationale Literatur* in Moskau erstveröffentlicht worden war, erschien sie bald darauf in Klaus Manns liberaler Zeitschrift *Die Sammlung*. Eine englische Übersetzung wurde 1935 angefertigt, aber nie gedruckt.[35] Es war ein Werk für die Bühne und wurde in Großbritannien oft aufgeführt, insbesondere bei Arbeitertheatergruppen war es beliebt. Als 1935 die »Friedenswahl« und anschließend die Parlamentswahlen stattfanden, wurde es oft in den Straßen gespielt, später gehörte es zum festen Repertoire des Unity Theatre. In den Jahren bis 1939 wurde es zu Tollers am häufigsten aufgeführten Werk; nicht von ungefähr schrieb der Dichter Randall Swingler in einem Nachruf: »Viele wird es in England geben, die seine *Weltliche Passion* bewegt hat«.[36]

No More Peace!

Die Komödie *No More Peace!* war das erste von zwei Stücken, die Toller im Exil schrieb. Häufig wird die Tatsache, daß er nicht mehr als zwei Stücke schrieb, als Beleg für seinen künstlerischen Niedergang angeführt; sie ist aber in weit stärkerem Maße die Folge der materiellen Bedingungen des Exils. Die praktischen und finanziellen Probleme, mit denen alle im Exil lebenden Schriftsteller zu kämpfen hatten, trafen die Dramatiker zweifellos am härtesten. Sie benötigten Schauspieler, eine Bühne, Publikum – all dies unter den Bedingungen des Exils zusammenzubringen, war fast nicht zu schaffen. Die Möglichkeiten, deutschsprachige Inszenierungen zu realisieren, nahmen kontinuierlich ab. So konnten wegen der strikten Zensur von 1934 an in Österreich keine linksorientierten Theaterstücke mehr aufgeführt werden, und in der Schweiz und in der Tschechoslowakei, obwohl dies dort in begrenztem Umfang noch möglich war, traute man nazifeindlichen Stücken keinen Kassenerfolg zu, und das um so mehr wohl, weil die Nationalsozialisten Druck ausübten, solche Aufführungen ganz zu verbieten. Praktisch mußte sich der im Exil lebende Dramatiker damit abfinden, daß er für eine kleine Gruppe von Mitexilanten schrieb. Wer ein größeres Publikum erreichen wollte, mußte seine Stücke übersetzen lassen und dem Geschmack und den Konventionen des Aufnahmelandes anpassen. Beide Stücke, die Toller im Exil schrieb, verdeutlichen dies. Er schrieb beide in Deutsch, veröffentlicht wurde aber jeweils nur die englische Übersetzung. *No More Peace!* wurde zwar für die Aufführung in England überarbeitet, aber dennoch von den Londoner Kritikern nicht verstanden; *Pastor Hall* wurde in den USA abgelehnt, weil man die Übersetzung für eine Aufführung nicht geeignet hielt. Zu Tollers Lebzeiten wurde keines der beiden Stücke in deutscher Sprache veröffentlicht oder inszeniert.

Nie wieder Friede![37] (der Titel karikiert den Namen der »Nie wieder Krieg«-Bewegung) ist eine satirische Musikkomödie, ein Genre, in dem sich Toller schon erfolglos mit *Bourgeois bleibt Bourgeois* versucht hatte. Er schrieb das Stück 1934/35, mußte es jedoch danach für die englische Inszenierung gründlich überarbeiten. Die ursprüngliche Fassung enthielt »mehrere Lieder, Tänze und ein kleines Ballett«,[38] aber nur die Lieder, die die Handlung akzentuieren und kommentieren, sind in der endgültigen Fassung noch erhalten, und selbst diese sind in der Bearbeitung von W. H. Auden beträchtlich geändert.

Im Frühjahr 1936 reisten Toller und seine Frau sechs Wochen lang mit dem Auto durch Spanien und Portugal, wo sie Mitte April während eines Aufenthaltes in Cintra Auden und Christopher Isherwood kennenlernten. Den Eindruck, den die Begegnung mit Toller auf ihn gemacht hatte, beschrieb Isherwood so:

> ...während des Abendessens war er es, der das Gespräch bestimmte – und ich war froh, wie die anderen auch, einfach nur dazusitzen und zuzuhören, jeder seiner Gesten und Worte mit froher und bereitwilliger Bewunderung zu folgen. Er war, wie ich ihn erhofft hatte – sogar noch brillanter, noch überzeugender als seine Bücher, noch verwegener als seine heldenhaftesten Taten.[39]

Toller scheint auf Auden einen ähnlich starken Eindruck gemacht zu haben, da dieser sich, obwohl er Toller gerade erst kennengelernt hatte, damals bereit erklärte, die Lieder aus *Nie wieder Friede!* zu übersetzen – tatsächlich muß er mit der Arbeit sofort angefangen haben, da die Proben für die Aufführung am Londoner Gate Theatre kaum einen Monat später begannen.

Nie wieder Friede! handelt von der Zerbrechlichkeit des Friedens und von der Problematik eines Pazifismus, der sich einer aggressiven, irrationalen Ideologie gegenübersieht. Da Toller für das englische Publikum schreiben mußte, versuchte er, sein Thema zu verallgemeinern, indem er imaginäre Schauplätze wählte. Das Stück spielt abwechselnd auf dem Olymp, zu dessen Bewohnern Napoleon und Franziskus von Assisi gehören, und in der fiktiven Republik Dunkelstein. Die Szenen auf dem Olymp fassen die eigentliche Aussage des Stücks zusammen – die dann durch den Verlauf der Ereignisse in Dunkelstein veranschaulicht wird. In der Eingangsszene wettet Napoleon mit Franziskus, daß, obwohl Frieden auf Erden zu herrschen scheint, die Menschen im Grunde immer noch Krieg wollen. Dunkelstein ist ein geradezu sprichwörtlicher Hort des Friedens und der Stabilität, aber als Napoleon ein Telegramm mit einer gefälschten Kriegserklärung schickt, versetzt er das Land sofort in den Kriegszustand.

Tollers Satire mag in einer Phantasiewelt spielen, aber es war unübersehbar, daß er konkrete Vorgänge im Sinn hatte: Die Schilderung des Kriegsfiebers in Dunkelstein wies deutliche Analogien zum Aufstieg der Nationalsozialisten auf. Emil, ein Friseur, wird durch Laban, den führenden Industriellen des Landes, als faschistischer

Diktator eingesetzt, die gleiche unselige Allianz von Faschismus und Kapital, die auch Hitler an die Macht gebracht hatte. Laban und die anderen Industriellen beurteilen Frieden und Krieg ausschließlich nach wirtschaftlichen Gesichtspunkten und verstehen es aus beidem gleichermaßen Profit zu schlagen; ein Opportunismus, der im Lied der »Händler und Geldwechsler« auf den Punkt gebracht wird: »Man muß das Rechte zur rechten Zeit tun.« (S. 203) Als Diktator appelliert Emil an die niedrigsten Instinkte, an blinden Chauvinismus und Rassenhaß; er propagiert eine Blut-und-Boden-Philosophie und verbietet Eheschließungen mit Ausländern. Erschreckenderweise muß er nichts davon mit Gewalt durchsetzen, da das Volk seine Diktatur aus freien Stücken gutheißt und seine demagogischen Parolen aufgreift.

Nie wieder Friede! war für Toller persönlich von einiger Bedeutung; nicht nur, daß es sein erstes Stück im Exil war, auch seiner Frau Christiane eröffnete er dadurch wieder künstlerische Perspektiven. Er widmete ihr das Stück, in dem sie in der Rolle der Rahel ihr Londoner Bühnendebüt hatte.

Das Stück ist das dramatische Pendant zu den Reden und Vorträgen Tollers; insbesondere gilt dies für den Vortrag »Das Versagen des Pazifismus in Deutschland«, den er während der Arbeit an *Nie wieder Friede!* verfaßte. Er beschreibt darin den Übergang vom Pazifismus zum Faschismus im Nachkriegsdeutschland, ein Wandel, der im Stück symbolhaft dargestellt wird durch das Umdrehen eines Plakates. Toller hebt in seiner Komödie die dem Faschismus innewohnende Irrationalität hervor: In der Hysterie, die auf den Ausbruch des Krieges folgt, weiß niemand, wer wirklich der Feind ist; selbst Emil fällt nichts anderes ein als die Behauptung, es sei der »Erbfeind«. Er befiehlt die Kornfelder abzubrennen, um sicher zu gehen, daß sich dort kein Spion versteckt hält, später ordnet er gar die Bombardierung von Dunkelstein an: »Das ist der Krieg, meine Herren. Brennen wirds auf jeden Fall. Lieber durch eigene Bomben verbrennen als durch feindliche.« (S. 230)

Das Versagen des Pazifismus in Deutschland, so Toller, sei nicht ein Versagen der Vernunft, sondern ein Versagen des Glaubens an die Vernunft. In *Nie wieder Friede!* artikuliert sich diese Idee in der Figur des Sokrates, der als »weisester Mann« zur Erde zurückkehrt, um die Wahrheit zu verkünden, aber in Dunkelstein zuerst ins Gefängnis, dann ins Irrenhaus gesperrt wird. Napoleon kann sich rühmen, recht behalten zu haben: Der einzige Zweck des Friedens sei, so tönt er, einen erneuten Krieg vorzubereiten. Die Menschen liebten das Abenteuer und die Kriegsromantik, sagt er dem Heiligen Franziskus, und selbst die Leiden des Krieges hielten sie nicht davon ab: »Waren nicht viele Menschen glücklich? Glücklich sterben zu dürfen? ... Diesen Mut sich zu schlagen und zu sterben, nenne ich Heldenmut.« »Haben so wenig Menschen den Mut zu leben?« wirft Franziskus ein. (S. 241) Die gleiche Frage hatte Toller auch schon in »Das Versagen des Pazifismus« angesprochen:

> Überall in Schulen, in Büchern, in Filmen, in den Reden der republikanischen Staatsmänner wurden den falschen Helden Denkmale gesetzt und zu Symbolen für die deutsche Jugend erhoben. Das einzige Verdienst dieser Helden war ein mehr oder minder heroischer Tod. Aber die Jugend hätte die Achtung und Bewunderung vor dem heroischen Leben lernen müssen ... die Republik hätte dem Mut zum heroischen Leben Denkmale setzen müssen.[40]

In dieser und anderen Reden war Toller immer bemüht, positive Schlußfolgerungen zu ziehen, *Nie wieder Friede!* hingegen ist eher zweideutig. Den Anhängern des Friedens ergeht es nicht eben gut: Sokrates wird als Spinner abgetan, und Rahel wird ins Gefängnis geworfen, weil sie ihre Stimme gegen den Krieg erhebt. Auch sind es nicht die Argumente, die am Ende den Frieden wiederherstellen, sondern göttliches Eingreifen.

Die Umstände, unter denen das Stück geschrieben und inszeniert wurde, zeigen, in welchem Maße Tollers Arbeit, wie die aller anderen Flüchtlinge, von den materiellen Bedingungen des Exils bestimmt war. Wie aus seiner Korrespondenz hervorgeht, hatte er Mitte 1935 die ursprüngliche Fassung des Stücks fertiggestellt, aber er unternahm keinerlei ersichtliche Anstrengung, es in deutscher Sprache zu veröffentlichen.[41] (Exil-Verleger brachten wegen der geringen Absatzchancen nur wenige Theaterstücke heraus.) Toller mußte nicht nur das Stück übersetzen lassen, er mußte es auch – was viel entscheidender war – für eine Aufführung in England weitestgehend umschreiben. Wie wir durch seinen Übersetzer Edward Crankshaw wissen, war er noch während der Proben damit beschäftigt, Änderungen vorzunehmen. In den meisten Fällen wollte er damit die Anspielungen auf den Nazismus für das englische Publikum deutlicher machen: So hebt er beispielsweise hervor, daß der Industrielle Laban Emil als Diktator einsetzt; oder der Dichter, der sich mit seiner Begabung dem Regime andient, wird wie Goebbels Minister für Volksaufklärung und Propaganda.

Gleichwohl fiel *No More Peace!* bei der Kritik in London durch. Der politische Gehalt des Stücks scheint dabei niemanden sonderlich interessiert zu haben, beurteilt wurde es ausschließlich als Komödie, als Unterhaltungsstück – und in dieser Hinsicht für unzulänglich befunden. Einzig die Liedtexte Audens, die tatsächlich mit Tollers Original kaum noch etwas gemein hatten, wurden wohlwollend hervorgehoben.

Der geringe Erfolg von *No More Peace!* bestärkte Toller wahrscheinlich in dem Glauben, daß er als Dramatiker sein Auskommen nicht mehr finden konnte. Um diese Zeit begann er an Filmdrehbüchern zu arbeiten, was er später in Hollywood fortsetzen sollte.

Einmal jedoch stand sein Name noch auf dem Spielplan eines Londoner Theaters, als das Drama *Blind Man's Buff* (Blinde Kuh) des Iren Denis Johnston, eine Adaption von Tollers Stück *Die blinde Göttin*, im September 1938 im Arts Theatre aufgeführt wurde. Johnston, von Beruf Rechtsanwalt, war ein begeisterter Anhänger der Avantgarde, vor allem des Expressionismus. 1926 besuchte er zusammen mit dem irischen Dramatiker Sean O'Casey eine Aufführung von *Masse-Mensch* im Londoner Gate Theatre. Im Frühjahr 1929 sah er dort auch *Hoppla, wir leben!*. Zu dieser Zeit bereitete er gerade selbst eine Inszenierung des Stücks im Abbey Theatre vor. Nach London war er gekommen, um festzustellen, ob das in Berlin verwendete Filmmaterial zur Verfügung stünde. Damals lernte er Toller persönlich kennen, der anläßlich der Aufführung in London weilte. Als Toller während des Exils dort lebte, traf man sich wieder. In der Zwischenzeit hatte sich Johnston selbst als Dramatiker etabliert; seine Stücke wurden in London wie in Dublin mit großem Erfolg gespielt.

Über die Entstehung von *Blind Man's Buff* berichtete Johnston später, er habe Toller auf einer Party im Hause des Theatermannes Alec Rea getroffen, und Toller habe ihn gebeten, *Die blinde Göttin* auf einen irischen Schauplatz zu übertragen.[42] Das Stück war 1932 sehr erfolgreich in Wien uraufgeführt worden, konnte sich aber in England nicht durchsetzen. Es wurde lediglich von kleineren Provinzbühnen gespielt, die Londoner Theater – auch das Toller sonst sehr freundlich gesonnene Gate Theatre – lehnten es ab.[43] Aus Tollers Briefen an Johnston ist zu entnehmen, daß er den mangelnden Erfolg hauptsächlich auf die Unzulänglichkeiten der Übersetzung von Edward Crankshaw zurückführte: »Wir beide wissen«, schrieb er an Johnston, »daß die wortgetreue Übersetzung der *Blinden Göttin* ziemlich oberflächlich war und nicht die charakteristische Sprache jeder Rolle zum Ausdruck brachte, wie das im Deutschen der Fall war.«[44] Vermutlich glaubte Toller daher, das Stück durch eine Adaption am ehesten retten zu können – und Johnston schien ihm, womöglich aufgrund seiner juristischen Kenntnisse, der geeignete Mann dazu zu sein.

Auf Tollers Wunsch las Johnston *Die blinde Göttin*, das Stück gefiel ihm aber nicht. Es war ihm zu propagandistisch, die Dramenfiguren seien Marionetten und keine wirklichen Menschen.[45] Er gab Toller zu verstehen, daß er bei einer Umarbeitung die moralischen Akzente völlig anders setzen würde, daß er aus Tollers Helden Übeltäter und aus seinen Übeltätern Helden machen würde. Dennoch war Toller von seiner Idee nicht abzubringen. Trotz aller Bedenken erklärte sich Johnston schließlich bereit, das Stück umzuschreiben, vielleicht nicht zuletzt deshalb, weil er bei seiner Arbeit auch auf ein ungedrucktes Hörspiel zurückgreifen konnte, in dem es, ähnlich wie in *Die blinde Göttin*, um einen Justizirrtum ging.

Die Handlungen von *Blind Man's Buff* und der *Blinden Göttin* sind selbstredend nicht gänzlich verschieden. In beiden Fällen geht es um einen Mordprozeß, in dem ein Arzt beschuldigt wird, gemeinsam mit seiner Geliebten seine Frau vergiftet zu haben. In Johnstons Stück wird nur der Arzt, bei Toller auch die Geliebte, für schuldig befunden, zu einer Gefängnisstrafe verurteilt und erst nach langen Jahren entlassen, als sich herausstellt, daß sich die Frau des Arztes selbst vergiftet hatte. Obwohl die Handlung bei Johnston und Toller in etwa übereinstimmt, gibt es doch gravierende Unterschiede. Während Tollers Drama davon geprägt ist, daß er selbst Justizopfer war, läßt Johnstons Fassung den Rechtsanwalt erkennen: Die Gefängnisszenen sind weggefallen und die Szenen im Gerichtssaal statt dessen ausgeweitet.

Nach Fertigstellung schickte Johnston das Stück an Toller und rechnete mit einer schroffen Ablehnung, aber zu seiner Überraschung war dieser regelrecht begeistert. Johnston behauptete später, Toller sei keineswegs Mitautor von *Blind Man's Buff*, kaum ein Wort stamme von ihm. Die aktuelle Literaturwissenschaft scheint sich dieser Auffassung angeschlossen zu haben; für John Spalek etwa ist das Stück »ein Werk von Denis Johnston, dem die Anfangs- und die Schlußszene von *Die blinde Göttin* eingepaßt wurde«.[46] Tollers Briefe an Johnston, die sich in dessen Nachlaß befinden und erst seit kurzem zugänglich sind, lassen *Blind Man's Buff* in einem etwas anderen Licht erscheinen. Als Toller Johnstons erste Fassung erhielt, schrieb er einen sehr ausführlichen Brief aus den Vereinigten Staaten, in dem er zwar Johnstons Arbeit überschwenglich lobt, aber auch sehr detaillierte Änderungsvorschläge macht, die die endgültige Buchfassung nachweislich mitbestimmt haben.[47]

Blind Man's Buff wurde am 26. Dezember 1936 in der Inszenierung von Hugh Hunt im Abbey Theatre uraufgeführt und begeistert aufgenommen, so daß die Vorstellungen um drei Wochen verlängert wurden – das erste Mal, daß die eiserne Zwei-Wochen-Regel des Abbey durchbrochen wurde. Anläßlich dieser Aufführung schlug Toller einen anderen Titel für das Stück vor – *One Never Knows* –, den Johnston jedoch ablehnte. Toller konnte aber durchsetzen, daß sein Name mit auf den Theaterplakaten stand, und – wie Johnston sich später erinnerte – sogar an erster Stelle.[48]

XV »Hitler: das Versprechen und die Wirklichkeit« – Tollers Vortragsreise durch Nordamerika 1936–1937

Im Oktober 1936 verließ Toller London, um auf eine viermonatige Vortragstournee durch Nordamerika zu gehen. Der unmittelbare Grund für die Reise war Tollers prekäre finanzielle Lage, nichtsdestoweniger bildete sie den Höhepunkt seiner Aktivitäten gegen die Nazis während des Exils. Es hatte wochenlanger Verhandlungen bedurft, bis er in London ein Visum erhielt, aber bei seiner Ankunft in New York durfte er ohne Auflagen der Einwanderungsbehörden einreisen. Die Vortragsreise begann am 12. Oktober in New York und führte ihn quer durch die Vereinigten Staaten über Kanada bis nach Kalifornien, wo sie im Februar 1937 endete. Es gibt noch Aufzeichnungen von über fünfzig Vorträgen und Radioansprachen, tatsächlich müssen es aber noch viel mehr gewesen sein. Im Verlauf der Tournee sprach er oft zweimal täglich, einmal sogar viermal. Er sprach über verschiedene Themen, kulturelle wie politische, letztlich ging es ihm aber immer darum, etwas zur politischen Situation in Deutschland zu sagen. Oft redete er über »The Theatre in a Changing World« (Das Theater in einer sich wandelnden Welt), dies war ein Vortrag, in dem er »die Rolle des Theaters, der freien Schriftsteller und der Schauspieler in Nazi-Deutschland« erörterte. Er sprach auch des öfteren zum Thema »Sind wir verantwortlich für unsere Zeit?«, aber der Vortrag, den er am häufigsten hielt war »Hitler: the Promise and the Reality« (Hitler: das Versprechen und die Wirklichkeit).[1]

Für Toller war der Zweck seiner Reise, »gegen Hitler und das Nazi-System aufzutreten ... und nicht nur gegen Hitlers Innenpolitik, gegen seine Verfolgung und Unterdrückung von Minderheiten, Liberalen und Sozialdemokraten, sondern genauso gegen seine Außenpolitik, die den Frieden der Welt bedroht«.[2] Die ausführliche Presseberichterstattung über die Tournee belegt seinen Versuch, die amerikanische Öffentlichkeit über die Bedrohung aufzuklären, die vom Nationalsozialismus ausging: »Toller sieht Hitler als Bedrohung des Weltfriedens« (*Boston Globe*), »Appell zum Kampf gegen den Faschismus wird laut« (*Montreal Daily Star*), »Schuld am spanischen Bürgerkrieg Hitler gegeben« (*Pittsburgh Daily Telegraph*), »Ernst Toller hält flammende Rede gegen den Nazismus« (*Anti-Nazi-News, Hollywood*).[3]

Die Manuskriptfassungen von Tollers Vorträgen, die sich in der Yale University Library befinden, dokumentieren seine Absichten detaillierter. Das Manuskript von »Hitler: das Versprechen und die Wirklichkeit« ist verlorengegangen; das Manuskript von »Sind wir verantwortlich für unsere Zeit« enthält eine heftige Anklage gegen den Nationalsozialismus, in der er Hitler mit den »Medizinmännern primitiver Völker« vergleicht: Wie sie erfände »er zuerst das Opferlamm, auf das er alle Sünden der Vergangenheit und alle Sünden der Zukunft ablädt. An allen Sünden, sagt er, sind die Juden und die Marxisten und die Franzosen schuld.« Toller begann seinen Vortrag, indem er den Aufstieg der Nazis im Nachkriegsdeutschland nachzeichnete. Dieser sei begünstigt worden durch die Weigerung der liberalen Mittelschicht, gesellschaftliche Verantwortung zu übernehmen. Den Völkerbund rief er auf, gegen die Rassenideologie der Nationalsozialisten einzuschreiten und die Verfolgung der Juden zu beenden:

> In einer Zeit, in der der Völkerbund die Rechte der Minderheiten feierlich garantiert hat, sind die Judenverfolgungen keine innenpolitische Angelegenheiten eines Staates, in die sich einzumischen andere Staaten kein Recht haben. Der Völkerbund hat nur dann einen Sinn, wenn er über die Rechte aller wacht. Es ist seine Aufgabe und seine Pflicht, Staaten, die die Grundrechte der Menschen, die Menschenrechte mißachten, zur Aufgabe dieser Verfolgung zu zwingen.

Toller hoffte zweifellos, die amerikanische Öffentlichkeit zugunsten einer Intervention des Völkerbundes zu mobilisieren. Der Krieg der Nationalsozialisten gegen den »inneren Feind«, so warnte er, sei nur das Vorspiel des Krieges gegen den »äußeren Feind«: »Der Diktator, der den Friedensfreunden außerhalb seines Landes schmeichelt und die Freunde des Friedens im eignen verfolgt und ins Gefängnis wirft, beweist damit nur, daß er den Frieden von heute dazu benützt, um den Krieg von morgen vorzubereiten.«

Mit Blick auf die Volksfront forderte er, sich »trotz aller politischen und religiösen Gegensätze« zu verbünden, um »in einer gemeinsamen Abwehrfront zusammenzuarbeiten«.[4] In einer Rede in Pittsburgh hob er die deutsche Verwicklung in den spanischen Bürgerkrieg hervor: In Spanien werde die Demokratie angegriffen. In dieser und in anderen Reden befürwortete er »einen Frieden, der sich selbst verteidigt, und nicht den Pazifismus jener, die sich unter allen Umständen zu kämpfen weigern«.

Toller sprach vor den unterschiedlichsten Zuhörern, an Colleges und Universitäten, in Frauenvereinen, zu politischen, gesellschaftlichen und kulturellen Gruppierungen und auf Veranstaltungen gegen die Nationalsozialisten. Er traf auf beachtliches Interesse. In Boston hatte er im Ford Hall Forum ein Publikum von mehr als tausend Zuhörern. In Montreal, wo er in der presbyterianischen Kirche sprechen sollte, war der Andrang so groß, daß sein Auftritt mit Lautsprechern in ein angrenzendes Gebäude übertragen werden mußte. In New York sprach er vor 3500 Deutschamerikanern, in Los Angeles auf einer Massenversammlung von 6500 Menschen im Shrine Auditorium.

Sein Publikum stammte überwiegend aus der Mittelschicht und setzte sich aus Liberalen und Intellektuellen zusammen, die den New Deal unterstützten; Toller war darauf bedacht, niemanden von ihnen zu verschrecken. Den Vortrag »Sind wir verantwortlich für unsere Zeit?« hatte er 1935/36 ursprünglich für ein britisches Publikum verfaßt. Das Manuskript ist erhalten und die handschriftlichen Korrekturen zeigen, daß er bei den Umarbeitungen für eine amerikanische Zuhörerschaft marxistische Ausdrücke herausstrich und Passagen neu formulierte, die hätten mißverstanden werden können. Mit dieser Rede wie auch in zahlreichen Interviews betonte er, daß der politische Kampf keiner zwischen Bolschewismus und Faschismus sei, sondern einer zwischen Freiheit und Sklaverei, zwischen Demokratie und Diktatur. Als die New York Times ihn als »einen kommunistischen Führer« bezeichnete, antwortete er wütend, daß er nie Mitglied der Kommunistischen Partei gewesen sei und seit 1924 überhaupt keiner Partei mehr angehöre.[5]

Die Berichte über seine Vorträge heben hervor, daß er fließend Englisch sprach und eine charismatische Begabung als Redner hatte. Sogar ein Nazi-Beobachter mußte zugeben, daß seine Reden gut aufgebaut waren, wirkungsvoll vorgetragen und begeistert aufgenommen wurden. Toller verstand es zudem, Auswahl und Behandlung eines Themas auf die Zusammensetzung seiner Zuhörerschaft abzustimmen: Auf dem traditionellen Deutschen Tag in New York (14. Dezember 1936) erinnerte er in seiner Rede mit dem Titel »Unser Kampf um Deutschland« an die progressive Sozialgesetzgebung der Weimarer Republik – und deren bewußte Zerstörung durch die Nationalsozialisten. An Universitäten sprach er über die Unterdrückung der akademischen Freiheit, Drehbuchautoren und Schauspielern erzählte er von der schwierigen Situation für Künstler in Deutschland.

Tollers Attacken gegen die Nazis hatten eine beachtliche Presseresonanz; auch den diplomatischen Vertretern des Regimes entgingen sie nicht. In den Jahren 1936/37 schwoll seine Polizeiakte an von den regelmäßigen Berichten, die Konsulatsangehörige und Diplomaten aus Nordamerika nach Berlin sandten. Der deutsche Konsul in Montreal beschrieb Tollers Vortrag, dem er persönlich beigewohnt habe, als »einen einzigen Haßausbruch gegen das heutige Deutschland und seinen Führer«. Er bedauerte, daß sein Leserbrief an den *Montreal Star*, der Tollers Vorwürfe widerlegt habe, nicht veröffentlicht worden sei.[6] Es dauerte allerdings einige Zeit, bis eine großangelegte Gegenkampagne inszeniert wurde, die auch Störungsversuche während der Vorträge einschloß. Als Toller auf einer Massenversammlung in Los Angeles sprechen wollte, protestierte eine Gruppe von Nazi-Sympathisanten lautstark; nach der Kundgebung erhielt er eine Reihe von telefonischen Morddrohungen. Von da an wurde er immer wieder von Nazi-Sympathisanten belästigt und von der nazi-freundlichen deutschamerikanischen Presse beschimpft.

In Los Angeles fanden seine Worte vielleicht die größte Resonanz. In Hollywood gab es eine sehr umtriebige Opposition gegen den Nationalsozialismus, angeführt von der einflußreichen Anti-Nazi League, zu deren Migliedern viele bekannte Filmregisseure, Autoren und Schauspieler gehörten. Die ausgeprägt nazi-feindliche Atmosphäre und die verständnisvolle Aufnahme trugen zweifellos einiges zu Tollers Entschluß bei, nach Beendigung der Vortragsreise hierher zurückzukehren. Zudem war er wirklich beeindruckt von den gesellschaftlichen Veränderungen, die er registrierte: »In Amerika hat es einen ungeheueren Wandel gegeben, seit ich 1929 zuletzt hier war«, schrieb er an Nehru.[7] Unter dem Eindruck der wirtschaftlichen Rezession, so meinte er, sei der banale Materialismus einem erwachenden sozialen Bewußtsein gewichen, besonders unter der Jugend. Die Vereinigten Staaten schienen ihm das einzige Land zu sein, das aus dem Faschismus Lehren gezogen hatte. Ein großer Teil der Bevölkerung habe »ein Bewußtsein für Freiheit« bekommen – die Wiederwahl von Roosevelt wertete er als ein unüberhörbares Votum für die Freiheit.

Insbesondere beeindruckten Toller die Entwicklungen im amerikanischen Theater, die er für den Mut lobte, »sich der Realität zu stellen und sich mit den Konflikten und Problemen unserer Zeit auseinanderzusetzen«. Er bewunderte die Arbeit von Clifford Odets und Irwin Shaw und sah in ihren sozialen Dramen die Basis für »ein wirkliches Volkstheater in Amerika«.[8] Zweifellos wünschte er sich, daß seine Vortragsreise das Interesse an seinen Stücken wecken würde. Drei davon hatte er im Gepäck, als er in New York ankam: *Feuer aus den Kesseln*, *Die blinde Göttin* und *No More Peace!*. Er hoffte, sie würden am Broadway inszeniert werden, aber seine Stücke unterschieden sich, wie sein Freund und Agent Barrett H. Clark bemerkte, in Thema und Tendenz sehr vom traditionellen Broadway-Theater.[9] Clark versuchte, College-Theater und »kleinere« Bühnen für *No More Peace!* zu interessieren. Das Stück wurde schließlich im Februar 1937 vom Vassar Experimental Theatre erstmals in den USA aufgeführt.

Aus Tollers Briefwechsel mit Johnston geht auch hervor, daß er sich große Hoffnungen auf eine Broadway-Aufführung von *Blind Man's Buff* machte und sich während seines Aufenthaltes in New York bemühte, einen amerikanischen Produzenten zu finden. Unter anderem wandte er sich in dieser Sache auch an Guthrie McLintic, den Toller »für einen der wenigen ehrlichen und intelligenten Produzenten in Amerika« hielt. Als er McLintic Anfang 1937 Johnstons erste Fassung von *Blind Man's Buff* zeigte, entschied dieser über Nacht, sich eine Option auf das Stück zu sichern.[10] Nachdem der Vertrag geschlossen war, bekundete McLintic seine Absicht, das Stück im April auf dem Broadway zu inszenieren. An den Briefen, die Toller an Johnston schrieb, läßt sich ablesen, daß er noch hoffte, McLintic würde das Stück am Broadway herausbringen, als schon allmählich deutlich wurde, daß dieser mehr und mehr von dem Vorhaben abrückte. Im April berichtete Toller, McLintic habe sich jetzt entschlossen, das Stück im September zu inszenieren. Im Juni gab es sogar Gespräche über die Besetzung, wonach die englische Schauspielerin Peggy Ashcroft die weibliche Hauptrolle übernehmen sollte. Bevor es September wurde, hatte McLintic aber bereits umdisponiert: Er teilte Toller zunächst mit, er wolle die Aufführung auf den Spätherbst verschieben, ließ dann aber seine Option vor Ende des Jahres verfallen.[11] Tollers Zusammenarbeit mit Johnston sowie seine Verhandlungen mit McLintic zeigen, wieviel ihm, dem prominentesten Dramatiker der Weimarer Republik, noch am Erfolg gelegen war.

Toller hatte auch verschiedene Kontakte zu linken Theatergruppen in New York, insbesondere zur New Theatre League, der die meisten Arbeitertheatergruppen angeschlossen waren.[12] Eine Gruppe mit dem Namen People's Repertory Theatre beabsichtigte unter der Schirmherrschaft der *Labor Stage* eine Inszenierung von *Feuer aus den Kesseln* für Gewerkschaftsmitglieder, aber das Projekt scheiterte, weil es an Geld fehlte.[13] Es gab allerdings eine Laienaufführung der *Maschinenstürmer* in New York in einer Inszenierung von Irwin Swerdlow.[14] Die wichtigste Verbindung, die Toller damals zur amerikanischen Theaterszene knüpfen konnte, war die zum Federal Theatre Project (FTP).

Das FTP war 1935 gegründet worden, um die Arbeitslosigkeit in den Theaterberufen zumindest etwas einzudämmen: Bis heute ist es die einzige Theaterorganisation geblieben, die die US-Regierung je subventioniert hat. Zu seinen Hochzeiten beschäftigte das Projekt mehr als 10 000 Leute. Der höchste Eintrittspreis, der für eine Aufführung des Federal Theatre je zu zahlen war, betrug einen Dollar, bei den meisten Aufführungen war der Eintritt frei. Tollers Kontakte zum FTP wurden vermittelt durch dessen Leiterin Hallie Flanagan, die in progressiven Theaterkreisen beträchtliches Ansehen genoß. In den zwanziger Jahren war sie in Rußland gewesen und zählte danach zu den Pionieren des Avantgarde-Theaters in den USA. Ihre Bekanntschaft mit Toller ging auf das Jahr 1929 zurück; ein Jahr später inszenierte sie *Masse-Mensch* am Vassar Experimental Theatre.

Das Repertoire des Federal Theatre bestand aus klassischen und modernen Stücken, Voraussetzung allerdings war in aller Regel, daß sich diese mit sozialen Themen auseinandersetzten, Sinclair Lewis' Satire über die Gefahren des Faschismus, *It Can't Happen Here* (Das ist bei uns nicht möglich), wurde unter der Schirmherrschaft des Federal Theatre vielfach aufgeführt; am 27. Oktober 1936 hatten einundzwanzig Theater überall in den USA gleichzeitig mit dem Stück Premiere. Toller war Ehrengast der New Yorker Aufführung und war tief berührt von dem, was er sah: »Ich saß auf der Kante meines Sitzes und kalter Schweiß brach mir überall aus«, vertraute er Hallie Flanagan an.[15]

Flanagan war von *No More Peace!* begeistert und hoffte, daß es im Rahmen des Federal Theatre zu zahlreichen Aufführungen kommen würde,[16] aber es gab Schwierigkeiten, nicht nur wegen der thematischen Ähnlichkeit mit *Das ist bei uns nicht möglich*. Das Federal Theatre war wegen der Radikalität seines Repertoires umstritten. Die rechte Kritik warf ihm vor, offenkundig Sympathien für den Kommunismus zu hegen, und angesichts Tollers Ruf als »Kommunist« stand zu befürchten, daß eine Inszenierung seines Stücks den Feinden des Projekts nur neue Munition liefern würde. Infolgedessen entschloß sich das FTP erst im Frühjahr 1937 zu einer Inszenierung von *No More Peace!* mit Testaufführungen in Cincinnati und im Sommertheater auf Long Island. In New York kam es nicht vor Januar 1938 auf die Bühne.[17]

Die Befürchtungen des Federal Theatre waren nur allzu begründet. Das Projekt wurde im Juni 1939 durch den Kongreß schließlich abgewickelt, nachdem der Senatsausschuß zur Untersuchung »unamerikanischer Umtriebe« nach monatelangen Überprüfungen die Sozialkritik einiger Inszenierungen als »kommunistisch« und »unamerikanisch« gebrandmarkt hatte. Unter den Stücken, die während der Verhandlungen in diesem Zusammenhang am häufigsten erwähnt wurden, war auch *No More Peace!*. Toller plante auch für das Federal Theatre ein Stück im Stil der *Living Newspaper* zu schreiben, das *Forget Europe* (Vergiß Europa) heißen sollte. Die *Living Newspaper*, die ermöglichte, zu aktuellen politischen und sozialen Ereignissen Stellung zu nehmen, war ein bevorzugtes Genre im politischen Theater der dreißiger Jahre. Toller hatte schon in seinem Hörspiel *Berlin – letzte Ausgabe!* mit dieser Form experimentiert. Tatsächlich schrieb er ein Exposé von *Vergiß Europa*, das fünfzehn Szenen vorsah, in denen Ereignisse in Nazi-Deutschland, der Ausbruch des spanischen Bürgerkriegs und die ersten Monate von Blums Volksfront Regierung in Frankreich dargestellt werden sollten. Er sammelte sogar Zeitungsausschnitte, die in diesem Zusammenhang wichtig waren, aber wie so viele von Tollers Projekten in den letzten Jahren seines Lebens wurde es nie fertiggestellt.[18]

XVI Hollywood und danach
1937–1938

Im Februar 1937 unterzeichnete Toller einen Einjahresvertrag als Drehbuchautor bei MGM und bezog in Los Angeles' mondäner Vorstadt Santa Monica ein Hotelzimmer. Seine Gründe waren teilweise finanzieller Natur – am Broadway war es ihm nicht gelungen, einen Produzenten für eines seiner Stücke zu finden –, aber sein Interesse daran, Drehbücher zu schreiben, reichte schon mehr als ein Jahrzehnt zurück. Selbst bevor er aus London weggegangen war, hatte er offenkundig die Möglichkeit erwogen, in Hollywood zu arbeiten, da er bei einem Hollywood-Agenten in der Tat bereits zwei Drehbücher untergebracht hatte. In einem Zeitungsinterview, das er bei seiner Ankunft in New York gab, nannte er deren Titel: *Der Weg nach Indien*, ein Text über die falschen Friedenshoffnungen, die der Bau des Suez-Kanals geweckt hatte, und *Betsy James*, angeblich ein Skript über »die Abenteuer eines irischen Mädchens«, was er aber wohl nicht ganz ehrlich gemeint hatte; es scheint eine frühe Fassung des Drehbuchs über die Abenteurin Lola Montez gewesen zu sein.[1]

Als Toller nach Hollywood kam, beherrschte das Studio-System schon die Filmindustrie. MGM war unter der Führung des legendären Filmmoguls Louis B. Mayer zum mächtigsten und renommiertesten Studio geworden. Wie alle anderen Studios war MGM eine Filmfabrik, in der über fünfzig Filme im Jahr produziert wurden und etwa fünfundsiebzig Drehbuchautoren beschäftigt waren. Die Vorstellung, daß ein Autor allein und ohne Unterstützung ein vollständiges Drehbuch konzipieren und ausführen könnte, war in Hollywood völlig fremd; üblicherweise wurden Drehbücher an einen zweiten Autor zur Überarbeitung weitergereicht oder es wurden von vorneherein zwei oder mehrere Autoren gleichzeitig beauftragt. Wie wenig ein Autor galt, wird ersichtlich an dem, was Mayer bemerkte, als sich Upton Sinclair 1934 in Kalifornien um das Gouverneursamt bewarb: »Was weiß Sinclair denn überhaupt? Er ist doch nur ein Schriftsteller.« Hollywood schien kein vielversprechendes Terrain für einen engagierten linken Dramatiker zu sein.

Toller gehörte zusammen mit Ferdinand Bruckner und Bruno Frank zur Vorhut deutscher Autoren in den Filmstudios; bezeichnenderweise hatten sie alle drei beachtliche Erfolge im Theater vorzuweisen, das immer noch eine der wichtigsten Talentschmieden für die Filmindustrie war. Hollywood war stets offen gewesen für begabte Leute aus dem Ausland, insbesondere aus Mitteleuropa: Selbst vor 1933 hatten sich Regisseure wie Ernst Lubitsch, Josef von Sternberg, Wilhelm (William) Dieterle und Erich von Stroheim dort durchgesetzt. Andere, wie Fritz Lang und Fred Zinnemann, kamen nach 1933 als Flüchtlinge, aber die wichtigsten deutschen Autoren, die später in Hollywood landeten – Bertolt Brecht, Lion Feuchtwanger, Alfred Döblin, Heinrich Mann, Franz Werfel und Leonhard Frank – verließen Europa erst nach der Niederlage Frankreichs.

Kaum einer von diesen Spätankömmlingen scheint sich irgendwelchen Illusionen über Hollywood hingegeben zu haben. Viele von ihnen, darunter Döblin, Frank und Heinrich Mann, erhielten einen Einjahresvertrag als Drehbuchautoren, weitestgehend ein Akt praktizierter Nächstenliebe. Sie arbeiteten kaum einmal ernsthaft – und es scheint auch nur wenig von ihnen erwartet worden zu sein. Brecht, der 1941 eintraf, ging mit seinem üblichen Zynismus an die Aufgabe heran:

> Jeden Morgen, mein Brot zu verdienen
> Gehe ich auf den Markt, wo Lügen gekauft werden.
> Hoffnungsvoll
> Reihe ich mich ein zwischen die Verkäufer.[2]

Im einzigen Fall, wo er im Abspann eines Films als Mitautor genannt wird – Fritz Langs *Hangmen Also Die* (Auch Henker sterben) – bestritt er später seine Mitarbeit.

Toller hingegen hat seine Arbeit offensichtlich mit großen Hoffnungen begonnen. Obwohl er den kommerziellen Charakter des amerikanischen Kinos erkannte, hat er anscheinend das Gefühl gehabt, er könne innerhalb des Systems arbeiten und sich ein gewisses Maß an künstlerischer Freiheit bewahren. Bestärkt wurde er in dieser Ansicht wahrscheinlich dadurch, daß die meisten Autoren und Regisseure gegen die Nazis waren. Zudem arbeiteten radikale Dramatiker wie Lilian Hellmann, John Wexley und Clifford Odets schon in Hollywood. Überdies hatte MGM die Geschichte von *Lola Montez* bereits eingekauft – und Toller engagiert, das Drehbuch zu schreiben. Sein Gehalt betrug 1000 Dollar pro Woche, damals eine beachtliche Summe – und eine, die sich jenseits der kühnsten Träume der meisten anderen Exilanten bewegte.

Im luxuriösen Hotel Miramar in Santa Monica wohnend, erschien Toller Kalifornien zunächst wie das Paradies auf Erden, in dem sogar die Wüste blühte:

> Ich wohne in einem wunderschönen Apartment mit Blick auf den Ozean, und ich versuche jede der allzu seltenen freien Minuten am Strand zu verbringen. Meine Arbeit bei MGM verspricht angenehm zu werden und, wie ich hoffe, erfolgreich.[3]

Christiane war, um ihre Karriere als Schauspielerin voranzubringen, vorerst in New York geblieben. Sie hoffte, an einer Repertoirebühne unterzukommen. Toller empfahl ihr einen Intensiv-Sprachkurs an der New School for Social Research, damit sie ihre englische Aussprache verbessern könne.[4]

Einige von Tollers Freunden und Bekannten waren erstaunt, ihn in Hollywood zu finden. An einen Freund in London schrieb er:

> Die Notiz stimmt, ich bin nach Hollywood zurückgekehrt. Ich schreibe für MGM den Lola Montez Film. Die Rolle wird Joan Crawford spielen. Producer ist Joe Mankiewicz (Producer von *Fury*).[5]

Daß Toller *Fury* (in Deutschland auch unter dem Titel »Raserei«), den ersten Hollywood-Film Fritz Langs erwähnt, ist bezeichnend. *Fury* war ein Film mit einer sozialen Botschaft, der, als ihn MGM im Juni 1936 herausbrachte, sofort einschlug. Es war der erste wirklich erfolgreiche Hollywood-Film eines emigrierten Regisseurs seit Beginn der Tonfilmzeit. Dieser Erfolg muß Toller in dem Glauben bestärkt haben, daß MGM gewillt wäre, gesellschaftlich relevante Filme zu produzieren, und das amerikanische Publikum bereit, sich diese Filme anzuschauen. Angesichts der MGM-Philosophie scheint es jedoch wahrscheinlicher, daß das Studio *Lola Montez* als Gelegenheit sah, »seinen« Star Joan Crawford in einer Glanzrolle zu präsentieren.

Wie dem auch sei, Toller war voller Optimismus, was die Arbeit an dem Drehbuch betraf:

> *Lola Montez* wächst heran und hat inzwischen eine ganz hübsche Größe – mit Leib und Seele. Soweit bin ich sehr glücklich. Drehbuchbesprechungen haben noch nicht stattgefunden. Bisher hat mir noch niemand in meine Vorstel-

lungen hineingeredet. Was zukünftig geschieht, wird Leo der MGM-Löwe entscheiden.[6]

Lola Montez wuchs in Wirklichkeit dem Produzenten ein wenig zu schnell heran:

> Auf jeden Fall habe ich ihm vor zwei Tagen vierundsechzig Seiten des Skripts geliefert, und er sagte wieder, ich könne es ruhig gemächlich angehen lassen und solle nicht so viel arbeiten.[7]

Toller hatte leichten Zugang zu Mankiewicz und sah ihn oft, während er am Skript arbeitete, aber zwischen den beiden scheint sich keine engere Beziehung entwickelt zu haben. Was den vorgesehenen Star des Films betraf, konnte Toller nur Beobachtungen anstellen:

> Auch Joan Crawford hat große Sorgen. Nicht daß sie die Ereignisse in Spanien bekümmerten, aber sie hat sich entschlossen eine neue Mode zu erfinden, nach der man das Haar zweifarbig trägt. Die Hearst Presse schreibt, daß sie sich ihr Haar seitlich rot und oben auf dem Kopf schwarz färben will. Vielleicht signalisiert die rote Farbe eine geheime Sympathie mit dem Autor ihres neuen Films. Ich fürchte nur, es wird eher pink als rot sein.[8]

Zum April war Toller in ein exklusives, von Palmen umgebenes Apartmenthaus gezogen, in dem Christiane schließlich von Anfang Juni an mitwohnte. Sein erster Optimismus bezüglich *Lola Montez* begann allmählich zu schwinden. Er hatte das Drehbuch Anfang Juni fertiggestellt, aber das Studio zeigte keinerlei Eile, es zu verfilmen. Er berichtete, daß die Produktion verschoben worden sei, »weil die Herren, die die Macht haben, zur Zeit keine Filme machen wollen, die in Deutschland spielen«.[9] Seine Anmerkung ist eine interessante Auslegung der Tatsache, daß die Hollywood-Studios es in den dreißiger Jahren ablehnten, Filme zu machen, die deutschfeindlich verstanden werden könnten. Das Skript zu *Lola Montez* ist nicht erhalten, aber Toller erläuterte sein Interesse an dieser exotischen Person in einem Brief an Nehru, in dem er sie beschreibt als

> dieses eigenartige irische Mädchen..., das seine Jugend in Indien verbrachte, später als »spanische« Tänzerin in London auftauchte und dann die Freundin von König Ludwig I.

von Bayern wurde... Sie war es, die die Politik des Monarchen für viele Jahre entscheidend beeinflußte, bis zur Zeit dieses ziemlich komischen Aufstandes in München 1848... Seltsam wie die Geschichte oft ist, war diese Lola Montez das Sprachrohr der Freiheit in einer Zeit, in der in Europa die Reaktion herrschte.[10]

Tollers Interesse beruhte zweifellos auf den zeitgenössischen Bezügen seines Materials, und sicherlich war es gerade dieser politische Kontext, der das Studio veranlaßte, das Skript zunächst einmal beiseite zu legen. Es wurde nie verfilmt.

Im Juni hielten persönliche Probleme Toller vom Schreiben ab. Christiane war ernsthaft an der tropischen Ruhr erkrankt, zu der auch noch eine Lungenentzündung kam, und es dauerte mehrere Wochen, bis sie sich wieder erholt hatte. Während seiner Zeit bei MGM war Toller auch nicht unempfänglich für die gesellschaftlichen Vorzüge und landschaftlichen Reize, die Hollywood zu bieten hatte. Er genoß es, daß sich das Leben in Hollywood so weitgehend unter freiem Himmel abspielen konnte; viel Zeit verbrachte er am Strand, oder er ritt aus, wofür er eine fast leidenschaftliche Vorliebe entwickelte. Er suchte die Gesellschaft von anderen Exilanten. Häufig traf er sich mit dem Schriftsteller und Regisseur Bertolt Viertel (dem Friedrich Bergmann aus Christopher Isherwoods *Praterveilchen* [Prater Violet]) oder mit Fritz Lang. Die Romanschriftstellerin Vicki Baum, die in der unmittelbaren Nachbarschaft wohnte, besuchte er oft. Gelegentlich waren er und Christiane auch bei Salka Viertel zu Gast, die in der deutschen Exilanten-Szene so etwas wie die Wirtin spielte und als Drehbuchautorin für Greta Garbo schon zu einiger Berühmtheit gelangt war.

Tollers gesellschaftliche Kontakte beschränkten sich aber keineswegs auf deutsche Emigranten. Er war mit dem Drehbuchautor Hy Kraft befreundet, der auch Vorsitzender der Anti-Nazi League in Hollywood war. Kraft war überzeugt, daß es Toller in Hollywood nicht »schaffen« würde, worüber sie auch verschiedene Male sprachen: Toller war danach immer deprimiert. Eine enge Freundschaft verband Toller auch mit Sidney Kaufman, mit dem er gemeinsam am Skript von *Lola Montez* gearbeitet hatte. Wie Kaufman erzählte, schrieb Toller immer deutsch und setzte sich dann mit ihm zusammen, um eine endgültige englische Fassung zu erstellen.[11]

1937 arbeitete Toller auch an *Der Weg nach Indien*, ein Drehbuch, das von Ferdinand de Lesseps und dem Bau des Suez-Kanals handelte. Toller hatte schon in London damit begonnen und beschrieb es, als er bei seiner Ankunft in New York interviewt wurde als »die Geschichte einer großen Illusion«.[12] Im Februar hatte er Kaufman gebeten, ihm das Manuskript von New York aus zuzuschicken, um es vorsichtshalber bei der Authors Screen Guild registrieren zu lassen.[13] Eine Kopie des Manuskripts von *Der Weg nach Indien*, die sich in Tollers Nachlaß gefunden hat, enthält ausführliche Ergänzungen und Korrekturen, was bestätigt, daß Toller das Drehbuch 1937 überarbeitete. Gleichwohl handelt es sich nur um einen Entwurf, eine endgültige Fassung scheint Toller nie geschrieben zu haben.[14]

Das Manuskript von *Der Weg nach Indien*, in dem sowohl der ursprüngliche Text wie die meisten Korrekturen auf deutsch sind, unterstreicht, daß es Toller unmöglich war, sich von deutsch auf englisch umzustellen. Vielleicht war dies sein größtes Problem im Exil, eines, das sich schon bei der gemeinsamen Arbeit mit Kaufman an *Lola Montez* zeigte. In englischer Sprache kreativ zu denken oder zu schreiben, lernte Toller nie, obwohl er sie fließend sprach. Hy Kraft erzählte er, daß er sich in der deutschen Sprache »eingesperrt« fühle. In den letzten Monaten klagte er Kurt Pinthus gegenüber mehrfach, was für eine Katastrophe es für ihn sei, niemals auf englisch schreiben zu können: »Was ist ein Autor, der in seiner eigenen Sprache nicht gehört wird und in einer anderen nicht schreiben kann?«[15]

1937 sollte sich als ein verhängnisvolles Jahr für Toller erweisen, die Schwierigkeiten häuften sich in einem Maße, daß er sich nie wieder davon erholte. Dabei hatte das Jahr recht verheißungsvoll begonnen. Im Januar war er in Los Angeles und San Francisco auf Kundgebungen gegen die Nazis begeistert aufgenommen worden. Im Februar war *No More Peace!* vom Vassar Experimental Theatre aufgeführt worden, im Anschluß daran gab es nicht weniger als drei Inszenierungen des Federal Theatre. Im Laufe des Jahres erschien auch eine Druckfassung des Stücks, ebenso – unter dem Titel *Look Through the Bars* (Blick durchs Gitter) – seine Briefe aus dem Gefängnis. Seine Reden und Vorträge waren immer noch gefragt; oft unterbrach er seine Arbeit, um solchen Verpflichtungen nachzukommen. Im März sprach er zusammen mit André Malraux auf einer Benefizveranstaltung für das republikanische Spanien. Im September trat er in einer Rundfunksendung des CBS auf, die von der Anti-Nazi League organisiert worden war. 1937 war er zusammen mit Auden und anderen auch an einem Kabarett-Programm beteiligt, das Klaus und Erika Mann geschrieben und zusammengestellt hatten, ein kurzlebiger Versuch, Erikas erfolgreiches Züricher Kabarett »Die Pfeffermühle« in New York zu etablieren.

Trotz all dieser äußerlichen Erfolge verschlechterte sich seine Situation ernsthaft, private Schwierigkeiten und die sich zuspitzende politische Lage trafen unheilvoll zusammen. Die Nationalsozialisten hatten seine eigene pessimistische Vorhersage, der Faschismus sei in Deutschland keine kurzlebige Affäre, nur allzu sehr bestätigt. Im privaten Rahmen räumte er jetzt ein, daß Widerstand innerhalb Deutschlands heldenhaft sein mochte, aber kaum effektiv: »Wenn es nicht zu einer wirklichen Wende kommt, muß man mit der Macht der Nazis rechnen, die Deutschland mit aller Härte für den Krieg vorbereiten«, schrieb er im August.[16]

Daß Toller ab Ende August plötzlich monatelang kaum noch Briefe schrieb, ließ nichts Gutes ahnen. Einmal mehr war er ernstlich erkrankt, heftige Depressionen bedrohten jetzt immer stärker sein inneres Gleichgewicht. In Briefen an seinen Arzt Ralph Greenschpoon klagt er über Schlaflosigkeit und Nervenschwäche: Er könne nicht mehr denken und nichts mehr tun. Die Briefe offenbaren eine wachsende Abhängigkeit von seinem Arzt (»Sie sind der Arzt, bitte sagen Sie mir, was ich tun kann«) und ein zunehmendes Gefühl des Zerfalls. In einem Brief erzählt er von sich in der dritten Person, ein distanzierter Beobachter seines eigenen Zusammenbruchs:

> Der ganze Fall scheint mir mehr und mehr hoffnungslos. Der Mensch lebt weiter von Woche zu Woche, aber der Grund, warum er lebt, ist in tausend Stücke zersprungen. Er versucht es wieder und wieder – aber er kann weder eine Entscheidung treffen, noch einen Weg erkennen, der es wert wäre, gegangen zu werden.[17]

Im November versuchte er noch einmal, sich von seinem nervlichen Zusammenbruch zu erholen, und reiste nach Mexiko, wo er sechs Wochen verbrachte und lange Ritte durch die Sierra unternahm: »Ich wünschte, du hättest mitkommen können«, schrieb er an Sidney Kaufman. »Ich reite zu entlegenen Indianerdörfern, mache mich kundig über die politische Lage und einige der sozialen Reformen, so daß ich inzwischen einen gewissen Einblick habe in das, was vorgeht. Die Aussicht, daß Mexiko sozialistisch würde, ist romantisch...«[18]

Als Toller Ende des Jahres nach Hollywood zurückkehrte, hatte er sich schon entschlossen, dem goldenen Käfig zu entfliehen. MGM bot ihm an, seinen Vertrag zu verlängern, aber er lehnte ab. Wie Christiane sich erinnert, wollte er mit Louis B. Mayer persönlich sprechen, um ihn zu fragen, ob seine Drehbücher noch verfilmt werden sollten. Mayer habe ihm zu verstehen gegeben, daß dies nicht der Fall sei, und daraufhin habe Toller geantwortet, er wolle nicht für nichts bezahlt werden. Es gibt keinen Zweifel daran, daß ihn sein Scheitern in Hollywood enttäuschte, ja verbitterte. Später kritisierte er den banalen Optimismus, den Hollywood zu verbreiten suche, in schärfster Form: »Aber es ist nicht die Aufgabe des Dichters, ein happy end zu zeigen, das nirgends in der Welt heute sichtbar wird.«[19]

Christiane war in Hollywood nicht erfolgreicher als ihr Mann. Da sie vor 1933 in Deutschland einige Filmrollen gehabt hatte, hoffte sie, sich auch in Hollywood als Filmschauspielerin durchzusetzen. Doch obwohl sie mehr als einmal Probeaufnahmen für MGM machte, gelang es ihr nie, eine Filmkarriere zu starten. Tollers Freunde spürten, daß er für Hollywood völlig ungeeignet war. Nach George Grosz' Auffassung war er »zu europäisch, zu vertrauensselig, wenn man ihm schmeichelte«; Sidney Kaufman meinte, daß »er nie einen Drehbuchautor abgeben könnte oder würde«.[20] Er war nicht in der Lage, sich an das Hollywood-System anzupassen, verstand nicht, worum es bei Drehbuchbesprechungen ging, auf denen er gebeten werden könnte, eine Szene wegen politischer Zwischentöne zu kürzen oder die Handlung umzuschreiben, um sie auf einen speziellen Star zuzuschneiden. Dieses Scheitern muß im Kontext des literarischen Exils gesehen werden. Bruno Frank und Ferdinand Bruckner, die ebenfalls 1937 nach Hollywood gekommen waren, erging es kaum besser. Frank, der auch einen Einjahresvertrag erhalten hatte, fand die Sprachschwierigkeiten unüberwindbar und reiste nach nur sieben Monaten wieder ab. Bruckner hatte ebenfalls kein Glück und ging bald nach New York zurück. Die meisten von denen, die später kamen – Döblin, Brecht oder Heinrich Mann –, hatten nicht mehr Erfolg. Ende Januar 1938 hatte Toller sich entschieden, wieder nach New York zurückzukehren. An Kaufman schrieb er: »Hollywood hängt mir zum Hals raus – und ich freue mich, keine (*sic*) Stars mehr zu sehen, sondern Menschen.«[21]

Toller traf am 10. Februar 1938 wieder in New York ein und nahm sich ein Zimmer im Mayflower Hotel mit Blick auf den Central Park. Bis zu seinem Tode sollte er dort wohnen. Christiane war noch in Hollywood, um eine weitere Probeaufnahme für MGM zu machen. Nach dem unglücklichen Zwischenspiel in Hollywood war Toller darauf bedacht, sich als Dramatiker wieder ins Gespräch zu bringen. Im Januar hatte das Federal Theatre *No More Peace!* schließlich in New York herausgebracht – aber nicht am Broadway und ohne große Resonanz. Toller wollte unbedingt eine Broadway-Inszenierung eines seiner Stücke: »Wenn ich nur einen Vertrag für *Blind Man's Buff* bekäme, so daß ich auf eine gewisse materielle Sicherheit hoffen könnte.«[22]

Sidney Kaufman, der sich zu dieser Zeit häufig mit Toller traf, versuchte, ihn mit den progressiven Theaterleuten zusammenzubringen, die seine Arbeit am ehesten schätzen würden. Es gab verschiedene Verabredungen mit dem Dramatiker Clifford Odets und den Regisseuren des Group Theatre, Harold Clurman und Lee Strasberg. Das Group Theatre, das sich in seinen Aufführungen mit den sozialen Problemen des von der großen Wirtschaftskrise geschüttelten Amerikas auseinandersetzte, befand sich damals auf der Höhe seines Erfolgs, hatte aber in seinem Programm keinen Platz für Tollers neues Stück *Pastor Hall*, das dieser im Juni fertiggestellt hatte. Clurman äußerte sich kritisch über Tollers Arbeit, Strasberg gar abfällig.[23]

In den ersten Monaten des Jahres 1938 hatte sich Toller in alle möglichen Arbeiten gestürzt. Zu dieser Zeit begann er in der American Guild for German Cultural Freedom mitzuarbeiten. Diese Organisation war von dem vor den Nationalsozialisten geflüchteten Prinz Hubertus zu Löwenstein gegründet worden, der es geschafft hatte, einige prominente amerikanische Geldgeber für seine Sache zu gewinnen. Zweck der Vereinigung war es, im Exil lebende Künstler und Wissenschaftler finanziell zu unterstützen, um – und daran war allen Exilanten sehr gelegen – zu beweisen, daß es »das andere Deutschland« gab, und dadurch den kulturellen Einfluß Nazi-Deutschlands zurückzudrängen. Die Guild vergab »Stipendien« an Flüchtlinge aus dem kulturellen Bereich und gewährte außerdem Druckkostenzuschüsse für Werke der Exilliteratur. Brechts *Svendborger Gedichte* haben ihre Erstveröffentlichung in Amerika einem Zuschuß der Guild zu verdanken.

Toller wurde Mitglied im Ausschuß der Guild und schrieb zahlreiche »Bürgschaftserklärungen« für Stipendien zugunsten bedürftiger Autoren und Künstler, darunter Georg Kaiser, Alfred Kantorowicz, Walter Mehring und John Heartfield. Er wurde ein regelmäßiger Gast in Prinz Hubertus' Apartment in der Nähe des Washington Square.

Der Prinz behauptete, bei Toller im Laufe ihrer Bekanntschaft eine Veränderung bemerkt zu haben: »Den atheistischen Marxismus hatte er überwunden und war zu einer geistigen, religiösen Weltanschauung gelangt.«[24] Als Toller im Sommer nach Europa reiste, knüpfte er verschiedene Kontakte für die Guild und arbeitete bis an sein Lebensende aktiv für sie weiter. Laut Erika Mann nahm er noch kurz vor seinem Selbstmord an einer Ausschußsitzung teil, in der er sich für eine kleine monatliche Unterstützung zugunsten von Bodo Uhse und Ludwig Renn einsetzte, die gerade in den Vereinigten Staaten angekommen waren.

1938 sprach Toller auch weiterhin auf Versammlungen oder in Rundfunkübertragungen, Aktivitäten, die von den Diplomaten des Nazi-Regimes beobachtet und von dessen Agenten und Sympathisanten gestört wurden. Im April war er eingeladen, im New Yorker Queens College eine Rede zu halten, aber die Einladung wurde von der Leitung des College hastig zurückgezogen mit der Begründung, sein Auftritt könne Studenten deutscher Herkunft beleidigen, ein Vorwand, der ganz offensichtlich den Druck von Sympathisanten der Nationalsozialisten widerspiegelt. Nach energischen Protesten durch die Lehrergewerkschaft wurde ihm schließlich erlaubt zu sprechen, aber nach diesem Zwischenfall wurde er einmal mehr Opfer anonymer Anrufe, in der ein deutschsprechender Anrufer wiederholt damit drohte, ihn zu töten. Diese Drohungen gingen so lange weiter, bis sich Toller genötigt sah, um Polizeischutz zu bitten.

Tollers Gesundheitszustand war sowohl in körperlicher wie in psychischer Hinsicht immer noch prekär: Von Februar 1938 an scheint er regelmäßig in psychiatrischer Behandlung gewesen zu sein. Seine Briefe aus dieser Zeit offenbaren wachsende finanzielle Sorgen. Da er sein doch sehr beachtliches Gehalt von MGM nicht mehr erhielt, war er wieder einmal auf die unregelmäßigen Einnahmen aus Tantiemen und Vortragshonoraren angewiesen. Er litt ständig an Heimweh nach Deutschland, obwohl man ihn dort nicht einmal mehr als Deutschen betrachtete. In einem der Schlußabschnitte seiner Autobiographie hatte er von seiner Sehnsucht nach den landschaftlichen Schönheiten des deutschen Nordens geschrieben, von seiner Liebe zur Sprache Goethes und Hölderlins: »Die deutsche Sprache, ist sie nicht meine Sprache, in der ich fühle und denke, spreche und handle, Teil meines Wesens, Heimat, die mich nährte, in der ich wuchs?«[25] In seinem letzten Stück *Pastor Hall* überträgt Toller diese Gefühle auf die Figur des

Erwin Kohn, eines jüdischen Künstlers, der so starkes Heimweh hat, daß er nach Deutschland zurückkehrt, nur um, wie nicht anders zu erwarten, als Zwangsarbeiter in einem KZ zu enden:

> Ich weiß nicht warum, mich packte das Heimweh, ich konnte es nicht ertragen, daß die Leute in einer fremden Sprache redeten, ich sah die Birken am Wannsee, und ich roch den märkischen Sand und die Kiefern.[26]

Tollers eigene Sehnsucht nach Deutschland wurde durch die wachsende Gewißheit verstärkt, dorthin nie zurückkehren zu können.

Zu diesen Problemen, die weitestgehend auf die Exilsituation zurückzuführen waren, kam seine zunehmende Entfremdung von Christiane, auf deren Hilfe er während seiner depressiven Anfälle inzwischen angewiesen war. Christiane war im März zu ihm nach New York gekommen, aber ihre Beziehung begann sich jetzt zu verschlechtern. Im Juli verließ sie ihn endgültig und ging ein Verhältnis mit Martin Gumpert ein, einem Schriftsteller und Arzt, der es geschafft hatte, in New York eine Praxis zu gründen, nachdem er 1936 aus Deutschland geflohen war. Obwohl Toller sich von dieser (kurzlebigen) Liaison tief betroffen zeigte, war sie eher eine Auswirkung ihrer Entfremdung als deren Ursache. Weder Toller noch Christiane äußerten sich öffentlich über die Gründe ihrer Trennung, aber es scheint klar zu sein, daß Tollers labiles Naturell ein gemeinsames Leben zuletzt praktisch unmöglich machte. Fritz Landshoff bestätigte, daß sie immer weniger mit seinen suizidalen Depressionsanfällen fertig geworden sei; Toller selbst war überzeugt, daß sie ihn nicht verlassen haben würde, »wenn unser Leben nicht von diesen schmerzvollen Zusammenbrüchen gestört worden wäre«.[27] In seinem letzten Brief an Betty Frankenstein, abgeschickt weniger als drei Wochen vor seinem Tod, schrieb er: »Suchen Sie nach keiner Schuld, weder bei Christiane noch bei mir. So einfach ist es nicht. Sie war sehr jung und wollte ihr eigenes Leben leben.«[28] Christiane selbst deutete an, daß sie die Ruhe- und Bindungslosigkeit von Tollers Leben nicht länger habe ertragen können. Sie erinnerte sich, daß es zum endgültigen Bruch kam, als er seine Absicht kundtat, nach Spanien zu reisen.[29]

Pastor Hall

Tollers literarische Bemühungen waren 1938 ausschließlich *Pastor Hall* gewidmet, geschrieben – seiner Aussage nach – in New York, Barcelona und Cassis. Beide Stücke, die Toller im Exil schrieb, ergänzen und erläutern das, was er als Redner und Propagandist vertrat – dies gilt insbesondere für *Pastor Hall*. In der Rede, die er im Dezember 1936 am Deutschen Tag in New York gehalten hatte, hatte Toller seine Zuhörer gedrängt, die Wahrheit über Nazi-Deutschland zu enthüllen. In *Pastor Hall* wird diese brutale Wirklichkeit am Beispiel des Konzentrationslagers geschildert und dem »anderen Deutschland« gegenübergestellt, das sich in dem mutigen Widerstand gegen den Nationalsozialismus äußert.

Die Geschichte von Tollers Protagonist Friedrich Hall basiert vage auf der Biographie Martin Niemöllers, der aufgrund seines beherzten Widerstands gegen die Nazis verhaftet, verurteilt und Anfang 1938 ins KZ Sachsenhausen eingewiesen worden war. Niemöllers Prozeß hatte ein weltweites Presseecho. Selbst in den entferntesten Ländern mahnten Aushänge an Kirchen: »Betet für Pastor Niemöller!« Die große Publizität des Falles hatte Tollers Themenwahl zweifellos entscheidend beeinflußt, bot sie doch aktuelle politische Bezüge, die schwerlich zu übersehen waren. Hall ist protestantischer Pfarrer und Gegner der Nationalsozialisten. Durch die Boshaftigkeit von Fritz Gerte, eines Opportunisten, der zum Sturmbannführer »aufgestiegen« ist, gerät er in die Mühlen des Regimes. Gerte will Halls Tochter heiraten und versucht, Hall wegen dessen Briefwechsel mit Regimekritikern zu erpressen, in die Heirat einzuwilligen. Als Hall sich weigert, wird er verhaftet und in ein Konzentrationslager gebracht. Der zweite Akt spielt in dem Lager, dessen Kommandant Gerte inzwischen geworden ist. Als Hall Gerte vor Zeugen Vorhaltungen macht, soll er mit Stockhieben bestraft werden. An diesem Punkt verläßt ihn sein Mut; mit der Hilfe eines jungen SS-Mannes, der bei der Aktion erschossen wird, gelingt ihm die Flucht. Im Schlußakt überwindet Hall seine Furcht vor Bestrafung und Tod. Jetzt hält er es für seine Pflicht, sich offen gegen das Regime auszusprechen. Als er in seine Kirche zurückkehrt, um eine letzte Predigt gegen die Nazi-Tyrannei zu halten, besteht auch für ihn kein Zweifel daran, daß er wieder verhaftet werden wird. (In Tollers ursprünglicher Fassung stirbt Hall an einem Herzanfall genau in dem Moment, in dem er wieder verhaftet werden soll, ein Schluß, den Toller später für unpassend hielt.)

Das Stück greift das expressionistische Thema der Wandlung wieder auf, vom Aufbau her ist es aber ein konventioneller Dreiakter. Inhaltlich geht es um die Überwindung von Angst, ein Thema, das Toller schon länger beschäftigte; in einer Rede, die er hielt, als er noch an dem Stück arbeitete, sprach er es ebenfalls an:

> Furcht ist das psychologische Fundament der Diktatur. Der Diktator weiß, daß nur der Mensch, der die Furcht überwindet, jenseits seiner Macht lebt, sein einziger gefährlicher Feind ist. Denn wer die Furcht überwindet, hat den Tod überwunden.[30]

Die Furcht, auf die das Regime sich stützt, nimmt im zweiten Akt des Stücks, den Szenen im Konzentrationslager, konkrete Formen an. Toller hatte bereits 1934 begonnen, Informationen über die Konzentrationslager zu sammeln, hauptsächlich mittels früherer Gefangener wie Willi Bredel, den er in Rußland kennengelernt hatte. Er war überzeugt von der Wichtigkeit, die organisierte Brutalität in allen ihren Einzelheiten zu dokumentieren:

> Herr Hitler sagt in seinen Reden, die die Nachwelt zu den unfaßlichen Dokumenten dieser Zeit zählen wird, daß wir Emigranten Greuelpropaganda treiben. Wir brauchen keine Greuel zu erfinden. Wir haben die traurige Aufgabe des Chronisten, diese Greuel der Nachwelt zu überliefern.[31]

Wie zuvor in seinen Reden schildert er in seinem Stück die unmenschlichen Verhältnisse – ein grausames System, das auf Zwangsarbeit, militärischem Drill und rigorosen Strafmaßnahmen beruht und sich als Umerziehung ausgibt. Gerte sagt zu den Lagerinsassen: »Das III. Reich will Euch zu Menschen erziehen, die begreifen, was der Nationalsozialismus bedeutet.« Einige bringen den Mut auf, sich dieser »Umerziehung« zu widersetzen, wie der Kommunist Hofer, der sich weigert, seine Anschauungen zu widerrufen, und dessen Akte den lakonischen offiziellen Vermerk trägt: »Auf Entlassung wird kein Wert gelegt.«

Hall und Hofer sind sich einig in ihrer Opposition zum Nationalsozialismus, auch wenn sie ideologisch weit auseinander liegen. Mit der Diskussion, die die beiden führen, kommt Toller einmal mehr auf die Frage des Gewaltverzichts zurück:

> HALL: ... Es gibt keine Frage auf Erden, die nicht gewalt-
> los gelöst werden könnte, und sei sie noch so verschlungen
> und verworren.
> HOFER: Zur gewaltlosen Lösung gehören immer zwei,
> Herr Pastor. Wir beten die Gewalt nicht an, das tun die
> andern. Soll ich mir mein Recht rauben lassen und noch
> Danke schön sagen? Lieber sterben.
> HALL: Der Mut zu sterben ist billig geworden, so billig,
> daß ich mich oft frage, ob er nicht eine Flucht vor dem
> Leben ist. (S. 290)[32]

Daraufhin erzählt Hofer die Geschichte von Erich Mühsam, der sich geweigert habe, das Horst-Wessel-Lied zu singen, als die KZ-Wächter ihn dazu aufforderten, und der, nachdem sie gedroht hatten, ihn zu erschießen, die Internationale gesungen habe. Toller zitierte in mehr als einer seiner Reden Mühsams ebenso trotziges wie mutiges Verhalten: »Der Dichter Mühsam sah dem Tod ins Auge. Und wie er dem Tod ins Auge sah, wuchs er über sich hinaus, ward zum Gleichnis der Freiheit.«[33] Mühsams Widerstand hatte für Toller symbolische Bedeutung, bot ein Beispiel dafür, wie Furcht überwunden werden kann, trotz Haft und sogar trotz der Aussicht auf den Tod. Dieses Beispiel gibt Hall den Mut, den Lagerkommandanten öffentlich zu verurteilen. Er weist Gertes Ansinnen, doch »Vernunft anzunehmen« zurück: »Ja, ich weiß. Ich soll schweigen. Schweigen wäre das größte Verbrechen.« Aber, wie schon erwähnt, sein Mut verläßt ihn, als ihm die Prügelstrafe droht, und er ergreift die Gelegenheit zur Flucht.

Im letzten Akt stellt er sich Gerte wieder. Nachdem er die Furcht vor Bestrafung und Tod bezwungen hat, lehnt er es ab, aus dem Land zu fliehen, und kündigt statt dessen an, noch einmal zu predigen – ein Akt des symbolischen Widerstands, der ein Beispiel liefern soll:

> HALL (*sehr still*): Ich werde trotzdem leben. Es wird wie
> ein Feuer sein, keine Macht wird es ersticken, die Ängst-
> lichen werden Mut fassen, einer wird es dem anderen sagen,
> daß der Antichrist regiert, der Verderber, der Feind des Men-
> schen ... und sie werden Stärke finden und werden meinem
> Beispiel folgen. (S. 316)

Pastor Hall ist in seinem unruhigen Hin und Her zwischen Realismus und Symbolismus kein ganz geglücktes Stück. Die Charaktere sind nicht immer überzeugend, ihre Beweggründe manchmal wenig plausibel. Vor allem das Ende befriedigt nicht. Halls letzte Tat ist ein dramatischer Kunstgriff, der genau der Frage ausweicht, die er stellt: Wie kann wirksamer Widerstand gegen die Nationalsozialisten mobilisiert werden? Halls moralisches Beispiel wird kaum die Nacheiferer finden, die er zu ermutigen hofft. Es ist eine bewußte Selbstaufopferung, die isolierte Geste eines Individuums, die eher eine persönliche Lösung herbeiführt als eine politische. Sie zeigt ebenso Tollers Verzweiflung über die Zerschlagung eines effektiven Widerstands in Deutschland, wie sie die politische Ohnmacht des Exils einräumt.

Die Geschichte von *Pastor Hall* ruft nochmals nachhaltig in Erinnerung, mit welchen praktischen Problemen im Exil lebende Dramatiker zu kämpfen hatten, welche Schwierigkeiten vor allem wegen der Notwendigkeit der Übersetzung und Bearbeitung ihrer Stücke auf sie zukamen. Toller hatte die erste Fassung des Stücks im Juni 1938 fertiggestellt und traf sich zu dieser Zeit einige Male mit dem Verleger Bennett Cerf in der Hoffnung, dieser würde *Pastor Hall* herausbringen. Cerf stellte schnell klar, daß üblicherweise nur Stücke veröffentlicht würden, die am Broadway Erfolg gehabt hatten.[34] Toller hingegen brauchte die Veröffentlichung, um Interesse an einer Inszenierung zu wecken.

Toller nahm den ersten Entwurf seines Stücks im Juli mit nach London. Sein britischer Verleger John Lane hielt das Stück zwar für »absolut zur Veröffentlichung geeignet«, bezweifelte aber die kommerziellen Chancen, wenn es nicht an den englischen Bühnen gespielt würde.[35] Die Aussichten auf solch eine Inszenierung waren gering, nicht nur wegen der Provinzialität des englischen Theaters. Da gab es zunächst die Schwierigkeiten der Übersetzung. Ursprünglich hatte Toller gehofft, Thornton Wilder würde die Arbeit übernehmen, schließlich wurde sie aber an den Dichter Stephen Spender vergeben.[36] Dieser scheint etwas zögerlich zugesagt zu haben, war aber nichtsdestoweniger Mitte Oktober mit der Übersetzung fertig.[37]

Toller sah noch weitere Hindernisse voraus, die einer Inszenierung in London im Weg stehen würden. In einem Interview, das er im Oktober gab, nannte er das Stück »noch zeitkritischer als *No More Peace!*« und fügte verbittert hinzu, daß er sich eine Aufführung des Stücks in London zwar wünsche, aber bezweifle, daß »es die Proteste des deutschen Botschafters überstünde«.[38] Sein Verdacht war wohlbegründet. Das Westminster Theatre hatte »keinen Zweifel an dem dramatischen Wert des Stücks«, sah sich aber außerstande, es zu inszenieren, »da das Thema beim gegenwärtigen Stand der internationalen Beziehungen für eine Aufführung zu kontrovers ist – in der Tat bezweifeln wir sehr, ob das Stück überhaupt für öffentliche Aufführungen genehmigt würde«.[39]

Als Toller im November nach New York zurückkehrte, versuchte er auch dort, das Stück am Theater unterzubringen, aber es gab nur Absagen. Wie sehr ihn das enttäuschte, geht aus seinen Briefen an John Lane hervor, in denen er inständig bat, das Stück auch vor einer Aufführung zu veröffentlichen. Eine Kopie des deutschen Manuskripts schickte er an Fritz Landshoff in der Hoffnung, daß Querido eine begrenzte Auflage herausbringen würde.[40] Am 12. Januar 1939 las Toller *Pastor Hall* vor einem Publikum aus Mitexilanten; deren Kritik am Ausgang des Stücks bewegte ihn, die Schlußszene zu ändern: Die Herzattacke Halls wurde gestrichen und statt dessen die Version mit der letzten Predigt angefügt.[41]

Inzwischen hatte Barrett Clark, Tollers amerikanischer Agent, seine Vorbehalte gegen Spenders Übersetzung geäußert:

> Meines Erachtens liest sich seine Übersetzung häufig wie eine Übersetzung; sie ist steif und unidiomatisch und wird fürs Theater noch einmal von Grund auf überarbeitet werden müssen.[42]

Bald darauf gelang es Toller, Hugh Hunt, der *Blind Man's Buff* am Dubliner Abbey Theatre inszeniert hatte, dafür zu gewinnen, Spenders Text zu überarbeiten und neu für das Theater herauszugeben. Die Überarbeitungen verzögerten die Veröffentlichung des Stücks in Amerika, obgleich Random House es schon Anfang Januar in den Satz gegeben hatte. Tollers Enttäuschung über diese Verzögerung geht aus einem Brief an Barrett Clark hervor: »Wie schwierig all dies ist. Jede Kleinigkeit dauert hier fünf- oder zehnmal so lange.«[43]

Obwohl *Pastor Hall* zuletzt sowohl in New York wie in London erschien, erlebte Toller die Veröffentlichung nicht mehr. Aufgeführt wurde das Stück schließlich im November 1939 vom Unity Theatre in Manchester; 1940 wurde es verfilmt in einer Version, die der *New Statesman* »den ersten wirklich erfolgreichen Anti-Nazi-Film« nannte,[44] aber zu dieser Zeit gehörte er schon zur britischen Kriegspropaganda. In den USA wurde der Film mit einer Vorbemerkung von Eleanor Roosevelt gezeigt, aber nichtsdestoweniger wurde er in einigen Städten nach Protesten von Nazi-Sympathisanten verboten. Toller hatte das Stück dem Tag gewidmet, »an dem dieses Drama in Deutschland gespielt werden darf«. 1947 wurde es in Berlin aufgeführt, ein Rezensent nannte es »ein erschütterndes Theatererlebnis«, aber es war wahrscheinlich zu früh, um die Deutschen mit ihrer jüngsten Vergangenheit zu konfrontieren. *Pastor Hall* wurde in Westdeutschland weitere dreißig Jahre weder veröffentlicht noch aufgeführt.

XVII Nahrungshilfe für Spanien
1938–1939

Im Juli 1938 kehrte Toller nach Europa zurück und hielt sich kurz in London auf, bevor er zum Internationalen Schriftstellerkongreß nach Paris weiterreiste. Im Juni 1935 hatte er am ersten dieser Kongresse »zur Verteidigung der Kultur« teilgenommen, aber wieviel hatte sich in der Zwischenzeit verändert! Damals hatte er sich an einer Debatte »über die Rolle des Schriftstellers in der Gesellschaft« beteiligt, ein Thema, das er jetzt wieder aufgriff in einer Rede, die auf eine Rechtfertigung seines Lebens und seiner Arbeit hinauslief:

> Es gab Epochen, in denen ein Grenzstein aufgerichtet war zwischen der künstlerischen und menschlichen Aufgabe des Schriftstellers. Aber unsere Generation hatte diesen Grenzstein zertrümmert... Der junge Schriftsteller wollte (nach dem Krieg) nicht länger im elfenbeinernen Turm leben, der für Jahrzehnte das Ideal des Künstlers gewesen war. Wir wußten wohl, daß uns nicht so sehr die Schönheit bewegt als die Not. Wir begriffen, daß es unsere Aufgabe ist, diese Not in unseren Arbeiten zu formen, um die Wirklichkeit von ihr zu befreien... Auch wir lieben die Stille des Arbeitszimmers und die geduldige, demütige Arbeit am Werk. Aber eine Zeit, die die Ideen der Menschheit verrät, zwingt uns, den Verrat zu brandmarken und zu kämpfen, wo immer die Freiheit bedroht ist.[1]

Diese Auffassung von der Verantwortlichkeit des Schriftstellers hatte er bereits direkt zu Beginn des Jahrzehnts geäußert in dem Bewußtsein, »daß wieder Entscheidungen fallen können, in denen persönlicher Einsatz wichtiger ist als Kunst«.[2]

Er selbst hegte keine Zweifel, wo sein Einsatz jetzt gefordert war. Unmittelbar vor seiner Abreise ins republikanische Spanien erklärte er den bedingungslosen Pazifismus für tot. Es sei nicht mehr glaubwürdig, von Frieden zu sprechen, wenn der gewiß bevorstehende Weltkrieg in Spanien und China schon begonnen habe. Die Losung des Tages, rief er, sei: »Macht dem Krieg ein Ende, indem ihr die Verteidigung gegen die faschistischen Angreifer organisiert.« Toller sprach leidenschaftlich.

Ludwig Marcuse erzählte, daß er »schnell auf hohe Touren kam und schließlich in Brand stand, schön wie Savonarola«.[3]

Sofort nach dem Kongreß reiste Toller nach Spanien; es war das erste Mal seit Ausbruch des Bürgerkriegs. Sein Interesse für Spanien reichte einige Jahre zurück: Im Winter 1931/32 hatte er eine ausgedehnte Reise durch das Land unternommen. Die Reiseaufzeichnungen, die er später veröffentlicht hatte, gaben einen Überblick über die politische Situation in der eben flügge gewordenen Republik, in dem er zu der pessimistischen Schlußfolgerung kam: »Die spanische Republik tritt in die Fußstapfen der deutschen.«[4] In beiden Fällen hatte die politische Revolution die gesellschaftliche Struktur im wesentlichen unberührt gelassen.

Tollers Befürchtungen im Hinblick auf Spanien hatten sich teilweise schon bestätigt, als er im Frühjahr 1936 dort weilte, der heraufziehende politische Sturm kündigte sich bereits an. Der von Franco angeführte Militäraufstand begann nur drei Monate später. Toller kehrte nicht als neutraler Beobachter zurück; Spanien war die große Sache der Linken in den dreißiger Jahren. Für ihn wie für zahllose andere war es die Front gegen den Faschismus, der Brennpunkt einer internationalen Solidaritätskampagne bislang unbekannten Ausmaßes.

Toller blieb sieben Wochen in Spanien, lange Zeit davon in Barcelona, obwohl er auch das belagerte Madrid besuchte und sich während der Ebro-Offensive an die Kriegsfront begab. Von Perpignan aus fuhr er zunächst mit dem Auto nach Barcelona. Nach Passieren der Grenze hatte er erwartet, mitten ins Kriegsgeschehen zu geraten, aber die Landschaft, durch die er kam, schien trügerisch friedlich. Sogar in Barcelona selbst war kaum etwas vom Krieg zu spüren. Die Strände in der Umgebung der Stadt waren überfüllt mit Badelustigen. Als er durch die Vororte und Randbezirke fuhr, drängten sich die Leute auf den Straßen und Plätzen. Plakate klebten an jeder Wand, aber nur einige davon riefen die Bevölkerung zum Widerstand gegen den Feind auf, die meisten warben für Kinos und Theater, für Konzerte und Konferenzen. Die ganze Stadt schien sich in Urlaub zu befinden, schien sich abseits der Kriegsschauplätze zu erholen.

Wie schlimm es in Wirklichkeit stand, wurde am Abend jenes Tages klar. Trotz der verheißungsvollen Speisekarte, die an bessere Zeiten erinnerte, war das Essen in seinem Hotel bescheiden. Noch während er aß, heulten plötzlich die Sirenen, und die Lichter gingen aus. Er rannte auf die Straße und sah, wie Suchscheinwerfer den Nachthimmel erleuchteten, aufeinandertrafen, sich kreuzten, plötzlich fünf feindliche Flugzeuge anstrahlten. Er beobachtete wie die Flugzeuge der Faschisten sich näherten, hörte das Pfeifen der Flugabwehrraketen, das Detonieren von Granaten, dann das dumpfe Geräusch weit entfernter Explosionen, als die Flugzeuge ihre Bomben abwarfen. Der ganze Angriff war nach zehn Minuten vorbei, aber 40 Häuser waren zerstört, 28 Menschen getötet und 84 verletzt, sämtlichst Zivilisten.

In den nächsten drei Wochen erlebte Toller nicht weniger als siebzehn Luftangriffe. Er war tief beeindruckt von der Haltung der Zivilbevölkerung, deren Moral weder von den Bombardierungen noch von der chronischen Lebensmittelknappheit gebrochen wurde. Die Menschen litten in der Tat allmählich Hunger. Es gab praktisch weder frisches Obst noch Gemüse, Fleisch, Milch oder Eier. Nicht nur, daß die Republik ihre Armee zu versorgen hatte, Katalonien und Kastilien waren auch von den landwirtschaftlichen Anbaugebieten abgeschnitten, die früher die Nahrungsmittel geliefert hatten. Auch konnte wegen der Blockade der republikanischen Häfen nichts mehr importiert werden. Die Situation verschärfte sich durch die große Zahl von Flüchtlingen, die in das von der Republik kontrollierte Gebiet strömten. Toller konnte die Tapferkeit der einfachen Leute nur bewundern und zitierte, was eine junge Frau ihm sagte: »Mein Magen tut mir weh vor Hunger, aber das ist egal. Eines Tages werden wir siegen. Dann wird noch genug Zeit sein, sich den Bauch vollzuschlagen.«[5]

Toller beschäftigte sich insbesondere mit Deutschlands Rolle in diesem Krieg. Während seiner Vortragsreise durch Nordamerika war er oft auf die Ereignisse in Spanien eingegangen und besonders auf die deutsche Verwicklung darin. Er befragte deutsche und italienische Kriegsgefangene; in den ausführlichen Gesprächen mit ihnen registrierte er die Auswirkungen der faschistischen Indoktrinierung. Er erkannte, daß Spanien für Deutschland die Generalprobe einer größeren Auseinandersetzung war, und kritisierte mit scharfen Worten die Heuchelei der »Nichteinmischung«.

Vor allem lag Toller daran, den Krieg aus erster Hand zu erleben. Daher reiste er Anfang September während der Ebro-Offensive an die Front. Ein britischer Journalist, der ihn begleitete, sah ihn voller Tatendrang und Optimismus. Sie fuhren durch eine mondhelle Landschaft und erreichten die zerstörte Stadt Tortosa in der Nähe der

Ebro-Mündung, Bomben und Artilleriefeuer hatten dort jedes Haus beschädigt. Toller war bestürzt über das, was er sah, und schrieb beim Licht einer Fackel in sein Notizbuch: »Die spanische Regierung muß sofort Kameraleute nach Tortosa schicken, um der Welt die barbarische Zerstörung zu zeigen, die der Faschismus angerichtet hat.«[6] Am Ebro sprach Toller vor Mitgliedern der internationalen Brigaden: Mehr und mehr Leute würden jetzt die Bedeutung des spanischen Bürgerkriegs erkennen, aber sie und die anderen Freiwilligen seien die Pioniere gewesen: »Ihr wart diejenigen, die als erste die Welt aus dem Schlaf gerüttelt haben.«[7]

Toller war es ernst mit dem, was er sagte. Sein (unveröffentlichter) Bericht über seine Spanienreise läßt erkennen, daß er von sich selbst enttäuscht war, sich sogar schuldig fühlte, weil er nicht wie viele seiner Landsleute in Spanien gekämpft hatte:

> Zum ersten Mal, nach zwei Jahren Krieg, war ich nach Spanien gekommen. Ich hatte das Land vor dem Krieg gekannt, hatte dort gelebt und seine Menschen liebgewonnen. Als der Krieg begann und die ersten Freiwilligen nach Spanien eilten, wollte auch ich es tun. Mögen die Gründe, die mich daran hinderten, noch so zwingend sein, ich ließ sie vor meinem Gewissen nicht gelten, jetzt war ich hier, ich fühlte, ich hatte eine Schuld gut zu machen.[8]

Dieses Bedürfnis nach Sühne und seine unmittelbaren Erfahrungen des Leidens der Zivilbevölkerung brachten ihn auf die Idee zu seiner Spanienhilfe, ein Projekt, das ihn in den letzten Monaten seines Lebens am stärksten in Anspruch nahm.

Angeregt hatte Toller das Projekt einer internationalen Hilfe für das spanische Volk schon, als er noch in Barcelona war.[9] Bald danach war er ins belagerte Madrid geflogen, wo er die gleichen Verhältnisse vorfand, wie er sie gerade hinter sich gelassen hatte: chronische Lebensmittelknappheit, bombardierte Häuser, tote Frauen und Kinder in der Leichenhalle. Bei allem Zorn über die Toten belastete ihn mehr noch das Elend der Lebenden: »Ich kann die Gesichter dieser hungernden spanischen Kinder nicht mehr vergessen«, vertraute er später Hermann Kesten an.[10] Wie so viele von Tollers Projekten war auch dies zunächst ein gefühlsmäßiges Anliegen, das er erst im Nachhinein rational durchdachte. Sein Plan sah vor, daß die internationale Hilfe über die Kanäle lief, die das Hilfsprogramm des späteren amerikanischen Präsidenten Hoover nach 1918 in Mitteleuropa geschaffen hatte. Die Regierungen sollten um Geldspenden gebeten werden, mit denen dann Nahrungsmittelüberschüsse aufgekauft werden könnten. Toller hoffte, auf diese Weise Lebensmittel im Wert von zehn Millionen Dollar zusammenzubekommen, die dann an Zivilisten auf beiden Seiten der Front verteilt werden sollten. Die Verteilung sollte von den Quäker-Hilfskomitees durchgeführt werden.

In Spanien begann er ein Dossier mit Fakten, Zahlen und Fotografien zusammenzustellen, mit dem er hoffte, die Öffentlichkeit in den liberalen demokratischen Staaten von seinem Plan zu überzeugen. Er erhielt Zuspruch von spanischen Kirchenführern und Politikern, von prominenten Künstlern wie Picasso und José Bergamin und diskutierte seine Vorschläge mit Mitgliedern der republikanischen Regierung, der Außenminister Alvarez del Vayo sicherte ihm seine Unterstützung zu. Während seines Aufenthaltes in Madrid konnte er unter Schirmherrschaft des Propagandaministeriums über den Sender *La Voz de España* (Die Stimme Spaniens) sprechen – ein Privileg, das nur bevorzugten ausländischen Besuchern eingeräumt wurde. Von einem unterirdischen Studio in der Nähe der Frontgräben – »während ich spreche, höre ich das Krachen explodierender Geschosse und Granaten« – wandte Toller sich »an seine Freunde in Amerika«. Nachdem er seine Eindrücke des republikanischen Spanien in groben Zügen geschildert hatte, hob er hervor, daß die Regierung demokratisch gewählt war und welch breiten Rückhalt in der Bevölkerung sie hatte. Er glaubte, in Spanien die Einheitsfront gefunden zu haben, die er so lange propagiert hatte: Katholiken und Protestanten, Liberale und Sozialisten, Kommunisten und Anarchosyndikalisten hätten ihren Streit begraben, »seien so klug gewesen, aufeinander zuzugehen und zusammenzuarbeiten«. Der Krieg in Spanien werde zur Verteidigung der Demokratie geführt, »aber, um es frei heraus zu sagen, die Demokratien haben Spanien im Stich gelassen«. Er schilderte die heroischen Opfer der einfachen Leute und appellierte direkt an Präsident Roosevelt, eine nationale oder internationale Hilfskampagne ins Leben zu rufen. Er erinnerte an das Beispiel Fridtjof Nansens.[11] Ihm war versichert worden, die Kurzwellenübertragung könne in den USA gehört werden, aber wie er später erfuhr, war dies nicht der Fall.

Nach seiner Reise zur Kriegsfront am Ebro kehrte Toller nach Frankreich zurück und verbrachte einige Tage in Cassis-sur-mer, wo er die erste Fassung von *Pastor Hall* überarbeitete. Am 21. September war er wieder in London und begann für seine Spanienhilfe zu werben – nur um festzustellen, daß Großbritannien voll und ganz mit dem sich abzeichnenden Münchener Abkommen beschäftigt war. Er selbst lehnte die von den meisten gutgeheißene Beschwichtigungspolitik entschieden ab. Ethel Mannin erinnert sich, wie sie ihm in einer regnerischen Nacht über den Weg lief: Sie standen im Eingang eines Damenwäschegeschäfts und diskutierten über die internationale Lage. Toller war davon überzeugt, daß man Deutschland notfalls mit Gewalt begegnen müsse, seiner Genossin machte er Vorwürfe wegen ihres hartnäckigen Pazifismus: »Hitler darf nicht erlaubt werden weiterzumachen.«[12] Er sprach auch auf öffentlichen Versammlungen und warnte vor den gefährlichen Folgen, wenn man Hitlers Anspruch auf das Sudetenland nachgäbe. »Geben Sie sich keinen Illusionen hin ... Jedes neue Zugeständnis an Hitler schwächt nicht nur die Macht der Demokratien, sondern auch die Opposition in Deutschland.«[13] Er sprach – Ironie der Geschichte – am 29. September, genau an dem Tag, an dem Hitler, Chamberlain und Daladier das Münchener Abkommen unterzeichneten.

Erst im Anschluß an die Münchener Vereinbarung startete Toller seine Kampagne zugunsten der spanischen Zivilbevölkerung. Was er in den folgenden Wochen im Alleingang und weitestgehend auf eigene Kosten alles in Bewegung setzte, ist sowohl vom Umfang wie von der Wirkung her erstaunlich. Er nahm Kontakt auf zu Hilfskomitees und Gewerkschaften, zu katholischen wie protestantischen Geistlichen; er schrieb Briefe, versuchte auf Prominente einzuwirken, gab Pressemitteilungen heraus und veranstaltete Pressekonferenzen.[14] Christopher Isherwood traf ihn zwischen den Ledersesseln eines Pall-Mall-Klubs, als er darauf lauerte, einen Erzbischof abzufangen; Isabel Brown sah ihn in der Lobby des Unterhauses ungeduldig darauf warten, mit einer Gruppe von Parlamentariern sprechen zu können. Die Zeitungen waren voll von seiner Kampagne, an ihren Schlagzeilen läßt sich ablesen, welche Fortschritte sie machte: »Dichter mit 10-Millionen-Dollar-Plan für Spanien« (*Daily Herald*), »Essen für Spanien: Das Projekt eines Bühnenschriftstellers und Duff Coopers veränderte Meinung« (*News Chronicle*), »Lord Halifax unterstützt Ernst Tollers Plan« (*Daily Telegraph*).

Obwohl seine Kampagne in Großbritannien längst nicht abgeschlossen war, reiste Toller am 22. Oktober nach Stockholm ab, wo er in fünf turbulenten Tagen sowohl vom Erzbischof von Uppsala als auch vom schwedischen Kronprinzen empfangen wurde, mit deren

Unterstützung er die Regierung für sein Vorhaben gewinnen konnte. In Stockholm sorgte seine Anwesenheit für energische Proteste der Nazi-Diplomaten, die seine Glaubwürdigkeit mit pöbelhaften Anspielungen auf seine angebliche Rolle während der Münchener Räterepublik zu untergraben suchten. Von Stockholm aus begab er sich nach Kopenhagen und Oslo. In allen skandinavischen Hauptstädten wurde ihm Unterstützung zugesagt, vorausgesetzt Präsident Roosevelt billige seinen Plan. Anfang November war er wieder in London, um seine Kampagne dort abzuschließen. Die Erzbischöfe von Canterbury und York sicherten ihre Hilfe zu; ersterer war »sehr beeindruckt« von der Last des von Toller vorgelegten Beweismaterials, letzterer sprach von »Ihrem großen Unterfangen zur Linderung des Leids«.[15] Zeitungen berichteten, er stehe in enger Verbindung mit Whitehall, was in der Tat stimmte: Er traf sich mit Beamten des Außenministeriums, die weitgehende Zustimmung zu seinem Projekt bekundeten. Insgeheim aber beargwöhnte das Außenministerium seine Motive. In den amtlichen Protokollen der Treffen gibt es den Randvermerk: »Toller war früher Kommunist und, soviel ich weiß, könnte er es immer noch sein«. Der Unterstaatssekretär R.A. Butler fügte zwischen den Zeilen hinzu, daß die britische Regierung sich einer solchen Privatinitiative nicht anschließen könne.[16]

Es schien so, als ob Toller erstaunlich erfolgreich gewesen sei. Christopher Isherwood bemerkte, Toller habe sich bei den richtigen Leuten Gehör zu verschaffen gewußt: »Er war dabei, eine respektable Institution zu werden.«[17] Isherwoods Kommentar schwankt zwischen Bewunderung und leichtem Spott. Zweifellos war Toller glücklich, einmal mehr im Rampenlicht zu stehen. Gewohnt daran, in der Öffentlichkeit Beachtung zu finden, war dies jetzt von entscheidender Bedeutung für sein Selbstwertgefühl, eine Art Absicherung gegen die wachsende innere Verzweiflung.

Am 10. November, zwei Tage bevor Toller per Schiff nach New York abreiste, erschienen die ersten Berichte über die von den Nazis entfachten Progrome gegen jüdische Geschäfte und Wohnungen in der britischen Presse. Wie andere Flüchtlinge auch war Toller tief beunruhigt, was die Sicherheit seiner Familie betraf. Sein Bruder Heinrich war schon nach Prag geflohen, aber seine Schwester Hertha und ihr Ehemann lebten noch in Landsberg an der Warthe. Es dauerte viele Wochen, bis Toller erfuhr, daß ihnen nichts geschehen war, aber er blieb äußerst besorgt um sie.

Bevor Toller an Bord ging, beauftragte er Isherwood damit, ein Telegramm an Präsident Roosevelt zu schicken, das um Unterstützung für das Spanienhilfe-Projekt bat; es traf wie abgesprochen ein, unterzeichnet von H. G. Wells, E. M. Forster, Storm Jameson, Louis Golding, Rebecca West, W. H. Auden, Stephen Spender und anderen.[18] Bei seiner Abreise aus London war Toller äußerlich voller Schwung und Optimismus. Zu denen, von denen er sich persönlich verabschiedete, gehörte der Journalist Hannen Swaffer, den er seit seinen ersten Aufenthalten in London in den zwanziger Jahren kannte. Er verließ Swaffers Büro mit den Abschiedsworten: »Kämpfe weiter.« Sechs Monate später hörte Swaffer die Nachricht von Tollers Selbstmord.[19]

Toller reiste auf der *Queen Mary* in die USA zurück und kam am 17. November in New York an. Zu seinem Ärger mußte er feststellen, daß hier wenig oder gar nichts über sein Projekt bekannt war. In seinem knappen Reisebericht schreibt er:

> Ich reise gewöhnlich Touristenklasse, aber diesmal kaufe ich mir eine Kabine in der ersten Klasse. Ich will in New York »ankommen«. Wir fahren den Hudson hinauf. Reporter und Photographen kommen an Bord. Sie stürzen sich auf einen Zwerg, einen Riesen, auf ein photogenes Mädchen. Mich beachtet niemand. Ich hatte ausführliche Erklärungen über den Plan für die Presse vorbereitet. Meine Freunde wußten, daß ich eintreffe. Was ist geschehen?[20]

An Land erfuhr er bald, daß Gegner seines Plans die amerikanischen Quäker vor seinem radikalen Ruf gewarnt hatten. Toller versuchte sofort, dies richtigzustellen. Er hielt eine improvisierte Pressekonferenz in seinem New Yorker Hotel, wo er seine Vorschläge nochmals umriß und etwas hochtrabend »an das Gewissen der demokratischen Welt« appellierte.[21] Kurz danach reiste er nach Philadelphia, um mit Clarence E. Pickett zu sprechen, dem Sekretär des American Friends' Service Council, den er sowohl von seinen guten Absichten überzeugen konnte wie vom Ausmaß der Unterstützung, das seine Vorschläge bereits erreicht hatte. In den Tagen danach engagierte er sich intensiv für die Kampagne: Er telefonierte, schrieb Briefe, traf sich mit wichtigen Leuten, hielt Reden. Bald erregte sein Projekt Aufsehen. Auch hier wußte sich Toller »bei den richtigen Leuten Gehör zu verschaffen«. Sofort hatte er sich an die einflußreiche Kolumnistin Dorothy Thompson gewandt, »die immer Bereite, wenn es galt, eine gute und sinnvolle Sache zu verfechten«.[22] Thompson, die für Toller seit langem Bewunderung hegte, setzte sich mit all ihren Möglichkeiten für die Kampagne ein und veröffentlichte einen Appell an die Regierung, den Plan aufzugreifen: »Intervenieren – mit Essen!«[23] In allen New Yorker Zeitungen erschienen beifällige Leitartikel. Dorothy Thompson sprach gemeinsam mit Toller mit Vertretern der Pharmaindustrie und bat um dringende Medikamentenlieferungen.[24]

Tollers Erfolg war schwer errungen, da politische Gegner weiterhin seine guten Absichten in Zweifel zogen. Father Ignatius Cox, ein führender katholischer Geistlicher, wandte sich öffentlich gegen seinen Plan und behauptete, in dem von den Nationalisten kontrollierten Teil Spaniens gäbe es keine Nahrungsmittelknappheit, der Plan sei nur eine politische Finte, um Lebensmittellieferungen in die von den Republikanern beherrschten Gebiete zu leiten. Toller verwahrte sich gegen diesen Angriff, indem er nochmals betonte, daß sein Plan unparteiisch sei. Er zitierte einen Bericht des Völkerbunds, um die Argumente von Cox zu widerlegen, und hob hervor, wie angespannt die Lage sei.[25] Er schloß mit einem Aufruf »an alle Menschen, die guten Willens sind«, eine Wendung, zu der er nicht ohne politisches Kalkül griff. In all seinen öffentlichen Äußerungen bemühte sich Toller, den humanitären, ja unpolitischen Charakter seines Projekts zu unterstreichen. Seine Aussagen waren bewußt so allgemein gehalten, daß sie auch noch liberale und gemäßigt konservative Kreise ansprechen konnten, deren Unterstützung er für unentbehrlich hielt. Es ist gemutmaßt worden, daß Toller seine politische Einstellung in den letzten Jahren seines Lebens geändert habe und ein Verfechter der freiheitlichen Demokratie geworden sei, aber alles, was er sagte, muß im politischen Kontext jener Jahre gesehen werden. Tollers politisches Vokabular blieb das der Volksfront: Er unterstützte die republikanische Regierung in Spanien als die durch Wahlen legitimierte Regierung und deren Verteidigung als Verteidigung der Demokratie. Damals unterstützte, ja gründete auch die Kommunistische Partei Organisationen, die ausschließlich freiheitlichen und humanitären Zwecken dienten.

Ende November schrieb Toller direkt an Präsident Roosevelt. Er war sich seines mangelnden Ranges durchaus bewußt und wandte sich an den Präsidenten »als ein Mann ohne offizielles Amt, als Schriftsteller«.[26] Bald darauf wurde er nach Washington eingeladen, um seine Vorschläge zu unterbreiten. »Die Arbeit gedeiht jeden Tag mehr und ich erhoffe mir ziemlich gute Ergebnisse«, schrieb er an H.N. Brailsford, der in Großbritannien für den Plan eingetreten war und Toller in diesem Zusammenhang sogar Geld geliehen hatte.[27] Die finanzielle Belastung, die Toller ob seines Engagements zu tragen hatte, wurde allmählich bedenklich. »Im Moment benötige ich dringend jeden Betrag, selbst den kleinsten«, erzählte er Barrett Clark.[28] Vom 15. bis zum 23. Dezember war Toller in Washington, um seine Vorschläge zu erläutern. Er aß im Weißen Haus zu Mittag, auf Einladung von Mrs. Roosevelt, die ihm versprach, daß sein Plan dem Präsidenten vorgelegt würde. In der darauffolgenden Woche hatte er eine Reihe von Treffen mit Beamten des State Departments, um Einzelheiten seines Projekts zu besprechen. Als Toller unmittelbar vor Weihnachten aus Washington wieder abreiste, war seinem Plan im Prinzip schon zugestimmt worden, und vor Neujahr noch hatte Roosevelt die Berufung eines Sonderkomitees angekündigt, das unter dem Vorsitz von George Macdonald, einem einflußreichen katholischen Laien, die genaue Durchführung des Plans überwachen sollte. Drei Millionen Scheffel überschüssigen Weizens sollten dem amerikanischen Roten Kreuz übergeben werden, die Kosten für das Mahlen des Getreides und die Verschiffung nach Spanien – auf eine halbe Million Dollar geschätzt – würden durch das Macdonald Committee aufgebracht und die Verteilung würde von den Hilfskomitees der Quäker in Spanien übernommen.

Endlich hatte Toller das Gefühl, ausruhen zu können. Fünf Monate lang hatte er sich ausschließlich diesem einen Projekt gewidmet – »... ich muß nun, da diese Aktion ... sich zu verwirklichen scheint, an meine eigene Arbeit denken«.[29] Im Januar begann er die Schlußszene von *Pastor Hall* umzuschreiben, die er noch vor Ende des Monats an seinen Verleger in England schickte.[30] Aber die Arbeit an dem Stück war schon überschattet von den sich rapide verschlechternden Nachrichten aus Spanien. Wenige Tage vor Weihnachten starteten die Nationalisten eine neue Offensive. Am 30. Dezember, genau an dem Tag, an dem Roosevelt die Bildung des Macdonald Committee ankündigte, durchbrachen Francos Truppen die katalonische Front. Am 23. Januar nahmen sie Barcelona ein. Lange Flüchtlingszüge suchten über die Berge nach Frankreich zu entkommen, Madrid war abgeschnitten, die Niederlage der Republik nicht mehr abzuwenden.

Toller scheint sich – wider alle Vernunft – ein Fünkchen Hoffnung bewahrt zu haben. Am 20. Februar schrieb er an Dorothy Thompson, daß Schweden und Norwegen die versprochenen Hilfsfonds jetzt zur Verfügung gestellt hätten: »Das schwedische Parlament hat 1 500 000 Kronen bewilligt, das norwegische 500 000. Die Gelder sollen verwendet werden für Kinder und Erwachsene in Spanien und für Flüchtlinge, die aus Katalonien fliehen mußten...«[31] Selbst diese zaghafte Hoffnung sollte sich als trügerisch erweisen. Am 27. März schließlich ergab sich Madrid; am 1. April erkannte die amerikanische Regierung das Franco-Regime formell an.

Die Niederlage der Republik mit ihren weitreichenden politischen Auswirkungen war ein schwerer Schlag für die gesamte Linke; für Toller bedeutete sie auch das Scheitern eines Plans, in den er alles, was ihm an innerer Kraft verblieben war, hineingesteckt hatte. Der ursprünglich für Spanien bestimmte Weizen sollte jetzt an die Flüchtlinge aus Katalonien verteilt werden, von denen sich inzwischen über 400 000 in Lagern in Südfrankreich befanden. Toller selbst war davon überzeugt, daß die schon verschifften Hilfsgüter den Faschisten in die Hände gefallen wären, eine Ironie, die er fast unerträglich fand. Das Projekt hatte ihn physisch und finanziell aufgezehrt, und nach dessen Scheitern war er ebenso erschöpft wie enttäuscht. Er hatte geplant, ein Buch zu schreiben, das das Spanienhilfe-Projekt dokumentierte – unter seinen unveröffentlichten Texten fand sich ein Manuskript von etwa dreißig Seiten –, er gab das Vorhaben aber auf, nachdem das Hilfsprojekt zusammengebrochen war. Einmal mehr war er gezwungen, über die verhängnisvolle Diskrepanz zwischen Traum und Wirklichkeit nachzudenken, ein Thema, mit dem er sich schon fast zwanzig Jahre zuvor in seinem Drama *Hinkemann* beschäftigt hatte. »Wer keine Kraft zum Traum hat, hat keine Kraft zum Leben«, hatte er damals geschrieben. Jetzt versagte seine eigene Kraft.

XVIII Requiem

Im Frühjahr 1939 hatte sich Toller praktisch aus der Öffentlichkeit zurückgezogen. George Grosz, der ihn kurz nach dem Sturz der spanischen Republik traf, sah in ihm nur noch eine traurige Figur: »Ich sah plötzlich einen Mann, der früher einen succès d'estime gehabt, erfolglos, bedraggled, bitter, enttäuscht – und nicht wissend, wo jetzt die Miete ist für nächsten Monat.«[1] Seine Gesundheit und seine seelische Verfassung hatten sich dramatisch verschlechtert, seine Depressionen waren inzwischen chronisch geworden. Als Ludwig Marcuse am Ostersonntag in New York ankam, gehörte Toller zu der kleinen Gruppe, die ihn am Kai erwartete – er sah so betrübt und abgehärmt aus, daß Marcuse ihn kaum erkannte.[2] Fritz Landshoff, der im Laufe des Monats von Amsterdam aus nach New York kam, war gleichermaßen schockiert von Tollers Anblick: »Seine Augen entbehrten jeglichen Glanz, seine Stimme war fast tonlos.«[3]

Toller war mehr und mehr von seinen Gesundheitsproblemen in Anspruch genommen: Gegen Ende seines Lebens war er bei nicht weniger als vier Ärzten in Behandlung. Einer von ihnen war Ralph Greenschpoon, der ihn schon in Kalifornien behandelt hatte. An ihn schrieb er, daß er sich wieder einmal in fast der gleichen Situation wie früher befinde: »Das schlimmste ist die Unfähigkeit zu arbeiten. Was dies bedeutet in Zeiten wie diesen und für einen Emigranten, der ganz und gar auf seine tägliche Arbeit angewiesen ist, bedarf keines Kommentars.« Einige Tage später schrieb er ihm:

> Ich bin bereit mich jedweder Behandlung zu unterziehen, wenn es auch nur die kleinste Chance gäbe, (diese Zusammenbrüche) ein für allemal loszuwerden. Mir kommt es vor als ob ich in guter Verfassung mit meinem Leben und meiner Arbeit vorankomme und dann zurückgeworfen werde und mit allem wieder von vorne zu beginnen habe.
>
> Zwischenmenschliche Beziehungen zerbrechen, ich bin außerstande anderen zu helfen, wie ich das in guten Zeiten zu tun versuche. Die Unsicherheit meiner gesamten Existenz wächst. All dies läßt mich schier verzweifeln.[4]

Zu seinen persönlichen Schwierigkeiten kam die wachsende Sorge um das Wohl seiner Schwester. Sie und ihr Mann waren noch in Landsberg, und Toller wartete voller Unruhe auf eine Nachricht, ob sie die Erlaubnis erhielten, nach Palästina zu emigrieren: »Ihr Schicksal ist ein Nachtmar für mich«, vertraute er seiner alten Freundin Betty Frankenstein an und flehte sie an, alles in ihrer Macht Stehende zu tun.[5] Trotz seiner zunehmenden finanziellen Sorgen lieh er sich 5 000 Dollar, um eine Bürgschaft für ihre Einreise nach Palästina zu beschaffen, aber sie sollten Deutschland nie verlassen. Sogar noch ungewisser war die Situation seines Bruders Heinrich, der in Prag gelebt hatte und von dem Toller nichts mehr gehört hatte, seit die Nazis die Stadt besetzt hatten.

Tollers letzter öffentlicher Auftritt fand Anfang Mai statt, auf einer Tagung des Internationalen PEN, die anläßlich der New Yorker Weltausstellung veranstaltet wurde. Er erinnerte an die deutschen Schriftsteller, die Opfer des Nazi-Terrors geworden waren. Nach Ende des PEN-Kongresses wurden die Delegierten für den 11. Mai nach Washington zu einem offiziellen Empfang ins Weiße Haus eingeladen, wo sie auch kurz Präsident Roosevelt vorgestellt wurden. Klaus Mann, der später seine Eindrücke von dem Ereignis aufzeichnete, erinnerte sich, daß Toller seit Monaten nicht mehr in solch guter Verfassung gewesen sei.[6] Seine Depressionen schienen sich gebessert zu haben, und er war lebhaft und gesprächig. Beim Mittagessen, das auf einer kleinen Terrasse des Weißen Hauses serviert wurde, habe er sich angeregt mit Dorothy Thompson unterhalten und über eine witzige Bemerkung von ihr lauthals gelacht. Nach dem Essen machte Mrs. Roosevelt eine Führung durch das Weiße Haus. Toller war von ihrer Natürlichkeit und Ungezwungenheit sehr beeindruckt und rühmte dies als ein Beispiel für eine geglückte Verbindung von wahrer Demokratie und aristokratischer Vornehmheit. Später waren die PEN-Delegierten zu Gast bei Eugen Mayer, dem Eigentümer der *Washington Post*. Toller sei von allem begeistert gewesen, sei den ganzen Tag hindurch aufgeschlossen und interessiert geblieben.

Toller und Klaus Mann nahmen gemeinsam den Zug zurück nach New York. »Es war ein lohnender Tag«, habe Toller erklärt. »Wir haben viel gesehen, viel gelernt«. In dem anschließenden Gespräch schien es so, als ob er sein Selbstvertrauen zurückgewonnen habe. Obwohl er auch über seine inzwischen prekäre finanzielle Lage sprach, war er mehr mit seinen Zukunftsplänen befaßt. Er redete lange über seine geplante Europareise und über einen Sammelband seiner politischen Aufsätze und Reden, den er in London herausbringen wollte.[7] Erst als Klaus Mann aufstand, um in sein Schlafabteil zu gehen, stieß Toller plötzlich mit zitternder Stimme und den Tränen nahe hervor: »Wenn ich nur schlafen könnte!« Aber er konnte keinen Schlaf finden. Am nächsten Morgen im Pennsylvania Station habe er völlig zerschlagen ausgesehen, das Gesicht aschgrau und dunkle Ringe um die Augen. »Ich habe die ganze Nacht wach gelegen«, sagte er. Als sie über die Schlagzeilen der Morgenzeitungen sprachen, schien er Schwierigkeiten zu haben, sich zu konzentrieren.

Landshoff hatte Toller vorgeschlagen, gemeinsam nach Europa zurückzukehren, in der Hoffnung, ihn durch eine andere Umgebung auch auf andere Gedanken bringen zu können. Toller war mit dem Vorschlag einverstanden und entschloß sich, längere Zeit in London zu verbringen. Die beiden hatten tatsächlich schon eine Kabine auf dem Linienschiff *Champlain* gebucht, aber eine Woche vor ihrer geplanten Abreise erkrankte Landshoff ernsthaft an einer Lebensmittelvergiftung, und Toller stand plötzlich vor der Aussicht, allein reisen zu müssen. An seinem letzten Wochenende packte er für die Reise. Unter den Sachen, die er aussortierte, waren Fotos von Christiane und Kritiken über sie; er gab sie Sascha Marcuse mit den Worten: »Besser Ihr habt das als Fremde!« Am Sonntag, den 21. Mai, verbrachte er den Abend mit den Marcuses in deren New Yorker Wohnung. Das Gespräch war auf das Thema Selbstmord gekommen. Marcuse hatte das Recht eines jeden Individuums verteidigt, seinem eigenen Leben ein Ende zu setzen. Toller, so Marcuse, habe heftig widersprochen: »Er hatte die Tendenz, die Ursachen einzunebeln, war sehr gegen meine zu rationale Behandlung dieses Phänomens und sprach viel vom Lebenswillen und so.«[8]

Am folgenden Tag, am Montag, den 22. Mai 1939, beging Toller in seinem Zimmer im Mayflower Hotel Selbstmord. Am Morgen war er, wie so oft, müde und depressiv gewesen. Mit seinem Agenten stritt er eine Weile am Telefon über eine lächerliche Differenz von einem halben Prozent. Seine Sekretärin Ilse Herzfeld war den ganzen Morgen über bei ihm gewesen und gegen zwölf zum Essen gegangen. Toller selbst hatte sich auch zum Mittagessen verabredet, war aber versetzt worden. Als seine Sekretärin um ein Uhr zurückkam, fand sie ihn tot im Badezimmer. Er hatte sich an einem Haken hinter der Tür mit dem Gürtel seines Bademantels erhängt.

Über das genaue Motiv für seine Tat kann man nur Vermutungen anstellen, da er keinen Abschiedsbrief hinterließ. Einige der anderen Exilanten hatten den Verdacht, es handle sich um Mord; die Polizei versiegelte sein Zimmer, um diese Möglichkeit zu untersuchen, aber die Umstände, unter denen seine Leiche gefunden wurde, ließen keinen anderen Schluß als Selbstmord zu. Durch seine manisch-depressive Veranlagung hatte er sich immer schon am Rande des Selbstmords bewegt: Freunde wiesen darauf hin, daß er bereits einmal einen Selbstmordversuch gemacht hatte. Mit Sicherheit war seine Tat nicht geplant. Sein Schiffsticket befand sich in seiner Jackentasche, er hatte an Freunde geschrieben, um seine Ankunft anzukündigen; Hermann Kesten hatte er sogar vorgeschlagen, mit ihm gemeinsam an einem neuen Stück zu arbeiten.[9]

Erwin Piscator, der Toller am Tag vor dessen Tod getroffen hatte, hatte den Eindruck, er sei aufgrund seiner Isolation und Erfolglosigkeit sehr depressiv gewesen. Sicherlich galt dies für die meisten deutschen Exilschriftsteller. Nach und nach hatten sie ihr Publikum verloren; viele hatten feststellen müssen, daß, wenn sie überhaupt schreiben konnten, es nur für die Schublade war. Toller fühlte sich von der wichtigsten Quelle seiner Inspiration abgeschnitten. Obwohl er die Notwendigkeit realisierte, für ein angelsächsisches Publikum zu schreiben, wußte er, daß er dazu nicht auf Anhieb in der Lage war. Daß *Pastor Hall* abgelehnt worden war, zum Teil angeblich wegen der Unzulänglichkeiten von Spenders englischer Fassung, erinnerte ihn nochmals unangenehm daran, wie sehr er von seinem jeweiligen Übersetzer abhängig war. Daß er in englischer Sprache nicht zu schreiben vermochte, gab seinem Mißerfolg etwas Endgültiges: In einem Land, das ihn einst gefeiert hatte, hatte er seine Bedeutung verloren. Überdies machte ihm ein Rechtsstreit in Zusammenhang mit *Pastor Hall* zu schaffen. Von Hermann Borchardt, einem früheren KZ-Insassen, der ihm von George Grosz empfohlen worden war, hatte er Material für das Stück gekauft. Borchardt behauptete, Teile von *Pastor Hall* geschrieben zu haben, beschuldigte Toller des Plagiats und drohte mit einem Prozeß, falls das Stück aufgeführt oder veröffentlicht würde.

Daß in letzter Zeit die Erfolge ausgeblieben waren, verstärkten Tollers langgehegte Zweifel an seinen künstlerischen Fähigkeiten. Ihn erschreckte die Diskrepanz zwischen seinem Ruf und dem, was er gerade tatsächlich leistete. Auch sah er sich vor wachsende finanzielle Probleme gestellt. Alles, was er bei MGM verdient hatte, war von der

Kampagne für die Spanienhilfe verschlungen worden, für die er sich sogar hatte Geld leihen müssen. Seine Einnahmen aus Tantiemen und Vortragshonoraren hatten sich verringert: Seine Stücke wurden nicht mehr aufgeführt, und weitere Vortragsreisen waren nicht abzuschließen. Bei ihrer letzten Begegnung hatte Toller Kurt Pinthus um Hilfe gebeten, drei Kurzgeschichten irgendwo unterzubringen; er brauche das Geld dringend.[10] Er ließ ihn wissen, daß er nur aus finanziellen Gründen noch nicht von Christiane geschieden sei. Trotz seiner angespannten finanziellen Situation war er außerstande, seinen Lebensstil daran anzupassen, und wohnte weiterhin in einem Hotel, das jetzt seine Verhältnisse weit überstieg. Seine gesundheitlichen Probleme wurden immer größer. Seine Sehkraft ließ nach, und er litt weiterhin an Schlaflosigkeit, was dauerhafte Konzentration praktisch unmöglich machte. »Niemand, der es nicht selber durchgemacht hat, kann ahnen, was das bedeutet, nicht schlafen zu können...«, erzählte er Klaus Mann.[11] Das Scheitern seiner Ehe hatte seine Depressionsanfälle häufiger werden lassen.

Zu Tollers persönlichen Problemen kamen die politischen Entwicklungen, die ihm die Unsicherheit seines weiteren Werdegangs vor Augen führten. Die Annexion Österreichs und der Einmarsch in die Tschechoslowakei kündigten das unerbittliche Vorrücken des Nationalsozialismus in Europa an. Die beschwichtigende Haltung Großbritanniens und Frankreichs desillusionierte ihn. Während der Faschismus auf dem Vormarsch war, rieb sich der Sozialismus in Streitigkeiten auf. Die Volksfront brach auseinander. Die Sowjetunion, einst Symbol der Hoffnung, war nun der Schauplatz politischen Terrors. Obwohl er sich nie öffentlich zu den Moskauer Schauprozessen äußerte – zweifellos aus Gründen der Solidarität –, gehörten sie wohl, wie enge Freunde später zu verstehen gaben, zu seinen größten politischen Enttäuschungen. Er erlebte den Hitler-Stalin-Pakt nicht mehr, aber Gerüchte über eine solche Demarche verbreiteten sich schon, als Litwinow als sowjetischer Außenminister zurücktrat. Wie Ludwig Marcuse meinte, sei die Aussicht auf diesen Pakt mit dem Teufel für Toller ein noch größerer Schlag gewesen als die Beschwichtigungspolitik von drei Demokratien.[12] Am schlimmsten aber waren für ihn der Fall der spanischen Republik und der Zusammenbruch des Hilfsprojekts, in das er so viel Zeit und Anstrengung investiert hatte.

Die Nachricht von Tollers Selbstmord erreichte Christiane in Hollywood, wo sie gemeinsam mit drei anderen Exilanten im Theater El

Capitan in einer englischsprachigen Inszenierung von Schillers *Wilhelm Tell* auftrat. Da es für Christianes Rolle keine zweite Besetzung gab, spielte sie am 25. Mai, ganz nach der Devise »The show must go on«. Äußerlich war es ein glanzvoller Premierenabend – eine Ironie des Lebens, furchtbarer als jede, die sich Toller für die Bühne ausgedacht hatte.

Tollers Tod wurde von den anderen Exilanten mit Erschütterung und Trauer aufgenommen. Thomas Mann sprach für viele, als er ihn einen Märtyrer seiner Zeit nannte, ein Opfer der destruktiven Kräfte, die sie alle fürchteten und verachteten: Er war in der Tat einer von vielen deutschen Flüchtlingen, die Selbstmord begingen. In einigen der Reaktionen klangen aber auch Vorwürfe mit an. Der Dramatiker Ferdinand Bruckner, der nur vier Tage vor seinem Tod mit ihm zusammen eine Radiosendung zugunsten von Flüchtlingen gemacht hatte, bekannte: »Zum ersten Mal, nach einer Freundschaft von zwanzig Jahren, verstehe ich Dich nicht, Ernst Toller.« Den Selbstmord nannte er ein Niederlegen seiner Berufung als Anwalt der Allgemeinheit gegen den Nationalsozialismus, eine Tat, die dem Feind eine mächtige Waffe in die Hand gebe.[13] Natürlich frohlockte die Nazi-Presse und berichtete über Tollers Tod unter einer Überschrift, die Tollers berühmten Dramentitel hämisch parodierte: »Hoppla, ihr sterbt, aber Deutschland lebt!«[14]

Auf einer Gedenkfeier am 27. Mai, an dem 500 Trauergäste teilnahmen, wurden Grabreden gehalten von Oskar Maria Graf für den Verband der deutschamerikanischen Schriftsteller, von Juan Negrín, dem letzten Präsidenten der spanischen Republik, und von Sinclair Lewis. Klaus Mann verlas eine Botschaft seines Vaters; Olga Fuchs, die früher am Dresdner Staatstheater gespielt hatte, rezitierte ein Gedicht aus dem *Schwalbenbuch*. Sinclair Lewis brachte auf den Punkt, was Toller für eine ganze Generation gewesen war: »ein Symbol der Revolution«.[15] Die öffentliche Zeremonie stand in scharfem Kontrast zu der im privaten Kreis stattfindenden Feuerbestattung am nächsten Tag, bei der nur drei Personen anwesend waren: Ludwig Marcuse, Tollers Kusine Else und eine amerikanische Journalistin. Zwei Jahre später war die Urne mit seiner Asche noch immer nicht abgeholt und stand im Keller des Krematoriums.

In den Wochen nach Tollers Tod bekundeten seine Freunde und Weggefährten, verstreut in der Diaspora des Exils, wieviel sie für ihn empfunden hatten. J. R. Becher schrieb aus Moskau und gedachte des

»guten Kameraden«; in Frankreich betrauerte Lion Feuchtwanger den Freund: »Ernst Toller hatte zuviel Herz für die anderen, um an sein eigenes Werk zu denken. Wenn einer, dann war er eine Kerze, die, an beiden Enden angezündet, verbrannte.«[16] Sehr persönliche Worte fand Alfred Wolfenstein: »Daß ein Kämpfer jetzt rascher, jünger, jäher stirbt, wundert uns nicht, und doch berührt uns Ernst Tollers Tod so unmittelbar, als sei ein Lieblingsbruder gestorben.«[17] Die vielleicht zutreffendste Huldigung formulierte W.H. Auden in seinem Gedicht »In Erinnerung an Ernst Toller«:

> Dear Ernst, lie shadowless at last among
> The other war-horses who existed till they'd done
> Something that was an example to the young.[18]

Anmerkung zu den Quellen

Die meisten von Tollers Hauptwerken sind erschienen in: *Gesammelte Werke* (hrsg. v. Wolfgang Frühwald und John M. Spalek), Bd. 1–5, München 1978 (zitiert als *GW*, Bd.). Der Begleitband *Der Fall Toller. Kommentar und Materialien*, München 1979, ist zitiert als *Der Fall Toller*. Andere Werke von Toller, die häufig zitiert werden, sind: *Justiz. Erlebnisse*, Berlin 1927 (zitiert als *Justiz*); *Quer Durch. Reisebilder und Reden*, Berlin 1930 (zitiert als *Quer Durch*); und *Vormorgen*, Potsdam 1924 (zitiert als *Vormorgen*).

Ich habe ausgiebig auf dokumentarische Quellen zurückgegriffen; die wichtigsten darunter waren:
1. Die Akten zu Tollers Hochverratsprozeß, die sich jetzt im Bayerischen Staatsarchiv in München befinden (zitiert als »Prozeßakten«).
2. In diesen Akten enthalten ist das Protokoll von Tollers Aussage gegenüber Staatsanwalt Lieberich nach seiner Gefangennahme im Juni 1919 (zitiert als »Protokoll«).
3. Die stenographischen Protokolle der Tagungen des Provisorischen Nationalrats und des Bayerischen Rätekongresses, beide in der Bayerischen Staatsbibliothek befindlich (zitiert als »Provisorischer Nationalrat« bzw. »Rätekongreß«).

Es gibt mehrere wichtige Sammlungen von Tollers unveröffentlichten Briefen:

AK	Akademie der Künste, Berlin
BA	Bundesarchiv, Koblenz
DB	Deutsche Bibliothek, Deutsches Exilarchiv 1933–1945, Frankfurt/M.
DLA	Deutsches Literaturarchiv, Marbach
TC	Trinity College, Dublin
Texas	Harry Ransom Research Institute, University of Texas at Austin
IfZ	Institut für Zeitgeschichte, München
Yale	Sterling Memorial Library, Yale University

Andere, kleinere Sammlungen sind an der jeweiligen Stelle in voller Länge angeführt.

Anmerkungen

Anmerkungen zur Einleitung

1 Die Kundgebung fand am 30. Juni 1933 statt und stand unter der Schirmherrschaft des Hilfskomitees für die Opfer des deutschen Faschismus. Toller trat aber schließlich doch nicht auf. Siehe N.A. Furness, »The reception of Ernst Toller and his works in Britain«, in: *Expressionism in Focus* (hrsg. v. Richard Sheppard), Blairgowrie 1987.

2 Wilfred Wellock, »Three Pacifist-Revolutionary Dramas«, in: *Labour Leader*, 15. Juni 1922, S. 2. Wellock war sein Leben lang Pazifist und von 1927 bis 1931 Unterhausmitglied der Labour Party für den Wahlkreis Stourbridge. Toller widmete ihm sein Stück *Die Maschinenstürmer*.

3 Christopher Isherwood, »The Head of a Leader«, zuerst erschienen in: *Encounter*, 1953, nachgedruckt in *Exhumations*, London 1966, S. 125–132.

4 *The Saturday Review of Literature*, 31. März 1934.

5 George Grosz, *Ein kleines Ja und ein großes Nein*, Hamburg 1955, S. 269, zunächst auf englisch erschienen als *A Little Yes and a Big No*, New York 1946; Ernst Niekisch, *Gewagtes Leben*, Köln und Berlin 1958, S. 99.

6 Otto Zarek (unter Mitwirkung von James Eastwood), *German Odyssey*, London 1941, S. 87.

7 Niekisch, a.a.O., S. 98. Webers Aussage ist wiedergegeben in: *Münchener Neueste Nachrichten MNN*, Nr. 277, 16. Juli 1919.

8 *Eine Jugend in Deutschland*, *GW* Bd.4, S. 235.

9 Niekisch, a.a.O., S. 98.

10 J.R. Becher, »Dem guten Kameraden«, in: *Internationale Literatur*, IX, 7 (1939), S. 135–136.

11 Emil Ludwig, »Radionachricht von Ernst Tollers Tod«, in: *Das neue Tagebuch*, 10. Juni 1939, S. 572.

12 Niekisch, a.a.O., S. 98.

13 Grosz, a.a.O., S.270–271.

14 Interview des Verfassers mit Fenner Brockway, 14. Februar 1979.

15 Hermann Kesten, *Meine Freunde die Poeten*, Frankfurt, Berlin und Wien 1980, S. 152.

16 Lion Feuchtwanger, »Dem toten Ernst Toller«, in: *Die neue Weltbühne*, 8. Juni 1939, S. 713–715.

17 Ebd.

18 Toller, »Rede auf dem Pariser Kongreß der Schriftsteller«, in: *Das Wort*, III, 10. Oktober 1938, S. 126.

Anmerkungen zu Kapitel I

Von unabhängiger Seite gibt es nur wenige Aussagen über Tollers Kindheit. Dieses Kapitel basiert daher weitestgehend auf seinen eigenen Darstellungen, von denen die wichtigsten sind:

a) Seine Autobiographie *Eine Jugend in Deutschland* und Kindheitserinnerungen in *Briefe aus dem Gefängnis*, Amsterdam 1935. Nachgedruckt als Bde. 4 und 5 der *Gesammelten Werke*, München 1978 (zitiert als »Eine Jugend«, *GW* Bd. 4 und »Briefe«, *GW* Bd. 5.);

b) das Protokoll seiner Aussage gegenüber Staatsanwalt Lieberich nach seiner Verhaftung im Juni 1919, das sich unter den Akten seines Prozesses wegen Hochverrats befindet und im Münchener Staatsarchiv verwahrt wird. Nachgedruckt in »Eine Jugend«, *GW* Bd. 4, S. 239-252 (zitiert als »Protokoll«, *GW* Bd. 4);

c) die autobiographischen Aufzeichnungen, die er 1921 an Heinar Schilling schickte, nachgedruckt in: H. Daiber (Hrsg.), *Vor Deutschland wird gewarnt*, Gütersloh 1967, S. 90-105.

Ich habe auch auf Informationen über die Familie Toller zurückgegriffen, die ich von Ernsts Nichte Anne Schönblum bekommen habe.

1 »Briefe«, *GW* Bd. 5, S. 28-29.
2 *Eine Jugend in Deutschland*, Amsterdam 1933; englische Fassung: *I was a German*, übersetzt von Edward Crankshaw, London 1934.
3 Vgl. das unveröffentlichte autobiographische Manuskript »Death of a Mother« (Yale).
4 Kurt Pinthus, »Life and Death of Ernst Toller«, in: *Books Abroad*, XIV (1939), S. 4.
5 Vgl. Tollers Beitrag zu der Anthologie *Dichterglaube. Stimmen religiösen Erlebens*, hrsg. v. Harald Braun, Berlin-Steglitz 1931, insbesondere S. 329-330.
6 Else Lasker-Schüler, »Ernst Toller«, in: *Emuna. Blätter für christlich-jüdische Zusammenarbeit*, Köln, IV (1969), S. 259-260. Ihr Gedicht »Ernst Toller« erschien zuerst in: *Die Weltbühne*, XXI, 1 (1925), S. 17.
7 »Unser Weg«, in: *Gedichte der Gefangenen*, München 1921, S. 30. Die Schlußzeilen des Gedichts lauten:
Das Reich des Friedens wollen wir zur Erde tragen,
Den Unterdrückten aller Länder Freiheit bringen –
Wir müssen um das Sakrament der Erde ringen!
8 »Briefe«, *GW* Bd. 5, S. 31.
9 »Konflikte der Jugend in Deutschland«, in: *Quer Durch*, S. 260.
10 »Der Ringende«, in: *Vormorgen*, Berlin 1924, S. 9. Das Gedicht ist für die Veröffentlichung stark gekürzt worden. Eine frühere Manuskriptfassung, die sich im DLA befindet, enthält elf Zeilen, die in der Fassung im *Vormorgen* gestrichen sind.
11 »Protokoll«, *GW* Bd. 4, S. 240.
12 »Eine Jugend«, *GW* Bd. 4, S. 40.

Anmerkungen zu Kapitel II

1 »Eine Jugend«, *GW* Bd. 4, S. 53. Tollers Autobiographie entstand etwa fünfzehn Jahre nach seiner Militärzeit. In diesem Kapitel habe ich auf seine anderen autobiographischen Darstellungen zurückgegriffen, auf die verschiedenen Hinweise, die in seinen Essays, Reden und Zeitungsbeiträgen aus den Jahren 1919 bis 1930 enthalten sind, und die Zeugenaussagen während seines Hochverratsprozesses.

2 Thomas Mann, »Gedanken im Krieg«, in: *Die neue Rundschau*, November 1914, S. 1475; nachgedruckt in: Thomas Mann, *Politische Schriften und Reden* Bd. 2, Frankfurt/M. und Hamburg 1968.

3 Einen Überblick über die deutsche Dichtung in der Zeit des 1. Weltkriegs liefert die Anthologie *Die Dichter und der Krieg. Deutsche Lyrik 1914–1918*, hrsg. von Thomas Anz und Joseph Vogel, München und Wien 1982.

4 Richard Dehmel, *Zwischen Volk und Menschheit. Kriegstagebuch*, Berlin 1919, S. 12.

5 Professor Ludwig Gurlitt (München) in der Zeitschrift *Junge Menschen* II, 24 (1921).

6 Einleitung zu *Briefe aus dem Gefängnis*, *GW* Bd. 5, S. 9.

7 Das Gedicht »Frühling 1915« gehört zu einer Sammlung maschinengeschriebener Texte, die jetzt im Bundesarchiv in Koblenz aufbewahrt werden. Die Gedichte, die im NSDAP-Hauptarchiv entdeckt wurden, gehören wahrscheinlich zu den persönlichen Unterlagen, die bei der Plünderung seiner Wohnung nach dem Reichstagsbrand konfisziert worden waren. »Frühling 1915« ist »RD in Verehrung« gewidmet – RD ist vermutlich Richard Dehmel, dessen Werk, wie Toller später schrieb, ihm »unsagbar viel bedeutete«; siehe seinen unveröffentlichten Brief an Dehmel vom 25. November 1917, Richard-Dehmel-Archiv, Staats- und Universitätsbibliothek Hamburg.

8 »Gang zur Ruhestellung«, in: *Vormorgen*, Potsdam 1924, S. 14.

9 »Leichen im Priesterwald«, *Vormorgen*, S. 17.

10 »Briefe«, *GW* Bd. 5, S. 188.

11 Brief an *Heidelberger Tageblatt*, 20. 12. 1917.

12 »Im Westen nichts Neues«, in: *Die literarische Welt*, 22. Februar 1929, S. 5.

13 »Eine Jugend«, *GW* Bd. 4, S. 69–70.

14 »Protokoll«, *GW* Bd. 4, S. 240.

15 Brief von Dr. Marcuse, in: »Prozeßakten«.

16 Walter Hasenclever, »Der politische Dichter«, in: *Tod und Auferstehung*, München 1917.

17 Unveröffentlichter Brief an Cäsar Flaischlen (DLA).

18 Otto Zarek, unter Mitwirkung von James Eastwood, *German Odyssey*, London 1941, S. 85.

19 »Den Müttern«, in: *Vormorgen*, S. 21, zuerst veröffentlicht unter dem Titel »Mütter« in: *Kameraden der Menschheit*, Potsdam 1919, S. 70.

20 »An die Dichter«, in: *Vormorgen*, S. 20.

Anmerkungen zu Kapitel III

1 Aussage als Zeuge bei seinem Prozeß wegen Hochverrats; siehe *Münchener Neueste Nachrichten*, Nr. 274, 15. Juli 1919.
2 Brief von Diederichs an Max Weber vom 22. Juli 1917, in: Eugen Diederichs, *Selbstzeugnisse und Briefe von Zeitgenossen*, Köln 1967. Eine Darstellung der Lauenstein-Tagung aus zeitgenössischer Sicht liefert: Marianne Weber, *Max Weber. Ein Lebensbild*, Heidelberg 1926. Es gab zwei Tagungen auf Burg Lauenstein, die erste vom 29. bis zum 31. Mai 1917, die zweite vom 29. September bis zum 3. Oktober 1917. Toller nahm nur an der zweiten teil, die das Thema hatte: »Das Führerproblem im Staat und in der Kultur«.
3 H. Daiber, a.a.O., S. 92.
4 Unveröffentlichter Brief an Richard Dehmel vom 25. November 1917, Richard-Dehmel-Archiv, Staats- und Universitätsbibliothek Hamburg.
5 Siehe Anmerkung 3.
6 M. Turnowsky-Pinner, »A student's friendship with Ernst Toller«, in: *Leo Baeck Institute Year Book*, 1970, S. 2121–2122. Bei der Rekonstruktion von Tollers Aktivitäten in Heidelberg habe ich auf diese Ausführungen ebenso zurückgegriffen wie auf verschiedene Dokumente, die in den »Prozeßakten« enthalten sind.
7 Toller, »Bemerkungen zu meinem Drama *Die Wandlung*«, in: *Der Freihafen*, II (1919), S. 145–146. Nachgedruckt in: *GW* Bd. 2, S. 360–361.
8 Zitiert in: Stefan Großmann, »Der Hochverräter Ernst Toller«; nachgedruckt in: Toller, *Prosa, Briefe, Dramen, Gedichte*, Reinbek 1961, S. 474.
9 M. Turnowsky-Pinner, a.a.O.
10 Daiber, a.a.O., S. 92.
11 *Münchener Neueste Nachrichten*, Nr. 274, vom 15. Juli 1919.
12 »Der neue Fall Foerster als Anlaß zum Protest gegen die Einschränkung der politischen Freiheit der Studierenden in Deutschland«, in: »Prozeßakten«, nachgedruckt in: *Der Fall Toller*, S. 29–31.
13 Vgl. Tollers unveröffentlichten Brief an Schickele vom 8. November 1917 (DLA).
14 Vgl. »Leitsätze für einen kulturpolitischen Bund der Jugend in Deutschland«, *GW* Bd. 1, S. 33. Leonhard Franks Erzählung »Der Kellner« (später veröffentlicht unter dem Titel »Der Vater«) erschienen in *Die Weißen Blätter* im März 1916, Auszüge aus Barbusses Roman im April 1917.
15 Vgl. Brief vom »Ausschuß der Heidelberger Studentenschaft«, in: *Heidelberger Tageblatt*, 18. Dezember 1917; ebenso Tollers Antwort vom 20. Dezember 1917 (Abschriften von beidem in den »Prozeßakten«).
16 »Aufruf zur Gründung eines Kulturpolitischen Bundes der Jugend in Deutschland«, in: *Der Fall Toller*, S. 31–33.
17 »Eine Jugend«, *GW* Bd. 4, S. 84.
18 Der folgende Abriß von Landauers Philosophie basiert auf seinem *Aufruf zum Sozialismus*, der sicherlich sein bekanntestes Werk war und wahrscheinlich das einzige, das Toller 1917 gelesen hatte. Seitenangaben im Text beziehen sich auf die vierte Auflage der Erstausgabe, Köln 1923. (Nachdruck: Verlag Büchse

der Pandora, 1978). Eine sehr brauchbare Darstellung von Landauers Leben und Werk liefert: Charles Benes Maurer, *Call to Revolution*. *The Mystical Anarchism of Gustav Landauer*, Detroit 1971.

19 Gustav Landauer, *Die Revolution*, Frankfurt/M. 1907, S. 115.

20 Brief an Gustav Landauer vom 20. Dezember 1917, *GW* Bd. 1, S. 36; »Leitsätze« – siehe Anmerkung 14.

21 »Die Mobilmachung als Kriegsursache«, geschrieben im Dezember 1916, aber erst 1919 veröffentlicht. Eisners Stück *Die Götterprüfung* (Berlin 1920) wurde am 1. Mai 1925 in Berlin aufgeführt.

22 Eisners Essays über Kant sind in der SPD-eigenen Zeitschrift *Vorwärts* 1904 erschienen und nachgedruckt in: Eisner, *Gesammelte Schriften* Bd. II, Berlin 1919. S. 165–186.

23 Felix Fechenbach, *Der Revolutionär Kurt Eisner*, Berlin 1929, S. 25. Fechenbachs Buch enthält eine gute Darstellung des Januarstreiks, bei dem er eine führende Rolle spielte. Siehe auch Eisners Gefängnistagebuch, in: *Sozialismus als Aktion*, hrsg. v. Freya Eisner, Frankfurt/M. 1975, S. 58–74. Eine Darstellung des Streiks aus der Sicht eines Historikers enthält: Franz Schade, *Kurt Eisner und die bayerische Sozialdemokratie*, Hannover 1961. Siehe auch Arthur Rosenberg, *Die Entstehung der deutschen Republik*, Berlin 1928.

24 »Prozeßakten«.

25 Oskar Maria Graf, *Wir sind Gefangene*, München 1965, S. 347. Grafs Roman wurde 1927 erstveröffentlicht. Es gibt auch einen Bericht von Polizeiinformanten über das Treffen, der sich in Tollers »Prozeßakten« befindet.

26 Kurt Eisner, »Gefängnistagebuch, in: *Sozialismus als Aktion*, Frankfurt/M. 1975, S. 62.

27 Zitiert in: *Revolution und Räterepublik in München 1918–1919*, hrsg. von Gerhard Schmolze, Düsseldorf 1969, S. 52.

28 »Prozeßakten«.

29 Vgl. »Ich habe euch umarmt«, in: *Vormorgen*, Potsdam 1924, S. 22.

30 *Münchener Neueste Nachrichten*, Nr. 274, 15. Juli 1919. Siehe auch Daiber, a.a.O., S. 93. Zu Tollers eigener Darstellung in seiner Autobiographie siehe *GW* Bd. 4, S. 95.

31 Daiber, a.a.O., S. 93.

32 Ebd.

33 »Prozeßakten«. Ein Teil seiner Aussage ist abgedruckt in: *Der Fall Toller*, S. 40.

34 Zitiert in Kurt Kreiler, *Die Schriftstellerrepublik*, Berlin 1978, S. 190.

Anmerkungen zu Kapitel IV

1 *Die Wandlung. Das Ringen eines Menschen*, Potsdam 1919. Nachgedruckt in: *GW* Bd. 2, S. 7–61; Seitenangaben beziehen sich auf diese Ausgabe.

2 *Der Sohn*, geschrieben 1913/14, wurde im September 1916 in Prag uraufgeführt, die erste Aufführung in Deutschland fand im Oktober 1916 in Dresden statt.

Der Bettler, geschrieben 1912, wurde von Max Reinhardt im Dezember 1917 am Deutschen Theater in Berlin inszeniert.

3 Die offenkundigsten formalen und stilistischen Einflüsse des Stücks kommen von Strindberg und Sorge; aber Toller kannte auch Hasenclevers Werk und bewunderte dessen *Antigone*, ebenso Unruhs *Ein Geschlecht*, das 1917 in München erschien, als Toller dort studierte. Es ist weniger klar, welche expressionistischen Stücke, wenn überhaupt welche, Toller tatsächlich auf der Bühne gesehen hatte.

4 Vgl. »Leitsätze für einen kulturpolitischen Bund der Jugend in Deutschland«, *GW* Bd. 1, S. 33. Siehe auch Kapitel III, Anmerkung 14.

5 »Bemerkungen zu meinem Drama *Die Wandlung*«, datiert mit »Festgefängnis Eichstätt, Oktober 1919«, in: *Der Freihafen*, II (1919), S. 145–146. Nachgedruckt in: *GW* Bd. 2, S. 360–361.

6 Gustav Mayer, *Erinnerungen. Vom Journalisten zum Historiker der deutschen Arbeiterbewegung*, München 1949, S. 292–293.

7 Stefan Großmann, »Der Hochverräter Ernst Toller«, in: Toller, *Prosa, Briefe, Dramen, Gedichte*, Reinbek 1961, S. 485.

8 Kurt Wolff an Toller, 2. Dezember 1919, in: Wolff, *Briefwechsel eines Verlegers 1911–1963*, hrsg. von Bernhard Zeller und Ellen Otten, Frankfurt/M. 1966, S. 323.

9 Friedrich Wolf, »Präludium«, in: *Sinn und Form*, XX, 6 (1968), S. 1307. Die 1918-19 verfaßte Skizze wurde erst 1968 veröffentlicht.

10 Schickele, »Der neunte November«, in: *Tribüne der Kunst und Zeit*, VIII, S. 21, 27–28.

11 Fritz Kortner, *Aller Tage Abend*, München 1969, S. 344.

Anmerkungen zu Kapitel V

1 Bei diesem Kapitel habe ich die dokumentarischen Quellen verwendet, die in der »Anmerkung zu den Quellen« aufgelistet sind, und die folgenden:
a) die Dekrete und Proklamationen der beiden Räterepubliken, zahlreiche davon unterzeichnet von Toller; aufbewahrt werden sie in der Münchener Staatsbibliothek (Monacensia-Abteilung). Viele von ihnen sind abgedruckt in: Max Gerstl, *Die bayerische Räterepublik*, München 1919;
b) die Sitzungsberichte der Betriebsräte aus der zweiten (kommunistischen) Räterepublik in der *Münchener Post*;
c) Berichte in anderen Münchener Zeitungen, wie der USPD-eigenen *Neuen Zeitung* und der kommunistischen *Münchener Rote Fahne*;
d) Toller beklagte, daß das Protokoll seines Kreuzverhörs seinen Äußerungen oft nicht entspreche. Seine Aussage vor dem Kriegsgericht zeigt daher besser, wie er die Ereignisse deutete (zitiert nach den *Münchener Neueste Nachrichten*, 15.–17. Juli 1919).
Ich habe außerdem auf folgende historische Standardwerke zurückgegriffen: Allan Mitchell, *Revolution in Bavaria*, Princeton 1965; Hans Beyer, *Von der Novemberrevolution zur Räterepublik in München*, Berlin 1957; Karl Bosl, *Bayern im Umbruch*, München und Wien 1969.

2 *Münchener Neueste Nachrichten*, 15. Juli 1919.

3 »Ansprache anläßlich der Revolutionsfeier am 17.11.1918«, abgedruckt in: Eisner, *Die halbe Macht den Räten*. *Ausgewählte Aufsätze und Reden*, hrsg. von Renate und Gerhard Schmolze, Köln 1969, S. 278.

4 *Münchener Neueste Nachrichten*, 8. November 1918.

5 »Provisorischer Nationalrat«, Beilage II, S. 13–23.

6 »Provisorischer Nationalrat«, Beilage III, S. 128. Toller eröffnete diese Sitzung in seiner Eigenschaft als Zweiter Vorsitzender der Arbeiterräte.

7 *Münchener Neueste Nachrichten*, 15. Juli 1919.

8 »Provisorischer Nationalrat«, 7. Sitzung, 30. Dezember 1918, S. 186–191.

9 »Provisorischer Nationalrat«, 8. Sitzung, 2. Januar 1919, S. 256–258.

10 »Aktionsausschußsitzung der A-, B- und S-Räte Bayerns«, 21. Januar 1919, Bayerisches Hauptstaatsarchiv, München.

11 Brief an Rilke, 29. September 1920, in: *Rainer Maria Rilke 1875–1975*, Katalog einer Sonderausstellung im Schiller-Nationalmuseum, Marbach a.N., hrsg. von J.W. Storck, München 1975, S. 239.

12 »Provisorischer Nationalrat«, 5. Sitzung, 17. Dezember 1918, S. 70.

13 »Rätekongreß«, 2. Sitzung, 27. Februar 1919, S. 51–52.

14 »An die Jugend aller Länder«, *GW* Bd. 1, S. 49.

15 »Rätekongreß«, 2. Sitzung, 27. Februar 1919, S. 52.

16 Unveröffentlichter Brief von Foerster an Toller, 9. März 1919; Abschrift in den Akten des Verfahrens gegen Ernst Niekisch, Bayerisches Staatsarchiv, München.

17 »Protokoll«, *GW* Bd. 4, S. 242.

18 »Eine Jugend«, *GW* Bd. 4, S. 123.

19 Die Schilderung dieser Versammlung folgt: Ernst Niekisch, *Gewagtes Leben*, Köln und Berlin 1958, S. 66–71.

20 Vgl. Daiber, a.a.O., S. 94.

21 Georg Escherisch, *Der Kommunismus in München*, VI, München 1921, S. 8. Diese Reihe besteht aus acht Abhandlungen, von denen sich die sechste mit der »Scheinräterepublik« befaßt.

22 Die Proklamation ist abgedruckt in: *Revolution und Räterepublik in München 1918/19*, hrsg. von Gerhard Schmolze, Düsseldorf 1969, S. 271.

23 Vgl. KPD-Flugblatt, Bayerische Staatsbibliothek, Monacensia-Abteilung.

24 Lenins Telegramm ist abgedruckt in: Helmut Neubauer, *München und Moskau 1918/1919. Zur Geschichte der Rätebewegung in Bayern*, Jahrbücher für Geschichte Osteuropas, Beiheft 4, München 1958, S. 56.

25 Landauer an Mauthner, 7. April 1919, in: *Gustav Landauer. Sein Lebensgang in Briefen*, hrsg. von Martin Buber, Bd. II, Frankfurt/M. 1929, S. 413.

26 »An das Proletariat«, Proklamation vom 10. April 1919, unterzeichnet von Toller, Bayerische Staatsbibliothek, Monacensia-Abteilung.

27 A. Rosenberg, *Die Geschichte der Weimarer Republik*, Frankfurt 1961, S. 70.

28 Tilla Durieux, *Eine Tür steht offen. Erinnerungen*, Berlin 1954, S. 133.
29 Erich Wollenberg, *Als Rotarmist in München*, Berlin 1929, S. 43.
30 *Münchener Post*, 23. April 1919.
31 Vgl. *Revolution und Räterepublik in München*, a.a.O., S. 332-333.
32 *Münchener Rote Fahne*, 25. April 1919.
33 Tollers Aussage vom 26. April 1919 ist zitiert in: Gerstl, a.a.O., S. 108-109.
34 *Münchener Neueste Nachrichten*, 15. Juli 1919.
35 *Münchener Rote Fahne*, 29. April 1919.
36 *Münchener Rote Fahne*, 30. April 1919.
37 Vgl. *Münchener Post*, 2.5.1919
38 Robert G. L. Waite, *Vanguard of Nazism: The Free Corps Movement in Postwar Germany, 1918-1923*, Cambridge (Mass.) 1952.
39 Die nachfolgenden Abschnitte basieren auf den Erinnerungen Prinz Löwensteins, in: Thomas Bütow, *Der Konflikt zwischen Revolution und Pazifismus im Werk Ernst Tollers*, Hamburg 1975, Anhang, S. 72-75.
40 Siehe Trautners Aussagen in den Akten des Verfahrens gegen ihn, Bayerisches Staatsarchiv, München.
41 »Eine Jugend«, *GW* Bd. 4, S. 169.

Anmerkungen zu Kapitel VI

1 *Münchener Neueste Nachrichten*, 5. Juni 1919.
2 Vgl. Alan Bullock, *Hitler. Eine Studie über Tyrannei*, Düsseldorf 1969, S. 44.
3 Vgl. »Eine Jugend«, *GW* Bd. 4, S. 176.
4 *Der Fall Toller*, S. 72.
5 Großmann, a.a.O., S. 482.
6 Siehe *Justiz*, S. 84-87.
7 Über Tollers Prozeß wurde in den führenden überregionalen Zeitungen berichtet, wie der *Vossischen Zeitung*, der *Frankfurter Zeitung*, dem *Berliner Tageblatt*, dem *Vorwärts* etc., ebenso wie in der Münchener Presse. Meine Darstellung basiert auf den Berichten in der *Münchener Post* und in den *Münchener Neueste Nachrichten* vom 15., 16. und 17. Juli 1919.
8 *Der Fall Toller*, S. 79.
9 Großmann, a.a.O., S. 484.
10 *Münchener Neueste Nachrichten*, 17. Juli 1919.
11 »Schlußwort vor dem Standgericht«, *GW* Bd. 1, S. 49-51, ein Nachdruck des Artikels, der am 17. Juli 1919 in der *Münchener Post* erschien. Tollers Schlußwort wurde auch in einer leicht veränderten Fassung in den *Münchener Neuesten Nachrichten* vom 17. Juli 1919 veröffentlicht.
12 Siehe Anmerkung 10.

Anmerkung zu Kapitel VII

1 Brief an Tessa (d.h. Netty Katzenstein), nicht datiert (1920), in: *Briefe, GW* Bd. 5, S. 22 (im folgenden zitiert als *GW* Bd. 5). Netty Katzensteins Ehemann Erich, ein Arzt, war nach dem Scheitern der Räterepublik in die Schweiz geflohen. Netty war in München geblieben und besuchte Toller mehr als einmal im Gefängnis. 1921 folgte sie ihrem Ehemann nach Ascona.

2 Brief an Kurt Wolff, 13. Juli 1920, in: Wolff, *Briefwechsel eines Verlegers*, a.a.O. S. 324.

3 O.M. Graf, »Gedenkrede auf Ernst Toller«, in: *Sinn und Form*, XXI (Juli 1969), S. 879–900. Tollers Jahre im Gefängnis sind wohl die bestdokumentierten seines Lebens. Die Ereignisse und Erfahrungen dieser Jahre sind niedergelegt in aufeinanderfolgenden autobiographischen Arbeiten: *Justiz. Erlebnisse* (zitiert als *Justiz*), *Eine Jugend in Deutschland* und vor allem die *Briefe aus dem Gefängnis*. Weitere Briefe Tollers aus dieser Zeit sind veröffentlicht in Wolff, a.a.O., und in Kasimir Edschmid, *Briefe der Expressionisten*, Frankfurt/M. 1964; einige unveröffentlichte Briefe befinden sich in der Akademie der Künste, Berlin, und im Theaterarchiv des Märkischen Museums, ebenfalls Berlin.

4 Unveröffentlichter Brief von Kaufmann an Toller, Dezember 1919 (AK).

5 Vgl. Brief an Stefan Zweig, 1921, *GW* Bd. 5, S. 57.

6 »In erster Linie Beamter«, in: *Justiz*, S. 95.

7 Brief an Tessa, 30. Januar 1922, *GW* Bd. 5, S. 90.

8 *Gedichte der Gefangenen. Ein Sonettenkreis*, München 1921, nachgedruckt in *GW* Bd. 2, Zitat S. 330.

9 *Justiz*, S. 93–94.

10 Ebd., S. 119.

11 Siehe das stenographische Protokoll der Sitzung des Bayerischen Landtags vom 21. Dezember 1921, Bayerische Staatsbibliothek, München. Auszüge dieses Protokolls sind veröffentlicht in: *Der Fall Toller*, S. 128–133.

12 *Justiz*, S. 90.

13 Brief an Romain Rolland, undatiert (1921), *GW* Bd. 5, S. 76.

14 Brief an den Herausgeber der Zeitung *Kampf* und Brief an K., beide undatiert (1920), *GW* Bd. 5, S. 48–50.

15 Brief an Tessa, 25. Februar 1924, *GW* Bd. 5, S. 177, und an Paul Z. (d.h. Paul Zech, expressionistischer Dramatiker), 4. Mai 1924, *GW* Bd. 5, S. 192.

16 Brief an K., 7. Februar 1922, *GW* Bd. 5, S. 94.

17 »Deutsche Revolution«, in: *Das Tagebuch*, 26. März 1921, S. 358–365.

18 Brief an Kurt Wolff, 12. November 1921, Wolff, a.a.O., S. 328–329.

19 Brief an Paul Zech, 4. Mai 1924, *GW* Bd. 5, S. 192.

20 Briefe an Tessa, 9. Oktober 1920, *GW* Bd. 5, S. 55, und 30. September 1922, *GW* Bd. 5, S. 130.

21 »Eine Jugend«, *GW* Bd. 4, S. 205.

22 »The sexual life of prisoners«, einführender Essay von Toller zu: Joseph Fishman, *Sex in Prison*, London 1935, S. VII.

23 Brief an Tessa, 30. Januar 1922, *GW* Bd. 5, S. 90–91.
24 Brief an Tessa, 3. März 1921, *GW* Bd. 5, S. 63.
25 Brief an Tessa, 27. April 1922, *GW* Bd. 5, S. 101–102.
26 Brief an Tessa, 4. Oktober 1921, *GW* Bd. 5, S. 79.
27 *Das Schwalbenbuch*, *GW* Bd. 2, S. 331.
28 Brief an Walter Fabian, 6. Dezember 1923, *GW* Bd. 5, S. 170.
29 Fishman, a.a.O., S. XII.
30 Kurt Pinthus, »Life and Death of Ernst Toller«, in: *Books Abroad*, XIV (1939), S. 3–8.
31 Brief an Kurt Wolff, 19. Januar 1921, Wolff, a.a.O., S. 325; Brief an Tessa, 2. Februar 1922, *GW* Bd. 5, S. 92–93.
32 Brief an Tessa, 9. Oktober 1920, *GW* Bd. 5, S. 55.
33 Brief an Tessa, 27. April 1922, *GW* Bd. 5, S. 101–102.
34 Siehe Kurt Tucholsky, *Ausgewählte Briefe 1913–1935*, hrsg. von Mary Gerold-Tucholsky und Fritz J. Raddatz, Reinbek 1962, S. 124–125.
35 *Justiz*, S. 113.
36 Brief an Tessa, 23. Oktober 1923, *GW* Bd. 5, S. 168.
37 Nach Aussage von Tollers Nichte Anne Schönblum, 1988.
38 Brief an Tessa, 16. März 1924, *GW* Bd. 5, S. 184.
39 Brief an Dr. N., 25. Februar 1924, *GW* Bd. 5, S. 183.
40 Brief an Tessa, 11. Juli 1924, GW Bd. 5, S. 194.
41 »Eine Jugend«, *GW* Bd. 4, S. 233 und S. 235.

Anmerkungen zu Kapitel VIII

1 Brief an Kurt Wolff, 13. Juli 1920, in: Wolff, a.a.O., S. 325.
2 *Quer Durch*, S. 288.
3 *Masse-Mensch. Ein Stück aus der sozialen Revolution des 20. Jahrhunderts*, Potsdam 1921. Nachgedruckt in: *GW* Bd. 2, S. 63–112; Seitenangaben im Text beziehen sich auf diese Ausgabe. Toller schrieb die erste Fassung des Stücks im Oktober 1919 und beendete die Überarbeitungen im Juni 1920. Im Juli passierte das Stück die Gefängniszensur – siehe den Brief an Kurt Wolff, angeführt in Anmerkung 1.
4 Brief an Theodor Lessing, undatiert (1920), *GW* Bd. 5, S. 36.
5 Brief an Tessa, 12. November 1920, *GW* Bd. 5, S. 50.
6 Vorbild für Tollers Protagonistin war Sarah Sonja Lerch, die in Rußland geborene Frau eines Münchener Universitätsprofessors, die zum Antikriegskreis um Eisner gehörte und eine führende Rolle im Streikkomitee spielte. Nachdem sie zur gleichen Zeit wie die anderen Streikführer verhaftet worden war, beging sie zwei Monate später im Stadelheimer Gefängnis Selbstmord.
7 Toller fügte die Zeile »Gewaltlos werden wir die Ketten sprengen« erst in der zweiten Ausgabe des Stücks (Potsdam 1922) ein, in der Absicht, ihren Glauben an die *revolutionäre* Wirksamkeit gewaltloser Aktionen hervorzuheben.

8 *Quer Durch*, S. 282.
9 Einzelheiten der Inszenierung werden ausführlich beschrieben in: K. Macgowan und R.E. Jones, *Continental Stagecraft*, London 1923, S. 144–156. Ebenso in: Renate Benson, *German Expressionist Drama. Ernst Toller and Georg Kaiser*, London 1984.
10 Jürgen Fehling, »Notes on the production of *Masse-Mensch*«, in: *Masses and Man*, übersetzt von Vera Mendel, London 1923.
11 Macgowan, a.a.O., S. VII und S. 144.
12 *Der Tag des Proletariats. Ein Chorwerk*, Berlin 1920; darin enthalten auch das *Requiem den erschossenen Brüdern*, das zuerst in dem USPD-Jahrbuch *Die Revolution*, Berlin 1920, erschienen ist. Der Text beider »Sprechchöre« ist nachgedruckt in: *Arbeiterkulturbewegung in der Weimarer Republik. Texte. Dokumente. Bilder*, hrsg. von Wilfried van der Will und Rob Burns, Frankfurt, Berlin und Wien 1982.
13 Brief an Tessa, 1. September 1920, *GW* Bd. 5, S. 35.
14 Brief an Anne-Marie von Puttkamer (Lektorin beim Kurt Wolff Verlag), 22. Mai 1921, in: Wolff, a.a.O., S. 328. Vgl. auch Brief an Tessa, 18. Mai 1921, *GW* Bd. 5, S. 66.
15 Brief an Tessa, 1. September 1920, *GW* Bd. 5, S. 34–35.
16 Brief an Tessa, undatiert (1920), *GW* Bd. 5, S. 31.
17 *Die Maschinenstürmer*, Leipzig, Wien, Zürich 1922. Nachgedruckt in: *GW* Bd. 2, S. 113–190; die nachfolgenden Seitenangaben beziehen sich auf diese Ausgabe.
18 Brief an Tessa, 27. Januar 1921, *GW* Bd. 5, S. 59.
19 Brief an Anne-Marie von Puttkamer, siehe Anmerkung 14.
20 Brief an Gustav Mayer, 7. Februar 1921, *GW* Bd. 5, S. 60; siehe auch Tollers Anmerkungen in: *Die Glocke*, VII, 43, 16. Januar 1922; nachgedruckt in: *GW* Bd. 2, S. 361.
21 Eine ausführliche Analyse und Würdigung der historischen Quellen ist enthalten in meinem Buch *Revolutionary Socialism in the Work of Ernst Toller*, Bern, Frankfurt und New York 1986, S. 156–162, und in: N.A. Furness, »Fact and Symbol in *Die Maschinenstürmer*«, in: *Modern Language Review*, 1978, S. 847–858.
22 Unveröffentlichter Brief an Gustav Mayer, 2. Januar 1921 (Istituto Giangiacomo Feltrinelli, Mailand). Tollers Briefe an Mayer, an den er sich ursprünglich gewandt hatte, weil er sich Hilfe bezüglich des historischen Quellenmaterials erhoffte, wirft ein interessantes Licht auf seine dramatische Konzeption, insbesondere auf die Vorstellungen, die er von den Rollencharakteren hatte.
23 Stefan Großmann, »Toll, Toller, am Tollsten«, in: *Das Tagebuch*, 15. Juli 1922; nachgedruckt in: *Der Fall Toller*, S. 135–137.
24 Döblins Rezension, die zuerst im *Prager Tageblatt* erschien, ist zitiert in: *Der Fall Toller*, S. 137–138.
25 Zuerst veröffentlicht unter dem Titel *Der deutsche Hinkemann. Eine Tragödie in drei Akten*, Potsdam 1923. Nachgedruckt in: *GW* Bd. 2, S. 191–247; die Seitenangaben im Text beziehen sich auf diese Ausgabe. Das Stück wurde 1924

unter dem Titel *Hinkemann* neu aufgelegt. Eine zweite überarbeitete Ausgabe, ebenfalls unter dem Titel *Hinkemann*, erschien noch im gleichen Jahr.

26 Zwei sehr bekannte Beispiele sind J.R. Becher und der Dramatiker Friedrich Wolf. Becher, Mitglied der USPD seit 1917 und der KPD seit 1919, war durch die Niederschlagung der Revolution desillusioniert und litt 1920/21 unter Verzweiflungsanfällen und nihilistischen Gefühlen. 1923 nahm er seine politische Arbeit mit einer öffentlichen Erklärung für die KPD wieder auf. Wolf hatte als USPD-Mitglied im März 1920 an den Ruhrkämpfen teilgenommen. Im Frühjahr 1921 lebte er kurz in der Künstlerkolonie Worpswede, verließ sie aber bald voller Enttäuschung. Becher wurde später Kulturminister in der DDR, Wolf deren erster Botschafter in Polen.

27 Siehe Tollers unveröffentlichen Briefwechsel mit der Volksbühne (Märkisches Museum, Berlin), insbesondere seinen Brief an Dr. Oskar Anwand (Stellvertretender Künstlerischer Leiter der Volksbühne), 21. Oktober 1921. Dieser Briefwechsel bestätigt, daß Toller im Laufe der Verhandlungen über die Inszenierung des Stücks überredet wurde, beträchtliche Änderungen des Originalmanuskripts vorzunehmen, bevor es im Juli 1922 endgültig abgelehnt wurde.

28 Brief an Tessa, 20. März 1922, *GW* Bd. 5, S. 98–99.

29 Brief an Max Beer, 7. Juli 1923, *GW* Bd. 5, S. 158.

30 »Anmerkung zur proletarischen Kunst«, in: *Volksbühne* II, 3 (Januar/Februar 1922). Toller griff diese Formulierung 1921/22 bei verschiedenen anderen Gelegenheiten wieder auf, darunter: »Brief an einen schöpferischen Mittler«, der als Vorwort für die zweite Ausgabe von *Masse-Mensch* dient; »Ernst Toller über proletarische Kunst«, in: *Vorwärts*, 28. April 1922; Brief »an einen Arbeiter«, undatiert (1920), *GW* Bd. 5, S. 116–117.

31 Toller, *Die Hinkemanns. Eine proletarische Tragödie in drei Aufzügen* (Auszug ensspricht Akt II, Szene I der veröffentlichten Fassung), in: *Volksbühne*, II, 3, S. 93.

32 Vgl. Brief an Kurt Wolff, 12. November 1921, in: Wolff, a.a.O., S. 328–329; vgl. ebenfalls Postkarte von Toller an Dr. Anwand, 17. Juli 1922, mit der er um die Rücksendung des Manuskripts ersucht (Märkisches Museum Berlin), und Brief an Tessa, 14. August 1922, *GW* Bd. 5, S. 112–113, in dem Toller ausführlich aus einem Schreiben der Volksbühne zitiert.

33 Unveröffentlichter Brief an Dr. Anwand, 30. Oktober 1921 (Märkisches Museum Berlin).

34 *Kulturwille*, III (1924), S. 50.

35 Einzelheiten des Theaterskandals in Dresden wurden in der zeitgenössischen Presse veröffentlicht und sind zusammengefaßt in: Carel ter Haar, *Ernst Toller. Appell oder Resignation?*, München 1977. Zu Tollers eigener Darstellung, siehe Brief an Tessa, *GW* Bd. 5, S. 177–180.

36 Siehe Heinrich Hannover und Elisabeth Hannover-Drück, *Politische Justiz 1918–1933*, Frankfurt/M. 1966, S. 255.

37 Brief an den Herausgeber des *Tagebuchs* (d. h. Stefan Großmann), 14. April 1924, *GW* Bd. 5, S. 191.

38 Siehe Wolfgang Frühwald, »Nachwort« in der *Hinkemann*-Ausgabe der Reclam Universal-Bibliothek, Stuttgart 1974, S. 92. Vgl. auch Gustav Stresemann, *Ver-*

mächtnis. *Der Nachlaß in drei Bänden*, hrsg. von Henry Bernhard, Berlin 1932/33, Bd. 1, S. 548.

39 Dieses Urteil durch den bayerischen Justizminister Franz Gürtner verwendete Joseph Roth, um seine Besprechung der Berliner *Hinkemann*-Inszenierung im *Vorwärts*, 15. April 1924, einzuleiten. Als Justizminister war Gürtner Adolf Hitler gegenüber sehr entgegenkommend und hob 1924 eine gegen ihn angedrohte Ausweisung auf.

40 Brief an B., 19. Juli 1923, *GW* Bd. 5, S. 160.

41 *Der entfesselte Wotan*, Potsdam 1923. Nachgedruckt in: *GW* Bd. 2, S. 249–302; Seitenangaben im Text beziehen sich auf diese Ausgabe. Wie Toller in einer Notiz vorab vermerkte: »Geschrieben in der heiteren Kraft wachsenden Vorfrühlings«.

42 Brief an Kurt Wolff, 5. Februar 1923, Wolff, a.a.O., S. 330.

43 Brief an den Schauspieler Max Pallenberg, 20. Juni 1923, *GW* Bd. 5, S. 154.

44 Toller wußte ganz offenbar um diesen Vorfall und bezog sich darauf in: *Justiz*, S. 53–56.

45 »Dichter über ihre neuen Werke. Ernst Toller: *Der entfesselte Wotan*«, in: *Die Szene*, Januar 1926, nachgedruckt in: *Der Fall Toller*, S. 363–365.

46 Brief an B., 28. Juni 1923, *GW* Bd. 5, S. 155.

47 Unveröffentlichter Brief an Dr. Lutz Veltmann, 15. Januar 1926 (DLA).

48 *Das Schwalbenbuch*, Potsdam 1924. Nachgedruckt in: *GW* Bd. 2, S. 323–350; Seitenangaben im Text beziehen sich auf diese Ausgabe.

49 Toller beschreibt Hagemeisters Tod und die nachfolgende Auseinandersetzung zwischen den Gefangenen und den Justizbehörden in: *Justiz*, S. 129–144.

50 Brief an den Präsidenten des Deutschen Reichstags, Paul Löbe, 19. September 1923, *GW* Bd. 5, S. 162–165. Zuerst erschienen als eines der »Dokumente bayerischer Justiz«, in: *Die Weltbühne*, 20. Januar 1925.

51 »Nestersturm«, in: *Justiz*, S. 122–124. Diese Geschichte wurde in spätere Ausgaben des *Schwalbenbuchs* als Epilog mitaufgenommen.

52 Eine Schilderung der Massenspiele in Leipzig enthält: Klaus Pfützner, *Die Massenfestspiele der Arbeiter in Leipzig*, Leipzig 1960; siehe auch Ludwig Hoffmann und Daniel Hoffmann-Ostwald, *Deutsches Arbeitertheater 1918-1933. Eine Dokumentation*, Berlin 1961, S. 33–34.

53 *Leipziger Volkszeitung*, 8. August 1922, nachgedruckt in: *Der Fall Toller*, S. 140–142. Siehe auch Pfützner, a.a.O., S. 20–24.

54 Ashley Dukes, »A poet of the German Revolution«, in: *The New Leader*, 11. Dezember 1925, S. 11. Siehe auch Pfützner, a.a.O., S. 25–26.

55 *Leipziger Volkszeitung*, 15. Juli 1924. Siehe auch Pfützner, a.a.O., S. 26–28, Hoffman, a.a.O., S. 34.

56 Brief an Alfred Kerr, 6. April 1923, in: K. Edschmid, *Briefe der Expressionisten*, Frankfurt/M. 1964, S. 133–134. Auch gegenüber Stefan Zweig bringt er diesen Gedanken zum Ausdruck, siehe Brief an Stefan Zweig, 13. Juni 1923, *GW* Bd. 5, S. 152.

57 Brief an Ernst Niekisch, 28. Februar 1924, *GW* Bd. 5, S. 180.

58 Brief an den Regisseur des Dresdner Staatstheater, 1. Februar 1924, *GW* Bd. 5, S. 176–177.
59 Brief an Tessa, 16. März 1924, *GW* Bd. 5, S. 184–185.
60 Vgl. Brief an Tessa, 24. November 1922, *GW* Bd. 5, S. 13. Alle Einzelheiten bezüglich der Übersetzungen und Inszenierungen von Tollers Stücken sind enthalten in: Spalek, *Bibliography*. Auskunft über die Leningrader Inszenierung gibt Tollers Brief an den Schauspieler Alfred Beierle, 7. April 1924 (Märkisches Museum Berlin).

Anmerkungen zu Kapitel IX

1 Beispiele für diese Auffassung sind: William A. Willibrand, *Ernst Toller and his Ideology*, Iowa City 1945, und Walter H. Sokel, »Ernst Toller«, in: *Deutsche Literatur im 20. Jahrhundert*, hrsg. von Otto Mann und Wolfgang Rothe, Bern und München 1967. Jüngere literaturwissenschaftliche Arbeiten beurteilen Tollers Werk nach 1924 positiver; siehe z.B. Thomas Bütow, *Der Konflikt zwischen Revolution und Pazifismus im Werk Ernst Tollers*, Hamburg 1975, und Rosemarie Altenhofer, *Ernst Tollers politische Dramatik*, unveröffentliche Dissertation, Washington University 1976.

2 Fritz Landshoff, »Ernst Toller. Eine Radiosendung«, in: *Germanic Notes*, XV (1984), S. 41–42.

3 »Briefe«, *GW* Bd. 5, S. 193.

4 *Leipziger Volkszeitung*, 17. Juli 1924, zitiert in Spalek, *Bibliography*, Nr. 1366.

5 Zitiert in: *Der Fall Toller*, S. 162.

6 Zitiert in: Rothe, *Ernst Toller*, Reinbek 1983, S. 17–18.

7 Alfred Kerr, *Die Welt im Drama*, hrsg. von Gerhard F. Hering, Berlin und Köln 1954, S. 162–163.

8 Unveröffentlichter Brief an Ludwig Lore, 29. November 1928 (AK).

9 *Der Fall Toller*, S. 164–165.

10 Vgl. Becher, »Bürgerlicher Sumpf. Revolutionärer Kampf«, in: *Das Wort* (Halle), Februar 1925. Die aufeinanderfolgenden Kritiken zu *Hoppla* erschienen in: *Die Rote Fahne*, 6., 7., 8. und 9. September 1927; nachgedruckt in: *Die Rote Fahne*, hrsg. von Manfred Brauneck, München 1973, S. 273–287.

11 *Der Fall Toller*, S. 161.

12 *Dokumente bayerischer Justiz* wurde veröffentlicht in der *Weltbühne* zwischen 16. Oktober 1924 und 20. Januar 1925.

13 *Justiz. Erlebnisse*, Berlin 1927, Nachdruck Berlin 1979.

14 Siehe Anzeige in: *Deutsche Revolution*, Berlin 1925, S. 15.

15 Unveröffentlichter Brief von Tollers Sekretärin an Ferdinand Luttner, 2. Februar 1926 (AK).

16 Ernst Feder, *Heute sprach ich mit ... Tagebücher eines Berliner Publizisten*, hrsg. von C. Lowenthal-Hensel und Arnold Paucker, Stuttgart 1971, S. 105–106, Eintrag zum 18. Februar 1927.

17 Thomas Mann im *Berliner Tageblatt*, 31. Juli 1927; Ignaz Wrobel (d. h. Kurt Tucholsky), »Der Rechtsstaat«, in: *Die Weltbühne*, 12. Juli 1927.

18 Vgl. Toller, »Max Hölz«, in: *Die Weltbühne*, 1. Februar 1927, und ders., »Die Erschießung des Gutsbesitzers Heß«, in: *Die Weltbühne*, 3. Mai 1927. Siehe auch den unveröffentlichten Briefwechsel zwischen Toller und Hölz (BA).

19 Hölz an Toller, 20. Mai 1927; siehe auch Hölz' Brief vom 23. September 1927 (BA).

20 Toller an Nehru, 21. Juli 1936, in: Nehru, *A Bunch of Old Letters*, London 1958, S. 198.

21 Siehe Richard Dove, »The Place of Ernst Toller in English Socialist Theatre 1924-1939«, in: *German Life and Letters*, Januar 1985, S. 125-137. Eine Darstellung des Brüsseler Kongresses enthält: Fenner Brockway, *Inside the Left*, London 1942.

22 Tollers Rede auf dem Kongreß ist unter dem Titel »Gegen Kolonialimperialismus« abgedruckt in *Quer Durch*. Zu Tollers Sicht des Kongresses, siehe »Der Brüsseler Kolonialcongreß«, in: *Die Weltbühne*, 1. März 1927. Von Tollers Begeisterung wird berichtet durch Ernst Feder, a.a.O., S. 103 und 105.

23 Siehe Brockway, a.a.O. Zur Diskussion über den Vorfall und Tollers Dramatisierung des Stoffes, siehe Richard Dove, »Fenner Brockway und Ernst Toller. Document and Drama in *Berlin - letzte Ausgabe!*«, in: *German Life and Letters*, Oktober 1984, S. 45-56.

24 Siehe Kurt Hiller, *Leben gegen die Zeit*, Bd. 1, »Logos«, Reinbek 1969, S. 163; siehe auch Alf Enseling, *Die Weltbühne. Organ der intellektuellen Linken*, Münster 1962.

25 Tollers wichtigste Stellungnahmen zum Pazifismus sind enthalten in: »Antworten«, in: *Die Weltbühne*, 6. Januar 1921; »Eine Ansprache«, in: *Die sozialistische Erziehung* (Wien), Februar 1925; *Deutsche Revolution*, Berlin 1925; *Quer Durch*, S. 98-99.

26 Siehe seine Stellungnahme zum revolutionären Pazifismus in der Esperanto Zeitschrift *Laborista Esperanto Asocio*, »Sammlung Ernst Toller« (AK).

27 Das Verfahren gegen Becher ist beschrieben in: Alfred Klein, »Der Hochverratsprozeß gegen J.R. Becher«, in: *Aktionen, Bekenntnisse, Perspektiven*, hrsg. von der Deutschen Akademie der Künste, Berlin und Weimar 1966.

28 *Welt am Abend*, 9. Januar 1928.

29 Siehe seinen unveröffentlichten Briefwechsel mit der Liga (AK).

30 Ein Bericht über die Arbeit des Komitees ist enthalten in: Carl von Ossietzky, *Rechenschaft*, Frankfurt/M. 1972.

31 »Das sozialistische Wien«, in: *Die Weltbühne*, 15. März 1927; »Heimarbeit«, in: *Die Weltbühne*, 21. Juni 1927; »Sprechen wir vom Panzerkreuzer«, in: *Welt am Montag*, 26. November 1928.

32 *Vorwärts*, 16. Februar 1927. Auf Tollers Drängen hin wurde Angelika Balabanow eingeladen, im März in Berlin über »The Spiritual Face of Fascism« zu sprechen; vgl. seinen unveröffentlichen Brief an die Liga für Menschenrechte vom 22. Januar 1927.

33 »In Memoriam Kurt Eisner«, *GW* Bd. 1, S. 165-168.

34 »Reichskanzler Hitler«, in: *Die Weltbühne*, 7. Oktober 1930 (nachgedruckt in: *GW* Bd. 1, S. 69–73).
35 »Zur deutschen Situation«, *GW* Bd. 1, S. 73–76.
36 *Quer Durch*, S. 289.
37 Ebd.
38 Emil Ludwig, »Radionachricht von Tollers Tod«, in: *Das neue Tagebuch*, 10. Juni 1939, S. 572.
39 Interview mit Fritz Landshoff, 16. Juli 1982.
40 *Quer Durch*, S. 296.
41 Persönliche Mitteilung von Hermann Kesten.
42 »Zur Physiologie des dichterischen Schaffens«, in: *Die literarische Welt*, 28. September 1928, S. 204.

Anmerkungen zu Kapitel X

1 »Das neue Drama Tollers«, in: *Die Volksbühne*, 15. August 1926.
2 Babette Gross, *Willi Münzenberg. Eine politische Biographie*, Stuttgart 1967, S. 184.
3 Erwin Piscator, *Das politische Theater*, Berlin 1929 (Nachdruck: Reinbek 1979, Seitenangaben beziehen sich auf diese Ausgabe). Zu Piscators Leben und Werk siehe John Willett, *The Theatre of Erwin Piscator*, London 1978.
4 Siehe »Korrespondenz mit Bühnenschiedsgericht« (AK). Dieser (unveröffentlichte) Bericht über Tollers Auseinandersetzung mit der Volksbühne, weil diese sich nicht an die Vereinbarung, *Die Wandlung* aufzuführen, hielt, ist undatiert, muß aber im März 1927 entstanden sein. Er wurde verfaßt als Antwort auf einen Brief der Volksbühne vom 26. Februar 1927 und von Toller an seinen Verleger geschickt. Eine Abschrift sandte er auch an Alfred Kerr; siehe Brief vom 29. März 1927 (AK).
5 Betty Frankenstein war Herausgeberin der *Jüdischen Rundschau* von 1925 bis 1938. Unter den noch erhaltenden Briefen von Toller an sie, die sich im Deutschen Literaturarchiv in Marbach befinden, sind etwa fünfzehn, die er zwischen dem 18. Juni und dem 6. November 1926 von Frankreich aus schrieb. Die Datierungen der einzelnen Briefe, die zitiert werden, sind im Text angegeben.
6 »Korrespondenz mit Bühnenschiedsgericht« (AK).
7 Siehe *Kulturwille* III, 12, 1. Dezember 1926, S. 246; *Kunst und Volk. Mitteilungen des Vereines »Sozialdemokratische Kunststelle«*, II, Januar 1927; *Die Volksbühne*, 1. März 1927.
8 Unveröffentlichter Brief an Alfred Kerr vom 20. Februar 1927 (AK).
9 Zitiert in *Das politische Theater*, S. 103. Piscators Darstellung der Volksbühnekontroverse findet sich auf den S. 95–110. Eine weniger engagierte Darstellung enthält: Cecil W. Davies, *Theatre for the People. The Story of the Volksbühne*, Manchester 1977, S. 103–111; siehe auch Willet, a.a.O., S. 63–65.
10 Piscator, a.a.O., S. 111.
11 Toller, »Rede auf der Volksbühnentagung in Magdeburg«, in: *Das Tagebuch*,

2. Juli 1927, S. 1074–1078. Die nachfolgenden Seitenangaben im Text beziehen sich auf diese Veröffentlichung. Tollers Magdeburger Rede war ein Beitrag in der Debatte um die künstlerische Linie der Volksbühne und enthielt im Kern die Vorstellungen vom Theater, die er in zwei spätere Essays ausformulierte: »Bemerkungen zum deutschen Nachkriegsdrama«, in: *Die literarische Welt*, 19. April 1929, und »Arbeiten«, in: *Quer Durch*.

12 *Quer Durch*, S. 167.

13 »Wer schafft den deutschen Revolutionsfilm?« (1928), *GW* Bd. 1, S. 117.

14 »Wer schafft den deutschen Revolutionsfilm?« (1928), *GW* Bd. 1, S. 117–119. Dieser Artikel enthält den ersten veröffentlichten Entwurf von *Feuer aus den Kesseln*.

15 Ernst Feder, *Heute sprach ich mit . . . Tagebücher eines Berliner Publizisten*, a.a.O., S. 105–106, Eintrag zum 18. Februar 1927.

16 Ein Handzettel, der die Lesung ankündigt, befindet sich in den Akten des Bundesarchivs in Koblenz.

17 Unveröffentlichter Brief an Max Hölz, 22. März 1927 (BA).

18 Unveröffentlichter Brief an Dr. Alfred Landsberg, 16. Juni 1927 (AK); siehe auch *Berliner Tageblatt*, 15. Juni 1927.

19 Unveröffentlichter Brief an Landsberg, 1. Juli 1927 (AK).

20 Piscator, *Das politische Theater*, Reinbek 1979, S. 146. Im Text nachfolgend zitiert als PT.

21 Unveröffentlichter Brief an Alfred Kerr, 11. August 1927 (AK).

22 *Hoppla, wir leben!*, *GW* Bd. 3, S. 10. Die nachfolgenden Seitenangaben im Text beziehen sich auf diese Ausgabe.

23 Walter Mehring, *Die Gedichte, Lieder und Chansons des Walter Mehring*, Berlin 1929, S. 39.

24 *Der Fall Toller*, S. 186. Eine Auswahl von Rezensionen der Berliner Zeitungen wird von Piscator zitiert, in: *Das politische Theater*, S. 157–158, darin auch enthalten eine ausführliche Darstellung von Piscators Inszenierung (S. 146–159) (siehe auch John Willett, a.a.O., S. 84–87).

25 Unveröffentlichter Brief an Alwin Kronacher, 19. September 1927 (AK).

26 Zu Rezensionen der Leipziger Inszenierung siehe Spalek, a.a.O., Nr. 2781, 2795, 2797, 2825 und 2846.

27 Unveröffentlichter Brief an Ludwig Lore, 10. Januar 1929 (AK).

28 Unveröffentlichter Brief an Alwin Kronacher, 19. Dezember 1928 (AK).

29 Walter Hasenclever, *Gedichte, Dramen, Prosa*, hrsg. von Kurt Pinthus, S. 44–45.

30 *Feuer aus den Kesseln. Historisches Schauspiel von Ernst Toller*, Berlin 1930. Eine Bühnenfassung des Stücks mit einer Reihe von Überarbeitungen erschien ebenfalls 1930. Diese Fassung ist nachgedruckt in: *GW* Bd. 3, S. 119–184; die nachfolgenden Seitenangaben im Text beziehen sich auf diese Ausgabe.

31 *Feuer aus den Kesseln*, Berlin 1930, Vorwort, S. 7. Von einigen der historischen Fakten ist Toller abgewichen. So waren in Wirklichkeit elf Seeleute angeklagt, Toller reduzierte die Zahl auf fünf, so viel wie ursprünglich zum Tode verurteilt worden waren. Auch ließ er alle fünf zur Besatzung des gleichen Schiffs gehö-

ren, wahrscheinlich aus Gründen der dramatischen Ökonomie. Obwohl Schuler weitgehend Dobring, dem Ankläger der Marine, entspricht, wandten einige der Methoden, die ihm zugeschrieben wurden, in Wahrheit seine Mitankläger Breil und Loesch an.

32 *Feuer aus den Kesseln*, dokumentarischer Anhang, S. 167.
33 »Einladung an Dobring«, in: *Die Weltbühne*, 1. Oktober 1930, nachgedruckt in: *GW* Bd. 3, S. 335–336.
34 Ernst Feder, a.a.O., S. 271, Eintrag zum 11. November 1930.
35 Ernst-Josef Aufricht, *Erzähle, damit du dein Recht erweist*, Berlin 1966, S. 101–103.
36 »Film und Staat« (1924), *GW* Bd. 1, S. 115.
37 »Die Auftraggeber fehlen«, in: *Vossische Zeitung*, 31. März 1929, nachgedruckt in: *GW* Bd. 1, S. 125.
38 Unveröffentlichter Brief an Ludwig Lore, 10. Januar 1929 (AK).
39 »Briefe«, *GW* Bd. 5, S. 187.
40 *Berlin – letzte Ausgabe!*, in: *Frühe sozialistische Hörspiele*, hrsg. von Stefan Bodo Würffel, Frankfurt 1982. Eine detaillierte Analyse des Stücks enthält mein Aufsatz »Fenner Brockway and Ernst Toller: document and drama in *Berlin – letzte Ausgabe!*«, in: *German Life and Letters*, Oktober 1984, S. 45–56.
41 Zitiert in: Christian Hörburger, *Das Hörspiel der Weimarer Republik*, Stuttgart 1975, S. 21–22.

Anmerkungen zu Kapitel XI

1 Der Vorfall in Italien wird erzählt von Hermann Kesten, in: *Meine Freunde die Poeten*, Frankfurt/M., Berlin und Wien 1980, S. 150.
2 Vgl. Löbes Brief an das British Passport Control Office, Berlin, vom 14. November 1925 und Tollers Dankschreiben an Löbe vom 20. November 1925 (AK).
3 »Ernst Toller in England«, in: *Die Volksbühne*, 1. Januar 1926. Zu Einzelheiten über Tollers Lesung am King's College siehe *Publications of the English Goethe Society*, New Series 3 (1926), S. 144.
4 »Communism in Munich and Palestine. What Ernst Toller saw«, in: *New Leader*, 11. Dezember 1925, S. 3. Diese Ausgabe des *New Leader* enthält auch einen Artikel über Toller von Ashley Dukes, ein Holzschnittportrait, das Clare Leighton von ihm angefertigt hat, und eine Übersetzung eines seiner Gedichte.
5 Vgl. »Reise nach Kopenhagen«, in: *Die literarische Welt*, 18. April 1927, »Das sozialistische Wien«, in: *Die Weltbühne*, 15. März 1927, und eine Artikelreihe über »Das neue Spanien«, veröffentlicht in: *Die Weltbühne* zwischen dem 12. April und dem 21. Juni 1932.
6 *Quer Durch. Reisebilder und Reden*, Berlin 1930 (Nachdruck: Heidelberg 1981). Die Seitenangaben im Text beziehen sich auf die nachgedruckte Ausgabe.
7 Vorwort des Autors, *Which World, Which Way?*, übersetzt von Hermon Ould, London 1931.
8 Vgl. Tollers unveröffentlichte Briefe an Emil Ludwig vom 4. Januar 1929 und Ludwig Lore vom 10. Januar 1929 (AK).

9 Vgl. John M. Spalek, »Ernst Toller: the need for a new estimate«, in: *German Quarterly*, XXXIX (1966), Nr. 4, S. 581–598.
10 *Which World, Which Way?*, London 1931, S. IX–X.
11 Unveröffentlichter Brief an Anatoli Lunacharsky, 16. Oktober 1928 (AK).
12 Siehe Paul Fröhlich, *Die bayerische Räterepublik. Tatsachen und Kritik*, Leipzig 1920, und Tollers Antwort in: *Die Weltbühne*, 6. Januar 1921. Es war Fröhlich, der den 1926 in der *Prawda* veröffentlichten Angriff auf Toller schrieb. Siehe auch Rosa Leviné, *Aus der Münchener Rätezeit*, Berlin 1925, und Erich Wollenberg, *Als Rotarmist vor München*, Berlin 1929, ebenso Tollers Entgegnung in: *Neue Bücherschau*, VII, 10 (1929).
13 *Nationalsozialismus. Eine Diskussion über den Kulturbankrott des Bürgertums*, Berlin 1930, S. 33.
14 Ebd., S. 11.

Anmerkungen zu Kapitel XII

1 Interview mit Fritz Landshoff, 16. Juli 1982.
2 Zitiert in Hans-Albert Walter, *Deutsche Exilliteratur 1933–1950*, Bd. 1, Darmstadt und Neuwied 1972, S. 268.
3 Ernst Feder, a.a.O., S. 271, (Eintrag zum 5. Oktober 1930).
4 Persönliche Mitteilung von Hermann Kesten. Zweigs Essay »Das Leben und die Lehre der Mary Baker Eddy« erschien zuerst in der *Neuen Rundschau* und wurde nachgedruckt in: *Die Heilung durch den Geist*, Leipzig 1931.
5 Toller, Kesten, *Wunder in Amerika* (vervielfältigte Bühnenfassung), Berlin 1931, S. 34. Das Stück wurde unter dem Titel *Mary Baker Eddy* auf englisch veröffentlicht, übersetzt von Edward Crankshaw, in: *Seven Plays*, London 1935.
6 *Die blinde Göttin. Schauspiel in fünf Akten von Ernst Toller*, Berlin 1933; englische Übersetzung von Edward Crankshaw unter dem Titel *The Blind Goddess*, London 1934. Zu Tollers Besuch bei den beiden Angeklagten im Gefängnis siehe seinen Artikel »Giftmordprozeß Riedel-Guala«, in: *Die Weltbühne*, 13. Oktober 1931.
7 Kurt R. Grossmann, *Ossietzky. Ein deutscher Patriot*, München 1963, S. 248.
8 »Reichskanzler Hitler«, in: *Die Weltbühne*, 7. Oktober 1930, nachgedruckt in: *GW* Bd. 1, S. 69–73.
9 »Zur deutschen Situation« (1932), *GW* Bd. 1, S. 73–76.
10 Grossmann, a.a.O., S. 11.
11 »Rede in Budapest«, in: *Die Weltbühne*, 7. Juni 1932.
12 Kurt Tucholsky, *Unser ungelebtes Leben. Briefe an Mary*, hrsg. von Fritz J. Raddatz, Reinbek 1982, S. 537.
13 Bertolt Brecht, *Kuhle Wampe*, Frankfurt/M. 1969, S. 184.
14 Zitiert in: Christian Hörburger, a.a.O., S. 21–22.
15 Siehe Anmerkung 3.
16 Das folgende basiert auf einem Interview mit Peggy Garland vom 5. April 1991.

17 *Die Weltbühne*, 15. März 1932.
18 Das folgende basiert auf einem unveröffentlichten autobiographischen Manuskript »Auftritt und Abgang« von Christiane Grautoff, geschrieben Anfang der siebziger Jahre, das sich nun im Besitz von John M. Spalek (Albany, N.Y.) befindet, dem ich dafür danke, daß er mich darauf aufmerksam gemacht hat.
19 Kurt Tucholsky, *Briefe aus dem Schweigen 1932–35*, hrsg. von Mary Gerold-Tucholsky und Gustav Huonker, Reinbek 1977, S. 10.
20 »Der Autor Alois Kronberg«, in: *Die literarische Welt*, 20. Januar 1933, S. 3–4.

Anmerkungen zu Kapitel XIII

1 Ernst Niekisch, *Gewagtes Leben*, Köln und Berlin 1958, S. 103.
2 Interview mit Fritz Landshoff, 16. Juli 1982.
3 Einleitung von Toller zu »Briefe«, *GW* Bd. 5, S. 11.
4 Zitiert in der Einleitung von *GW* Bd. 1, S. 9.
5 Die Darstellung der Bücherverbrennung basiert auf: Joseph Wulf, *Kultur im Dritten Reich, Literatur und Dichtung*, Frankfurt/M. und Berlin 1989, S. 49.
6 Bertolt Brecht, *Die Gedichte*, Frankfurt/M. 1981, S. 718.
7 *Eine Jugend in Deutschland*, Amsterdam 1933. Nachgedruckt als Bd. 4 der *Gesammelten Werke*; Seitenangaben im Text beziehen sich auf diese Ausgabe.
8 Unveröffentlichter Brief an Ludwig Lore, 10. Januar 1929 (AK).
9 Vgl. »Kampf mit dem lieben Gott« in: *24 Neue Deutsche Erzähler*, hrsg. von Hermann Kesten, Berlin 1929, und Tollers Beitrag zu: *Dichterglaube. Stimmen religiösen Erlebens*, hrsg. von Harald Braun, Berlin-Steglitz 1931. Toller war zudem Gast in zumindest einer Radiosendung, die von den Erinnerungen an seine Kindheit handelte: Vgl. »Radio. Ernst Toller erzählt sein Leben«, in: *Vossische Zeitung*, 1. Juni 1930.
10 Vgl. Tollers Brief an Hermann Kesten vom 18. Juli 1933 in: *Deutsche Literatur im Exil. Briefe europäischer Autoren 1933–1945*, hrsg. von Hermann Kesten, Frankfurt/M. 1973, S. 41.
11 Tollers Kommentare stammen aus einem Interview mit der Zeitschrift *The American Hebrew* vom 3. Juni 1927, S. 178.
12 Emil Ludwig, »Radionachricht von Ernst Tollers Tod«, in: *Das neue Tagebuch*, 10. Juni 1939, S. 572.
13 *Quer Durch*, S. 296.
14 Die nachfolgende Darstellung basiert auf zeitgenössischen Presseberichten, auf Material, enthalten in: *Der deutsche PEN-Klub im Exil 1933–1948*, Frankfurt/M. 1980, und auf Augenzeugenberichten, wie dem von Mitar Papic, »Ernst Toller auf dem PEN-Kongreß in Jugoslawien 1933«, in: *Weimarer Beiträge*, XIV (1968), Sonderheft 2, S. 73–77. Der Text von Tollers Rede auf dem Kongreß ist abgedruckt in: *GW* Bd. 1, S. 169–173.
15 *Daily Worker*, 14. September 1933. Dieser Abschnitt basiert auf zeitgenössischen Presseberichten und auf einem Briefwechsel mit Isabel Brown, die damals Sekretärin des Organisationskomitees für die Untersuchung war.

16 Tucholsky an Walter Hasenclever, 15. September 1933, in: *Ausgewählte Briefe 1913-35*, hrsg. von Mary Gold-Tucholsky und Fritz J. Raddatz, Reinbek 1962, S. 274.

17 *The Scotsman*, 19. Juni 1934, S. 12.

18 »Die Feuerkantate«, in: *Das Wort* (Moskau), Juni 1938, S. 35-36. Toller legte das Gedicht auch dem *London Mercury* in einer englischen Übersetzung der amerikanischen Dichterin Muriel Rukyser vor; vgl. seinen Brief vom 20. Juli 1938 an R.A. Scott-James (Texas).

19 Unveröffentlichter Brief an Emil Ludwig, 11. Januar 1934 (DLA).

20 Vgl. seinen unveröffentlichten Brief an Mr. Boswell (John Lane Publishers), 7. Januar 1934 (Bodley Head Archive). Die Erzählung »Tod einer Mutter« befindet sich unter den Toller-Dokumenten in der Sterling Library, Yale. Vgl. auch Dorothy Thompson, »Death of a Poet«, in: *New York Herald Tribune*, 24. Mai 1939, S. 23.

Anmerkungen zu Kapitel XIV

1 Vorwort von Toller zu: *Seven Plays*, a.a.O. Die Einleitung ist datiert auf den 17. Oktober 1934.

2 Siehe *Der Fall Toller*, S. 204-205.

3 *New Statesman and Nation*, 13. Februar 1935.

4 Interview mit Fenner Brockway, 19. Januar 1983.

5 Alfred Kantorowicz, *Politik und Literatur im Exil*, Hamburg 1978, S. 277-278.

6 Umfassende Darstellungen der Kampagne zugunsten Ossietzkys sind enthalten in: Kurt R. Grossmann, *Ossietzky. Ein deutscher Patriot*, München 1963; Elke Suhr, *Carl von Ossietzky. Eine Biographie*, Köln 1988; Ludwig Hoffmann u.a., *Exil in der Tschechoslowakei, in Großbritannien, Skandinavien und Palästina*, Leipzig 1980 (Bd. 5 in der Reihe *Kunst und Literatur im antifaschistischen Exil 1933-1945*). Tollers eigene Rolle geht teilweise aus seinem Briefwechsel mit Hilde Walter hervor, der sich im Hilde-Walter-Nachlaß im Institut für Zeitgeschichte, München, befindet.

7 Elke Suhr, a.a.O., S. 222.

8 Unveröffentlichter Brief an Hilde Walter, 2. Januar 1935 (IfZ).

9 Lion Feuchtwanger, »Dem toten Ernst Toller«, in: *Die neue Weltbühne*, 8. Juni 1939, S. 713-714.

10 Ethel Mannin, *Privileged Spectator*, London 1939, S. 82-84.

11 Vgl. Tollers Briefwechsel mit Hilde Walter im Januar 1935.

12 *Manchester Guardian*, 17. Februar 1934.

13 *The Scotsman*, 19. Juni 1934, S. 11.

14 *The Scotsman*, 19. Juni 1934, S. 12, und 21. Juni 1934, S. 12.

15 Siehe *Exile in Great Britain*, hrsg. von G. Hirschfeld, London 1984, S. 36.

16 Siehe *Der Fall Toller*, S. 209.

17 Unveröffentlichter Brief an Mary Meloney, 27. April 1935, Columbia University Library, New York.

18 Unveröffentlichter Brief an Mary Meloney, 28. März und 27. April 1935, Columbia University Library, New York.
19 *Daily Herald*, 23. Mai 1939, S. 1-2.
20 Siehe Christianes unveröffentlichtes Manuskript »Auftritt und Abgang«. Das Nachfolgende basiert teilweise auf ihrer Darstellung, teilweise auf Tollers Briefwechsel und den Äußerungen von Zeitgenossen.
21 »Mr Toller on the Cinema«, in: *New York Times*, 1. November 1936, Section X, S. 5.
22 Siehe Anmerkung 17.
23 Interview mit Fritz Landshoff, 16. Juli 1982.
24 Schickele an Wolff, 12. Oktober 1935, in: Wolff, a.a.O., S. 219.
25 Unveröffentlichter Brief von Alfred Kantorowicz an Rudolf Olden, 5. März 1935 (DB).
26 »The Refugee Problem«, in: *Political Quarterly*, VI, 3 (Juli bis September 1935), S. 386-389.
27 »Masses and Man. The Problem of Non-Violence and Peace«, London 1934. Veröffentlicht vom Friends' Book Centre, eine Kopie befindet sich in der Deutschen Bibliothek. (Originaltext auf Englisch, deutsche Fassung vom Übersetzer, zum Teil unter Hinzuziehung der nachfolgenden »Urtexte«.) Toller hatte Ausdrücke benutzt, die er genau so in seiner Rede *Deutsche Revolution* (Berlin 1926) verwandt hatte und auf die er schon in seiner Autobiographie zurückgegriffen hatte – siehe *GW* Bd. 4, S. 138-139. Eine überarbeitete Fassung des Vortrags unter dem Titel »Man and the Masses. The Problem of Peace«, wahrscheinlich 1936 geschrieben, ist abgedruckt in GW Bd. 1, S. 78-85.
28 Brief an Jawaharlal Nehru, 21. Juli 1936, in: Nehru, *A Bunch of Old Letters*, London 1958, S. 199.
29 »Unser Kampf um Deutschland«, Ansprache, gehalten im Dezember 1936, in: *GW* Bd. 1, S. 207.
30 *Internationale Literatur*, IV, 5 (1934), S. 42-44.
31 »Stalin and Wells. A Comment by Ernst Toller«, in: *New Statesman and Nation*, 3. November 1934, S. 614-615.
32 »Mahnung«, in: *Die neue Weltbühne*, 30. Januar 1936, S. 153.
33 »Unser Kampf um Deutschland«, *GW* Bd. 1, S. 206.
34 *Weltliche Passion. Ein Chorwerk*, in: *Internationale Literatur*, IV, 4 (1934), S. 3-8., auch in: *Die Sammlung*, II, 4. Dezember 1934, S. 174-182. Seitenangaben im Text folgen der letztgenannten Veröffentlichung. Das Gedicht bezieht sich auf Liebknechts beispielhafte Geste, mit der er 1916 öffentlich den Krieg verurteilt hatte, was ihn zunächst ins Gefängnis brachte und letztlich auch zu seiner Ermordung und der von Rosa Luxemburg im Jahr 1919 führte.
35 Zwei maschinengeschriebene Fassungen der Übersetzung von Alexander Henderson, beide undatiert, befinden sich in der Yale University Library. Das Datum läßt sich annähernd erschließen aus zwei unveröffentlichten Briefen Tollers an den britischen Komponisten Christian Darnton, die in der British Library aufbewahrt werden; der erste ist datiert auf den 25. Mai 1935, der

zweite ist undatiert, aber offenkundig im Juni 1935 geschrieben und erwähnt das Werk und dessen Übersetzung.

36 *Daily Worker*, 24. Mai 1939. Weitere Informationen über die verschiedenen Aufführungen des *Requiems* sind enthalten in meinem Aufsatz »The place of Ernst Toller in Englisch Socialist Theatre«, in: *German Life and Letters*, Januar 1985, S. 125-137.

37 *No More Peace! A Thoughtful Comedy*, übersetzt von Edward Crankshaw, Liedtexte von W. H. Auden, London 1937. Die deutsche Fassung, geschrieben 1934/35, wurde zu Tollers Lebzeiten nicht veröffentlicht; das Manuskript, das sich in der Yale University Library befindet, ist erschienen in: *GW* Bd. 3. Die Seitenangaben im Text beziehen sich auf diese Ausgabe.

38 Unveröffentlichter Brief an Christian Darnton, 13. Juli 1935, British Library.

39 Christopher Isherwood, »Head of a Leader«, in: *Exhumations*, London 1966, S. 125-126.

40 »Das Versagen des Pazifismus in Deutschland«, *GW* Bd. 1, S. 188.

41 Siehe Tollers unveröffentlichte Briefe an Betty Frankenstein, 27. Dezember 1934 (DLA), und an Christian Darnton, 13. Juli 1935 (British Library). Fritz Landshoff bestätigte mir, daß Toller das Stück dem Querido Verlag nicht einmal angeboten habe.

42 Vgl. Denis Johnston, »The Scales of Solomon«, in: *The Dramatic Works of Denis Johnston*, hrsg. von Joseph Ronsley, Bd. 1, Gerrards Cross 1977, S. 317-321.

43 Vgl. Norman Marshall an Toller, 28. Juli 1934 (Texas).

44 Toller an Johnston, 1. März 1937 (TC)

45 *Joseph Holloway's Irish Theatre*, hrsg. von Robert Hogan und Michael J. O'Neill, Bd. 2, Dixon 1968, S. 64.

46 Spalek, »Der Nachlaß Ernst Tollers«, in: *Literaturwissenschaftliches Jahrbuch*, VI, 1965, S. 257.

47 Toller an Johnston, 24. November 1936 (TC).

48 Harold Ferrar, *Denis Johnston's Irish Theatre*, Dublin 1973.

Anmerkungen zu Kapitel XV

1 Siehe John M. Spalek und Wolfgang Frühwald, »Ernst Tollers amerikanische Vortragsreise 1936-37«, in: *Literaturwissenschaftliches Jahrbuch*, VI (1965), S. 267-311.

2 Brief an Jawaharlal Nehru, 30. März 1937, in: Nehru, a.a.O., S. 221.

3 Siehe Spalek, *Ernst Toller and his Critics. A Bibliography*, Charlottesville 1968.

4 »Sind wir verantwortlich für unsere Zeit?«, erstveröffentlicht in: »Ernst Tollers amerikanische Vortragsreise« (siehe Anmerkung 1).

5 Siehe *New York Times*, 1. und 4. Februar 1937.

6 Siehe *Der Fall Toller*, S. 213-217.

7 Brief an Nehru, 30. März 1937, Nehru, a.a.O., S. 222.

8 Rede auf der National Book Fair, New York, in: *New York Times*, 10. November 1936, S. 23.

9 Brief von Barrett H. Clark an Toller, 23. Dezember 1936 (Beinecke Library, Yale). Clark, Zeitungsredakteur und Theaterkritiker, war zu dieser Zeit Executive Director des Dramatists' Play Service und vertrat die Rechte der Mitglieder der Dramatists Guild bei Aufführungen von Laientheatern. Durch den Dramatists Play Service fungierte Clark als Tollers Agent.
10 Vgl. Tollers Telegramme an Johnston, 15. Dezember 1936 und 25. Januar 1937, sowie seinen Brief vom 5. Februar 1937 (TC).
11 Siehe Tollers Briefe an Johnston, 17. April, 23. Juni, 2. September und 23. Dezember 1937 (TC).
12 Vgl. Tollers Briefwechsel mit Ben Irwin von der New Theatre League 1936/37, Kopien befinden sich in der Sammlung Clark, Beinecke Library, Yale.
13 Toller an Barrett Clark, 1. Dezember 1936, Beinecke Library, Yale.
14 Toller an Irwin Swerdlow, 20. April 1937, Sterling Library, Yale.
15 Hallie Flanagan, *Dynamo*, New York 1943, S. 105.
16 Flanagan an Toller, 22. Dezember 1936, Kopie in der Sammlung Clark, Beinecke Library, Yale.
17 Siehe Hallie Flanagan, *Arena*, New York 1940, S. 155 und S. 319. Rezensionen dieser Inszenierungen in: *New York Times*, 4. Juni 1937, S. 26, und 29. Januar 1938, S. 13.
18 Tollers Entwurf von *Forget Europe* befindet sich in der Sterling Library, Yale, ebenso einige der relevanten Zeitungsausschnitte.

Anmerkungen zu Kapitel XVI

1 »Mr Toller on the Cinema«, in: *New York Times*, 1. November 1936, X, S. 5.
2 »Hollywood«, in: Bertolt Brecht, *Die Gedichte*, Frankfurt/M. 1981, S. 848.
3 Unveröffentlichter Brief an Barrett H. Clark, 9. Februar 1937, Beinecke Library, Yale.
4 Unveröffentlichter Brief an Sidney Kaufman, 20. Februar 1937, Sterling Library, Yale.
5 Unveröffentlichter Brief an Fritz Joss, 24. Februar 1937, Leo Baeck Institute, New York.
6 Unveröffentlichter Brief an Barrett H. Clark, 11. März 1937, Beinecke Library, Yale.
7 Unveröffentlichter Brief an Sidney Kaufman, 24. Februar 1937, Sterling Library.
8 Ebd.
9 Unveröffentlichter Brief an Denis Johnston, 23. Juni 1937 (TC).
10 Brief an Nehru, 30. März 1937, in: Nehru, a.a.O., S. 222.
11 Interview von John M. Spalek mit Sidney Kaufman, 27. Juni 1982. Ich danke Professor Spalek für die Erlaubnis, das Interview zu hören.
12 Siehe Anmerkung 1.
13 Unveröffentlichter Brief an Sidney Kaufman, 20. Februar 1937, Sterling Library, Yale.

14 Das Manuskript befindet sich in der Sterling Library, Yale. Es besteht aus 139 maschinengeschriebenen Seiten, mit zahlreichen handschriftlichen Korrekturen und Hinzufügungen. Daß Toller die Seiten neu numeriert hat, zeigt, daß das Originalmanuskript von etwa neunzig Seiten durch die Überarbeitung erheblich länger wurde. Das Skript ist in Deutsch verfaßt mit gelegentlichen englischen Passagen.

15 Pinthus, »Life and Death of Ernst Toller«, in: *Books Abroad*, XIV (1939), S. 7.

16 Brief an Nehru, 23. August 1937, in: Nehru, a.a.O., S. 243.

17 Unveröffentlichter Brief an Dr. Ralph R. Greenschpoon, undatiert, aber im November in Mexiko City geschrieben (Spalek-Archiv, Albany). Toller schrieb von Mexiko aus zwei Briefe an Greenschpoon, in beiden ist die Handschrift unregelmäßig und die Syntax oft zusammenhanglos.

18 Unveröffentlichter Brief an Sidney Kaufman, 11. Januar 1938, Sterling Library, Yale.

19 »Rede auf dem Pariser Kongreß der Schriftsteller«, in: *Das Wort*, Oktober 1938, S. 124.

20 Grosz, *A Little Yes and a Big No*, New York 1946, S. 337; Spaleks Interview mit Sidney Kaufman, siehe Anmerkung 11.

21 Unveröffentlichter Brief an Sidney Kaufman, 3. Februar 1938, Sterling Library, Yale.

22 Unveröffentlichter Brief an Dr. Ralph Greenschpoon, 29. April 1938 (Spalek-Archiv, Albany).

23 Spaleks Interview mit Sidney Kaufman, siehe Anmerkung 11.

24 Hubertus zu Löwenstein, *Abenteuer der Freiheit*, Frankfurt/M. 1982, S. 198.

25 »Eine Jugend«, *GW* Bd. 4, S. 227.

26 *Pastor Hall*. Ein Schauspiel in drei Akten, ins Englische übersetzt von Stephen Spender, London 1939. Dies ist die erste veröffentlichte Fassung des Stücks. Die deutsche Fassung, erschienen in *GW* Bd. 3, basiert auf dem deutschen Manuskript, das sich in der Sterling Library, Yale, befindet. Zitat S. 287.

27 Interview mit Fritz Landshoff, 16. Juli 1982; unveröffentlichter Brief an Greenschpoon, 19. April 1939 (Spalek-Archiv, Albany).

28 Unveröffentlichter Brief an Betty Frankenstein, datiert auf den 1. Mai 1939 (Marbach). Tatsächlich ist der Brief erst einige Tage nach diesem Datum abgeschickt worden.

29 Siehe Grautoff-Manuskript »Auftritt und Abgang«.

30 »Rede auf dem Pariser Kongreß der Schriftsteller«, a.a.O., S. 125.

31 »Unser Kampf um Deutschland« (1936), *GW* Bd. 1, S. 203.

32 *Pastor Hall*, *GW* Bd. 3, S. 290. Nachfolgende Seitenangaben im Text beziehen sich auf diese Ausgabe.

33 »Rede auf dem Pariser Kongreß der Schriftsteller«, a.a.O., S. 125.

34 Unveröffentlichter Brief von Bennett Cerf an Toller, 7. November 1938, Sterling Library, Yale.

35 Unveröffentlichter Brief von John Lane (Mr. Howe) an Curtis Brown (Mr. Halliday), 19. Juli 1938, Sterling Library, Yale.
36 Unveröffentlichter Brief an Isabel Colborn, 23. Juli 1938, Sterling Library, Yale.
37 Vgl. unveröffentlichten Brief von Toller an Denis Johnston, 16. Oktober 1938, Sterling Library, Yale. Spender selbst vermochte wenig über die Begleitumstände der Übersetzung zu sagen, außer, daß er »sie machte, weil Toller ihn darum gebeten hatte« (Mitteilung von Stephen Spender, 20. Januar 1986).
38 *The Star* (London), 19. Oktober 1938, S. 7.
39 Vgl. Brief von Ronald Jeans an J.B. Pinker, Tollers Theateragenten in London, 25. November 1938, Sterling Library, Yale.
40 Unveröffentlichter Brief von Tollers Sekretärin an Fritz H. Landshoff, 10. Januar 1939, Sterling Library, Yale.
41 Die maschinenschriftlichen Fassungen von Spenders Übersetzung von *Pastor Hall* in der Sterling Library haben alle den ersten Schluß, das deutsche Manuskript den zweiten. Der deutsche Text der ersten Fassung, in der Pastor Hall auf der Bühne stirbt, wurde veröffentlicht in: *Das Wort* (Moskau), Januar 1939, S. 42-51. Toller hatte die neue Fassung der Schlußszene am 20. Januar fertiggestellt und schickte sie an John Lane.
42 Unveröffentlichter Brief von Barrett Clark an Toller, 28. Dezember 1938, Sterling Library, Yale.
43 Unveröffentlichter Brief an Barrett Clark, 27. Januar 1939, Beinecke Library.
44 *New Statesman*, 1. Juni 1940, S. 700.

Anmerkungen zu Kapitel XVII

1 »Rede auf dem Pariser Kongreß der Schriftsteller«, in: *Das Wort*, Oktober 1938, S. 122-126.
2 *Quer Durch*, S. 296.
3 Ludwig Marcuse, *Mein zwanzigstes Jahrhundert*, Zürich 1975, S. 205.
4 *GW* Bd. 1, S. 241.
5 »Madrid-Washington«, in: *New Statesman and Nation*, 8. Oktober 1938, S. 521-522.
6 *Time and Tide*, 27. Mai 1939, S. 686. Dieser Artikel ist nicht unterzeichnet, stammt aber wahrscheinlich von R. Ellis Roberts, Literaturredakteur der Zeitschrift und Übersetzer von Tollers *Briefen aus dem Gefängnis*.
7 Frederick R. Benson, *Writers in Arms*, London 1968, S. 40.
8 Aus dem Typoskript des geplanten Buches über die Spanienhilfe, Sterling Library, Yale. Abgedruckt unter dem Titel »Traum und Wirklichkeit: Ernst Tollers spanische Hilfsaktion« in: *Exil*, Maintal 1990/91, mit einer Einleitung von Richard Dove und Stephen Lamb.
9 Vgl. *New York Times*, 15. August 1938, S. 8.
10 Hermann, Kesten, *Meine Freunde die Poeten*, Frankfurt und Berlin 1980, S. 151.
11 Siehe Anmerkung 5.

12 Ethel Mannin, a.a.O., S. 307–308.
13 »A Minority Hitler never mentions«, in: *Tribune*, 14. Oktober 1938, S. 13.
14 Tollers Briefwechsel bezüglich seiner spanischen Hilfsaktion ist praktisch vollständig erhalten geblieben und befindet sich in der Sterling Library, Yale.
15 Briefe von Cosmo Lang, Erzbischof von Canterbury, 11. November 1938, und William Temple, Erzbischof von York, 10. November 1938, beide in Yale.
16 Vgl. Aufzeichnungen des Foreign Office, in: Public Record Office, Kew (unter: FO 371/22614).
17 Isherwood, a.a.O., S. 127
18 Eine Kopie des Telegramms befindet sich unter den Toller-Dokumenten in Yale.
19 *Daily Herald*, 23. Mai 1939, S. 1–2.
20 Aus dem unveröffentlichten Manuskript über die spanische Hilfsaktion; siehe Anmerkung 8.
21 *New York Times*, 18. November 1939, S. 7.
22 Siehe Anmerkung 8.
23 *New York Herald Tribune*, 30. November 1938, S. 21. Siehe auch Leitartikel, ebd., 2. Dezember 1938, S. 24.
24 *New York Herald Tribune*, 9. Dezember 1938, S. 11.
25 *New York Herald Tribune*, 5. Dezember 1938, S. 7, und 8. Dezember 1938, S. 24.
26 Tollers Brief an Roosevelt vom 23. November 1938 und das beiliegende Memorandum sind in der Sterling Library, Yale.
27 Unveröffentlichter Brief an H.N. Brailsford, 7. Dezember 1938, Sterling Library, Yale.
28 Unveröffentlichter Brief an Barrett Clark, 13. Dezember 1938, Beinecke Library, Yale.
29 Unveröffentlichter Brief an Volkmar von Zuelsdorf, 24. Dezember 1938 (DB).
30 Unveröffentlichter Brief an den John Lane Verlag, 20. Januar 1939, Sterling Library, Yale.
31. Unveröffentlichter Brief an Dorothy Thompson, 20. Februar 1939 (IfZ).

Anmerkungen zu Kapitel XVIII

1 Brief von George Grosz an Hermann Borchard, in: *George Grosz. Briefe 1913–59*, hrsg. von Herbert Knust, Reinbek 1979, S. 276. Der Brief ist fälschlich auf 1938 datiert; der Inhalt macht deutlich, daß er nach dem Sieg Francos und vor Tollers Tod geschrieben wurde, d. h. im April oder Anfang Mai 1939.
2 Ludwig Marcuse, Mein zwanzigstes Jahrhundert, Zürich 1975, S. 253.
3 Interview mit Fritz Landshoff, 16. Juli 1982.
4 Unveröffentlichte Briefe an Ralph Greenschpoon, 8. April und 19. April 1939, Spalek-Archiv, Albany.
5 Unveröffentlichter Brief an Betty Frankenstein, 1. Mai 1939 (Marbach); siehe auch einen früheren Brief an sie vom 27. Februar 1939. Tollers Befürchtungen

waren allzu begründet. Hertha und ihr Ehemann konnten Deutschland nicht mehr verlassen. 1941 zogen sie von Landsberg nach Berlin; am 9. Dezember 1942 wurden sie nach Auschwitz deportiert und sind dort wahrscheinlich eine Woche später ermordet worden. Heinrich Toller wurde von Prag nach Theresienstadt deportiert und ist vermutlich 1945 gestorben. (Informationen von Anne Schönblum [Haifa], 1988.)

6 Klaus Mann, »Letzter Tag mit Ernst Toller«, in: *Die neue Weltbühne*, 22. Juni 1939, S. 784–788.

7 Vgl. Tollers unveröffentlichten Brief an John Lane (Mr. Howe), 24. Dezember 1938, in dem er sich auf die Sammlung unter dem Arbeitstitel *Time My Companion* bezieht und die Möglichkeit einer Veröffentlichung im Frühjahr 1939 erwähnt.

8 Brief von Ludwig Marcuse an Hermann Kesten, 15. Juni 1939, in: *Deutsche Literatur im Exil*, hrsg. von Hermann Kesten, a.a.O., S. 82–83.

9 Kesten, *Meine Freunde die Poeten*, a.a.O., S. 153.

10 Kurt Pinthus, »Life and Death of Ernst Toller«, a.a.O., S. 3–8.

11 Siehe Anmerkung 6.

12 Marcuse, a.a.O., S. 255.

13 Bruckner, »Abschied von Ernst Toller«, in: *Die neue Weltbühne*, 8. Juni 1939, S. 715–716.

14 *Berliner Lokalanzeiger*, 23. Mai 1939.

15 *New York Times*, 28. Mai 1939, III, S. 6.

16 Becher, »Dem guten Kameraden«, in: *Internationale Literatur*, IX (1939), 7, S. 135–136; Feuchtwanger, »Dem toten Ernst Toller«, in: *Die neue Weltbühne*, 8. Juni 1939, S. 713–714.

17 Wolfenstein, »Ernst Toller«, in: *Die neue Weltbühne*, 1. Juni 1939, S. 677–680.

18 Lieber Ernst, liege schattenlos zuletzt zwischen den anderen großen Kämpfern, die lebten, bis sie etwas vollbracht hatten, das der Jugend ein Beispiel war. (Deutsche Übersetzung von M. H.)
W. H. Auden, »In Memory of Ernst Toller« (Mai 1939), in: *Collected Poems*, hrsg. von Edward Mendelsohn, London, 1976, S. 198.

Bibliographie

Primärliteratur

1. Werkausgaben

Gesammelte Werke, hrsg. von Wolfgang Frühwald und John Spalek, 5 Bde., München 1978.
Prosa, Briefe, Dramen, Gedichte, mit einem Vorwort von Kurt Hiller, Reinbek 1961.

2. Stücke

Die Wandlung. Das Ringen eines Menschen, Potsdam 1919.
Masse-Mensch. Ein Stück aus der sozialen Revolution des 20. Jahrhunderts, Potsdam 1921. Die zweite Ausgabe von 1922 enthält ein Vorwort Tollers (gerichtet an Jürgen Fehling), »Brief an einen schöpferischen Mittler«.
Die Maschinenstürmer. Ein Drama aus der Zeit der Ludditenbewegung in England, Leipzig, Wien und Zürich 1922 (zweite Ausgabe ebenfalls 1922).
Hinkemann. Eine Tragödie in drei Akten, Potsdam 1923. Ursprünglich veröffentlicht als *Der deutsche Hinkemann*.
Der entfesselte Wotan. Eine Komödie, Potsdam 1923.
Hoppla, wir leben! Ein Vorspiel und fünf Akte, Potsdam 1927.
Feuer aus den Kesseln. Historisches Schauspiel. Anhang historische Dokumente, Berlin 1930.
Wunder in Amerika. Schauspiel in fünf Akten, mit Hermann Kesten, Berlin 1931 (vervielfältigte Bühnenfassung).
Die blinde Göttin. Schauspiel in fünf Akten, Berlin 1933.
No More Peace! A Thoughtful Comedy; übersetzt von Edward Crankshaw, Liedtexte in einer Nachdichtung von W.H. Auden, Musik von Herbert Merrill, London 1937; die deutsche Originalfassung wurde zu Tollers Lebzeiten nicht veröffentlicht, ist aber in den *Gesammelten Werken* enthalten.
Pastor Hall. A play in three acts; übersetzt von Stephen Spender mit der Unterstützung von Hugh Hunt, London 1939; die deut-

sche Originalfassung wurde zu Tollers Lebzeiten nicht veröffentlicht, ist aber in den *Gesammelten Werken* enthalten.
Berlin – letzte Ausgabe! – Hörspiel, unveröffentlicht zu Tollers Lebzeiten, ist enthalten in: *Frühe sozialistische Hörspiele*, hrsg. von Stefan Bodo Würffel, Frankfurt 1982.

3. Dichtung und Prosa

Der Tag des Proletariats. Ein Chorwerk, Berlin 1920.
Gedichte der Gefangenen. Ein Sonettenkreis. München 1921.
Das Schwalbenbuch, Potsdam 1924.
Vormorgen, Potsdam 1924.
Justiz. Erlebnisse, Berlin 1927.
Quer Durch. Reisebilder und Reden, Berlin 1930.
Nationalsozialismus. Eine Diskussion über den Kulturbankrott des Bürgertums zwischen Ernst Toller und Alfred Mühr (veröffentlichte Transkription der Radiosendung), Berlin 1930.
Eine Jugend in Deutschland, Amsterdam 1933.
Briefe aus dem Gefängnis, Amsterdam 1935; in den USA 1937 veröffentlicht unter dem Titel *Look through the Bars* mit einem neuen Vorwort Tollers.
Wo die unveröffentlichten Briefe Tollers und andere Sammlungen von dokumentarischem Material sich befinden, ist in der »Anmerkung zu den Quellen« aufgeführt.

Sekundärliteratur

1. Historischer und kultureller Hintergrund

Thomas Anz und Michael Stark (Hrsg.), *Expressionismus. Manifeste und Dokumente zur deutschen Literatur 1919–1920*, Stuttgart 1982.
Thomas Anz und Joseph Vogel (Hrsg.), *Die Dichter und der Krieg*, München und Wien 1982.
Karl Bosl (Hrsg.), *Bayern im Umbruch*, München 1969.
Keith Bullivant (Hrsg.), *Culture and Society in the Weimar Republic*, Manchester 1977.
Cecil W. Davies, *Theatre for the People. The Story of the Volksbühne*, Manchester 1977.

Walter Fänders und Martin Rector, *Linksradikalismus und Literatur*, Reinbek 1974.

Peter Gay, *Weimar Culture. The Outsider as Insider*, London 1969.

Heinrich Hannover und Elisabeth Hannover-Druck, *Politische Justiz 1918–1933*, Frankfurt/M. 1966.

C.D. Innes, *Erwin Piscator's Political Theatre. The Development of Modern German Drama*, Cambridge 1972.

Thomas Koebner (Hrsg.), *Weimars Ende. Prognosen und Diagnosen in der deutschen Literatur und politischen Publizistik 1930–1933*, Frankfurt/M. 1982.

Kurt Kreiler, *Die Schriftstellerrepublik*, Berlin 1978.

Egbert Krispyn, *Anti-Nazi Writers in Exile*, Athens, Georgia 1978.

Kenneth Macgowan und R.E. Jones, *Continental Stagecraft*, New York 1923.

F.N. Mennemeier und F. Trapp, *Deutsche Exildramatik 1933–1950*, München 1980.

Alan Mitchell, *Revolution in Bavaria 1918–19*, Princeton 1965.

Michael Patterson, *The Revolution in the German Theatre 1900–1933*, London 1981.

Anthony Phelan (Hrsg.), *The Weimar Dilemma. Intellectuals in the Weimar Republic*, Manchester 1985.

J.M. Ritchie, *German Expressionist Drama*, Boston 1976.

J.M. Ritchie, *German Literature under National Socialism*, London 1983.

Arthur Rosenberg, *Die Entstehung der Deutschen Republik*, Berlin 1928.

Arthur Rosenberg, *Entstehung und Geschichte der Weimarer Republik*, Frankfurt 1955.

A.J. Ryder, *The German Revolution of 1918*, Cambridge 1967.

Richard Samuel und R. Hinton Thomas, *Expressionism in German Life, Literature and Theatre*, Cambridge 1939.

Walter H. Sokel, *The Writer in Extremis. Expressionism in Twentieth-Century German Literature*, Stanford 1968.

Frank Trommler, *Sozialistische Literatur in Deutschland*, Stuttgart 1976.

Hans-Albert Walter, *Deutsche Exilliteratur 1933–1950*, Darmstadt und Neuwied 1972.

Matthias Wegner, *Exil und Literatur. Deutsche Schriftsteller im Ausland 1933–1945*, Frankfurt/M. und Bonn 1968.

John Willett, *Expressionism*, London 1970.
John Willett, *The New Sobriety. Art and Politics in the Weimar Period 1917–33*, London 1978.
C.E. Williams, *Writers and Politics in Modern Germany (1918–1945)*, London 1977.
Joseph Wulf, *Kultur im Dritten Reich. Literatur und Dichtung*, Frankfurt/M. und Berlin 1989.

2. *Autobiographische und dokumentarische Quellen*

Ernst Josef Aufricht, *Erzähle, damit du dein Recht erweist*, Frankfurt/M. und Berlin 1966.
Martin Buber (Hrsg.), *Gustav Landauer. Sein Lebensgang in Briefen*, 2 Bde., Frankfurt/M. 1929.
Ashley Dukes, *The Scene is Changed*, London 1942.
Tilla Durieux, *Eine Tür steht offen*, Berlin 1954.
Kasimir Edschmid, *Briefe der Expressionisten*, Frankfurt/M. 1964.
Kurt Eisner, *Sozialismus als Aktion. Ausgewählte Aufsätze und Reden* (hrsg. von Freya Eisner), Frankfurt/M. 1975.
Freya Eisner (Hrsg.), *Kurt Eisner. Die Politik des libertären Sozialismus*, Frankfurt/M. 1979.
Felix Fechenbach, *Der Revolutionär Kurt Eisner*, Berlin 1929.
F. W. Foerster, *Erlebte Weltgeschichte 1869–1953*, Nürnberg 1953.
Max Gerstl, *Die Münchener Räterepublik*, München 1919.
Oskar Maria Graf, *Wir sind Gefangene*, München 1965.
Stefan Großmann, *Der Hochverräter Ernst Toller. Die Geschichte eines Prozesses*, Berlin 1919; nachgedruckt in: Toller, *Prosa, Briefe, Dramen, Gedichte*, Reinbek 1961, S. 473–498.
Alfred Kerr, *Die Welt im Drama* (hrsg. von Gerhard F. Hering), Köln 1954.
Hermann Kesten, *Meine Freunde die Poeten*, München 1959.
Hermann Kesten (Hrsg.), *Deutsche Literatur im Exil. Briefe europäischer Autoren 1933–1949*, Frankfurt 1973.
Gustav Landauer, *Aufruf zum Sozialismus*, Berlin 1919.
Rosa Leviné, *Aus der Münchener Rätezeit*, Berlin 1925.
Rosa Leviné-Meyer, *Leviné. The Life of a Revolutionary*, Farnborough 1973.
Ludwig Marcuse, *Briefe von und an Ludwig Marcuse* (hrsg. von Harold von Hofe), Zürich 1975.

Charles Benes Maurer, *Call to Revolution. The Mystical Anarchism of Gustav Landauer*, Detroit 1971.
Ludwig Morenz, *Revolution und Räteherrschaft in München. Aus der Stadtchronik 1918-1919*, München und Wien 1968.
Jawaharlal Nehru, *A Bunch of Old Letters*, London 1958.
Ernst Niekisch, *Gewagtes Leben*, Köln und Berlin 1958.
Erwin Piscator, *Das politische Theater*, Berlin 1929; nachgedruckt Berlin 1963 und Reinbek 1979.
Paul Raabe, *Die Autoren und Bücher des literarischen Expressionismus*, Stuttgart 1985.
Ludwig Rubiner (Hrsg.), *Kameraden der Menschheit. Dichtungen zur Weltrevolution*, Potsdam 1919.
Günther Rühle (Hrsg.) *Theater für die Republik 1917-1933 im Spiegel der Kritik*, Frankfurt/M. 1967.
Gerhard Schmolze (Hrsg.), *Revolution und Räterepublik in München 1918-19 in Augenzeugenberichten*, Düsseldorf 1969.
Jürgen Serke, *Die verbrannten Dichter*, Weinheim und Basel 1977.
Kurt Tucholsky, *Ausgewählte Briefe 1913-1935* (hrsg. von Mary Gerold-Tucholsky und Fritz J. Raddatz), Reinbek 1962.
Wilfried van der Will und Rob Burns, *Arbeiterkulturbewegung in der Weimarer Republik*, 2 Bde., Frankfurt/M. 1982
Hansjörg Viesel, *Literaten an der Wand. Die Münchener Räterepublik und die Schriftsteller*, Frankfurt 1980.
Kurt Wolff, *Briefwechsel eines Verlegers 1911-1963* (hrsg. von Bernhard Zeller und Ellen Otten), Frankfurt/M. 1966.
Erich Wollenberg, *Als Rotarmist vor München*, Berlin 1929; nachgedruckt Hamburg 1972.

Die beste Informationsquelle über die kulturellen Tendenzen jener Zeit sind die Literatur- und Kulturzeitschriften, von denen die nützlichsten waren:

Die Aktion; Berlin 1914-1932.
Die weißen Blätter, Leipzig 1913-1916, Zürich 1916-1918, Berlin 1919-1920.
Internationale Literatur, Moskau 1933-1939.
Die literarische Welt, 1925-1933.
Die neue Rundschau, Berlin 1914-1933.
Die Sammlung, Amsterdam 1933-1935.

Das Tagebuch, Berlin 1920–1933 (im Exil fortgesetzt als: *Das neue Tagebuch*, Paris 1933–1940).

Die Weltbühne (früher: *Die Schaubühne*), Berlin 1918–1933 (im Exil fortgesetzt als: *Die neue Weltbühne*, Wien, Prag und Paris 1933–1939).

Das Wort, Moskau 1936–1939.

3. Literaturwissenschaftliche Arbeiten über Toller

Rosemarie Altenhofer, *Ernst Tollers politische Dramatik*, unveröffentlichte Dissertation, St Louis 1977.

Renate Benson, *German Expressionist Drama: Ernst Toller and Georg Kaiser*, London 1984.

Thomas Bütow, *Der Konflikt zwischen Revolution und Pazifismus im Werk Ernst Tollers*, Hamburg 1975.

Richard Dove, *Revolutionary Socialism in the Work of Ernst Toller*, Bern, Frankfurt/M. und New York 1986.

Manfred Durzak, *Das expressionistische Drama. Ernst Barlach – Ernst Toller – Fritz von Unruh*, München 1979.

Rene Eichenlaub, *Ernst Toller et l'expressionisme politique*, Paris 1980.

Jost Hermand (Hrsg.), *Zu Ernst Toller. Drama und Engagement*, Stuttgart 1981.

Carel ter Haar, *Ernst Toller. Appell oder Resignation?*, München 1977.

Klaus Kändler, *Drama und Klassenkampf*, Berlin und Weimar 1970.

Dorothea Klein, *Der Wandel der dramaturgischen Darstellungsform im Werk Ernst Tollers 1919–1930*, unveröffentlichte Dissertation, Bochum 1968.

Michael Ossar, *Anarchism in the Dramas of Ernst Toller*, Albany, N.Y., 1980.

Malcolm Pittock, *Ernst Toller*, Boston 1979.

Martin Reso, *Der gesellschaftlich-ethische Protest im dichterischen Werk Ernst Tollers*, unveröffentlichte Dissertation, Jena 1957.

Wolfgang Rothe, *Ernst Toller*, Reinbek 1983.

John M. Spalek, *Ernst Toller and his Critics. A Bibliography*, Charlottesville 1968.

William A. Willibrand, *Ernst Toller and his Ideology*, Iowa City 1945.

Personenregister

Ackermann, Lili 233
Adler, Friedrich 174
Angell, Norman 252
Arco-Valley, Graf Anton von 87, 104 f., 121
Arp, Hans 53
Ashcroft, Peggy 275
Asquith, Margot 251
Auden, W. H. 250, 264 f., 268, 284, 302, 312
Auer, Erhard 83 f., 87, 104 f., 240
Aufricht, Ernst-Josef 210

Babel, Isaak 224
Bachmair, Heinrich Franz 36 f.
Ball, Hugo 53
Barbusse, Henri 53, 76, 127, 164
Baum, Vicki 282
Bäumler, Alfred 237
Becher, Johannes R. 16, 37, 45, 169, 177, 220, 311
Beer, Max 127, 140, 146
Benjamin, Walter 220
Benn, Gottfried 238
Bergamin, José 299
Bernhard, Georg 246
Bibesco, Elisabeth 252
Björnsen, Björn 115
Borchardt, Hermann 309
Brailsford, H. N. 214, 249, 304
Brandes, Georg 194
Brandt, Willy 252
Brecht, Bertolt 11, 13, 19, 186, 192, 210, 212, 227 f., 231, 235, 237 f., 279, 285 f.
Bredel, Willi 236, 290
Breitscheid, Rudolf 237, 246
Brockway, Lord Fenner 17, 174 f., 251
Bröger, Karl 48
Brown, Isabel 247, 300
Bruckner, Ferdinand 233, 278, 285, 311
Busch, Fritz Otto 244
Butler, R. A. 301
Buxton, Charles Roden 87

Cassirer, Paul 84
Cerf, (Alfred) Bennet 292
Chamberlain, Neville 300
Clark, Barrett Harper 275, 293, 304
Clurman, Harold 286
Cohen, Hermann 60
Cox, Father Ignatius 303
Crankshaw, Edward 250, 267, 269
Crawfoard, Joan 280 f.

Dehmel, Richard 35, 48, 50
Diederichs, Eugen 48 f.
Dieterle, Wilhelm 144, 279
Dietrich, Carl 96
Dimitrow, Georgi 246 f.
Döblin, Alfred 8 f., 144, 220, 279, 285
Dorst, Tankred 7
Dudow, Slatan 228
Dukes, Ashley 161 f.
Durieux, Tilla 14, 84, 98, 103, 114

Ebert, Friedrich 153, 240
Eddy, Mary Baker 228
Egelhofer, Rudolf 97, 99 ff., 104 f., 106
Ehrenburg, Ilja 18, 224
Ehrenstein, Albert 53
Einstein, Albert 220, 230, 252
Eisenstein, Sergej 187
Eisner, Kurt 59 ff., 67, 77, 80 ff., 104, 118, 121, 123, 131, 142 f., 179
Elster, Hans Martin 244
Epp, Franz Ritter von 93, 107, 111
Ernst, Paul 48

Fabian, Dora 237, 255
Feder, Ernst 171, 194, 228
Fehling, Jürgen 136 f., 151
Feuchtwanger, Lion 18, 85, 235, 237, 252, 254, 279, 312
Fischer, Ruth 237
Flaischlen, Cäsar 45
Flanagan, Hallie 276
Foerster, Friedrich Wilhelm 52 f., 88, 237

Forster, E.M. 302
Frank, Leonhard 53, 76, 235, 279
Frank, Bruno 278, 285
Frankenstein, Betty 14, 182, 188 f., 288, 307
Frick, Wilhelm 111
Friehe, Erich 173
Fröhlich, Paul 96
Fuchs, Olga 311

Garbo, Greta 282
George, Heinrich 182
Gerlach, Hellmut von 252
Gesell, Silvio 91
Glaeser, Ernst 220, 225, 238
Goebbels, Josef 211, 237, 268
Golding, Louis 302
Goldschmidt, Alfons 175
Goll, Ivan 53
Graf, Oskar Maria 119, 311
Granach, Alexander 144, 201
Granowsky, Alexander 203
Grautoff, Christiane 14 ff., 233 f., 256 f., 265 f., 280 ff., 285, 288, 308, 310 f.
Greenschpoon, Ralph 284, 306
Grossmann, Kurt R. 229
Großmann, Stefan 77, 114, 143, 202
Grosz, George 14, 17, 285, 306, 309
Grünewald, Matthias 43
Grzesinski, Albert 246
Gumbel, Emil Julius 220, 237
Gumpert, Martin 288

Haase, Hugo 114 f.
Hagemeister, August 160, 172
Halbe, Max 43, 115
Harden, Maximilian 36, 171
Hartig, Valentin 127
Hartung, Gustav 256
Hasenclever, Walter 45, 53, 68, 78, 166, 182, 184, 189, 203, 211, 235
Hauptmann, Carl 53
Hauptmann, Gerhart 11, 29, 53
Heartfield, John 144, 286
Heine, Wolfgang 54, 67, 112
Hellmann, Lilian 279
Henckell, Karl 43
Hertz, Paul 246

Herzfeld, Ilse 308
Heuss, Theodor 48, 167
Hiller, Kurt 44, 174, 236
Hitler, Adolf 13, 111, 121, 155 ff., 172, 180, 229, 232, 236, 243, 260 ff., 271 f., 290, 300
Hoffmann, Johannes 88 f., 91, 93, 95, 100 ff., 121
Holländer, Friedrich 203
Holitscher, Arthur 220
Hölz, Max 173 f., 179, 194
Huxley, Aldous 252
Hunt, Hugh 270, 293

Ibsen, Henrik 29
Isherwood, Christopher 9 f., 14, 265, 282, 300 ff.
Israel, Lotte 14, 232

Jacob, Berthold 255
Jacobsohn, Siegfried 36
Jameson, Storm 302
Jaspers, Karl 8
Jessner, Leopold 256
Johnston, Denis 268 ff., 275
Johst, Hanns 238
Jung, Franz 220

Kaiser, Georg 11, 13, 19, 68, 78, 84 f., 140, 183, 186, 227, 286
Kantorowicz, Alfred 251, 258, 286
Kästner, Erich 212, 233, 238
Katzenstein, Erich 77
Katzenstein, Netty (»Tessa«) 14, 77, 122, 125, 128
Kaufman, Sidney 282 f., 284 ff.
Kaufmann, Adolf 119
Kautsky, Karl 86
Kayssler, Friedrich 151
Kerr, Alfred 18, 36, 79, 169, 182, 220
Kesten, Hermann 17 f., 166, 182, 184, 203, 227 f., 298, 309
Kestenberg, Leo 137
Kisch, Egon Erwin 220
Klabund (Alfred Henschke) 35
Klingelhöfer, Gustav 99, 102
Koenen, Wilhelm 246
Koestler, Arthur 225
Kollwitz, Käthe 230

Kortner, Fritz 79, 234
Kraft, Hyman 282 f.
Kräpelin, Ernst 66 f.
Kronacher, Alwin 161, 202
Kutscher, Artur 43
Kun, Bela 88

Landauer, Gustav 54 ff., 65 f., 74 f., 85, 91 f., 94, 106, 112, 126, 142 f.,
Landshoff, Fritz H. 166 f., 182, 227, 234, 236, 239, 257, 288, 293, 306, 308
Lane, John 292 f.
Lang, Fritz 279 f., 282
Lansbury, George 174
Lask, Berta 177
Lasker-Schüler, Else 25, 127
Laski, Harold 222, 251, 253
Ledebour, George 176
Lehmann-Russbüldt, Otto 252
Lenin, Wladimir Iljitsch 197, 211, 223
Lerch, Sonja 62, 65
Lessing, Theodor 167, 237, 255
Levien, Max 96, 102
Leviné, Eugen 90 f., 93, 95 ff., 101 ff., 106, 109 ff., 114 f., 132, 172
Lewis, Sinclair 276, 311
Lichnowsky, Prinz Karl Max 58
Lichtenstein, Grete 14, 43, 106, 108f.
Liebknecht, Karl 83, 187, 263
Liebknecht, Theodor 176
Lindner, Alois 87
Lipp, Franz 91
Lissauer, Ernst 35
Löbe, Paul 213
Lore, Ludwig 215, 239
Loving, Pierre 215
Löwenstein, Fürst Karl zu 108 f.
Löwenstein, Prinz Hubertus zu 286 f.
Löwenthal, Leo 9
Lubitsch, Ernst 279
Ludendorff, Erich 101
Ludwig, Emil 16, 168, 182, 238, 243, 248
Lunatscharsky, Anatoli 219, 225
Luxemburg, Rosa 83, 187, 263

Maas, Hilde 257
Macdonald, George 304

Macgowan, Kenneth 137
Malleson, Miles 257
Maenner, Emil 102
Malraux, André 283
Mankiewicz, Joseph 280 f.
Mann, Erika 284, 287
Mann, Heinrich 53, 86, 230, 237 f., 279, 285
Mann, Klaus 43, 176, 263, 284, 307 f., 310 f.
Mann, Thomas 10, 35, 43, 115, 172, 220, 237, 311
Mannin, Ethel 252, 300
Marschwitza, Hans 231
Marcuse, Julian 41, 107
Marcuse, Ludwig 296, 306, 308, 310 f.
Marinetti, Filippo 231
Martersteig, Max 115
Martin, Karlheinz 79, 120, 143 f.
Martin, Kingsley 249, 251
Marut, Ret 85
Maurenbrecher, Max 48 f.
Mauthner, Fritz 56, 94
Mayer, Eugen 307
Mayer, Gustav 77, 127, 140
Mayer, Louis B. 278, 285
McPherson, Aimée Sempel 218
Mehring, Sigmar 30
Mehring, Walter 30, 175 f., 182, 198, 286
Meinecke, Friedrich 48
Meyerhold, Wsewelod 164, 220
Molo, Walter von 48, 53
Mooney, Tom 174, 217
Mühlon, Wilhelm 58
Mühr, Alfred 226
Mühsam, Erich 85, 88, 91, 127, 236, 291
Müller-Meiningen, Ernst 121
Münzenberg, Willi 174 f., 225, 237, 246, 251

Nansen, Fridtjof 259, 299
Negrín, Juan 311
Neher, Caspar 210
Nehru, Jawaharlal 174 f., 260, 274, 281
Neukrantz, Klaus 231
Niekisch, Ernst 14 ff., 18, 87, 91 f., 122, 127, 179, 236
Niemöller, Martin 289
Noske, Gustav 107

O'Casey, Sean 250, 268
Odets, Clifford 275, 279, 286
Olden, Rudolf 252, 254
Ossietzky, Carl von 178, 230 f., 236, 251 ff.
Ossietzky, Maude von 251
Ottwalt, Ernst 225, 228, 231
Ould, Hermon 249

Pacquet, Alfons 220
Pallenberg, Max 203
Papen, Franz von 234
Picasso, Pablo 299
Pick, Käthe 51, 54
Pickett, Clarence E. 302
Pieck, Wilhelm 237
Pilniak, Boris 224
Pinner, Margarete 14, 50 f., 57 f.
Pinthus, Kurt 25, 126, 204, 283, 310
Piscator, Erwin 8, 144, 166, 177, 184, 187 ff., 201 ff., 211, 309
Pöhner, Ernst 111
Popp, Lorenz 172
Pritt, D. N. 246, 251
Pudowkin, Wsewelod 211
Putlitz, Baron zu 255

Rathenau, Walter 67, 144
Rea, Alec 268
Regler, Gustav 225
Reichel, Hans 109
Reinhardt, Max 79, 143, 233, 256
Remarque, Erich Maria 40
Renn, Ludwig 236, 287
Rilke, Rainer Maria 35, 85
Rittler, Clara 30
Roberts, Richard Ellis 250, 256
Robinson, Lennox 211
Röhm, Ernst 93, 111
Rolland, Romain 112, 122, 126 f.
Roosevelt, Franklin Delano 274, 299, 301 ff., 307
Roosevelt, Eleanor 293, 304, 307
Rosenberg, Arthur 95
Rosenbaum, Vladimir 234
Rubiner, Ludwig 53
Rüdin, Ernst 114
Russell, Bertrand 214, 251 f.
Russell, Dora 214

Sauerbruch, Ferdinand 105 f.
Scheer, Reinhard 67
Scheidemann, Philip 80, 237
Scheler, Max 8
Schickele, René 35, 44, 53, 78, 258
Schmidt-Pauli, Edgar von 244
Scholz, Erich 231 f.
Schneppenhorst, Ernst 89 ff.
Shaw, Irwin 275
Silone, Ignazio 234
Sinclair, Upton 219, 278
Sombart, Werner 48
Sorge, Reinhold Johannes 68
Spalek, John 269
Spender, Stephen 292 f., 302, 309
Steed, (Henry) Wickham 249 f., 251 f.
Sternberg, Josef von 279
Sternheim, Carl 11, 44
Stöcker, Helene 176
Strasberg, Lee 286
Stresemann, Gustav 153, 170
Strindberg, August 29, 69
Stroheim, Erich von 279
Swaffer, Hannen 302
Swerdlow, Irwin 276
Swingler, Randall 263

Tal, E. P. 125
Thälmann, Ernst 249, 251
Thompson, Dorothy 14, 302 ff., 307
Toller, Heinrich 24, 301, 307
Toller, Hertha 24, 67, 128, 248, 256, 301, 307
Toller, Ida 24 f., 27 f., 67, 127 f., 248, 256
Toller, Mendel (Max) 24 ff.
Tolstoi, Leo 76
Tönnies, Ferdinand 48
Torgler, Ernst 246
Trautner, Eduard 108 f.
Trotzki, Leon 224
Tucholsky, Kurt 36, 128, 172, 175, 182, 234, 237, 239, 247

Uhse, Bodo 287
Unruh, Fritz von 35, 68, 127, 234

Varnow, Sergej 220
Vayo, Julio Alvarez del 299

Viertel, Bertold 282
Viertel, Salka 282

Walter, Hilde 252
Waugh, Evelyn 218
Webb, Beatrice 222
Webb, Sidney 222
Weber, Marianne 50
Weber, Max 15, 48 f., 50 f., 52, 115
Wedekind, Frank 29, 43, 66
Weigel, Helene 181
Weisenborn, Günther 168
Weiskopf, F.C. 220
Welk, Ehm 190
Wells, H.G. 245, 250, 252, 254, 262, 302
Wellock, Wilfred 13 f.
Werfel, Franz 126, 234, 279
Wesemann, Hans 255
West, Rebecca 302
Wexley, John 279

Wieland, Christoph Martin 230
Wilder, Thornton 292
Wilkinson, Ellen 174
Wind, Adolf 162
Withycombe, Peggy 232 f.
Wolf, Friedrich 78, 212, 227 f., 234
Wolfenstein, Alfred 85, 312
Wolff, Kurt 77 f., 84, 118, 123, 126, 130, 258
Wollenberg, Erich 225
Woolf, Virginia 252
Wurm, Mathilde 255

Yeats, William Butler 252 f.

Zarek, Otto 15
Zinnemann, Fred 279
Zörgiebel, Karl 178
Zuckmayer, Carl 186, 233, 235
Zweig, Arnold 8 f.
Zweig, Stefan 127, 228, 235